한국 선사시대의
문화와
국가의 형성

고고학으로 본 한국 상고사

崔夢龍

한국 선사시대의 문화와 국가의 형성

지은이 ㅣ 최몽룡
펴낸이 ㅣ 최병식
펴낸날 ㅣ 2020년 6월 10일(개정판)
펴낸곳 ㅣ 주류성 출판사
주소 ㅣ 서울특별시 서초구 강남대로 435 주류성빌딩 15층
전화 ㅣ 02-3481-1024(대표전화)   팩스 ㅣ 02-3482-0656
홈페이지 ㅣ www.juluesung.co.kr

값 20,000원

ISBN 978-89-6246-295-1   93910

이 조그만 册을 恩師이신

서울大學校 故 三佛 金元龍 教授님

(서기 1922년 8월 24일 木—서기 1993년 11월 14일 日)

靈前에 바칩니다.

서문

    이 책은 서기 1988년 3월부터 서기 2012년 2월까지 통용되어온 고등학교 국사교과서(교육인적자원부, 5, 6, 7차) 중 II장 선사시대의 문화와 국가의 형성(pp.14-41)과 고등학교 국사교과서 교사용 지도서(최몽룡 2014, 한국 고고학 연구-세계사 속에서의 한국-, 서울: 주류성, pp.681-787)에 바탕을 두어 새로운 자료의 추가, 평소 생각해보던 여러 생각들의 보완과 확대로 이루어진 것이다. 그리고 한국 상고사의 범위는 엄밀히 말해 구석기시대부터 위만조선(기원전 194년-기원전 108년)까지이나 여기에서는 통시적(通時的)인 맥락(脈絡)으로 인해 삼국시대 전기(서기 1년-서기 300년)까지 포함시켰다. 이 책을 발간하게 된 시작은 서기 1986년 5월 2일(금)로 거슬러 올라간다. 당시 제 5차 국사교과서 편찬위원장으로 있던 서울대학교 인문대학 국사학과 고 변태섭(故 邊太燮, 서기 1925년-서기 2009년 3월 8일) 교수가 1986년 5월 2일(금) 집필을 권유한데서 만들어지게 되었다. 그 후 2012년 3월부터 통용될 중학교 역사(상) I장 문명의 형성과 고조선의 성립(검인정교과서, 교학사, pp.10-47)이란 글을 마련하게 되었다. 그러나 어떤 이유인지 몰라도 서기 2010년 5월 6일 (목) 한국교육평가원의 검정심사 결과에서 'I장 문명의 형성과 고조선의 성립'이 실려 있는 〈중학교 역사(상)〉(교학사, 집필 대표 최병도)가 전체적으로 불합격 판정을 받았다. 그러나 서기 1988년 3월부터 서기 2012년 2월까지 통용되어온 고등학교 국사교과서 내용에 대한 해설은 국사편찬위원회에서 매년 겨울과 여름방학 등 2회에 걸쳐 실시하는 고등학교 역사교과서(한국문화사) 교원연수를 통해 이루어져 왔다(예를 들어 서기 2009학년도의 경우 최몽룡 2009, 한국선사고고학의 발굴성과와 연구동향, 국사편찬위원회, pp.25-51을 참조할 것). 서기 2012년-서기 2016년의 검인정교과서 통용기간이 지나고 정부에서 다시 단일 국정교과서를 만들어내기로 결정함에 따라 필자도 대표집필위원으로 참여하게 되었으나 서기 2015년 11월 6일(금) 필자의 짧은 생각과 부주의한 탓으로 인해 '성희롱 발언이란 통물'을 뒤집어쓰고 대표집필위원을 사퇴하기에 이르렀다. 국정교과서에서 과거 24년간 필자가 담당한 분량은 27페이지에 불과 했으나 현재로서는 388페이지 분량의 단행본을 낼 정도로 평소 미진하고 아쉬웠던 부분을 보완하고 이 기회에 우리나라 단군조선(檀君朝鮮. 첫 번째의 古朝鮮)과 대비되는 중국 동북부 내몽고 동쪽과 요녕성의 서쪽에 위치한 중국 옥룡문화(中國玉龙文化)의 대표 예인 홍산(紅山)문화, 한국 최초의 고대국가인 위만조선(衛滿朝鮮, 기원전 194년-기원전 108년)의 왕검성(王儉城. 옛 평양 석암리, 정백동, 정오동, 토성동 등이 포함된 현 평양시 낙랑구역)과 위만조선의 멸망 후 왕검성 근처에 자리 잡은 낙랑(樂浪)이 포함되는 한사군(汉四郡)까지 언급해 넣기에 이르렀다. 한사군의 설치는 한국 철기시대 전기(기원전 400년-기원전 1년)에 속하는 한국상고사 연구에서 빠져서는 안 되는 매우 중요한 부분으로 종래의 국정교과서 서술 형식을 탈피하여 필자 임의로 보완해 넣었다. 그리고 이 책의 부제인 '고고학으로 본 한국상고사'의 서술 범위는 구석기시대에서 삼국시대 전기(서기 1년-서기 300년)까지로 국한하였다. 그러나 이 책의 제목『한국 선사시대의 문화와 국가의 형성-고고학으로 본 한국 상고사-』에서 보다시피 과거 국정교과서의 제목인 '선사시대의 문화와 국가의 형성'과 같은 집필 전통을 이어나가려고 노력했다. 본문은 처음 일반인과 청소년에 알맞고 쉽게 서술하려고 노력했으나 최근 학문적 성과와 수준을 반영하기 위해 가능하면 원문의 인용에 충실하고자 하여 약간의 어려움을 피할 수 없었다. 이 점 독자의 양해를 구한다. 이 책을 만드는데 여러 사람으로 부터 도움을 받았다. 특히 안승모(安承模) 원광대 명예교수, 송의정(宋義政) 부산박물관 관장, 홍미영(洪美瑛) 박사로 부터 많은 도움을 받았다. 이 자리를 빌려 이들에게 고마움을 표한다. 필자는 서기 2019년 9월 13일(금) 秋夕과 더불어 74세가 되었다. 서기 2016년 10월 8일(토) 제자들로부터 고희논총(古稀論叢)인 '세계사 속에서의 한국-희정 최몽룡교수 고희논총-(편저, 서울: 주류성)'을 받은 이후여서 더 이상 속세를 더 살아갈 욕심이 없다. 서기 2015년 8월 28일(금)에 출간한『인류문명발달사-고고학으로 본 세계문화사-』(교재용, 개정 6판, 서울: 주류성)의 서문에서 밝힌 바와 같이 필자의 게송(偈頌)은 '七十年前我是嬰孩 七十年后亦如赤子'(70년 전에는 어린애/嬰孩/孩子였고 70년 후에는 大人之心을 갖추긴 했지만 역시 어린애/

赤子이다)이다. 여기에서 赤子는 孟子 第 4篇 离娄章句下 13章에서 나오는 "大人者, 不失其赤子之心者也"의 '赤子之心'에서 따왔다. 이는 갓 태어난 어린아이로 비유하자면 사람의 마음이 순결·선량하다는 뜻과 또는 大人之心이란 의미도 지닌다(初生的嬰儿 比喻人心地纯洁善良). 그래서 이 책은 필자의 마지막 책이 될 지도 모르며 이로서 인생을 마감한다 해도 조금도 아까울 것이 없을 것이다.

필자가 고고학이란 학문을 시작하면서 관심을 두어왔던 한국상고사와 한국고고학에서 미해결의 분야를 근 50여 년 동안 마무리 지으려고 노력해왔다. 필자의 역사서술 내용의 주된 흐름은 講壇史學과 在野史學, 左와 右, 進步와 保守의 극한적 이념 대결을 벗어나 考古學, 古代史와 人類學의 學際的 연구에 바탕을 두어 "한국의 植民地史觀(事大, 他律, 半島性과 停滯性)에서 탈피하여 進化論과 通時論적 관점의 유지, 세계사에서 바라본 韓國史의 座標認識"을 항상 염두에 두어 자료들을 일관성 있게 분석하여 결론을 도출해내는 歸納法(induction)과 가설을 내세워 검증하는 演繹法(deduction)의 양면을 검토해 나가는 일관된 자세를 유지하고 있다. 귀납법은 형식분류(typology)와 편년(chronology)을 바탕으로 연구하는 전통적인 고고학이고, 연역법은 컴퓨터, 통계학과 자연과학을 이용해 가설을 입증해 나가는 신고고학(New archaeology)에 해당한다. 이는 金富軾 편찬의 『三國史記』의 초기기록을 그대로 믿는데서 부터 비롯한다. 필자는 汉 7대 武帝(기원전 156년 6월 7일-기원전 87년 3월 29일, 기원전 141년-기원전 87년 재위)때 李广의 손자인 李陵(기원전 2세기?-기원전 74년)이 기원전 99년 무제의 명령으로 匈奴를 정벌하러 갔다가 패전하여 흉노에 투항하게 되자 이를 적극적으로 옹호하다 궁형(宮刑)에 처해진 司馬遷(기원전 145년-기원전 87년, 기원전 145년 또는 기원전 135년-기원전 90년)을 무척 존경하고 있다. 이는 孟子가 '孔門十哲' 중 曾子의 제자이며 孔子의 손자인 子思를 私淑하는 것과 같은 관계이다. 이릉이 포로로 잡힐 당시 차제후선우(且鞮侯单于)는 이릉의 투항행위를 칭찬해 그의 사위로 삼아 右校王에 봉하였다. 기원전 74년(元平元年) 이릉이 흉노에서 병사하고 기원전 56년 이릉의 아들(차제후선우의 외손자)이 권력다툼에서 오자선우(乌籍单于)를 옹립하였으나 후일 호한야선우(呼韩邪单于)에 패하는 과정을 보면 이는 사마천의 "잘못된 이릉의 옹호"로도 언급될 수 있겠다. 저자는 후세에 남을 좋은 책을 만들고 싶을 따름이다. 운이 좋아 사후 '한국의 司馬遷'으로 불리 우면 더없는 영광이 되겠다. 그리고 이 조그만 책의 조판과 교정에 힘을 써준 주류성 출판사의 이미선(李美善)양에게 다시 한 번 더 고마움을 표한다. 이것으로서 과거 20년간 책의 발간을 통해 꾸준히 이어온 고마운 인연도 이제 마무리 할 때가 되었나 보다. 그리고 이번 재판에서는 초판에서 발견된 오자와 중복에 대해 상당부분 바로잡고 또 새로운 생각과 자료를 추가해 넣었다. 교정에는 李尙燁(단국대학교 대학원 사학과 박사과정 수료)선생이 많은 도움을 주었다. 이 자리를 빌어 감사드린다.

涅槃寂靜

서기 2019년 9월 13일(금)
秋夕과 74세의 시작을 맞아
서울대학교 명예교수
希正 崔夢龍 謹書

차_례

1. 편년

　연대순으로 역사를 편찬한다는 사전적 의미의 편년(編年)을 고고학에 적용시킨다면 우선 선사시대와 역사시대로 나누어 볼 수 있다. 선사시대(先史時代, prehistory)는 문자로 역사적 사실들을 기록하기 시작한 이전의 시대로, 문자를 사용하고 있는 역사시대(歷史時代, history)라는 용어와 대칭되는 개념이다. 그리고 선사시대에서 역사시대로 넘어가는 과도기시대인 원사시대(原史時代, protohistory)도 중요하게 다루어지며, 또 역사시대에 있어서도 일반문헌을 다루는 역사학자들이 다룰 수 없는 물질문화의 분야도 중요한 연구 대상이 된다. 로마 초기 역사도 그러한 범주에 속한다. 원사시대는 기록이나 고문서가 나오기 이전으로 거슬러 올라가는 인류역사의 일부를 지칭하기 위해 만들어진 것으로, 한 문화집단이 자체의 문자를 가지고 있지 못할 때 주변의 선진문화집단이 외부의 입장에서 역사기록을 남겨놓는 과도기적인 경우이다. 예를 들어 문자가 없는 집단인 삼한(三韓)에 대해 중국 측에서 삼국지 위지 동이전(『三國史記』

魏志 東夷傳)을 기술한 것이 이 경우에 해당한다. 영국은 로마의 시저가 기원전 56년, 클라우디우스가 서기 43년에 침입하는 서력기원 전후시기에 역사시대로 접어든다. 문명이란 개념에는 도시와 문자가 필수적이다. 도시(도시혁명, Urban revolution)·국가의 발생과 아울러 문자의 출현을 기준으로 문명을 정의한 경우, 가장 이른 지역은 중동지역으로서 세계 최초의 수메르 문명이 나타나는 기원전 3000년경이며, 중국은 기원전 1750년대인 상(商)부터이다. 신대륙은 아즈텍(서기 1325년－서기 1521년 8월 13일)과 잉카(서기 1438년－서기 1532년 11월 16일)라는 문명이 이미 존재했으나 아즈텍은 에르난 코르테즈(Hernan Cortez), 잉카는 프란시스코 피자로(Francis-co Pizzaro)의 침입에 의하여 멸망한다. 한반도의 경우, 이런 선사시대와 역사시대의 개념을 적용시킨다면 구석기시대·신석기시대·청동기시대가 선사시대에 속하며, 그 다음에 오는 철기시대 전기(기원전 400년－기원전 1년)는 선사시대－역사시대의 과도기에, 철기시대 후기(서기 1년－서기 300년, 삼국시대 전기, 삼한시대 포함)는 원사시대－역사시대에 해당한다고 할 수 있다. 그러나 우리나라의 실제 역사시대의 시작은 철기시대 전기에 들어선 우리나라 최초의 고대국가인 위만조선(衛滿朝鮮, 기원전 194년－기원전 108년)부터이다. 삼국사기 연표(『三國史記』卷 第 29, 年表 上)에도, '해동에 국가가 있은 지 오래되었다. '기자가 주나라 왕실로부터 해동에 봉해지고 위만이 한나라 초기에 왕호를 일컬었으나 그 연대가 멀고 기록이 많지 않아 자세히 알 수 없다'(본문: 海東有國家久矣. 自箕子受封於周室, 衛滿僭號於汉初, 年代綿邈, 文字疎略, 固莫得而詳焉. 至於三國鼎峙, 則傳世尤多, 新羅五十六王, 九百九十二年. 高句麗二十八王, 七百五年. 百濟三十一王, 六百七十八年, 其始終可得而考

焉, 作三國年表. 唐賈言忠高麗自汉有國, 今九百年誤也)라고 언급하고 있어 사마천(司馬迁)의 『史記』 朝鮮列傳에 나오는 위만조선의 존재를 모르지 않았음을 시사하고 있다.

세계에서 통용되는 편년을 살펴보면

① 유럽과 미국에서는 기술과 경제행위에 바탕을 둔 구석기(Palaeo-lithic age)·신석기(Neolithic age)·청동기(Bronze age)·철기시대(Iron age)라는 편년의 명칭을 사용한다.

② 그러나 신대륙 중 중미(中美)의 고고학 편년은 공간과 시간(horizon과 tradition)을 포함하는 단계(stage)라는 개념의 용어를 사용하고 있다. 다시 말해, "리식(石期 Lithic: 후기 구석기시대: 기원전 20000년 – 기원전 7000년) → 아케익(古期 Archaic: 중석기시대: 기원전 7000년 – 기원전 2000년) → 퍼마티브(形成期 Formative: 신석기시대: 기원전 2000년 – 서기 300년) → 크래식(古典期 Classic: 서기 300년 – 서기 900년: 마야 古典期) → 포스트크래식(後古典期 Post-classic: 서기 900년 – 아즈텍, 서기 1521년 8월 13일/잉카, 서기 1532년 11월 16일/서기 1541년: 아즈텍, 잉카제국과 마야)"라는 용어를 사용한다. 신대륙의 구석기시대는 유럽보다 늦은 후기 구석기시대이며, 冶金術의 시작은 古典期부터 나타난다.

③ 남미(南美)에서는 중미의 고고학 편년과 함께 '문화 특성이나 유물 복합체에 의해 대표되는 공간적 지속(Spatial continuity represented by cultural traits and assemblages)'이란 공간(Horizon) 개념을 원용하며 막스 울(Max Uhle, 서기 1856년 – 서기 1944년)은 '예술양식의 분포와 문화적 특질'에 바탕을 한 새로운 편년을 설정하여 남미 페루의 문화를 초기 호라이즌(Early Horizon, 차

빈/Chavin)→중기 호라이즌(Middle Horizon, 티아우아나코)→
후기 중간 시대(Late intermediate period)→말기 호라이즌(Late
Horizon, 잉카, 서기 1438년 – 서기 1532년 11월 16일)을 중심으로

1) 綿과 無土器時代(Cotton pre – ceramic period/stage, 기원전 2500년
   – 기원전 1800년)
2) 早期(Initial period)
3) 초기 호라이즌(Early Horizon, 차빈/Chavin)
4) 초기 중간 시대(Early intermediate period)
5) 중기 호라이즌(Middle Horizon, 티아우아나코/Tiahuanaco/Tiwanaku)
6) 후기 중간 시대(Late intermediate period)
7) 말기 호라이즌(Late Horizon, 잉카/Inca, 서기 1438년―서기 1532년)
   의 7시기로 나누어 쓰기도 한다.

④ 그리고 경제를 사회변동의 가장 중요한 원동력(Economy as a
prime mover in social evolution)으로 보는 유물사관론(唯物史
觀論)에 입각하는 편년에 따르면,

"원시무리사회(Pre – class society, primitive society): 난혼(pre – clan,
   亂婚, promiscuity)→모계(母系, matriarchal clan)→부계(父系, pa-
   triarchal clan)→씨족제도의 분해(terminal clan stages)
계급사회(Class society): 노예제사회(奴隷制社會, slave society)→봉건사회
   (封建社會, feudal society)→자본주의사회(資本主義社會, capitalism)
공산사회(Classless society: 사회주의(社會主義, socialism)→공산주의사
   회(共産主義社會, communism)"

의 발전 순이 된다.

중국에서는 유럽의 기술과 경제행위에 바탕을 둔 구석기·신석기·청동기·철기시대라는 자본주의의 편년 명칭을 사용하지만 기본적인 편년 안은 공산주의 유물사관론에 입각하고 있다. 즉 북경 중국 역사박물관에서는 원시무리사회(약 170만 년-4000년 전)-노예제사회(하, 상, 서주, 춘추시대/夏, 商, 西周, 春秋時代, 기원전 21세기-기원전 476년/기원전 475년)-봉건사회(여러 국가의 연맹 및 봉건제 경제와 문화발전/Establishment of the United Multi-National State and the Development of Feudal Economy and Culture, 진, 한/秦, 汉, 기원전 221년-서기 220년)-남쪽의 사회와 경제발전과 북쪽 여러 국가들의 융합(Social and Economic Development in the South and Amalgamation of various Nationalities in the North, 위진남북조시대/魏, 蜀, 汉, 吳, 西晉, 東晋, 16國, 南北朝, 서기 220년-서기 580년)-여러 국가의 통일과 봉건제 경제와 문화의 계승(Development of a Unified Multi-National Country and the Ascendancy of Feudal Economy and Culture/隋, 唐과 5代10國, 서기 581년-서기 960년)-여러 국가체 정치력의 공존과 통일과 말기 봉건사회(Co-existence of Political Powers of various Nationalities and their Unification; Later Period of the Feudal Society, 북송, 요, 남송, 금, 원, 서하/北宋, 辽, 南宋, 金, 元, 西夏, 서기 916년-서기 1368년)-통일된 여러 국가의 강화와 봉건사회의 점진적인 멸망과 자본주의의 태동(Consolidation of a Unified, Multi-National Country, Gradual decline of the Feudal System and Rudiment of Capitalism, 명, 청/明, 淸, 서기 1368년-서기 1840년)으로 편년하고 있다(中國歷史

博物館/현 中國國家博物館/The National Museum of China 1990, 北京). 그리고 중국에서의 공산주의의 시작은 서기 2019년 현재 98 년이 되었지만 실제로는 서기 1949년 10월 1일 신중국(新中國, 中华 人民共和國)의 건립부터이다.

한반도의 선사시대와 역사시대의 편년은 유럽과 미국에서 사용하는 기술(技術)과 경제행위(經濟行爲)에 바탕을 둔 것으로 구석기(Palaeolithic age)·신석기(Neolithic age)·청동기(Bronze age)·철기시대(Iron age)라는 명칭을 사용하며 또 각 시대별로 시기가 세분되어 있다. 필자는 서기 1988년-서기 2012년의 제5·6·7차 고등학교 국정교과서에서부터 서기 1997년-서기 2002년 국사편찬위원회에서 간행한 『한국사』 1-3권에 이르기까지 '초기 철기시대'와 '원삼국시대'[1]란 용어대신 철기시대(전기와 후기)와 삼국시대(전기와 후기)라는 새로운 편년을 설정해 사용해오고 있다. 한국고고학은 구석기시대-신석기시대-청동기시대(기원전 2000년-기원전 400년)-철기시대 전기(기원전 400년-기원전 1년)-철기시대 후기(삼국시대 전기 또는 삼한시대: 서기 1년-서기 300년: 종래의 원삼국시

· ·

1 원삼국시대란 용어를 삼국시대 전기(또는 철기시대후기, 서기 1년-서기 300년)라는 용어로 대체해 사용하자는 주장은 서기 1987년부터이다(최몽룡, 1987). 그리고 국립중앙박물관에서도 서기 2009년 11월 3일(화)부터 이 용어를 공식적으로 사용하지 않기로 결정하였다. 그리고 衛滿朝鮮(기원전 194년-기원전 108년)을 포함한 古朝鮮을 인정하면 原三國時代 대신 三國時代 前期라는 용어가 타당하며 현재 고고학과 역사학계는 그렇게 인식해나가고 있는 추세이다. 서기 2012년 2월 21일(화)에 열린 국립문화재연구소 주최 한국사 시대구분론-외부전문가 초청포럼-학술대회에도 그러한 경향을 보이고 있다. 특히 송호정교수는 '청동기시대에서 철기시대에로의 이행시기에 대한 역사서술과 연구방법론'에서 고대를 고조선(시대)-삼국시대-남북국시대 순으로 보고 있다.

대)-삼국시대 후기(서기 300년-서기 660년/서기 668년)로 설정된다. 역사학과 반대되는 개념으로 문헌이 없는 시대는 선사시대로 볼 수 있어, 우리나라에서 고고학적으로 구석기, 신석기 청동기, 철기시대를 선사시대로 볼 수 있다. 그러나 엄밀히 말해 철기시대 전기(기원전 400년-기원전 1년)는 선사시대-역사시대의 과도기로, 철기시대 전기 이전까지가 선사시대에 해당하며 철기시대 전기 말 기원전 194년 위만조선의 출현 이후는 역사시대에 진입한다. 따라서 한국 고고학 편년 상 철기시대 전기 말 이전 즉 위만조선이 들어서는 기원전 194년 이전은 '한국의 선사시대' 또는 '한국의 上古史'의 연구범위에 들어가는 것으로 본다. 그러나 통시적(通時的)으로 보아야 하는 일관된 한국역사 흐름의 특성상 확대된 '한국 상고사'의 연구 범위는 삼국시대 전기(서기 1년-서기 300년)를 전후한 시기까지 연장해 보는 것도 현재로서는 무난하다. 이는 고대사의 범주와도 겹칠 수 있지만 앞으로 상고사와 고대사의 정확한 구분을 하자면 좀 더 세심한 주의가 필요하다.

구석기시대

구석기시대는 전기·중기[찍개·주먹도끼·주먹찌르개·다각면원구(여러면석기)와 같은 대형의 몸돌석기와 긁개·홈날·찌르개와 같은 소형의 박편(격지)석기]·후기[석인(돌날)·세석인(좀돌날)과 밀개·새기개·뚜르개·슴베도구 등]의 3시기 또는 이른 시기(후기 이전)·늦은 시기(후기)의 2시기로 구분하기도 한다. 구석기시대의 상한에 대해서는 연구자들 사이에 상당한 이견이 있으며, 석기제작 기술의 변화양상이 뚜렷하지 않고, 적용할 수 있는 절대연대측정법의 한계로 인해 전기와 중기를 구분하는 데에도 아직 많은 과제가

구석기시대 전기와 중기에 나타나는 주먹도끼 충북 청원 오송 만수리 출토, 필자 촬영

남아있다. 현재까지 우리나라에서 전기 홍적세(갱신세, 258만 년 전−78만 년 전)로 올라가는 유적은 확인된 바 없으며, 석기의 형태나 연대측정자료를 기반으로 중기 홍적세(갱신세, 78만 년−12만6천 년 전) 유적으로 보고된 곳은 단양 금굴 1문화층(석기형태를 기반으로 70만 년 전으로 추정)과 2문화층[석기형태와 동물상을 기반으로 45만 년−35만 년 전으로 추정; 이께야 모도지(池谷元司)가 개발한 전자상자공명연대측정법 electron spin resonance(ESR)으로는 18만5천, 870년 전], 청원 오송 만수리[우주기원 핵종을 이용한 연대측정법 aluminium/beryllium(26Al/10Be)으로 47만9천±15만3천 년 전, 40만7천±11만9천 년 전], 공주 석장리 하부층(1−6문화층, 석기형태를 기반으로 30만 년−13만 년 전으로 추정), 단양 수양개 III지구(석기형태를 기반으로 30만 년 전 경으로 추정), 연천 전곡리 하부층[현무암 연대측정과 화산재분석을 바탕으로 30만 년 전으로 추정]이다. 그러나 오송 만수리의 경우 광발광연대측정법/광학여기형광법 optically stimulated luminescence (OSL)에 의한 연대는 10만3천±8천 년 전으로, 전곡리는 15만7천±1만3천 년(OSL), 18만2천±1만5천 년(TT−OSL)으로 측정되어 신뢰도가 낮다. 이처럼 구석기시대의 상한은 학자에 따라 70만 년−30만 년 전으로 보는 등 상당한 이견을 보이고 있으나 앞으로의 자료증가와 연구결과에 따라 좀 더

· ·

2 경기도 포천 늘거리 유적에서 나온 AMS의 연대는 4지점−3층: 33060±290B.P., 31590±290B.P., 3지점 3층: 30640±200B.P., 25,150±150B.P.이다(기호문화재단 2016).

한국 선사시대의 문화와 국가의 형성

올라가거나 내려올 수도 있을 유동성이 많다. 후기 홍적세(갱신세, 12만6천 년 – 1만2천 년 전) 유적은 우리나라 전역에 분포하며, 석인(돌날)과 슴베찌르개가 등장하는 약 4만 년 전(단양 수양개 Ⅵ지구 하진리 4문화층과 포천 중리 늘거리 유적[2]을 경계로 중기(주로 OSL 연대측정으로 10만 년 – 5만 년 전)와 후기[주로 가속질량연대분석 accelerator mass spectrometry(AMS)으로 약 4만 년 – 1만2천 년 전/1만 년 전]로 구분할 수 있다. 전기 구석기시대와 중기 구석기시대에 비해 비교적 편년이 확실한 후기 구석기시대 중에서도 전기의 석인(돌날)과 후기의 세석인(좀돌날)과의 구분은 철원 장흥리, 남양주 호평동에서와같이 약 2만5천 년 전/2만4천 년 전으로 보고 있으며, 구석기시대 최말기 또는 신석기시대로의 전환기는 수정제 화살촉이 출토한 동해 기곡(1만2백년±60년 전)유적을 중심으로 1만 년 전 경까지 내려 보고 있다. 지금까지 사적으로 지정된 구석기시대 유적으로는 연천 전곡리(사적 제268호), 공주 석장리(사적 제334호), 파주 가월리 · 주월리(사적 제389호), 단양 수양개(사적 제398호)[3]와 순천 월평(사적 제458호)이 있다.

신석기시대

신석기시대는 초창기(고산리식토기) – 조기(융기문토기) – 전기(영선동식토기) – 중기(태선침선문)와 후기(봉계리식, 수가리식 – 퇴화,

. . . .

3 그리고 최근 충북 단양 수양개 유적 제 3문화층에서 35,000년 된 구석기인의 얼굴 (2.29cm×1.57cm, 무게 1.66g, 서기 2015년 11월 2일, 화) 단양 적성면 하진리 남한강가에서 전체길이 20.6cm, 0.4cm 간격으로 23개의 눈금이 새겨진 숫자와 날자(달이 차고 기우는 간격을 새김) 등을 추정하는 도구가 발견되었다. 그리고 단양 적성면 수양개 Ⅵ지구 하진리 2, 3, 4문화층에서 나온 연대는 다음과 같다.

신석기시대 집자리(서울 암사동 유적, 사적 제267호)
기원전 4-3000년경의 신석기시대 중기시대 유적이다.
필자 촬영

실제 문화양상은 중기와 후기가 비슷하기 때문에 양자를 합쳐서 단일한 시기로 편년하기도 함)-말기(이중구연토기)의 5 또는 6시기로 나눈다. 기원전 10000년/8000년 전-기원전 2000년/기원전 1500년. 신석기시대의 경우 제주도 한경면 고산리 유적(사적 제412호)에서 우리나라에서 가장 연대가 올라가는 기원전 8000년(10180±65B.P., 10500B.P., 9500B.P. 여

· ·

2문화층				3문화층		
❶	CAL	: 17,660±90B.P.		①	IAA	: 38,180±230B.P.
	Arizona	: 17,779B.P.			CAL	: 39,680±390B.P.
❷	IAA	: 17,850±60B.P.		②	IAA	: 39,930±270B.P.
		: 18,690±60B.P.			CAL	: 39,330±360B.P.
		: 18,770±60B.P.				: 40,070±380B.P.
	KIGAM	: 17,550±80B.P.			Arizona	: 44,100B.P.
❸	KIGAM	: 18,490±80B.P.		③	CAL	: 35,280±470B.P.
				④	Arizona	: 30,360B.P.
				⑤	CAL	: 34,020±400B.P.

Arizona: 36,000B.P

특히 4문화층은 전주 봉곡(슴베찌르개 2점, 41,500±1,500~31,000±1,500B.P., 토양시료), 대전 용호동(슴베찌르개 2점, 38,500±1,000B.P. 이전, 약 30,000-25,000B.P., 숯 시료) 등과 같은 후기 구석기시대 이른 시기의 문화층으로 거의 40,000년 전으로 올라간다. 이 문화층에서 출토된 40여 점의 슴베찌르개는 우리나라 후기 구석기시대 이른 시기에 해당되는 문화층에서 출토된 슴베찌르개로서는 가장 많은 수로 구석기시대 서기기제작기술의 전개과정을 이해하는데 중요한 역할을 할 것이다(한국선사문화연구원, 수양개 Ⅵ지구 전문가 검토위원회 자료집, 2015.8.24, pp.27-28).

기서 B.P.는 1950년 현재 이전을 의미)이란 연대측정결과가 나왔는데, 이 유적에서는 39기의 주거지에서 고산리식토기와 유경삼각석촉이 출토하고 있다. 강원도 고성 문암리 유적(사적 제426호) 하층은 초창기가 아닌 조기에 속한다. 그리고 양양 오산리(사적 제394호) 유적은 최근의 가속질량연대분석(AMS: Accelerator Mass Spectrometry)으로 기원전 6000년−기원전 5200년이 나왔다. 그리고 전형적인 즐문(櫛目文, 빗살문)토기가 나오는 암사동(사적 제267호) 유적은 기원전 4000년−기원전 3000년경에 해당한다. 지금까지 한반도에서 발견된 신석기시대 유적들의 시대구분(편년)은 토기를 기준으로 다음과 같이 되겠다.

1. 기원전 8000년−기원전 6000년(8,000년−10,000년 전), 초창기: 원시무문(원시민무늬, 原始無文)토기: 고산리(高山里)식토기

2. 기원전 6000년−기원전 4500년, 조기: 융기문(덧무늬, 隆起文)토기, 우봉리(牛峰里, 오산리식 평저토기)

3. 기원전 4500년−기원전 3500년, 전기: 압인문(누름무늬, 押印文)토기, 영선동식토기 전기 후반에 전형적 즐문토기가 중서부에서 출현

4. 기원전 3500년−기원전 2500년, 중기와 후기: 즐문(빗살무늬, 櫛目文)[4]토기가 지속되나 문양의 축소가 시작됨. 즐문토기가 남쪽으로 확

. . . .

4 중국의 요녕성과 내몽고의 신석기시대를 보면 요서지방의 내몽고 부신 사해(內蒙古 阜新县 沙羅乡 查海, 기원전 6000년), 내몽고 적봉 흥륭와(內蒙古自治區 赤峰市 敖汉 旗 興隆洼村/敖汉博物館 興隆窪 文化, 기원전 5050년), 내몽고 적봉 조보구(內蒙古 赤峰市 敖汉旗 敖汉小山 趙寶溝, 기원전 4000년), 내몽고 적봉 부하(內蒙古 赤峰 北 部 烏尔吉沐淪河 流域 富河, 5300년 전), 요녕 조양시 홍산(辽宁省 朝阳市 喀左县 興 隆庄乡 章京營子村 東山嘴屯, 內蒙古 赤峰의 紅山 文化, 기원전 3000−기원전 2500 년이 중심)와 내몽고 오한기 소하연(內蒙古 敖汉旗 小河沿乡 白斯朗營子 小河沿 文

산하면서 태선침선문 출현

5. 기원전 2500년 – 기원전 1500년, 말기: 즐문토기 문양은 더욱 축소,
남부에서는 이중구연토기가 확산

청동기시대

청동기시대(기원전 2000년/1500년 – 기원전 400년)는 조기, 전기,
중기와 후기의 4시기로 나눈다. 기원전 2000년 – 기원전 1500년: 부분
빗살문토기와 청동기시대의 돌대문토기(덧띠새김무늬, 突帶文, 刻目
突帶文土器, 중국 측의 용어는 花边口缘 또는 刻劃齒輪狀花边, 突帶

. . . .

化, 기원전 3000년 이후), 요녕 대련 소주산(辽宁省 大连市 長海县 广鹿島中部 吳家
村 西쪽 小珠山, 서기 1978年, 辽宁省 博物館, 旅順博物館 및 長海县博物館이 발굴,
上馬石 중층의 연대가 4400±110B.P., 王屯南窯 4220±350B.P., 곽가촌 상층 4180±
90B.P., 4060±90B.P., 3990±90B.P., 4110±90B.P. 4000년 전 新石器晚期文化, 瓦房店
長興島 三堂村, 旅順 郭家村(4180±90B.P.)도 중층에 속한다), 요녕 동항 후와(辽宁
省 東港市 馬家店鎭 三家子村 后窪屯 后窪, 下層 6000년 전 이상, 上層은 4465±90B.
P., 4980±159B.P.로 5000년 전, 3000–2900B.P.), 요녕 심양 신락(辽宁省 辽河河谷地
區 沈阳 新樂, 1973년 발굴, 5300년 – 4800년 전, 기원전 4500년), 요녕 신민 편보자
(辽宁 沈阳 新民市 張屯乡, 偏堡子村 偏堡子문화, 서기 1956년 조사, 기원전 3000년
–기원전 2500년) 등 기원전 4000년 – 기원전 3000년경의 우리의 즐문토기문화와 관
계되는 주요 유적들이 발굴되고 그 편년 또한 잘 정리되고 있다. 그 중 요녕 대련 소
주산과 신락 유적에서 나타나는 토기 표면의 연속호문(갈 '之'자문), 대련 금주시
성내(大连 金州市 城內) 제2 유치원 근처의 즐문토기편, 그리고 하북 무안 자산(河北
省 武安 磁山, 기원전 5300년)과 하북 천서 서채(河北省 遷西县 西寨村 新石器時代遺
跡) 등지의 즐문토기들은 우리의 즐문토기 문화 형성에 많은 영향을 주었을 것이다.
陝西省 榆林市 神木县 高家堡鎭 禿尾河 北側山 石峁(스마오, shi mǎo)村의 石峁와
皇城台 유적(기원전 2200년 – 기원전 1900년)에서 발견된 陶器는 龙山文化를 대표
하는 끓이거나(煮) 찌는(烝)는 취사도구인 '空三足器'인 鬲이 위주인데 '花边口缘 또
는 刻劃齒輪狀花边(突帶紋)'도 눈에 띈다. 이는 우리나라 청동기 조기(기원전 2000
년–기원전 1500년)에 보이는 突帶紋土器(刻目突帶文土器)의 장식과 유사하다.

紋, 外口券토기임: 春城 內坪里)가 공존하는 과도기인 청동기시대 조기로 편년한다.[5] 기원전 1500년은 남북한 모두에 적용되는 청동기시대의 상한이며 연해주지방－아무르 하류지역, 만주지방과 한반도 내의 최근 유적 발굴조사의 성과에 따라 청동기시대 조기는 기원전 20세기까지 올라간다. 현재까지 확인된 고고학 자료에 따르면 즐문토기시대 말기에 약 500년간 청동기시대의 시작을 알려주는 ① 돌대문

. . . .

5 청동기시대의 조기, 전기, 중기와 후기유적들은 다음과 같다.
가. 조기(기원전 2000년－기원전 1500년: 돌대문토기)
    강원도 강릉시 초당동 391(허균·허난설헌 자료관 건립부지)
    강원도 춘천 중도(서기 2014년 예맥문화재연구원, 빗살무늬토기와 돌대문토기가 같이
        나옴, 레고랜드 개발지, 方形環壕와 함께 비파형동검 2점, 청동도끼가 나옴)
    강원도 춘천 천전리 샘밭 막국수집(기원전 1440년, 한림대박물관)
    강원도 춘천 신북읍 천전리 708－6번지 일원(서기 2016년 11월, 예맥문화재연구
        원, 중기의 공렬토기 단계의 유적과 유물도 포함)
    강원도 춘천 천전리(A－9호, 10호 주거지, 7호 수혈유구, 예맥문화재연구원)
    강원도 춘천 산천리(강원대학교 박물관)
    강원도 춘천 신매리(한림대학교 박물관)
    강원도 춘천 우두동 직업훈련원 진입도로
    강원도 춘천 하중도 D－E지구
    강원두 춘천 현안리(예맥문화재연구원)
    강원도 춘성군 내평 2리(현 소양강댐 내 수몰지구, 그곳의 공렬토기가 나오는 청
        동기시대 중기의 연대는 기원전 980년, 기원전 640년임)
    강원도 춘천 현암리(예맥문화재연구원)
    강원도 춘성군 내평리(현 소양강댐내 수몰지구)
    강원도 영월 남면 연당 2리 피나굴(쌍굴, 신석기층익 연대는 기원전 2230년, 2270
        년, 청동기시대층의 연대는 기원전 2010년이 나옴
    강원도 원주 가현동 국군병원
    강원도 정선 북면 여량 2리(1차시 아우라지 1호 주거지: 기원전 1240년, 그러나 2
        차 발굴 시에는 2960B.P/1010B.C로 돌대문토기에 청동기가 공반함): 1차
        (2006－2007) 발굴조사 결과 신석기시대 주거지와 야외노지(爐址, 고대 주거

지의 불 땐 자리), 청동기시대주거지와 수혈유구, 분묘유구, 철기시대 주거지 등 총 46기의 유구를 확인한 바 있다. 강원도 정선군 여량면 여량리 191번지 일원(아우라지역 앞)의 2차 조사(2016년 3월 착수)에서는 신석기시대 주거지 1 기, 청동기시대 주거지 42기와 분묘 11기, 철기시대 주거지 1기, 신라시대 주 거지 14기, 통일신라 시대 주거지 8기, 조선시대 주거지 3기, 수혈유구 23기, 적석유구 1기, 미상유구 2기, 토광묘 3기 등 총 109기의 다양한 유구가 확인되 었다. 조사지역 중앙부에서 확인된 17호 청동기 시대 주거지 내에서는 청동제 장신구가 출토되어 주목된다. 주거지의 평면형태는 장방형이며, 내부에 石床 圍石式 노지를 설치한 전형적인 청동기시대 이른 시기의 주거형태이다. 유물 은 각목돌대문토기를 비롯해 삼각만입석촉(三角灣入石鏃), 장방형석도, 석·토제 어망추, 管玉, 청동 장신구 등이 출토되었다. 각목돌대문토기는 청동기 시대 이른 단계에 제작된 토기로 청동제 장신구가 함께 출토된 것으로 보아 청동기시대 이른 시기부터 청동기가 제작·사용되었음이 확인되었다. 또한, 토기와 석기(석촉, 어망추, 석도 등)가 일정 공간에서 묶음으로 출토된 것으로 보아 내부공간을 구분하여 활용하였던 것으로 판단된다. 석촉과 화살대가 결합한 유물도 나왔는데, 이것은 춘천 천전리 유적 이후 강원지역에서는 처음으로 발견된 것으로, 화살대는 분석결과 3년 정도 된 버드나무 속으로 확인되었다. 청동기시대 분묘유구는 고인돌을 포함하여 석곽묘 및 석관묘 등 8기가 새로 확인되었다. 상부 개석이 없이 확인된 석곽과 석관의 경우 고인돌의 하부 구조일 가능성도 배제할 수 없다. 석곽묘는 장방형 평면에 강돌(川石)을 쌓아 올려 조성하였다. 현재 3~4단 정도가 남아 있는데 석곽 바닥은 비교적 넓고 편평한 강돌을 이용하여 매장시설을 마련하였다. 출토유물은 赤色磨硏土器 (붉은간토기) 1점, 옥장식품(丸玉) 8점, 삼각만입석촉, 一段莖式石鏃 등이 확 인되었다. 한편 판석을 사용해 매장주체부를 제작한 석관묘의 경우 평면형태 는 장방형으로 동일하지만 석곽묘보다 규모가 작다. 그중 1호 석관묘 내부 에서는 성인으로 추정되는 인골과함께 귀걸이로 보이는 曲玉 2점, 목걸이로 보이는 丸玉 100여 개 정도가 확인되어 당시 매장의례를 파악 할 수 있는 자료 가 확인되었다(강원문화재연구소, 2016.11).

정선 여량면 여량리 191번지(정선 아우라지 유적) 내 유적, 발굴(정밀)조사 2차 전문가 검토회의 자료집 및 문화재청 2016년 11월 16일, 수, 보도자료)

강원도 홍천 두촌면 철정리 II(철기시대 유물은 기원전 620년/기원전 640년이 나옴)

강원도 홍천 화촌면 외삼포리(기원전 1350년, 기원전 1330년)

강원도 평창 평창읍 천동리 220번지(강원문화재연구소)

　　　강원도 평창 평창읍 천동리 평창강 수계 복구지역(예맥문화재연구원)

　　　강원도 화천 하남 원천리(예맥문화재연구원)

　　　경기도 하남시 미사리(옛 경기도 廣州邑 동부면 미사리)

　　　경기도 가평 청평면(외서면) 대성리

　　　경기도 가평 상면 덕현리

　　　경기도 가평 상면 연하리

　　　경기도 파주 주월리 육계토성

　　　경기도 시흥시 능곡동

　　　인천광역시 계양구 동양동

　　　인천광역시 서구 루원 시티(가정오거리): 신석기시대 빗살문토기의 운모가 섞인
　　　　　태토로 돌대문토기 중 연대가 가장 올라감

　　　인천광역시 중구 용유도

　　　인천광역시 옹진군 백령도 말등패총

　　　인천광역시 옹진군 연평 모이도(2790±60B.P., 기원전 1180년－기원전 820년)

　　　충청북도 제천 신월리(3760±50B.P., 기원전 2050년)

　　　대전시 유성구 용산동(단사선문이 있는 돌대문토기로 조기 말)

　　　충청남도 서산시 해미면 기지리

　　　충청남도 연기군 금남면 대평리(2970±150B.P., 기원전 1300년－기원전 1120년)

　　　충청남도 부여 구룡면 구봉리(1450±50B.C., 돌대문토기가 없는 논 유적(수전경
　　　　　작지)로 청동기시대 전기에 속할 가능성이 많다.

　　　대구광역시 달서구 대천동(기원전 3090년－기원전 2900년, 기원전 3020년－기원
　　　　　전 2910년)

　　　경상북도 경주 신당동 희망촌

　　　경상북도 경주 충효동 640번지와 100－41번지 일원

　　　경상북도 금릉 송죽리

　　　경상남도 산청 단성면 소남리

　　　경상남도 진주 남강댐내 옥방 5지구 등(동아대학교 · 선문대학교 등 조사단 구역,
　　　　　기원전 1590년－기원전 1310년, 기원전 1620년－기원전 1400년의 연대가 나
　　　　　왔으나 돌대문토기와의 관련은 아직 부정확함)

　나. 전기(기원전 1500년－기원전 1000년: 단사선문이 있는 이중구연토기)

　　　서울 강동구 가락동

　　　강원도 춘천 신매리(17호: 기원전 1510년, 기원전 1120년－기원전 840년)

　　　강원도 춘천 우두동 82번지 유치원 부지(기원전 12세기경)

강원도 강릉 교동(1호: 기원전 1878년 – 1521년/2호: 기원전 1495년 – 1219년/3호 기원전 1676년 – 기원전 1408년)

강원도 원주 가현동 국군병원

강원도 고성 현내면 송현리

강원도 속초 대포동

강원도 평창 평창읍 천동리 220번지(구순각목, 이중구연, 단사선문, 반관통 공렬 문: 기원전 11 – 기원전 10세기경)

경기도 강화도 내가면 오상리 고인돌(인천광역시 기념물 제5호)

경기도 가평 가평읍 달전 2리(가평역사부지)

경기도 김포시 양촌면 양곡리 · 구례리

경기도 성남시 분당구 판교동

경기도 평택 현곡 토진리

경기도 평택시 동삭동 88-1(전기의 세장방형 1기, 중기의 장방형 주거지 7기와 후기의 원형수혈주거지 2기가 모두 나옴. 그중 전기의 이중구연 단사선문토기 에 중기의 공렬문이 합쳐진 전기에서 후기로 넘어가는 기원전 10세기경의 과 도기식 토기가 나옴. 서기 2019년 11월 29일 금. 서해문화재연구원)

경기도 안성 원곡 반제리

경기도 안성 공도면 만정리

경기도 여주 점동면 흔암리[경기도 기념물 155호, 기원전 1650년 – 기원전 1490년(12 호), 기원전 1390년 – 기원전 1170년(12호) 기원전 1100년 – 기원전 780년(8호) 등]

경기도 연천 군남면 강내리(고려문화재연구원)

경기도 연천 군남면 삼거리 연천 임진강 유원지 조성부지(서기 2017년 9월 28일 목 白頭文化財硏究院, 발굴조사 결과 단사선문이 있는 이중구연토기가 출토 함, 기원전 1270년)

경기도 파주 교하읍 운정리

경기도 화성시 동화리

인천광역시 서구 검단 2지구

인천광역시 옹진군 덕적면 소야도(기원전 2085년, 기원전 2500년 – 기원전 1650년)

대전광역시 유성구 궁동 및 장대동

충청북도 충주 동량면 조동리(1호: 2700±165B.P., 2995±135B.P.; 기원전 11세기경)

충청북도 청주 내곡동

충청남도 부여 구봉면 구봉리(기원전 1450년)

충청남도 청주 용암동

충청남도 서산군 음암 부장리
충청남도 공주시 장기면 제천리
충청남도 공주시 장기면 당암리
충청남도 계룡시 두마면 두계리
충청남도 천안 백석동 고재미골
충청남도 아산 탕정면 LCD 단지 1지점
충청남도 아산 탕정면 용두리
충청남도 연기군 남면 증촌리 도림말
충청남도 연기군 남면 송담 2리
충청남도 연기군 남면 송원리
충청남도 연기군 남면 연기리 임천
경상남도 울산광역시 북구 신천동
경상남도 진주 대평 옥방지구(기원전 1590년 – 기원전 1310년, 기원전 1620년 –
　기원전 1400년)
경상남도 밀양 산외면 금천리
경상북도 대구 수성구 상동
경상북도 경주 충효동 640번지 일원
경상북도 포항시 남구 구룡포읍 삼정리
전라북도 군산시 내흥동 군산역사
전라북도 익산 영등동(1 – 3호)
광주광역시 북구 동림동 2택지개발지구(전기의 이중구연 단사선문토기에 중기의
　공렬문이 합쳐진 전기에서 후기로 넘어가는 기원전 10세기경의 과도기식 토
　기가 나옴)
전라남도 여천 적량동 상적 지석묘(청동기시대 전기말 – 중기초, 기원전 10세기
　경, 이중구연단사선문, 구순각목, 공렬토기, 비파형동검 6점)
전라남도 여수시 월내동 상촌 Ⅱ 지석묘(이중구연 단사선문, 공렬토기, 비파형동
　검 3점, 청동기시대 전기 말 – 중기 초, 기원전 10세기경)
전라남도 고흥 두원면 운대리 중대 지석묘(비파형동검)
전라남도 여천 화장동 고인돌(비파형동검, 기원전 1005년)
제주도 서귀포시 대정읍 하모리
다. 중기(기원전 1000년 – 기원전 600년: 공렬토기, 구순각목토기)
　서울 강남구 역삼동
　강원도 강릉 입압동

강원도 속초 조양동(사적 제376호)

강원도 양구군 양구읍 하리 및 고대리

강원도 정선 북면 여량 2리(아우라지, 기원전 970년)

강원도 영월 남면 연당 2리 피난굴(쌍굴, 공렬토기)

강원도 정선군 남면 낙동리 매둔 동굴(구순각목토기, 공렬토기, 기원전 12세기 –
  기원전 10세기, 연세대박물관, 2017년 5월 23일 문화재청 보도자료)

강원도 정선 신동읍 예미리

강원도 원주 가현동(국군병원) 및 태장동 4지구

강원도 춘성군 내평리(현 소양강댐 내 수몰지구, 기원전 980년, 기원전 640년)

강원도 춘천 거두리(1리 및 2리)

강원도 춘천 우두동 82번지 유치원 부지

강원도 춘천 신매리

강원도 춘천 율문리

강원도 춘천 하중도 D–E지구

강원도 춘천 천전리

강원도 화천 용암리

강원도 화천 하남 원천리(예맥문화재연구원)

강원도 화천 하남면 거례리

강원도 홍천 화촌면 외삼포리

강원도 홍천 화촌면 성산리

강원도 춘천 우두동 직업훈련원 진입도로(비파형동검)

강원도 춘천 삼천동

경기도 하남시(옛 경기도 廣州읍 동부면 미사리) 渼沙里(사적 제269호)

경기도 하남시 德豊 1洞 덕풍골(제사유구)

경기도 하남시 望月洞 龜山

경기도 가평 청평면(외서면) 대성리

경기도 가평 설악면 신천리

경기도 광주시 역동(비파형동검)

경기도 광주시 장지동

경기도 군포 부곡지구

경기도 가평 설악면 신천리

경기도 김포시 양촌면 양곡리 · 구례리

경기도 성남시 분당구 판교동

경기도 여주 점동면 흔암리(경기도 기념물 155호)

경기도 파주 교하읍 운정리

경기도 하남시 덕풍골(종교·제사유적, 기원전 1065년 – 기원전 665년)

경기도 하남시 미사동(사적 제269호 옆)

경기도 부천 고강동

경기도 시흥 논곡동 목감중학교

경기도 시흥 능곡동

경기도 안성 공도 만정리

경기도 안성 공도 마정리

경기도 안양 관양동(1호 주거지: 기원전 1276년 – 기원전 1047년, 기원전 1375
년 – 기원전 945년/5호 주거지: 기원전 1185년 – 기원전 940년, 기원전
1255년 – 기원전 903년)

경기도 의왕시 고천동 의왕 ICD 부근(기원전 990년 – 기원전 870년)

경기도 양평군 개군면 공세리 대명콘도 앞

경기도 양평군 개군면 상자포리

경기도 양평군 양서면 도곡리

경기도 양평군 양수리(기전문화재연구원 2001년 3월 26일 발굴, 공렬 및 구순각목)

경기도 연천 통현리·은대리·학곡리 지석묘

경기도 연천 군남면 삼거리 주거지(기원전 1130년, 이중구연과 공렬이 한토기에
같이 나옴, 청동기시대 전기 말 중기 초)

경기도 연천 군남면 강내리(고려문화재연구원)

경기도 용인시 수지읍 죽전 5리 현대아파트 및 어린이 공원 부지(기전문화재연구
원 2001년 3월 26일 및 12월 6일 및 발굴, 공렬 및 구순각목)

경기도 평택 지제동(기원전 830년, 기원전 789년)

경기도 평택 토진 현곡동

경기도 평택 서탄면 수월암리(북방식 지석묘)

경기도 파주 옥석리 고인돌(기원전 640년경)

경기도 화성 천천리(공렬토기가 나오는 7호주거지는 기원전 950년 – 기원전 820
년에 속함, 11호주거시는 기원전 1190년으로 연대가 가장 올라감)

경기도 화성 동탄 동학산

경기도 화성군 마도면 쌍송리(환호, 소도)

인천광역시 연수구 선학동 문학산

인천광역시 서구 검단 2지구

. . . .

인천광역시 서구 원당 4지구(풍산 김씨 묘역)

인천광역시 서구 불로지구(4구역)

대구광역시 달서구 진천동(사적 제411호 옆)

대구광역시 달서구 상인동, 대천동

대구광역시 수성구 상동

경상북도 경주 川北洞 新堂里(황기덕, 1964, 우리나라 동북지방의 청동기시대 주
    민과 남녘의 주민과의 관계, 고고민속 64-1, pp.15-19)

경상북도 경주 내남면 월산동(기원전 1530-1070년, 기원전 970년-기원전 540년)

경상북도 경주 충효동 640번지와 100-41번지 일원(기원전 1010년-기원전 800
    년, 기원전 920년-기원전 810년)

경상북도 경주 덕천리

경상북도 경주 충효동

경상북도 안동시 서후면 저전리(저수지, 관개수리시설, 절구공이)

경북 영주시 가흥동

경상북도 포항시 남구 지곡동

경상북도 포항 호동

경상북도 흥해읍 북구 대련리

경상북도 청도 송읍리

경상북도 청도 화양 진라리

울산광역시 북구 연암동(환호가 있는 종교·제사유적)

울산광역시 북구 신천동 울산광역시 남구 야음동

경상남도 울주 두동면 천전리(국보 제147호), 언양 반구대(국보 제285호) 진입로

경상남도 울주 검단리(사적 제332호)

경상남도 밀양 상동 신안 고래리

전라북도 군산 내흥동

전라북도 진안 오라동

전라북도 진안 모정리 여의곡

전라북도 진안 삼락리 풍암광주광역시 북구 동림 2택지

전라남도 고흥 과역 석북리

전라남도 곡성 겸면 현정리

전라남도 광양 원월리

전라남도 구례군 구례읍 봉북리

전라남도 승주 대곡리

전라남도 승주 죽내리

전라남도 여수 적량동

전라남도 여수 봉계동 월암

전라남도 여수 월내동

전라남도 여천 화장동 화산

전라남도 순천 우산리 내우 지석묘(비파형동검)와 곡천

전라남도 해남 현산 분토리 836번지(공렬토기, 구순각목)

충청북도 청주 용암동(기원전 1119년)

충청북도 충주 동량면 조동리(7호 기원전 750년)

충청북도 제원 양평리(홍도, 기원전 835±165)

충청남도 부여 규암면 나복리

충청남도 천안 백석동(94−B: 기원전 900년−기원전 600년, 95−B: 기원전 890년
  −기원전 840년)

충청남도 천안 백석동 고재미골

충청남도 천안 운전리

충청남도 천안 입장리 1호 고속국도 IC

충청남도 공주시 장기면 제천리 감나무골

충청남도 운산 여미리

충청남도 아산 명암리(기원전 1040−기원전 940년, 기원전 780년−기원전 520년)

충청남도 아산 탕정면 LCD 단지 2지점

충청남도 아산 탕정면 제2일반지방산업단지 1지역 1지점

충청남도 아산 탕정면 용두리(기원전 11세기−기원전 10세기경)

충청남도 당진 석문면 통정리(기원전 11세기−기원전 10세기경)

충청남도 청양 학암리

충청남도 보령시 웅천면 구룡리

충청남도 대전 대덕구 비래동 고인돌(기원전 825년, 기원전 795년, 기원전 685년)

충청남도 대전 유성구 관평동·용산동

충청남도 대전 유성구 서둔동·궁동·장대동

충청남도 유성구 자운동·주목동

충청남도 대전 동구 가오동·대성동 일원

충청남도 아산 신창면 남성리

충청남도 서산군 해미면 기지리

제주도 남제주군 신천리 마장굴

・・・・・・・・・・・・・・・・・・・・・・

    제주도 서귀포시 대정읍 상모리

    제주시 삼화지구(비파형 동검편)

    제주시 삼양동

라. 후기(기원전 600년 – 기원전 400년: 경질무문토기)

    강원도 춘천시 신북읍 발산리(기원전 640년)

    강원도 춘천 중도 지석묘(1935±90B.P. 기원전 15±90년, 기원전 105년 – 서기 75
        년, 경질무문토기가 나오는 철기시대 전기에 속함)

    강원도 춘천 하중도 D–E지구 소형 지석묘

    강원도 평창군 하리 석관묘(강원대 중앙박물관 서기 2016년 발굴, 기원전 6세기
        – 기원전 5세기, 비파형동검, 20대 여성 인골. 제사장)

    경기도 성남 판교지구 9지점

    경기도 양평 개군면 공세리

    경기도 용인군 갈담리

    경기도 파주 덕은리(사적 148호, 기원전 640년)

    경기도 평택 서탄면 수월암리(개석식, 소형석곽식 지석묘)

    충청북도 제천 황석리 고인돌(기원전 410년)

    충청남도 부여 송국리(사적 제249호, 장방형주거지의 목탄의 연대는 기원전 750
        년에서 기원전 150년경에 속한다. 여기에는 원형집자리와 환호(격벽시설)의
        청동기시대 후기와 목책과 방형의 집자리로 대표되는 철기시대 전기가 뚜렷
        이 확인된다. 그리고 새로이 발굴된 제 28호 방형집자리에서 삼각형석도가 출
        토하고 있다.)

    충청남도 부여 규암면 나복리

    충청남도 서산군 해미면 기지리

    충청남도 서천 도삼리

    충청남도 대전 대정동

    충청남도 계룡시 입암리

    충청남도 아산 신창면 남성리

    전라남도 나주 노안면 안산리, 영천리

    전라남도 나주 다도면 판촌리(철기시대 전기까지 내려가는 지석묘)

    전라남도 나주 다도면 송학리(철기시대 전기까지 내려가는 지석묘)

    전라남도 나주 다도면 마산리 2구 쟁기머리(철기시대 전기까지 내려가는 지석묘)

    전라남도 화순 춘양면 대신리 고인돌(기원전 555년)

    전라남도 순천시 해룡면 복성리

토기가 함께 출현하여 청동기시대 조기(기원
전 2000년 – 기원전 1500년)가 형성된다. 돌대
문토기의 경우 중국 소주산(小珠山)유적의
상층 후와(后窪) 문화에 해당하는 요동반도
남단 요녕성 대련시 교구 석회요촌(辽宁省
大連市 郊區 石灰窯村), 대련시 장흥도 삼당
(大連市 長興島 三堂)유적(기원전 2450년 –

인천 백령도 말등 패총 출토
신석기시대 최말기 청동기시대
조기의 토기
형태는 빗살문토기이지만 표면
에 문양이 없다. 필자 촬영

. . . .

전라남도 여수 화양면 소장지구
전라남도 여수 화양면 화동리 안골 고인돌(고인돌은 기원전 480년 – 기원전 70년
　사이로 철기시대에 속함)
전라남도 영암군 엄길리 고인돌군(이중개석, 흑도장경호, 기원전 3세기 – 기원전 2세기)
전라남도 장흥 유치면 대리 상방촌
전라남도 장흥 유치면 오복동
전라남도 장흥 유치면 신풍리 마정(탐진댐 내 수몰지구)
전라남도 함평 학교면 월산리
전라남도 해남 현산 분토리 836번지
광주광역시 남구 송암동
대구광역시 달서구 월성동 리오에셋
대구광역시 달서구 대천동
경상남도 김해시 장유면 율하리(솟대, 소도)
부산광역시 기장군 일광면 청광리(철기시대의 환호가 나타남. 소도)
인천광역시 서구 원당 1구역
제주시 삼양동[사적 416호로 지정된 철기시대 전기(기원전 400년 – 기원전 1년)의
　삼양동유적 옆에서 공렬토기가 나오는 방형주거지가 37기가 새로이 발굴·조사
　되었다. 이 공렬토기는 육지에서 영향을 받아 현지에 제작된 것으로 홍도가 공
　반하고 있다. 중심연대는 육지의 청동기시대 중기가 아닌 후기에 속하는 것으
　로 기원전 6세기 – 기원전 4세기이다.]
제주도 서귀포시 안덕면 화순리

인천 백령도 말등패총 출토 고기잡이 그물추
양쪽에 홈을 내어 끈으로 묶을 수 있게 하였다.
필자 촬영

기원전 1950년경으로 여겨짐),
요동만(辽東湾)연안 와점방시 교
류도향 마루촌 교류도 합피지(瓦
房店市 交流島乡 馬路村 交流島
蛤皮地), 길림성 화룡현 동성향
홍성촌 삼사(吉林省 和龙县 東城
乡 興城村 三社, 早期 興城三期,
기원전 2050년-기원전 1750년),
그리고 러시아에서는 연해주 보
이즈만 신석기시대 말기의 문화인 자이사노프
카의 올레니와 시니가이 유적(이상 기원전
3420년-기원전 1550년)에서 나온다. 그리고
우리나라에서는 돌대문토기가 강원도 춘성
군(현 춘천시) 내평리, 정선 북면 여량 2리(아
우라지, 1호 주거지: 기원전 1240년, 청동제 장
신구 출토), 춘천 천전리(기원전 1440년),
춘천 산천리, 춘천 신매리, 춘천 우두동,
춘천 현암리, 강릉시 초당동 391번지 허
균·허난설헌 자료관 건립부지, 홍천 두촌
면 철정리, 홍천 화촌면 외삼포리(기원전

가평 상면 연하리유적 출토
덧띠새김무늬토기
우리나라 청동기시대 조기의 돌대
문토기이다. 필자 촬영

1330년, 기원전 1350년), 평창 평창읍 천동리, 경기도 가평 상면 연하
리, 인천광역시 계양구 동양동, 서구 루원 시티(가정오거리), 경상남
도 진주 남강댐 내 옥방, 경주 충효동 유적을 비롯한 여러 곳에서 새
로이 나타나고 있기 때문이다.

또 신석기시대에서 청동기시대로 넘어오는 과도기시대에 기형은

빗살문(즐문)토기이나 기표면에 문양이 전혀 없는 무문토기 또는 태토(바탕흙)가 무문토기인 경우가 확인된다. 경상남도 산청 소남리(신라대학교 가야문화재연구소), 인천광역시 백령도 말등패총(서울대학교 박물관), 경기도 시흥 능곡동(기전문화재연구원) 출토 토기가 그러하다 그리고 기원전 10세기 전후 청동기시대 전기에서 중기로 넘어오는 과도기 시대에는 단사선문(單斜線文)이 있는 이중구연(二重口緣)토기에 공렬문토기(골아가리토기/孔列土器＋골아가리토기/口脣刻目土器)가 구연부 가까운 기표면에 나타난다. 이는 경기도 여주 점동면 흔암리(서울대학교 박물관), 경기도 양평 양수리(기전문화재연구원), 전남광역시 북구 동림동 2택지(동북아지석묘연구소), 전라남도 여천 적량동 상석 지석묘(동북아지석묘연구소), 경기도 평택 동삭동 88-1(서해문화재연구원)에서 확인된다. 이들은 傳統과 異質的인 문화의 融合의 결과이며 通婚圈에 기인한 바가 크다(최몽룡 2008, 한국청동기 철기시대와 고대사회의 복원, 서울: 주류성 pp.38-43 및 최몽룡 2014, 韓國考古學硏究-世界史 속에서의 韓國-, 서울: 주류성 Ⅵ, Ⅶ, Ⅷ장).

이와 같은 청동기시대 조기의 다음 단계는 ② 단사선문(單斜線文)이 있는 이중구연토기(二重口緣토기, 청동기시대 전기: 기원전 1500년-기원전 1000년, 중국의 王巍에 의하면 陀螺形陶器文化로 그 상한을 기원전 13세기로 봄), ③ 구순각목이 있는 공렬문토기(청동기시대 중기: 기원전 1000년-기원전 600년)와 ④ 경질(硬質)무문토기(화도가 700℃-850℃에서 구어진 경질토기, 청동기시대 후기: 기원전 600년-기원전 400년)에로의 이행과정이 나타나고 있다. 특히 청동기시대 중기가 되면 공렬문토기(골아가리토기/孔列土器＋골아가리토기/口脣刻目土器)文化는 지역적인 국한된 모습을 벗어나 한반도 전체(현재로서는 以南地域)로 확산된다. 중기의 공렬문토기 단계(여주 흔암리, 경기도 기념물 155호)와 후기의 경질무문토기 단계(부여 송국리, 사적 249호)에는 오곡(五穀: 기장·조·쌀·보리·콩)의 농사와 함께 화전(火田, slash and burn agriculture, bush-fallow cultivation), 밭농사(dry field farming)와 논농사(水田耕作, rice paddy cultivation))가 전국적으로 확산된다. 이는 농기구로 보아 굴경(掘耕, digging stick system)→초경(鍬耕, hoe system)→려경(犁耕, 쟁기, 보습, plough system)으로 발전해 왔음을 알 수 있다.

충남 아산 탕정 명암리 출토 곡식의 이삭을 따는 반달칼(半月形石刀) 필자 촬영

비파형동검(경북 상주, 충남 부여)
자루와 검신이 별도로 만들어져 결합하는 별주식(別鑄式)이다(필자의 7차 고등학교 국사에서 인용).

한국화된 동일성(同一性)과 정체성(正體性)은 청동기시대 중기의 공렬문토기 시기부터 나타난다. 그리고 고조선문화의 특징인 지석묘(支石墓, 고인돌)와 비파형동검(琵琶形, 辽宁式, 滿洲式, 古朝鮮式 銅劍)이 나오는 유적의 연대는 대략 기원전 17세기-기원전 12세기로 좁혀지고 있지만 지석묘는 기원전 1500년에서부터 시작하여 철기시대 전기 말, 즉 기원전 1년(기원전 1500년-기원전 1년)까지 존속한 한국토착사회의 묘제로서 다원적(多源/元的)인 문화요소를 수용하고 있다. 이 지석묘사회가 철기시대까지 이어지다가 철기시대 전기 말(기

원전 3세기-기원전 2세기경)에 해체되어
마한을 대표하는 삼한사회로 이행된다.
기원전 1500년경에는 한반도 전역에 본격
적으로 청동기시대가 시작된다. 청동기
시대에는 생산경제가 더욱 발달하고 직업
의 전문화나 분업이 이루어지면서 사유재
산과 계급이 나타나게 되었다. 이에 따라
사회 전반에 걸쳐 큰 변화가 일어나게 되
었다. 이와 같이 청동기시대라고 하면 일
반적으로는 청동기가 제작되고 사용되는
사회를 의미한다. 그러나 우리나라의 경
우는 그러한 개념을 그대로 적용하기 어
렵다. 일반적으로 한국에서는 '청동기시

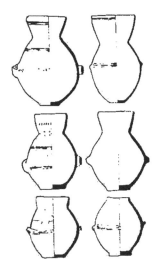

평안북도 의주 미송리식 토기 그림
(필자의 7차 고등학교 국사에서 인용)

대=무문토기시대'라는 생각이 통용되고 있는데, 무문토기가 사용됨
과 동시에 청동기가 사용되었다는 증거는 거의 없다. 북한에서는 팽
이형(角形土器)토기 유적인 평양시 사동구역 금탄리 8호 주거지에서
청동끌이 출토되었고, 평안북도 용천군 신암리에서 칼과 청동단추,
황해북도 봉산군 봉산읍 신흥동 7호 집자리에서 청동단추가 출토되
었으며, 함경북도 나진 초도에서는 청동방울과 원판형기가 출토되
어, 북한학자들은 이들 유적이 북한의 청동기의 시작이라고 보고 그
연대를 기원전 2000년 초반으로 잡고 있다. 또한 철기시대 전기에 세
형동검, 주조철부 등과 공반되는 점토대토기는 철기시대 전기의 400
년간 사용된 경질무문토기의 일종이다. 청동기시대의 유적 가운데
비슷한 성격의 유물군이 요령, 길림성지방을 포함하는 중국 동북지
역으로부터 한반도에 걸쳐 널리 분포되어 있다. 이 시기의 전형적인

유물로는 반달돌칼, 바퀴날도끼를 포함하는 석기와 비파형동검, 거친무늬거울, 화살촉 등의 청동제품, 그리고 미송리식 토기나 각 지역에 따라 특징적인 무문토기 등이 있으며, 이들은 고인돌, 돌무지무덤, 돌널무덤 등에서 나오고 있다. 비파형동검은 중국 동북부로부터 한반도 전역에 걸쳐 분포하며, 이러한 동검의 분포는 이 지역이 청동기시대에 같은 문화권에 속하고 있었음을 보여준다. 청동기시대의 대표적인 토기인 무문토기는 지역에 따라 다른 모양을 보이고 있으나, 밑바닥이 좁은 팽이형(角形土器)과 밑바닥이 판판한 원통모양의 화분(花盆)형이 기본적인 것이며 빛깔은 적갈색이다.

철기시대 전기

철기시대는 전기와 후기 2시기로 나눈다. 그 중 전기(기원전 400년－기원전 1년)는 점토대토기의 단면 형태를 바탕으로 3시기로 잡아보는 것도 가능하다. 철기시대 전기는 종래의 초기 철기시대로, 최근 점토대토기 관계유적의 출현과 관련하여 기원전 400년으로 올려 잡는다. 점토대토기의 출현은 철기시대의 시작과 관련이 있다. 이 시기는 점토대토기의 단면의 형태 즉 원형, 직사각형(방형)과 삼각형에 따라 I기(전기), II기(중기)와 III기(후기)의 세 시기로 나뉜다. 그리고 마지막 III기(후기)에 구연부 단면 삼각형 점토대토기(덧띠토기, 斷面三角形 粘土帶)토기와 함께 다리가 짧고 굵은 두형(豆形)토기가 나오는데 이 시기에 신라와 같은 고대국가가 형성된다. 이 중 한반도 최초의 고대국가인 위만조선은 철기시대 전기 중 III기(중－후기)에 속한다. 그 기원으로는 중국의 요녕성 심양 정가와자(辽宁省 沈阳 鄭家窪子) 유적과 아울러 러시아 연해주의 뽈체 문화가 주목된다. 최근의 가속질량연대분석 측정법에 의한 결과 강릉 송림리 유적이 기원전

700년-기원전 400년경, 안성 원곡 반제리의 경우 기원전 875년-기원전 450년, 양양 지리의 경우 기원전 480년-기원전 420년(2430±50B.P., 2370±50B.P.), 횡성군 갑천면 중금리 기원전 800년-기원전 600년, 그리고 홍천 두촌면 철정리(A-58호 단조 철편, 55호 단면 직사각형 점토대토기)의 경우 기원전 640년과 기원전 620년이 나오고 있기 때문이다.

철기시대 후기

철기시대 후기(서기 1년-서기 300년)는 삼국시대 전기(三國時代 前期, 종래의 원삼국시대, 삼한시대)이며 기원전 1세기에 나타난 신라, 고구려와 백제가 고대국가로서의 위상이 더욱 더 뚜렷해진다. 그런데 이 시기를 '원삼국시대'라고 하면 삼국사기의 초기 기록과 부합되지 않는 애매한 시기설정이다. 그 대신 고고학으로 보는 마한과 백제의 시기구분이 나와 이 시기의 성격이 명확하게 설명되고 있다. 그리고 철기시대 후기는 철기시대 전기의 위만조선과 마찬가지로 역사시대로 편입된다.

삼국시대 후기: 서기 300년-서기 660년/668년

통일신라시대: 서기 668년-서기 918년

한국상고사(구석기시대-삼국시대 전기)의 연표

구석기시대 신석기시대	약 70만 년 전 약 1만 년 전	인류의 등장(에티오피아의 아르디피테쿠스 라미두스, 약 440만 년 전)
고조선의 성립(중국 요녕성 요하 일대: 지석묘 비파형동검, 거친무늬거울, 미송리형단지)	기원전 2333년경 기원전 2000년- 기원전 600년	중국 홍산문화(옥룡문화, 기원전 3000년 -기원전 2500년경) 문명의 발생(수메르, 이집트, 기원전 3000년경) 인더스 문명(기원전 2500년경) 용산문화(기원전 2500년-기원전 2200년)
청동기시대(돌대문토기의 시작)	기원전 2000년- 기원전 1500년경	하 왕조(기원전 2200년-기원전 1750년)
철기문화 보급(점토대토기의 시작)	기원전 400년- 기원전 1년 기원전 5세기경	상 문명(기원전 1750년-기원전 1100/1046년) 주 나라(기원전 1100년-기원전 771년 서주) 동주시대[춘추 전국 시대](기원전 771년 - 기원전 221년)중국은 기원전 475년 이후 부터 철기시대가 시작됨.
위만집권(평양 왕검성, 한국 역사시대의 시작) 고조선 중 위만조선의 멸망과 한사군설치(평양 왕검성) 삼국시대 전기(신라·고구려·백제)의 등장	기원전 194년 기원전 108년 기원전 57년, 기원전 37년, 기원전 18년	

2. 환경

　문화는 인류가 지구상의 환경에 적응하여 살아남자고 하는 전략으로 의·식·주로 표현된다. 그러나 문명은 문화에서 질적·양적으로 발전한 단계이며 도시와 문자를 필요·충분조건으로 갖춘다. 이 단계는 기원전 3000년경 청동기시대에 처음으로 나타난다. 환경의 지배를 많이 받았고, 그러면서도 이를 잘 극복하고 적응해 나간 옛 사람들의 삶을 이해하려면 그 당시의 자연환경을 아는 것이 필수적이다. 인류가 지구상에 처음으로 출현한 때를 문화사적으로는 구석기시대라고 하는데, 이를 지질시대와 대비시키면 홍적세(갱신세: Pleistocene)에 해당한다. 지구의 역사는 선캄브리아(Precambrian)라고 하는 시생대와 원생대를 지나 고생대, 중생대의 시기가 있으며, 마지막이 신생대라 불리는 시기로 이루어진다. 신생대는 제3기(Tertiary)와 제4기(Quaternary)로 구분되며, 제4기는 다시 홍적세(更新世: Pleistocene)와 충적세(全新世: Holocene)로 나누어진다. 홍적세는 학자마다 차이가 있으나 약 180만 년 전부터 시작된다고 한다. 이에 따라 종전에는 보통 사람의 역사는 약 200만 년 전후가 된다고 하였으나, 최근에는 신생대 중 약 500만 년 전부터 시작되는 선신세(鮮新世, 제3기의 최신세: Pliocene)부터 우리의 조상인 화석 인류가 나타나고 있음이 밝혀지고 있다.

구석기시대에 이 땅의 자연환경이 지금과 비슷하거나 같았다면 그다지 연구할 필요가 적겠으나, 전 세계적으로 구석기시대는 자연환경의 변화가 무척 심했던 시기이며, 신석기시대에도 지금과 상당히 다른 모습을 띠었기 때문에 이들을 잘 파악해야 사람들이 살아갔던 모습을 제대로 이해할 수 있다. 오늘날은 지질학, 지리학, 기후학, 해양생태학, 고생물학 및 연대측정법 등 각종 과학의 발달로 선사시대에 대해 거의 이해할 만큼 복원해 놓았다고 할 수 있다. 구석기시대에 환경의 변화가 심했던 가장 큰 원인은 이 기간에 빙하시대가 있었기 때문이다. 구석기시대는 흔히 빙하시대로 불리는데, 이 기간 동안에 전 세계가 빙하로 뒤덮였다고 오해하는 경우가 많으므로 이에 대한 정확한 인식이 필요하다. 빙하기라는 것은 제3기 말의 기온저하 현상으로 양극(남극, 북극)지방과 북반구대륙의 일부, 그리고 고산지방(알프스, 히말라야/喜馬拉雅山脈)을 녹지 않은 빙하가 형성되고 확장되어, 상당한 지역들이 한랭한 기후를 겪었다는 뜻이 되겠다. 홍적세(갱신세) 동안에는 지역마다 상당한 차이가 있기는 하지만 보통 4차례의 길고 커다란 빙하기가 있었고 그 사이에 수만 년씩 지속된 기온 상승기(간빙기: interglacial)가 세 번 있었다. 간빙기에는 기온이 지금보다 더 올라가기도 하였다. 또, 빙하기 동안에도 짧은 동안의 기온상승효과가 나타나는 몇 차례의 빙온기(interstadial)가 있었다. 빙하의 확장은 대기에 존재하는 수분의 심한 증발이 전제가 되며, 결국에는 해수면의 저하현상과 동시에 육지면적의 확대를 가져온다. 해수면은 가장 추웠던 마지막 빙하기 때가 가장 낮아서 평균 100m 정도가 낮아졌다. 빙하기의 추운 기후와 해수면의 저하현상은 생태환경의 변화를 가져오는데, 식물분포선이 남하하고, 또 고지대에서 낮은 곳으로 내려옴에 따라 이에 적응하고 있던 동물들의 이동, 인류의 이주현상을 가져왔다. 이리하여 빙하기와 간빙기를 거치는 동안 한난기(寒暖期)가 교체하며, 따라서 동물, 식물에 절멸종과 신종이 교체하게 되고, 시대에 따라 특징적인 동물상이 나타나게 되었다. 당시의 동물상은 유적에서 발굴되는 짐승화석을 통해, 그리고 식물상은 꽃가루(花粉)분석을 통해 알아낸다. 이들은 구석기사람들의 사냥, 채집의 대상이었으므로 이들이 곧 당시의 생태계를 보여준다고는 할 수 없겠다. 전체 동식물군의 성격과, 일부 멸종되거나 다른 기후구로 옮아간 특수 종들에 대한 검토와 확인은 그 당시의 기후 특성과 유적의 편년을 가늠하는데 가장 큰 도움을 준다. 예를 들면 이제까지 알프스의 제4기 동안 4번의 빙하기가 일어났다는 것을 들어 전 세계적으로 4번의 큰 빙하기의 존재를 말하고 있으나 최근의 연구결과로는 각 나라별로도 그 수가 다르며 태평양의 솔로몬 고원의 경우 22번, 중국의 경우 37번의 기후변동이 일어났다고 알려지고 있다.

기원전 10000년 무렵 빙하기가 끝나면서 전 세계적으로 후빙기가 시작되어 기후는 매우 따뜻해져 갔다. 추운 환경에 적응했던 구석기시대의 생활방식도 끝나게 되었고, 지역에 따라 새로운 기후에 적응한 중석기-신석기문화가 시작되었다. 여기에서의 중석기시대는 유럽 위주의 편년으로 농경의 시작과 세석기를 이어 만든 결합도구(composite tool)의 존재로 특징지어지는데, 최근에는 극동지역에서 구석기시대에서 신석기시대로 넘어가는 과정에 이런 유럽식 중석기문화 특징이 나타나고 있지 않다는 견해 때문에 중석기시대와 중석기문화라는 용어 대신 전환시대란 용어로 대치하는 경향이 있다. 여하튼 농경과 어로에 대한 관심의 증가, 토기제작 등으로 신석기시대의 정착생활방식으로 바뀌어간 것도 이러한 기후변화와 밀접히 관계되어 있을 것으로 보인다. 기원전 5000년에서 기원전 3000년에 이르는 기간이 되자 기온은 가장 상승했으며 이와 함께 해수면도 매우 높아졌다. 기원전 1000년 전후부터는 다시 해면이 낮아져 대체로 현재와 같은 해안선이 형성되었다. 이후로는 소규모의 기후 변화는 있었으나, 크게 보아 지금과 대차가 없다고 여겨지고 있다.

3. 한반도와 홍적세

　구석기시대의 전 기간은 지질학상으로 홍적세(갱신세, Pleisto-cene)라고 불린다. 이 기간에 우리나라에도 빙하가 엄습하여 왔는지에 대해서, 종래 만주와 한반도 일부에 빙하의 영향을 받은 흔적이 있다는 주장이 있었으나 최근에는 부정되고 있다. 예를 들어 관모봉일대의 마모흔적은 빙하의 영향이라기보다는 다우(多雨)의 현상으로 받아들이는 것이 최근의 경향이다. 그리고 우리나라는 빙하지역의 외곽에 위치한 주빙하(周氷河: periglacial)지역으로 여겨지고 있다. 주빙하지역이라 하더라도 해수면 저하현상은 뚜렷하다. 해수면이 낮아지면 중국과 우리나라, 일본처럼 대륙붕으로 연결되거나 수심이 얼마 되지 않는 지역들은 연륙(連陸: land bridge)되는 현상이 일어날 수 있으며, 이린 현상은 구석기시대 사람들의 이동이나 분포와도 관계된다. 지금까지 연구된 바에 따르면 제3빙하기 무렵(중기 홍적세 끝 무렵)이나 후기 홍적세 추울 무렵에 우리나라는 여러 차례 중국 및 일본과 연륙되어 있었던 것으로 여겨진다. 우선 일본의 구석기시대라고 할 수 있는 선토기시대(先土器時代)의 경우를 보면, 일본열도에 사람이 살기 시작한 것은 약 3만 년 전 최종 빙하기인 뷔름기(Würm. 후기 홍적세)로, 해수면이 80m-140m 낮아져 소야(宗谷), 쓰가루(津輕)와 대한해협(大韓海峽)이 연륙되어 당시 일본은 대륙과 연결되어 있었으며, 이 연륙의 증거는 일본 전역에서 나타나는 화석으로 입증되고 있다.

한편 우리나라의 구석기유적에서 나오는 동물의 뼈는 코뿔소, 코끼리, 큰뿔사슴 등의 큰 짐승으로부터 작은 갈밭쥐 뼈에 이르기까지 크기가 매우 다양하다. 코뿔소나 코끼리, 원숭이 등은 지금은 이 땅에서 살지 않으며 따뜻한 기후를 알려주는 짐승으로서 간빙기시기에 금굴, 점말, 두루봉 등에서 볼 수 있는 것들이다. 한편 털코끼리나 털코뿔소 등은 제4빙하기에 동관진 등에서 출토되는 것들이다. 아직까지 환경복원에 대한 연구가 만족스러운 단계는 아니므로 앞으로 이들을 위해 지질학적 연구, 고척추동물 연구, 동물분류, 병리현상연구, 퇴적층에 보관되어 있는 꽃가루에 대한 연구들이 계속 이루어져 나가야 할 것이다.

4. 인류의 등장

인류는 동물계(動物界, kingdom)-척추동물문(脊椎動物門, phy-lum)-포유류강(哺乳類綱, class)-영장류목(靈長類目, order, 7000만 년 전)-유인원 아목(類人猿 亞目, sub-order)-인초과(人超科, supra-family, hominoidea/hominoids: gorilla와 chim-panzee)-인과(人科, family, hominidae/hominids: Ausrtalo-pithcus)-인아과[人亞科, sub-family, homininae/hominines/euhominid(Broom과 Robinson이 Swatkranson 847 hominid cra-nium의 유사성에서 이 명칭을 사용): Java man to homo sapiens]-인류속(人類屬, 人屬, genus, homo/man)-인류종(人類種, 人種, species, homo sapiens/modern man)으로 진화해 나온다.[1]

• •

1 지금은 사할렌트로푸스 촤덴시스(Sahalenthropus tchadensis, Tumai, Michel Brunet와 Brigitte Senut가 Chad의 Jurab 사막계곡에서 발견, Tumai인, 7-6백만 년 전)-오로린 투게넨시스(Orrorin tugenensis, Martin Pickford, Kenya)

················

－아르디피테쿠스 라미두스(Ardipithecus ramidus, Tim White, Ethiopia, 440
만 년 전)－오스트랄로피테쿠스 아나멘시스(Australopithcus anamensis, Meave
leakey, Kenya)－오스트랄로피테쿠스 아파렌시스(Australopithecus afaren-
sis, Lucy, 350만 년 전, Donald Johanson)－라에톨리(Laetoli, Mary Leakey,
Tanzania, 320만 년 전)－호모 루돌펜시스(Homo rudolfensis, Richard Leakey,
1470호, Koobi Fora, 240만 년－180만 년 전)－호모 하빌리스(Homo habilis)－호
모 에르가스터(Homo ergaster)－호모 게오르지쿠스(Homo georgicus, 175/180
만 년 전, 조지아/옛 그루지아/그루지야)－호모 이렉투스(Homo erectus, Trinil,
170－25만 년 전)－호모 엔티세서(Homo antecessor, Gran Dollina, Atapuerca,
80만 년 전, 120만 년 전－80만 년 전, 유럽 최초의 인류)－호모 하이델베르겐시
스(Homo heidelbergensis, Tautavel, 45－60만 년 전)－호모 네안데르탈렌시스
(Homo neanderthalensis, 타분/Tabun, 케바라/Kebara, 샤니다르인/Shanidar)
－호모 사피엔스(Homo sapiens, Homo sapiens idaltu 154,000년 전, Omo 1, 2
195,000년 전, Quafzeh와 Skhul 10만 년 전 등 이스라엘 지역: Homo sapiens는
10－5만 년 전 크게 발전하였다. 그러나 러시아 알타이산을 중심으로 발굴하고 있
는 중기-후기 구석기시대 유적 중에서 데니소바(Denisova) 동굴유적은 최하층
인 22층의 TL dating은 282000/224000B.P.가 나오고 있으며 30,000－48,000년 전
에 살던 5-7세 어린아이의 뼈의 DNA분석은 네안데르탈인과 전혀 다른 유전자
배열을 갖고 있어 100만 년 전 인류조상으로부터 갈라져 나와 따로 발전한 것으
로 보인다는 설도 있다. 7만5천년 전 인도네시아 수마트라 섬의 슈퍼 볼케이노 토
바/Toba 화산의 폭발로 인한 빙하기가 닥쳐오고 인간이 멸종 단계에 이르렀으나
이를 극복해 말과 문화를 갖는 현생인류로 발전하게 됨)－Homo sapiens sapi-
ens/Cro-magnon[여기에서 오늘날의 黑人(Negroid), 白人(Caucasoid), 黃人種
(Mongoloid race) 세 인종으로 발전] 등의 발견으로 인류의 기원이 6－7백 만 년
전으로 거슬러 올라가나, 현재로서는 인류의 직계조상은 아르디피테쿠스 라미두
스로 보고 있다. 진화론 상 인간과 침판지와의 분리는 약 5－600만 년 전으로 이로
써 거의 모든 화석인류가 발견된 셈이다. 이제까지 알려진 인류 최고의 화석은 탄
자니아의 라에톨리에서 발견된 직립원인의 발자국과 에티오피아 하다르의 오스트
랄로피테쿠스 아파렌시스(일명 루시)로 그 연대는 300－350만 년 전으로 알려지고
있으나, 최근 에티오피아 아라미스에서 발견된 '아르디피테쿠스 라미두스'가 인류
최고의 화석으로 밝혀지고 있으며 그 연대는 440만 년 전이다. 인류 최초로 도구
를 사용하고 육식을 한 것은 에티오피아 보우리에서 발견된 오스트랄로피테쿠스
가르히로 밝혀졌으며 그 연대도 250만 년 전이다.

인류의 진화상 영장류-유인원 아목(亞目)에서 갈라져 나온 오랑우탕(1600만 년 전), 고릴라(1000만 년 전)와 침팬지(600-700만 년 전)가 우리와 가까운데 그 중 침팬지가 가장 가깝다.

　이들은 아르디피테쿠스 라미두스(440만 년 전)→오스트랄로피테쿠스(인과 단계의 남방의 원숭이: 400만 년-300만 년 전: 아파렌시스와 라에톨리인)→호모 하빌리스(인과 단계의 기술 있는 인간으로 처음으로 도구사용: 최근의 오스트랄로피테쿠스 가르히인(호모 에르가스터로 투르카나에서 발견된 Australopithecus garhi, 연대는 250만 년 전으로 올라간다)→인류속(인류속 단계의 고인, 네안데르탈인이 대표적이나 최근 DNA분석으로 인류의 조상이 되기에는 여러 가지 의문점이 나타나고 있다)→인류종(현생인류 단계의 신인 또는 슬기 슬기사람)의 순서로 발전한다.

　인류(人超科)가 지구상에 출현한 것은 신생대 제3기의 선신세(Pliocene)기간으로 침팬지에서 갈라져 나와 인류가 처음 등장한 것은 지금부터 약 440만 년 전으로 알려져 있다. 최초의 인류는 아프리카 에티오피아 아라미스에서 화석으로 발견된 아르디피테쿠스 라미두스로, 이들은 오늘날의 사람들과는 외모가 매우 달라 원숭이에 가까운 모습이었다. 하지만 이들은 두 발로 서서 걸을 수 있었기 때문에 직립보행(bipedal locomotion)을 하고 양팔을 사용(brachiation)하여 도구를 만들어 사용할 수 있었으며, 시간이 흐르면서 점점 더 큰 두뇌 용량을 가지게 되면서 더 발전한 모습을 보여 주었다. 즉, 발이나 무릎 뼈 등의 생김새로 보아 두발걷기(直立步行)는 사람과 같으나, 송곳니, 머리뼈 등의 생김새는 아직 침팬지와 비슷하여 사람과 침팬지의 중간형태 쯤으로 여겨진다. 이들은 간단한 석기제작 능력도 갖추고 있어, 생각하고 이를 실행에 옮길 수 있는 인간적인 특징을 갖추었음을 보여준다.

  다음 단계는 인류 속과 인류 종으로 이미 두뇌용량이 800cc 정도나 되며 오스트랄로피테쿠스와는 완전히 결별한 호모 하빌리스(Homo habilis: '기술 있는 인간', 북한에서는 '능인'이라고 함)이며, 이들에서 다시 체질적 특징과 머리부피 등이 진화하는 가운데 전기 구석기 문화를 담당한 호모 에렉투스(Homo erectus: 원인, 곧선사람)들이 나타나게 되었다. 중기 구석기시대를 이끌어 간 사람들은 호모 사피엔스(Homo sapiens: 고인, 슬기사람: 인류 종/인종)이며, 약 3만 년 −4만 년 전이 되면 해부학 상 우리와 같은 체질을 소유한 현생 인류로서의 호모 사피엔스 사피엔스(Homo sapiens sapiens: 신인, 슬기 슬기 사람)의 출현을 볼 수 있다.

  인류는 지혜가 발달하면서 불을 사용하게 되었는데 불은 음식을 조리하거나 추위를 견디거나 또 위험한 동물을 쫓는데 매우 유용하였다. 이때의 사람들은 주로 사냥을 하거나, 곡물과 과일을 따서 식량을 마련하였으며, 사람이 죽으면 시체를 매장하기도 하였다. 오늘날과 비슷한 모습의 인류가 등장한 것은 약 4만 년 전부터이다. 이들은 호모 사피엔스 사피엔스(신인/현생 인류)라고 불리는 크로마뇽인인데, 두뇌의 용량을 비롯하여 체질상의 특징이 오늘날의 사람과 거의 같아서 오늘날 세계 여러 인종의 조상으로 추정하고 있다. 인류가 지구상에 등장하여 현대인으로 진화하기까지를 알아보는 데는 형질 인류학, 분자 생물학, 여러 가지 연대측정법의 발달 등이 도움이 된다.

  구석기시대의 전기에 호모 하빌리스에 뒤이어 호모 에렉투스가 출현하였다. 호모엔티세서(Homo antecessor, Gran Dollina, Ata-puerca, 80만 년 전, 120만 년 전−80만 년 전 유럽 최초의 인류), 호모하이델베르겐시스(Homo heidelbergensis, Tautavel, 45−60만 년 전), 자바인과 북경원인이 이에 속하였으며, 이들은 불을 사용하고 사냥과 채집을 하며 살았다. 구석기시대의 중기에 호모 사피엔스(고인)와 호모 네안데르탈렌시스(네안데르탈인)이 나타났다. 이들은 여러 종류의 석기를 만들어 사용하였으며, 처음으로 시체를 매장하는 풍습을 보여 주었다. 약 4만 년 전부터 진정한 의미의 현생인류인 호모 사피엔스 사피엔스(현생인류 단계의 신인 또는 슬기 슬기인)가 구석기시대의 후기에 출현하였다. 이들은 두뇌용량을 비롯한 체질상의 특징이 오늘날의 인류와 거의 같으며, 현생인류에 속하는 여러 인종들의 직계조상으로 추정되고 있다. 특히, 유럽의 현생 인류인 크로마뇽인은 프랑스의 남부(라스코, 쇼베와 꼬스께 동굴벽화 등)와 스페인 북부(알타미라 동굴 벽화)일대에 훌륭한 동굴벽화를 많이 남겼다. 쇼베동굴 유적은 서기 1994년 처음 발견된 이래 이전의 라스코(Lascaux, 기원전 15000년 − 기원전 14500년, 2만 년 전) 동굴벽화의 발견에서 얻은 경험으로 입구를 봉해 일반 사람의 접근을 엄격히 제한하고 있다. "Faux Lascaux"란 이름의 복제 동굴을 모델로 하여 쇼베 동굴의 복제품을 만들어 서기 2015년 4월부터 일반에게 공개하고 있다. 그리고 꼬스께(Cosquer) 동굴벽화는 27,000년 전, 알타미라(Altamira Niaux)는 18,000 − 15,000년 전으로 보고 있다. 그러나 최근 영국 사우스햄프턴 대 엘리스터 파이크(Professor Alistair Pike, University of Bristol in the U.K. 현재 University of Southampton), 독일 막스프랑크 진화인류학연구소 스페인 이사벨 Ⅰ 대의 공동 연구팀에 의해 스페인 남부와 서부에서 새로이 발견된 동굴벽화의 시료 60여개를 채취해 우라늄(U) − 토륨(Th) 방사성동위원소로 64,000년 전 현생인류에 앞서 네안데르탈인(Neanderthals)에 의해 그려졌다는 새로운 설도 만들어 지고 있다. 엘리스터 파이크교수는 스페인 북부 칸타브리안 동부 연안 엘 까스티요(El Castillo) 동굴 벽화가 40,800년 전 네안데르탈인이 그린 것으로 발표한 바 있다(Ker Than, National Geographic News, 2012년 6월 14일자). 구석기시대에는 무리(군집, 群集, band)를 이루어 큰 사냥감을 찾아다니며 무리생활을 하였다. 무리 가운데 경험이 많고 지혜로운 사람이 지도자가 되었으나, 권력을 가지지는 못하였으며 모든 사람이 평등한 공동체적 생활을 하였다.

5. 우리 민족의 기원

　이 땅에서 사람이 살았던 흔적이 구석기시대부터 나타나기 때문에 이들 구석기시대 사람들이 우리의 직접 조상인지 아닌지에 대해서 알아보아야 할 것이다. 그동안 이들이 우리의 조상은 아니며 살다가 어디론가 이주해 가버렸다고 하는 주장이 유력했었다. 그러나 이러한 논의는 먼저 구석기시대의 사람들에 대한 것과, 우리나라에 살았던 구석기시대 사람들 및 그들의 형질인류학적 특징 등을 알아보고, 그리고 신석기시대 이후 이 땅에서 살았던 사람들과의 비교 등의 작업이 선행되어야 할 것이다. 조상에 대한 논의와 추정 등은 그 다음에 이루어져야 할 일이다. 어느 나라의 역사에 있어서나, 모든 종족은 고립된 유전자를 바탕으로 하는 단일민족의 개념을 벗어나 인근의 종족과 교류를 하면서 문화를 발전시키고 민족을 형성해 왔다. 동아시아에서는 선사시대에 여러 민족이 문화의 꽃을 피웠는데, 그 중에서도 우리 민족은 독특한 문화를 이루고 있었다. 인종상으로는 황인종(몽고로이드) 중 북몽고로이드, 그리고 신아시아인 중

예맥 퉁구스에 속하고, 언어학상으로는 알타이어계에 속하는 우리 민족은, 오래 전부터 하나의 민족단위를 형성하고, 농경생활을 바탕으로 하여 독자적인 문화를 이룩하였다.[1]

. . . .

1 이 시대 교육에 있어서 가장 어려운 것은 한민족의 기원과 그에 파생되는 문제점이다. 현재까지의 연구결과로는 조직적 合成抗原유전자의 빈도수로 볼 때 한민족을 구성하는 인종은 북몽고 갈래이며 약 1만3천년 전 충적세의 따뜻한 기후와 함께 바이칼 호를 떠나 한반도에 정착한 것으로 여겨진다. 또 고두나 시상융기(뼈마루융기)로 우리의 직계조상이 평안남도 덕천군 승리산 유적 상층의 승리산인(35세 추정)과 평양시 승호구역 만달리에서 나온 만달인(20−30세 추정)과 같은 지금으로부터 약 2만 년 전의 후기구석기시대의 화석인류에 직접 연결시키려고 하는 학자도 있다. 또 언어학적으로 볼 때 한국어에는 두 가지 계통의 언어가 있다고 한다. 즉 이 두 가지는 원시 한반도어와 알타이어이다. 원시 한반도어(glottochronology)는 아무르 강의 고아시아족[고아시아/고시베리아족(Palaeo-asiatic people, Palaeosiberian): 니비크(Nivkh, Gilyak), 유카키르, 이텔만, 캄챠달, 코략, 축치 등] 중 길랴크(니비크)인들의 것인데 이것이 우리 언어의 기층을 이루고 있었다. 그 후 알타이어의 한계통인 퉁구스어가 이를 대체하였다. 이들이 한국어, 만주어와 일본어의 모체가 된다. 언어 연대학에 의하면 이들 언어들의 형성은 지금으로부터 6,200년−5,500년 전이며, 오늘날 사용하는 일본어와 한국어의 직접 분리는 4500년 전으로 추정된다고 한다. 또 이들 언어를 고고학적으로 비교해 볼 때 원시 한반도어는 櫛文土器가 널리 제작되어 사용되던 신석기시대로, 또 신시베리아/퉁구스[Neosiberian/Tungus: 예벤키(鄂溫克), 에벤, 라무트, 사모에드, 우에지, 브리야트 골디(Golds, Goldi, a Nanai clan name, 허저/赫哲) 등]어는 無文土器가 사용되던 청동기시대와 일치시켜 볼 수 있다. 따라서 한민족의 기원을 언급하려면 구석기, 신석기, 청동기시대와 철기시대 전기의 문화내용을 잘 파악하고 있어야 한다. 울산과기원국제연구팀(UNIST 게놈연구소 박종화 생명과학부 교수와 전성원 · 박영준 · 조윤성 연구원)이 사이언스 어드밴스(Science Advances)에 발표한 바에 의하면 '서기 1973년에 발견된 극동지방 두만강 인근의 고구려, 동부여, 북옥저와 울지(Ulchi)족의 조상이 자리했던 것으로 알려진 지역인 악마문 동굴(Devil's Gate cave)에서 나온 20 · 40대 여성 두개골을 포함한 5개체 분의 7,700년 전 신석기시대인의 두개골의 DNA의 분석은 한국인의 뿌리는 수천년 간 북방계와 남방계 아시아인이 융합하면서 구성되었으며

우리 조상들은 만주와 연해주를 포함하는 동북아시아에 넓게 분포하여 살았는데, 이곳은 지금 중국의 요녕성과 길림성이 있는 만주와 우리가 살고 있는 한반도를 포함하는 지역이다. 이 지역에서는 약 70만 년 전인 구석기시대부터 사람이 살기 시작하였으며, 이들이 신석기시대에서 청동기시대를 거쳐 오면서 오늘날 우리 민족의 기틀을 이루었다.[2] 어느 민족이나 주변에 사는 민족과 교류도 하고 경

· ·

여기에 현대 베트남 및 대만에 고립된 원주민의 게놈을 합치면 현대 한국인에 가깝다고 하는 결과를 보여주었고 유전자 혼합도 계산에서 한국인을 포함한 동아시아인은 단일 민족이라고도 불러도 좋을 만큼 다른 민족보다 내부 동일성이 높았다. 그리고 악마문 동굴인은 한국인처럼 갈색 눈과 삽 모양의 앞니(shovel-shaped incisor) 유전자를 가진 수렵채취인이며 우유 소화를 못하는 유전변이와 고혈압에 약한 유전자, 몸 냄새가 적은 유전자, 마른 귓밥 유전자 등이 대표적이다. 현대 동양인에게 흔히 발견되는 얼굴이 붉혀지는 유전변이를 갖고 있지는 않은 것으로도 판명됐다'고 한다.

2 시베리아의 황인종(Mongoloid)에는 고아시아/고시베리아족(Palaeoasiatic people, Palaeosiberian)과 퉁구스/신아시아족(Tungus, Neoasiatic people)족이 있다. 고아시아/고시베리아족에는 축치, 꼬략, 캄차달, 유카기르, 이텔만, 켓트, 길랴끄(니비크)가, 퉁구스/신아시아족에는 골디(나나이, 허저, 赫哲), 에벤키(鄂溫克), 에벤, 라무트, 부리야트, 우에지, 사모예드 등이 있다. 그리고 시베리아와 만주(요녕싱, 길림싱과 흑룡강성)에서는 역사적으로, 가) 읍루(挹婁)-숙신(肅慎)-물길(勿吉)-말갈(靺鞨)-흑수말갈(黑水靺鞨)-여진(女眞)-생여진(生女眞)-금(金, 서기 1115년-서기 1234년)-후금(后金, 서기 1616년-서기 1626년)-만주/청(滿洲/淸, 서기 1626년-서기 1636년)-대청(大淸, 서기 1636년-서기 1911년), 나) 흉노(匈奴)-갈족(羯族)-동호(東胡)-오환(烏桓)-선비(鮮卑)-돌궐(突厥)-투번(吐藩)-위굴(回紇, 維吾尔)-거란(契丹)-몽고(蒙古/元), 다) 예(濊)-고조선(古朝鮮), 맥(貊)-부여(夫餘)-고구려(高句麗)-백제(百濟)-신라(新羅)로 이어진다. 이곳 유목민족은 흉노-갈족-동호-오환-선비-돌궐(Tujue/Tʻu-chüe/Göktürks/Göktürk, 투지에, 튀르크/Türk, 타쉬트익/Tashityk: 서기 552년 柔然을 격파하고 유목국가를 건설. 돌궐 제2제국은 서기 682년-서기 745년임, 서기 7세기-서기 8세기)-토번(티베트, tʻufan: 38대 치송데짼[赤松德贊 서기 754년-

쟁도 하면서 자기 민족만의 독특한 문화와 민족성을 형성한다. 황인종으로서 북몽골인종(북몽고로이드)에 속하며, 언어학적으로는 터키어, 몽골어 등과 함께 원시한반도어의 모체가 되는 알타이어족에 가까운 우리 민족 역시 농경을 중심으로 주변지역과 구별되는 독자적인 문화를 이루어왔다. 우리나라에 구석기인들이 살기 시작한 것은 약 70만 년 전 전기 구석기시대부터로 주장되고 있으나, 이때 살았던 사람의 뼈나 동물의 화석증거는 찾지 못했다. 사람화석으로서 가장 오래된 것은 덕천 승리산 동굴에서 나온 것, 그리고 단양 상시 동굴에서 발견된 뼈로서 모두 슬기사람의 범주에 드는 특징들을 가지고 있다. 후기 구석기시대에 해당하는 슬기슬기(신인)사람의 뼈는 많이 찾아졌으며, 대표적인 것으로는 평안남도 덕천 승리산 동굴의 위층에서 나온 승리산사람, 평양시 상원군 용곡동굴에서 나온 용곡

· ·

서기 791년]이 서기 763년과 서기 767년의 두 번에 걸쳐 唐의 長安을 함락함)-위굴(維吾尔, 回紇: 위굴 제국은 서기 744년-서기 840년임, 위굴 제국은 키르기스 점알사(點戛斯)에 망하며 키르기스는 서기 9세기 말-서기 10세기경까지 존재)-거란(요/遼, 서기 907년-서기 1125년)-몽고(원/元, 서기 1206년-서기 1368년)로 발전한다. 스키타이인들의 동진에 따라 종족간의 혼혈이 자연스럽게 이루어지게 되었다. 최근 여러 곳에서 발견된 문신이 있는 미라들이 이를 입증한다. 기원전 700년-기원전 600년경 스키타이인들이 이 광활한 초원을 왕래하면서 백인종과 황인종의 공존을 가져왔다. 기원전 700년-기원전 300년경에는 초원지대를 사이에 두고 끊임없이 東西의 접촉이 있어왔고 이는 스키타이(Scythian)-오르도스(Ordos, 鄂尔多斯沙漠, 河套/河南)-匈奴가 대표적이다. 그리고 몽고에서 보는 바와 같이 동쪽에는 岩刻畵, 케렉수르(Kereksur/Kheregsuur/Khirigsuur: Kurgan covered with stones)와 사슴의 돌(Stagstone)이 대표되는 카라숙(Karasuk, 기원전 1300년-기원전 700년)과 따가르(Tagar, 기원전 700년-기원전 200년), 서쪽에는 板石墓를 가지고 중국과 문화와 교류를 보이는 匈奴(훈, Huns)와 튀르크(Türk)인 등 황인종의 유목민족이 대두한다. 따가르와 흉노와의 동일성, 정체성(同一性/正體性, identity)비교가 중요하다.

한국 선사시대의 문화와 국가의 형성

사람 등이 있다. 이밖에 오랫동안 '신인'이라고 여겨져 왔으나, 최근에 머리 높이나 이마 기울기 등이 '신인' 가운데서도 늦은 시기의, 현대인에 가까운 발전된 모습을 지니고 있다고 하여 중석기시대 사람으로 새로이 설정된, 평양시 승호구역 만달동굴에서 나온 만달인이 있다. 이러한 자료들을 볼 때 구석기시대에 많은 사람이 퍼져 살았음을 알 수 있다.

우리나라에서 지금까지 발견된 인류화석들이 우리의 직접 조상인가 아닌가 하는 논의는 후기 구석기사람들에 직접 관계되는 것인데, 남한에서는 앞에서 말한 대로 부정적인 견해가 많았다. 그러나 석장리유적에서는 약 28,000년 전에 살았던 사람의 머리털이 나왔는데 이것이 황색몽고인종의 것으로 밝혀진 바 있고, 단양 상시 유적과 나아가 북한의 평양시 역포 대현동, 승리산, 만달, 용곡 등의 유적에서 찾아진 뼈 화석들을 참고할 때 이들이 지금 우리나라 사람들과 체질상 크게 차이 나는 점을 찾아 볼 수 없다 하여 구석기시대의 사람들과 우리 사이에 일정한 관계가 있음을 시사하는 의견들도 많은 편이다. 문화사적으로 보더라도 최근의 연구에 의하면 후기 구석기시대의 늦은 시기와 신석기시대의 이른 시기의 연대차이가 점점 줄어들고 있는데, 그렇다면 이 땅에도 구석기시대를 이은 중석기시대 또는 전환기시대와 그 문화가 있었음이 밝혀지게 되었으므로 모든 주민이 갑작스럽게 어디론가 이주해 갔다는 주장은 신빙성이 약한 셈이다. 구석기시대 이래로 이 땅에서 살던 모든 주민들이 연결된다고 가장 강하게 제기하는 사람은 북한 학자들이다. 북한에서는 검은모루봉인(원인)→역포와 덕천인(고인)→승리산인(신인)→만달인(중석기인)→신석기인(조선옛유형인의)…→단군조선(청동기시대의 시작과 지석묘사회＝노예순장제사회＝한국 최초의 국가성립＝대동

강 문명)으로 내려오는 평양의 일맥상승(一脈相承, 一系同族) 조상
의 계보를 주장하며 현대 조선인의 직접조상으로서 '조선옛유형인'
의 존재를 설정한다. 그리고 이들은 신석기시대에 형성되었는데, 중
기 구석기시대(덕천과 역포인), 후기 구석기시대(승리산과 용곡인),
중석기시대 사람(만달인)을 거쳐 신석기시대에 와서 조선옛유형인
이 형성되었다고 하였다. 이것이 조선옛유형인의 '본토기원설'이다.
우리나라의 현재 한국인은 몽고로이드(황인종)→북몽고로이드→고
아시아족[고아시아/고시베리아족(Palaeoasiatic people, Palaeosi-
berian: 니비크(Nivkh, Gilyak), 유카키르, 이텔만, 캄챠달, 코략,
축치 등] 중 길랴크(니비크))→신시베리아/퉁구스[Neosiberian/
Tungus: 예벤키(鄂溫克), 에벤, 라무트, 사모에드, 우에지, 브리야
트 골디(Golds, Goldi, a Nanai clan name, 허저/赫哲) 등]→예맥
퉁구스→고조선과 부여→마한, 변한, 진한→신라, 백제, 고구려의
계통으로 볼 수 있다.

구석기시대 이후의 주민에 대한 남한의 논의 가운데 가장 널리 인
용되어 온 것은 신석기시대까지는 즐문토기를 만들어 쓰던 고아시
아족, 다음 시기인 청동기시대에는 무문토기를 만들어 쓰던 예맥퉁
구스족들이 시베리아와 요서, 요동의 만주, 그리고 한반도를 중심으
로 하여 퍼져 살며, 오늘날 우리 민족을 형성하는 근간이 되었다고
말해지는 것이다. 이것도 토기를 이용하여 주민 집단의 정체성(正體
性, Identity)을 추정한다는 점에서 실제의 증거는 없으며, 인종을
규명하기 위해서 최근에 많이 이용하는 자연과학적 방법에 대한 고
려는 거의 없는 편이다. 민족의 기원과 형성에 대한 추적은 어떤 한
가지 방법, 하나의 학문만으로는 부족하다. 우리 민족의 기원을 밝
히기 위해서는 역사학(동양사와 고대사), 형질인류학, 언어학, 고고

학을 비롯하여 분자생물학 또는 생화학까지도 필요하다.

학제적 연구 중 언어학적인 면을 볼 때 한국어에는 두 가지 계통의 언어가 있다고 한다. 즉 원시 한반도어와 알타이어이다. 원시 한반도어는 아무르 강의 길랴크/니비크(Nivkh, Gilyak), 유카키르, 이텔만, 캄챠달, 코랴, 축치 등)의 길랴크(니비크)인들의 것인데 이것이 우리 언어의 기층을 이루고 있었다. 그 후 알타이어의 한 계통인 퉁구스어가 이를 대체하였다. 이들이 한국어, 만주어와 일본어의 모체가 된다. 언어 연대학(glottochronology)에 의하면 이들 언어들의 형성은 지금으로부터 6,200년 - 5,500년 전이며, 오늘날 사용하는 일본어와 한국어의 직접 분리는 4,500년 전으로 추정된다고 한다. 또 이들 언어를 고고학적으로 비교해 볼 때 원시 한반도에는 즐문토기가 널리 제작되어 사용되던 신석기시대로, 또 신시베리아/퉁구스[Neosiberian/Tungus: 에벤키(鄂溫克), 에벤, 라무트, 사모에드, 우에지(Udegey, удээ, удэхе, Udihe, Udekhe, Udeghe), 브리야트(Buryat), 골디(Golds/Goldie, Nanai, 赫哲) 등]어는 무문토기가 사용되던 청동기시대와 일치시켜 볼 수 있다. 따라서 한민족의 기원을 언급하려면 구석기, 신석기, 청동기시대(기원전 2000년 - 기원전 400년)와 철기시대 전기(기원전 400년 - 기원전 1년)의 문화내용을 잘 파악하고 있어야 한다. 그 중 현 나나이족(The Nanai people)은 극동지역 퉁구스족(a Tungusic people of the Far East)의 하나로 스스로 나나이(Nanai 또는 Hezhen)라 부르며 그 뜻은 토착인 또는 동양인(natives와 people of the Orient)을 의미한다. 러시아어로 nanaitsy/нанайцы, 중국어로 혁철족(赫哲族, Hèzhézú)이며 Golds와 Samagir로도 알려져 왔다. 이들은 전통적으로 송화강(松花江, Songhuajiang, Sunggari), 흑룡강(黑龙江, Heilongjiang), 우수리

(Usuri)와 아무르(Amur: 송화강, 흑룡강과 우수리강이 하바로브스크에서 합쳐져 아무르강의 본류를 이룬다) 강가에서 살아왔다. 현재 나나이족의 자치주는 흑룡강성 쌍압산시 요하현, 가목사시, 동강시[黑龙江省 双鸭山市 饒河县(四排赫哲族乡), 佳木斯市, 同江市(街津口赫哲族乡, 八岔赫哲族乡)], 하바로브스크 크라이(Khabarovsk Krai) Nanaysky지구이다. 그들의 언어는 알타이어의 갈래인 만주－퉁구스어(Manchu－Tungusic branch of the Altai languages)이며, 그들의 종교는 샤머니즘(巫敎)으로 곰(Doonta)과 호랑이(Amba)를 대단히 숭상한다.

분자생물학의 경우 조직합성항원(HLA)의 연구로 우리의 조상이 13,000년 전 빙하기 후기 기후가 따뜻해지면서 바이칼 호 연안지역으로부터 이주해왔을 가능성도 제시하고 있다. 이 경우 브리야트족이 체질상 우리와 가장 가까운 것으로 알려져 있다. 지금까지의 많은 관심에 비해 뚜렷한 해답이 제시되지 못한 만큼 자료를 찾기 위한 발굴 작업과 다양한 과학적 방법을 동원하여 문제해결에 접근해가야 할 것이다.

6. 구석기시대
: 타제석기(뗀석기)를 사용한 사람들

1. 세계의 구석기시대

처음 등장한 인류는 돌을 가지고 여러 가지 도구를 만들어 사용하였다. 이 시대를 석기시대라고 하는데 도구를 만드는 방법에 따라서 구석기시대와 신석기시대로 나눈다. 구석기시대는 인류의 탄생과 함께 시작하였다. 구석기시대 사람들은 돌을 쳐서 깨뜨려 생긴 날카로운 날을 도구로 사용하였는데, 이와 같은 도구를 타제석기(뗀석기)라고 한다. 사람들은 뗀석기를 이용하여 짐승을 잡거나, 과일, 나무 등을 따고 베는 등 의식주에 필요한 일을 하였을 뿐 아니라 맹수로부터 자신을 보호하기도 하였다. 이들은 주로 강가에 막집을 짓거나 동굴에 살았다. 사냥을 하고 물고기를 잡고 산과 들에 있는 과일과 채소 등을 따 먹으며 생활하였는데, 사냥한 짐승의 가죽으로는 옷을 지어 입었다. 하지만 사냥감이 늘 일정하게 잡히는 것이 아니어서 계절에 따라 이동하며 생활하였다.

인류가 유인원과 다른 방향으로 진화되어 왔는데 그중 가장 중요한 것은 약 200만 년 전 호모 에렉투스(Homo erectus)에 있어서 돌연변이가 일어나 앞서거나 거의 공존했던 오스트랄로피테쿠스(Australopithcus)보다 뇌 용량이 50% 이상 증가한 것이다. 이로 인해 턱이 약해져 살아남을 자구책을 모색하게 된다. 또 20−30만 년 전 호모 사피엔스(고인)에게서 말할 수 있는 유전인자인 폭스 피 2(Fox P^2 gene)가 돌연변이로 나타난 것이다. 여기에 부수적으로 일어나는 도구의 제작, 협동(協同, cooperation)과 분배(分配, distribution)는 오늘날 인류로의 자연스러운 진화발전을 가져오게 된 것이다. 숲에서 벗어나 직립보행을 하면서 오늘날 원조교제(sex for food, sugar daddy)란 말에 해당할 정도의 남녀관계와 아울러 체위도 후향위(後向位)에서 전향위(前向位)로 바뀌고 섹스도 배란기가 아닌 전천후가 가능한 성행위로 바뀌는 변화도 나타났던 것으로 추측된다. 인류 초기의 화석의 발견은 영국의 맨체스터 대학의 해부학교수이며 전파론자인 그라프톤 엘리엇 스미스(Graffton Elliot Smith)의 두 제자인 레이몬드 다트(Raymond Dart)와 데이비드손 브랙(Davidson Black)에 힘입었다. 레이몬드 다트는 남아프리카에서 남방의 원숭이인 스데르크폰테인(Sterkfontein)과 타웅-베이비(Taung baby) 화석인골, 그리고 데이비드손 브랙은 중국 주구점에서 북경원인을 발견하였다.

현재 지구상에 살고 있는 인류의 기원에는 아프리카 기원설[Out of Africa설, unilinear theory, Christopher Stringer가 에티오피아 출토의 프로토크로마뇽(proto−Cromagnon)인 오모/Omo화석의 연구에 근거함] 및 다 지역 기원설(polyphyletic theory, Milford Wolpoff) 등이 있다. 이는 인체 골학(human osteology)과 인체 해부학(anatomy)에 기반을 둔 것이다. 그러나 할머니−어머니−딸의 여성에게만 전해오는 미토콘트리아 DNA에 의하면 이브할머니는 아프리카에서 20-12만 년 전에 출현한 것으로 그리고 그녀가 살던 성서의 에덴동산은 바레인(현재는 이라크의 쿠르나 지역과 침수된 바스라 걸프 만 내에도 가능함)으로 추정하기도 한다. 최근 에티오피아에서 발견된 오스트랄로페테쿠스(Australopithecus)로 평화란 의미를 지닌 Selam(Salem, Salom, 330만 년 전)과 호모 사피엔스 이달투(Idaltu, 154,000만 년 전)인을 통해서 새로운 연구가 진행되고 있다.

호모 사피엔스 사피엔스(신인, Homo sapiens sapiens/Cro-magnon)인을 거쳐 오늘날의 흑인(Negroid), 백인(Caucasoid), 황인종(黃人種, Mongoloid race)의 세 인종에 이른다. 세 개의 큰 인종분류에 대해 애슈리 몽태규(Ashley Montagu)는 인류(man)의 분류(인종: race)와 이에 속하는 종족(ethnic group)을 흑인, 백인과 황인종으로 분류하였다. 그리고 스탠리 간(Stanley M. Garn)은 상호 유전인자의 교류를 방해하는 지리적 장애물로 이루어진 경계와 일치함으로써 형성된 ① 아메리카 인디언 ② 폴리네시안 ③ 미크로네시안 ④ 멜라네시안 ⑤ 오스트레일리아(호주) ⑥ 아시아 ⑦ 인도 ⑧ 유럽 ⑨ 아프리카의 9개의 지리적 인종과 이에 속하는 32개의 지역에 속하는 지역인종(local races)으로 나누기도 하였다.[1]

· ·

1 호모 사피엔스 사피엔스(슬기슬기인, Homo sapiens sapiens/Cro-magnon)인을 거쳐 오늘날의 黑人(Negroid), 白人(Caucasoid), 黃人種(Mongoloid race)의 세 인종에 이른다. 세 개의 큰 인종분류에 관해서는 Ashley Montague는 인류(man)의 분류(인종: race)와 이에 속하는 종족(ethnic group)을
  1) Negroid:
    ① African Negroes: The True Negro, The Half-Hamites, Forest Negro, Bantu-speakinig Negroids, Neolithic Negro, Bushman-Hottentot

그리고 석기제작으로 보아, 올도완(Oldowan), 아슐리안(Acheu-lian), 무스테리안(Mousterian)과 후기구석기문화의 네가지 문화로 나뉜다.

. . . .

    ② Oceanic Negroids: Papuans, Melanesians

    ③ African Pygmies or Negrillos

    ④ Asiatic Pygmies: Andamanese, Semang, Aeta(Philippine Islands)

    ⑤ Oceanic Pygmies or Negritos: New Guinea Pygmies

  2) A. Caucasoid

    ① Basic Mediterranean

    ② Nordic

    ③ East Baltic

    ④ Lapps

    ⑤ Alpine

    ⑥ Dinaric

    ⑦ Armenoids

    ⑧ Indo-Dravidians

    ⑨ Polynesians

    B. Australoid or Archaic Caucasoid: Australian, Veddah, Pre-Dravidian, Ainu

  3) Mongoloid

    ① Classical Mongoloid: Tibet, Mongolia, China, Korea, Japan, Siberia

    ② Arctic Mongoloid: Eskimo, Evenki or True Tungus, Kamtchadales, Samoyeds

    ③ American Indians

    ④ Indo-Malay: Indonesians, Malay

으로 분류하였다. 그리고 Stanley M. Garn은 상호 유전인자의 교류를 방해하는 지리적 장애물로 이루어진 경계와 일치함으로써 형성된 9개의 지리적 인종과 이에 속하는 32개의 지역에 속하는 지역인종(local races)으로 나누기도 하였다. 9개의 지리적 인종은 다음과 같다.

1) 아메리카 인디언 2) 폴리네시안 3) 미크로네시안 4) 멜라네시안 5) 오스트레일리아 (호주) 6) 아시아 7) 인도 8) 유럽 9) 아프리카

1) **올도완**(Oldowan) **문화:** 250만 년 – 180만 년 전[찍개 chopper and chopping – tools 등의 자갈돌석기], 에티오피아의 카다고나(Kada Gona) 유적의 석기가 포함된다. 최근 석기의 사용은 캘리포니아 과학아카데미의 제레세나이 알람세게드에 의하면 카다고나 유적보다도 90만 년 전 더 올라가는 340만 년 전임으로 밝혀지고 있으나 현재까지 인류가 사용한 석기 중 카다고나 유적의 석기가 가장 오래된 것으로 여겨진다. 그러나 최근에 고고학자 소니아 하몬드(Sonia Harmond)는 케냐 서쪽 투르카나 호수 근처 사막 불모지(desert badland)에서 발견된 화산암으로 만들어진 149점의 석기(박편 또는 격지/flake, 망치/hammer 그리고 석기를 떼어내던 석핵 또는 몸돌/core을 포함)들은 이제까지 발견된 것보다 70만 년을 더 오르는 330만 년 전에 만들어 졌다고 발표하였다.

2) **아슐리안**(Acheulian) **문화:** 180만 년 – 12만 년 전(주먹도끼 biface 또는 handaxe),

3) **무스테리안**(Mousterian) **문화:** 12만 년 – 4만 년 전(중기구석기의 격지석기 flake tools, 르발루아 Levollois 기법 등), 최근 무스테리안문화의 상한을 25만 년 경으로 보고 있다.

4) **후기구석기 문화:** 4만 년 – 1만 년 전(돌날석기 blade tools, Perigordian – Aurignacian – Gravettian – Solutrian – Magdalenian 등)으로 편년되며, 그 다음에는 신석기시대의 나투피안(Natufian culture)과 캡시안 문화(Capsian culture), 그리고 토기가 출현하는 케냐의 우레외(Urewe) 유적이 있다.

2. 타제석기(뗀석기)

타제석기(뗀석기, 打製石器)란, 인간이 자연환경에 적응하는 과정에서 그들의 인지활동과 손을 쓰는 동작이 합해져서 그 결과로 생겨난 산물이다. 따라서 하나의 석기에는 구석기시대 사람들이 사냥하기 위해, 혹은 잡은 것을 해체하기 위해 필요한 연장을 고안해 낸 동안의 사고능력, 필요한 석재를 골라내기까지의 경험과 관찰 및 시행착오, 그리고 찍개·주먹도끼·다각면원구(여러면석기)·돌날(석인) 등 머리속에 그려진 영상을 형상화시킬 수 있는 공작능력까지의 이야기를 담고 있음을 이해해야 한다. 그리고 이렇게 만들어진 결과인 뗀석기는 형태와 제작기법에 따라 편년을 설정하게 하는 근거를 만들어 준다.

구석기시대는 석기를 다듬는 수법이 발달하는 데에 따라 전기, 중기, 후기의 세 시기로 나뉘고 있다. 전기에는 큰 한 개의 석기를 가지고 여러 용도에 쓴 주먹도끼·찍개 등이 주로 만들어졌고, 따라서 이들은 '만능석기'라는 이름도 가지게 되나 차츰 나중 시기로 가면서 몸돌(石核)에서 떼어낸 박편(격지)을 가지고 잔손질을 하여 긁개, 홈날, 톱니날, 찌르개, 밀개, 새기개, 뚜르개 등의 석기를 만들었으므로 크기는 작아지고 한 개의 석기가 하나의 쓰임새를 갖게 되었다. 후기에 가면 지금까지 단순히 몸돌의 가장자리를 내리쳐 깨거나 돌의 한 끝을 쳐서 떼어내어 직접 석기를 만들던 방법과는 달리 쐐기 등을 대고 간접떼기를 하거나 눌러떼기를 하여 형태가 규칙적인 석인(돌날/blade)을 만드는 데까지 발달하였다.

석기는 좁은 의미에서 대개 사냥행위에 직접 쓰이는 것과 잡은 것을 해체하는 행위에 쓰이는 것으로 나눌 수 있는데, 주먹도끼나 찍개, 찌르개 등은 대표적인 사냥도구인 반면에 긁개, 칼 등은 가죽을 벗기고 살을 발라내는 등의 조리용 도구로 여겨지고 있다. 이러한 도구들의 기능을 모두 밝히면 구석기시대인들도 현대인이 생활에 필요로 하는 대부분의 도구를 만들어냈음을 알 수 있다.

3. 우리나라의 구석기시대

파주 교하읍 와동 출토 주먹찌르개
필자 촬영

구석기시대는 오늘날의 기후와는 달리 춥고 긴 빙하기 사이에 따뜻하고 짧은 간빙기가 몇 차례 있었다. 빙하기 때에는 바닷물이 얼어서 육지가 크게 드러났는데 이때 황해는 중국과 이어졌었고, 남해는 일본과 연결되었으며, 일본의 북쪽지방은 러시아 땅과 맞닿아 있었다. 동해는 마치 커다란 호수와 같았다. 그래서 유라시아대륙과 한반도, 그리고 일본에서는 서로 비슷한 동물들이 발견되기도 한다. 구석기시대는 석기를 다듬는 수법에 따라 전기, 중기, 후기의 3시기로 나누어진다. 전기에는 한 개의 큰 석기를 가지고 여러 용도에 썼으나, 중기에는 몸돌에서 떼어 낸 격지들을 가지고 잔손질을 하여 석기를 만들었으므로 크기는 작아지고 한 개의 석기가 하나의 쓰임새를 가지게 되었다.[2] 후기에 와서는 쐐기 등을 대고 같은 형태의 여러 개의 석인(돌날)을 만드는데 까지 발달하였다. 석기제작에는 주로 석영이나 규암 돌감을 이용하였으나, 후기로 가면서 유문암이나 혼펠스 등과 같은 입자가 치밀하고 균

· ·

2 최근 중기 구석기시대에 해당하는 유적이 경기도 고양시 덕양구 도내동 787번지 일원(서울−문산간 고속도로 민간투자시설 사업구간 내 문화재발굴조사, 도내동 유물산포지 4)에서 서기 2017년 12월 겨레문화유산연구원에 의해 발굴되었는데 중기 구석기시대에 속하는 석영제 석기를 포함하는 석기 7,000여점과 함께 당시의 추정 집자리, 석기제작 장소와 석기제작에 필요한 다량의 돌감 등이 출토되었다.

질한 돌감이 활용되었고, 흑요석은 특히 세석인(좀돌날)제작에 사용되었다.

후빙기가 되면서 종래의 추운 기후에 적응해있던 털코뿔소, 털코끼리 등의 짐승군이 북방으로 이동하게 되자 사람들은 그 대신 따뜻한 기후에 번성하는 작은 짐승들과 식물자원에 주목하게 되었고 이러는 동안에 주위 환경에 대해 재적응(readaptation)하게 되었다. 이 재적응과정에서 문화양상도 다양하게 변화하였다. 종래 생각해오던 중기 구석기시대의 유적으로는 양구 상무룡리 유적이나 금굴의 3문화층, 공주 석장리, 충북 청원 두루봉 동굴 등이 있다. 후기 구석기시대가 되면 전국 각지에서 매우 많은 유적들이 나오고 있는데, 이 가운데 특히 충북 단양 수양개 유적은 대단위 석기제작소를 포함한 주거유적으로서 매우 중요하다. 후기 구석기시대 유적으로는 공주 석장리의 후기 구석기문화층, 금굴의 후기문화층, 흑요석기가 많이 출토되었던 양구 상무룡리 유적 등이 특징이 있으며 이 무렵이면 종래 구석기시대가 존재하지 않는다고 여기던 전남지방과 경남지방에서도 유적이 찾아지는데 우산리 곡천, 신평리 금평, 화순 대전, 거창 임불리 등에서 발견된 유적들이 그 예이다. 그 후 밝혀진 대표적인 유적으로는 대구 월성동, 밀양 고례리, 울주 신화리, 해운대 중동과 좌동, 순천 월평, 장흥 신북이 있다. 우리나라의 후기 구석기시대의 유적은 전국 어디에서든 발견되고 있으며 앞으로 계속 늘어날 것으로 보인다.

구석기시대의 석기 제작기술이 점점 발달하여 그 정점에 달하는 것이 후기 구석기시대이며 그 다음 시기를 중석기시대라고 한다. 이 시기는 구석기문화에 이어지면서 신석기로 넘어가는 과도기로 파악되는데, 빙하기가 물러가고 기후가 따뜻해지자 사람들이 새로운 자연

환경에 대응하는 생활방법을 찾으려 노력하는 가운데 이루어진 것이다. 이러한 생활방식의 결과로 나타난 문화를 중석기시대 문화라고 한다. 우리나라에서도 한때 중석기시대를 설정하였다. 홍천 하화계리 사둔지를 필두로 하여 통영의 상노대도 최하층, 공주 석장리 최상층 등지에 중석기층이 있다고 보고되었으며, 북한에서는 종래 후기 구석기 늦은 시기로 보던 만달유적과 웅기 부포리 유적을 중석기유적으로 보고 있다. 그러나 우리나라 후기 구석기시대 후기인 2만4천 년 전부터 세석기문화가 나오고 있어 종래의 중석기문화는 구석기문화 최말기로 대체하여 보고 있으며, 유럽에서 중석기시대로 부르는 중석기시대의 존재여부에 대해서는 찬성과 반대의 두 가지 주장이 있어 중석기시대를 설정하는 것은 아직 문제로 남아 있다. 이러한 경향은 유럽의 중석기시대에 대한 무비판적 수용의 결과로서 동북아시아 전역에서 이루어진 보편적인 것이었다. 그러나 최근 동북아시아 전역에서 나타나는 다양한 문화변동과 특성은 이 시기를 하나의 시대로 평가하기보다는 구석기시대에서 신석기시대로 넘어가는 '과도기시대(transitional period)'로 보는 것이 더 바람직하다는 연구결과가 발표되고 있다. 가장 대표적인 이유는 유럽식의 석기문화가 발견된 예가 없으며, 신석기시대의 산물인 토기가 갱신세 최말기에 나타난다는 점이다. 이러한 주장을 가능케 하는 유적은 동북아시아의 여러 지점에 위치하고 있으며 우리나라에서는 만 년 전의 제주도 고산리 유적(10180±65B.P., 10500B.P., 9500B.P.)이 이러한 전환기 또는 과도기의 문화석 성격을 잘 보여준다. 이 시기의 유적들은 아무르 강 중부 평원 북부의 범위에 있는 11000년 전~12000년 전(기원전 10000년 전후)의 오시포프카 문화에 속하는 가샤 유적(12960±120B.P.), 우스티-울마 I, 훔미 유적(13260±120B.P.), 바이칼 호 근처의 우

스트 카랭카(기원전 7000년경), 그리고 일본 나가사끼현 후꾸이 동굴
(長崎縣 北松浦郡 吉井町 福井동굴, 12700B.P., 10750B.P.), 나가사
끼현 사세보시 센푸꾸지(長崎縣 佐世保市 泉福寺)동굴이나 에히메겐
가미구로이와(愛媛縣 上浮穴郡 美川村 上黑岩, 1216B.P., 10125B.
P.) 암음주거(岩陰, rock shelter)유적들의 세석기(細石器, 최말기에
는 豆粒, 隆起, 爪文土器가 출현)와 융기문토기/평저조흔문토기(隆起
文土器/平底條痕文土器)의 결합과 비교해 볼 때, 환태평양지구라는
관점에서 볼 때 한반도 내에서도 러시아와 일본과 같이 상한연대가
비슷한 유적들이 출현할 가능성이 많다 하겠다. 극동지방에서 가장
연대가 올라가는 오시포프카 문화의 설정을 보류한다 하더라도 지금
부터 7-8,000년 전 극동지역 신석기-청동기시대를 아우르는 오오
누끼 시즈오(大貫靜夫)의 평저 심발형토기(平底의 深鉢形土器)를 물
을 끓이거나 음식을 익히는 도구인 자비구(煮沸具)로 갖고 수혈움집
(竪穴住居)에 살고 있던 독자적인 고고학 문화인 극동평저토기(極東
平底土器) 문화권이나 그에 해당하는 문화 설정도 가능한 시점에 이
르고 있다. 그리고 구석기시대의 낮은 해수면의 시기로부터 빙하가
서서히 소멸되기 시작하면서 해수면도 따라서 상승하기 시작하였으
며 지난 10,000년 전에는 현재보다 약 20m 아래에 위치하였다. 결과
적으로 15,000년 전에서 10,000년까지의 약 5,000년 사이에 약 100m
의 해수면 급상승이 일어났던 것이다. 10,000년 전부터는 해수면의
상승속도는 점차 줄어들었으며, 지난 5,000년 전에는 현재와 유사한
위치까지 해수면이 올라오면서 경사가 낮은 구릉들 사이의 계곡들이
나 해안지역에서는 충적층이 형성되기 시작하여 현재와 유사한 지형
을 만들었던 것이다. 그래서 브리트(Axel Blytt)와 세르난더(Rutger
Sernander)는 덴마크의 늪지에서 빙하기 이후의 식물에 의한 해안

선과 기후대의 거시적인 연구결과(macroscopic study)인 브리트-세르난더 분류체계(Blytt-Sernander classification)에서 프리-보리알(pre-Boreal), 보리알(Boreal), 아트란틱(Atlantic), 서브보리알(Subboreal)과 서브아트란틱(Subatlantic)의 충적세(全新世) 만 년간의 기후변화를 다섯 기로 나누었는데 이는 북유럽 신석기시대의 기후대를 연구하는데 도움이 된다. 이상 한국의 구석기-과도기시대(종래의 중석기시대)를 통관해 볼 때, 나타나는 여러 가지 문제점 중 앞으로 해결되어야 할 점이 많다.

4. 구석기시대의 생활

구석기인들은 동물의 뼈나 뿔로 만든 도구와 뗀석기를 가지고 사냥과 채집을 하여 생활을 영위하였다. 처음에는 찍개 등의 도구를 가지고 여러 용도에 썼으나, 차츰 뗀석기를 제작하는 기술이 발달함에 따라 용도가 뚜렷한 작은 석기들을 만들게 되었다. 이 중 주먹도끼, 찍개, 팔매돌, 슴베찌르개 등이 주로 사냥도구라면 긁개, 밀개 등은 대표적인 조리도구이다. 또 새기개나 뚜르개를 이용하여 짐승의 뼈나 뿔, 작은 돌에 물고기나 고래 등을 새긴 조각품을 만들기도 하였다.

구석기시대 끝 무렵이 되면 다시 기후가 따뜻해지면서, 사람들은 새로운 자연 환경에 대응하는 생활방법을 찾으려 노력하였다. 그들은 이제 큰 짐승 대신에 토끼, 여우, 새 등 작고 빠른 짐승을 잡기 위해 활 등을 사용하였다. 이 시기의 석기들은 더욱 작게 만들어진 세석기(잔석기)로서, 한 개 또는 여러 개의 석기를 나무나 뼈에 꽂아 쓰는 결합도구(composite tool)를 만들게 되었다. 이음도구에는 활, 창

경기도 남양주군 호평동 출토 슴베찌르개
24,000년B.P., 홍미영 박사 제공

등이 있었다. 한편, 따뜻한 기후로 식물들이 번성하게 되면서 이 시기 사람들은 식물 채취와 물고기 잡이를 많이 하게 되었다. 구석기시대의 시기구분은 주로 석기의 제작수법을 고려하여 이루어지지만, 최근에는 구석기시대를 담당해 나간 주체(사람)들을 중심으로 전환되는 경향이 나타난다. 우리나라에서는 아직까지 전기 구석기시대의 상한을 명확히 이야기할 수 있는 단계는 아니지만, 구석기시대 전 기간에 걸쳐 사람이 살았던 것으로 보인다. 최근 단양 수양개 유적 Ⅵ지구(단양 적성면 하진리, 단양수중보건설사업구역) 제3문화층(3만5천년 전)에서는 작은 크기의 박편(2.29×1.57cm, 무게 1.66g)에 구석기인의 얼굴을 새긴 것과 길쭉한 규질사암 자갈돌(20.6×8.1×4.2cm)의 옆면에 0.3－0.35cm 간격으로 23개의 눈금(길이 0.3－0.5cm)을 새긴 돌이 발견되었는데 숫자와 날자(달이 차고 기우는 간격을 새김) 등을 측정하는 도구로 추정하고 있다.

7. 신석기시대
: 마제석기(간석기)를 사용한 사람들

1. 세계의 신석기시대

약 1만 년 전 빙하기가 끝나고 기온이 따뜻해지면서 오늘날과 거의 비슷한 기후가 되었다. 이때 새로운 도구가 등장하는데 그것이 바로 마제석기(간석기, 磨製石器)와 토기이며, 이것을 사용한 시대를 신석기시대라고 한다. 간석기는 돌을 갈아 만든 것으로 타제석기에 비해 더 작고 더 정교한 도구를 만들 수 있었으며, 또 무뎌진 날을 갈아서 다시 날카롭게 할 수도 있어서 일을 하는데 훨씬 효율적이었다. 그리고 토기는 흙으로 빚은 후 불에 구워 만든 것으로, 식량을 저장하거나 음식을 조리하는 데에 큰 도움이 되었다. 그리고 자연환경의 변화와 도구의 발달은 인류생활에 큰 변화를 가져왔다. 신석기인은 구석기인과는 달리 사냥과 채집활동 외에도 정착생활을 하면서 농사와 목축을 더불어 하기 시작하였다. 이것은 인간이 식량을 계획적으로 생산하고 저장할 수 있게 되었다는 것이다. 즉, 인간이 자연에 의존하는 단계를 넘어 이제 자연을 이용하게 되었다는 것이다. 그리고 농사와 목축의 결과물을 얻기 위해 오랜 기간 동안 한 곳에 머물러 기다려야 할 필요가 생겼고, 그래서 이전보다는 더 발전한 움집을 짓고 한 곳에 정착하여 살기 시작하였다. 또한 동물이나 식물로부터 섬유를 뽑아 실로 자아 옷을 지어 입을 수도 있게 되었다. 정착생활을 한 인류는 생활이 더욱 안정되었다. 따라서 인구가 증가하였으며, 나아가 이전보다 더 큰 공동체사회를 이루어 나가게 되었다. 처음에는 친인척을 중심으로 한 혈연중심의 촌락(부족, 部族, tribe)에서 점차 지역을 단위로 하는 공동체를 이루어 살게 되었다. 이는 후일 문명의 발전으로 이루어진다.[1]

최근 프랑스 겔레(Le Dosseur, Gaëlle)가 언급한 중동지역 신석기시대의 여명을 요약하면 1) 현세(홀로세) 초기, 중동지역은 사회집단 조직체계에서 주요한 변화를 겪으며, 2) 경제, 사회, 기술, 그리고 상징적인 규칙에서 여러 가지 변화가 점진적으로 일어난다. 그런데 이들은 서로 연관성을 갖고 변화하는 과정은 1만3천년−5천 년 전 사이에 진행되는데, 모두 5시기로 구분해 볼 수 있다. 그들은 다음과 같다.

· · · · · · · · · · · · · · · · · · · ·

1 서기 2018년 1월 25일 '사이언스 어드밴시스(Science Advances)' 저널에 의하면 시몬 노이바워 독일 막스 프랑크 진화인류연구소(Max Planck Institute for Behavioral Physiolog) 연구원 팀은 마이크로컴퓨터 단층촬영 기술로 현생인류 화석 20구, 네안데르탈인 등 200만−20만 년 전의 인류화석 10구의 두개골을 마이크로컴퓨터 단층촬영 기술로 뇌 모양은 약 35,000년 전 현대인과 꼭 같아 졌으나 뇌의 전두엽(前頭葉, 이마엽, frontal lobe)과 소뇌(小腦, cerebellum)의 발달로 인해 현생인류(Homo sapiens)가 과거와 달리 문명이 급속도로 발전했다고 발표하였다.

1 – 나투피안 (Natoufien/Natufian)

2 – 신석기 선토기 A (PPNA)

3 – 신석기 선토기 B (PPNB)

4 – 신석기 선토기 C (PPNC)

5 – 신석기 토기

이 과정에서 신석기시대의 기본 속성인 정착성, 농경, 사육, 토기 등의 요소가 조성되며 6가지로 구분된다.

1. 환경과 기후

2. 새로운 조류인 정착생활: Natoufien(13000B.P. −9600B.P.)

3. 최초의 농경: 신석기 선토기 A (Neolithique Preceramique A) (9600B.P. −8700B.P.)

4. 가축사육: 신석기 선토기 B (Neolithique Preceramique B) (8700B.P. −6900B.P.)

5. 키프러스의 신석기 점령

6. 새로운 예술 불: 신석기시대 토기 (Neolithique Ceramique) (6900B.C./6500B.C. −5000B.C.)

환경과 기후에서는 1) 중동지역은 현재, 동부 지중해 지역과 요르 단 지역을 포함하며, 2) 이 지역은 갱신세(플레이스토세) 말기에서 현세(홀로세) 초에 걸쳐 커다란 충돌 없이 기후변화가 일어나는데, 이는 춥고 건조한 기후에서 적당한 습기가 있는 기후온난화가 일어남을 의미한다.

1) 새로운 양상의 정착생활(Natufien, 13000B.P. -9600B.P.): 나투피안 문화의 흔적은 20세기 초기의 팔레스타인의 슈크바 동굴(Shukba= Wadi el Natuf)과 엘 와드(El - Wad)의 발굴에서 확인되는데, 이는 특히 레반트 남부지역(Levant - Sud)에서와 같이 중동지역의 갱신세(플레이스토세) 말기와 최말기(Epipaleolithique)의 문화양상을 보여준다. 그리고 나투피안인은 수렵채집집단으로, 지역에 따라서는 영구적인 어로생활의 특징을 지니며, 집은 바위그늘(암음주거), 원형 주거지, 반 지하(그 아래에 매장양식)에 형성되며, 석기는 반원형모양(D - shaped)의 세석기, 무기, 뼈 연모, 뼈로 만든 장신구, 갈돌 등이 존재한다. 아나토리아(Anatolie/ Anatolia) 기원의 흑요석을 사용했던 증거 는 먼거리 교역에 의하며, 그들의 먹거리는 토끼, 여우, 영양, 노루, 염소, 사슴, 첫소 등의 고기를 비롯하여 조개류, 물고기, 거북이, 새 등(한편, 멧돼지 길들이기에 관련된 proto - domestication에 대한 논문은 검토가 필요함)이 나타난다.

2) 최초의 농경(신석기 선토기 A, Neolithique Preceramique A/9600B.P. -8700B.P./PPNA): 각 지역에서 밀, 참밀, 보리, 채소류 등의 흔적이 나타나는 것으로 미루어 보아 농경이 독립적으로 시작되었음을 알 수 있다. 수렵은 연속되며, 정착생활이 자리 잡으면서 커다란 마을이 발달한다.

3) 가축사육(신석기 선토기 B, Neolithique Preceramique B/8700B.P. -6900B.P./PPNB): 염소, 양과 소의 사육이 시작된다.

4) 키프러스의 신석기 점령(8700B.P. -6900B.P./PPNB): 내륙지역의 신석기인들의 항해술이 발달하여 섬으로의 이주가 가능해진다.

2. 우리나라의 신석기시대의 유적과 유물

기원전 1만 년경에 빙하기가 끝나고 후빙기가 시작되면서, 인류의 생활은 환경의 변화에 적응하여 또다시 바뀌었다. 이에 구석기시대가 끝나고 과도기적인 중석기시대를 거쳐 점차 신석기시대가 전개되었다. 우리나라의 신석기시대는 기원전 8000년경부터 시작되었다. 신석기인은 주로 강가나 바닷가에 살면서 사냥을 하거나 물고기를 잡아 생활하는 한편 농사를 짓고 가축을 기르며 생활하였다. 대표적인 유적은 제주도 한경면 고산리(사적 제412호), 고성 문암리(사적 제426호), 부산 동삼동(사적 266호), 양양 오산리(사적 394호), 서울 암사동(사적 267호) 등이다. 이 시기에 주로 쓰인 도구로는 돌괭이, 돌삽, 돌갈판과 같은 농경도구가 있는데, 이것을 이용하여 조, 수수, 기장 등의 농사를 짓고 음식을 조리하였다. 이때부터 사람들은 돌을 갈아서 여러 가지의 형태와 용도를 가진 마제석기를 만들어 사용하였

기원전 8000년경의 제주도 한경면 고산리 출토 토기와 석기(사적 제411호)
필자 촬영

다. 그리하여 부러지거나 무디어진 도구도 다시 갈아 손쉽게 쓸 수 있게 되었으며, 단단한 돌이나 무른 석질의 돌을 모두 이용하게 되었다. 또, 진흙을 불에 구워서 만든 자비구(煮沸具)같은 토기를 사용하여 음식물을 조리하거나 저장할 수 있게 됨에 따라 생활이 보다 나아지게 되었다.

평안남도 대동군 대동강변 출토
갈판과 갈돌
국립중앙박물관(공공누리)

우리나라 신석기시대의 시작은 종래 생각했던 것보다 적어도 2,000년 이상 올라가는 기원전 8000년경으로 보고 있다. 이의 대표적인 유적이 제주도 한경면 고산리에서 발견되었다. 연대는 우리나라에서 가장 연대가 올라가는 기원전 8000년(10500B.P., 10180±65B.P.)이란 연대측정결과가 나왔는데, 이 유적에서는 융기문토기와 유경삼각석촉이 함께 나오고 있다. 그곳에서 세석기(細石器)와 함께 융기문토기도 나오는데 이와 유사한 유적으로 오시포프카, 노보페트로브스카, 그라마투하 문화에 속하는 러시아 아무르 강 가샤 지구 사카치(시카치) 알리안 유적과 일본 나가사끼(長崎県) 후꾸이(福井) 동굴 유적 등이 있으며 이들의 연대는 지금으로부터 11,000년-12,000년 전이다. 고산리 유적의 서기 1990

고성 문암리 출토 융기문 토기
사적 제426호, 강릉대 홍형우 교수 제공

년대 발굴에서는 우리나라에서 가장 오래된 토기가 석기와 함께 출토되었으나 유구는 확인되지 않았으며 원형의 움집 등 정착과 환경 변화의 적응을 위한 항구적 구조물도 없이 오직 식물가공 석기와 수렵용의 화살촉 뿐 이었다. 이 유적을 세 시기로 나누어 보고 있다. 즉 1) 세석기와 석핵이 나오는 후기 구석기시대, 2) 무경삼각촉이 나오는 신석기 Ⅰ기와, 3) 융기문토기와 유경석촉이 나오는 신석기 Ⅱ기의 세 시기로 나누어지며, 신석기 Ⅰ기의 경우 13,000년 전까지 올라가는 러시아 아무르 강 유역의 가샤 유적이 중심이 되는 오시포프카 문화 등과 비교해 볼 때 적어도 10,000년 전후가 그 중심연대가 될 수 있을 것이다. 제주도 한경면 고산리 유적은 서기 2012년도부터 발굴하여 서기 2014년에 발간된 제주문화유산연구원의 발굴보고서에 따르면 주거지 27기, 수혈 303기, 야외노지 9기, 구상유구 2기 등 다양한 유구가 발견되어 이미 정착생활이 시작되었을 알려준다. 또한 석기에서도 갈판, 갈돌, 고석과 어망추가 발견되어 식생활에서 견과류 등의 식물과 어류의 획득도 보여준다. 석재에서도 응회암, 규장암, 쳐트는 남해안에서 유입된 것이다. 또 이식(귀걸이, 耳飾, 耳环)과 패식(佩飾)이 나왔는데, 옥결(玉玦, 珏玉)은 중국 내몽고 오한기의 기원전 6천년기의 흥륭와(內蒙古 敖汉旗 興隆窪村)문화, 기원전 5000년-기원전 3300년경 중국 절강성 여요현 하모도촌(浙江省 余姚县 河姆渡鎭 河姆渡村)유적과 중심연대가 기원전 3000년-기원전 2500년경의 요녕성 조양시 동산취 홍산(辽宁 朝阳市 東山嘴 紅山)문화 등지에서 나오며 우리나라 고성 문암리(사적 제426호)와 파주 주월리에서도 발견되고 있어 중국 신석기 시대와 교류했음을 보여주는 증거이다. 출토 토기의 80% 이상을 차지하는 고산리식 토기의 태토 분석에서 억새속 태토보강제가 확인되었다. 고산리 유적의 연대는 기존에는 토기 열발광연대측정법(TL 연대)인 만 년 전(10180±65B.P.)의 연대가 나왔는데 이 유적의 문화층을 덮은 아카호야 화산재 층의 연대[K-Ah 기가이(鬼界) 아카호야 화산재, 일본 가고시마현(鹿兒島県)의 오오수미(大隅半島) 해협에 있는 칼데라로 사쓰난(薩南)제도 북부에 있는 사쓰마(薩摩) 硫黄島와 竹島 약 6300년 전]를 감안하여 상한은 만 년 전, 하한은 6400년 전으로 추정하였다. 고산리 유적의 목탄 탄소연대는 10,500년 전이다. 일본 화산재가 한국 유적의 연대를 추정하는 또 다른 예로 아이라단자와 화산재층 연대(AT 姶良丹澤, 鹿兒島 櫻島로 종전의 22,000년에서 3만 년 전으로 더 올라감)를 들 수 있다. 그런데 제주문화유산연구원에서 실시한 광발광연대측정법(OSL 연대 측정)결과 생토층인 암갈색사질점토층은 기원전 9000년 이전에 퇴적되었고, 고산리식 토기는 기원전 7500년, 융기문토기는 기원전 6300년으로 측정되었다. 그리고 목탄 탄소연대는 10,500년 전(기원전 7790-7510년, 기원전 7690-7540년)로 보고되었다. 강원도 고성 문암리 유적도 이와 비슷한 시기에 속한다. 그리고 양양 오산리의 유적은 조기로 최근의 가속질량연대분석으로 기원전 6000년 -기원전 5200년이 나왔다. 강원도 고성 문암리 유적도 이와 비슷한 시기에 속한다. 이제는 제주도 한경면 고산리에서 최고의 신석기시대 유적(초창기)이 발견됨으로써 한국 신석기시대의 상한은 8,000년 -10,000년 전까지 올라가는 것으로 인정되고 있다. 이때부터 사람들은 돌을 갈아서 여러 가지의 형태와 용도를 가진 마제석기를 만들어 사용하였다. 그리하여 부러지거나 무디어진 도구도 다시 갈아 손쉽게 쓸 수 있게 되었으며, 단단한 돌이나 무른 석질의 돌을 모두 이용하게 되었다. 또 진흙을 불에 구워서 만든 토기를 사용하여 음식물을 조리하거나 저장할 수 있게 됨에 따라 생활이 좀 더 나아지게 되었다. 이러한 마제석기와 토기는 신석기시대를 특징짓는 유물이다. 우리나라 신석기시대의 대표적 토기는 즐문토기이다. 즐문토기의 시기가 되면 유적은 전국 각지에 걸쳐 널리 분포하게 된다. 대표적인 유적은 평남 온천 궁산리, 평양 남경, 황해도 봉산 지탑리, 서울 암사동, 하남시 미사동, 부산 동삼동, 김해 수가리, 강원도 양양 오산리 등이며 모두 강가나 바닷가에 자리 잡고 있다. 즐문토기는 도토리

경남 산청 소남리 출토 신석기시대 말
청동기시대 조기 토기
필자 촬영

나 달걀모양의 뾰족 밑 또는 둥근 밑 모양을 하고 있으며 크기도 다양하다. 빗살무늬토기의 사용은 농사를 지어 식량을 생산하고 저장하게 되었음을 보여주는 것이다. 이 시기 농경이 시작되었다고 하더라도 사냥은 전통적으로 여전히 식량의 큰 몫을 차지하였다. 사냥은 주로 활이나 창을 이용하여 사슴과 멧돼지 등을 잡았고, 물고기 잡이에는 여러 가지 크기의 그물과 작살, 돌이나 뼈로 만든 낚시 등을 이용하였다. 통나무배를 타고 바다에 나가서 깊은 바다에 사는 물고기나 바다짐승을 잡기도 하였다. 또 굴, 홍합 등 많은 조개류를 먹었는데 신석기인들이 식용한 조개류는 40–50여 종에 달한다. 때로는 깊은 곳에 사는 조개류를 따서 장식으로도 이용하였다. 농경도구나 토기의 제작 이외에 원시적 수공업 생산도 이루어졌다. 가락바퀴나 뼈바늘이 출토되는 것으로 보아 의복이나 그물을 만들어 썼음을 알 수 있다.

3. 신석기시대의 주거지

　일반적으로 구석기시대 사람들이 동굴이나 내륙의 강가 및 바닷가의 단구와 낮은 구릉 위에서 주로 살았다면 신석기시대에 들어와서는 강가나 바닷가로 나와 움집을 짓고 살았다고 볼 수 있다. 한편 웅기 굴포리 서포항에서 처럼 때로는 굳어진 조개더미를 다져서 그 안에다 집을 짓는 경우도 나타나게 되었다. 그러나 대개는 둥근 모양으로 깊이 1−0.5m 정도의 움을 파고 바닥을 다진 후 벽체와 지붕을 올려 집을 지었던 것으로 보인다. 집의 크기는 직경 4−5m짜리가 보편적이며 한 집에서 대개 5사람 정도가 살 수 있었을 것으로 여겨진다. 서포항이나 암사동, 그밖에 여러 대규모 취락지들을 보면 한 유적에서 10여 기 이상씩 발견되나 이들도 전체를 다 나타낸 것은 아니다. 한편 신석기시대에도 여전히 동굴생활을 한 사람들이 있는데 그들의 자취는 예상보다 많은 편이다. 발굴된 유적만 하더라도 평북 의주 미송리, 평양 용곡 동굴, 춘천 교동, 영월 남면 2리 피난굴, 단양 금굴, 단양 상시, 춘천 교동, 부산 금곡동 율리 등이 있다. 인공 동굴인 교동의 예만 빼면 이들은 대개 석회암동굴이 발달한 평양지역이나 충북쪽에 위치하고 있어 환경에 적응한 신석기시대 사람들의 삶을 그려볼 수 있다. 신석기시대라 하더라도 동굴생활을 하던 사람들의 살림살이는 사냥(수렵)·채집에 의존했을 것으로 보인다. 신석기시대 집자리는 고산리, 오산리식(원형), 암사동식(원형과 정방형), 운서동과 대천리식(입구가 있는 凸자형) 등으로 나타나는데 고산리, 오산리와 암사리 등 초기에는 원형 그리고 후기에는 방형, 장방형, 凸자형의 장방형 등이 나타난다. 특히 凸자형 옥천 대천리식 주거지의 연대는 기원전 3500년−기원전 3000년이 중심이 된다.

4. 신석기시대의 농경문제

신석기시대부터 농경생활이 시작되었다. 황해도 봉산 지탑리와 평양의 남경 유적에서는 탄화된 좁쌀이 발견되고 남한에서도 부산 동삼동, 진주 상촌리, 화성 석교리, 시흥 능곡동 등지에서 조, 기장 등의 잡곡류가 나와 이미 신석기시대에 경작되었음을 알 수 있다. 이 시기에 이용된 주요 농기구로는 돌(뿔)괭이, 돌삽, 돌보습, 돌낫, 반달칼, 갈돌 등이 있다. 그리고 현재 자료로 남아 있지 않으나 주변 중국이나 일본의 경우를 보면 우리나라에서도 나무로 만든 농경구가 사용되었을 가능성도 있다. 비록 화전민식 농경(slash and burn cultivation, bush-fallow cultivation)이나 집 근처 '텃밭'에서 행한 간단한 밭농사(dry field farming)이겠지만, 농경기술이 점차 발달하게 되면서 짐승사냥과 물고기 잡이가 경제생활에서 차지하는 비중은 줄어들었을 것으로 짐작이 된다. 경남 창녕군 비봉리에서 발견된 목선(신석기 조기, 길이 3.1m, 폭 0.62m)과 노의 기능을 가진 나무 삿대(길이 1.78m)는 어로생활의 증거가 된다. 우리나라 신석기시대의 생활상을 이해하는데 농경은 가장 중요한 문제가 될 것이다. 지금까지 나타난 자료들을 종합해 볼 때, 우리나라 신석기시대의 농사짓기는 평안남도 궁산, 황해도 봉산 지탑리, 서울 암사동 등 서해안의 대동강-한강유역을 중심으로 신석기 전기 늦은 무렵(기원전 4000년 경)부터 이루어졌을 것으로 보인다. 이곳은 이른바 빗살무늬토기의 원래 분포지역이며 이곳에서는 그 저평한 지형과 좁쌀 등의 실물 자료, 그리고 농사짓기에 관계되는 온갖 도구들이 출토되고 있는 것이다. 신석기 중기 이후에는 전국적으로 농사가 보급되어 갔을 것으로 보인다. 신석기시대부터 농사를 지었다고 하더라도, 유적에서 출토되는 다양한 생업도구들로 보면 농사짓기에 사냥, 채집과 어로 등으로 생계를 유지하던 '폭 넓은 경제행위(broad spectrum)'에서 계절성(seasonality)과 계획성(scheduling)이 바탕이 되는 두·서너 가지의 집약생산을 위한 '폭 좁은 경제행위(narrow spectrum)'로 바뀌어 가는데서 이해해야 할 것이다. 다시 말해 중동, 중남미, 서남아 지역의 신석기시대에서는 밀, 보리, 옥수수가 재배되며 가축의 사육과 함께 밀, 보리, 옥수수 등 폭이 좁은 경제행위로 바뀌어간다. 이는 수렵과 채집인들이 계절성과 계획성의 경제행위에 의해 더욱 더 박차를 가하게 된다. 그리고 강원도 고성 문암리 유적 신석기시대 초창기와 전기 층에서 밭이랑의 흔적과 함께 조, 기장과 팥이, 인천 중구 운서동(기원전 4000년 - 기원전 3600년경)과 강원 양양군 현남면 지경리에서 농경구와 함께 출토된 토기에서 조와 기장이 눌려있는 압흔도 발견되었다. 또 경상남도 김해시 율하리 2지구 저습지 유적에서 도토리와 호두가 발견되고 당시 도토리의 보관에 이용된 나무기둥도 발견되었다. 즉 어느 것에 더 비중을 두었는가는 주변 환경이나 계절에 따라 제공해 줄 수 있는 자원이 달라지므로 환경적응에 따라 달랐을 것이다. 한편 농사는 많은 투자를 하고도 소출을 얻으려면 오래 기다려야 하며 위험 부담율이 큰 점에서 사냥·채집보다 반드시 유리했다고는 할 수 없음에도 불구하고 왜 등장하게 되었는지에 대한 많은 논쟁이 있었다. 최근에는 그 원인을 후기 구석기 이후의 인구 증가로 인해 생겨난 인구압(demographic stress, 人口壓)에서 찾고 있다. 즉, 가용자원의 한계를 넘어서는 인구 증가 때문에 사람들이 효율 높은 경제행위를 추구하였고, 그 결과 농사가 발명되었다는 것이다. 우리나라 신석기시대의 농사에 대한 연구도 이러한 관점을 고려해서 이루어져야 그 실체에 다가갈 것으로 보인다.

5. 신석기시대의 사회 구성

신석기시대에는 혈연을 기반으로 하고 계급이 없이 평등한 부족사회(部族社會, tribe)를 이루고 있었다. 부족은 혈연을 바탕으로 한 씨족(clan)을 기본 구성단위로 하였다. 이들 씨족은 점차 다른 씨족과의 족외혼(族外婚)을 통하여 부족을 이루었다. 그러나 부족사회도 앞선 구석기시대의 무리(群集社會, band)사회와 같이 아직 지배, 피지배의 관계가 발생하지 않은 연장자나 경험이 많은 자가 자기 부족을 이끌어 나가는 평등사회였다. 씨족은 각각 폐쇄적인 독립사회를 이루고 있었으며, 점차 다른 씨족과의 족외혼을 통하여 부족을 이루었다. 또 부족사회는 평등사회라고는 하나 집단 내에서의 출생에 따른 지위 같은 것이 있어서 서열사회(ranked society)라고도 한다. 신석기시대 부족의 규모가 얼마나 되었는가 하는 것은 시기나 환경에 따라, 그리고 생업의 종류에 따라 편차가 무척 클 것으로 보인다. 신석기인은 움집을 짓고 같은 씨족끼리 모여 살면서 마을을 형성하고, 나아가 여러 개의 씨족이 모여 부족을 이루고 살았다. 이 사회는 평등사회로 나이와 경험이 많은 어른(우두머리)이 부족의 중요한 일을 맡아 운영해 나갔다. 고고학적인 방법으로는 대규모 취락지에 살았던 사람 수를 추정하는데, 부족의 규모를 300명−1,000명 정도로 대규모로 보는 경우부터 30명−40명 정도로 아주 작게 보는 경우도 있다. 우리나라에서는 아직 대규모의 큰 부족사회는 발견되지 않았다. 어로를 주로 하는 도서지방의 경우라면 30명−40명 정도의 인구규모였을 것으로 예상된다.

6. 신석기시대의 신앙형태

농경과 정착생활을 하게 되면서 인간은 자연의 섭리를 생각하게 되었다. 그리하여 농사에 큰 영향을 끼치는 자연현상이나 자연물에도 정령이 있다고 믿는 정령숭배가 생겨나게 되었다. 무덤은 통영 연대도에서와 같이 바닥에 잔돌을 깔고 머리를 서쪽으로 둔 앙와신전장(시체를 곧게 편 무덤)이 주류를 이르며 7호 남성의 인골에는 돌고래, 수달, 너구리의 이빨 등으로 만든 발찌도 부착되었다. 또 신앙은 풍요(豐饒)와 다산(多産)이 그 중심에 자리 잡고 있다 하겠다. 그중에서도 태양과 물에 대한 숭배가 으뜸이 되었다. 또 사람이 죽어도 영혼은 없어지지 않는다고 생각하여 영혼숭배와 조상숭배가 나타났고, 인간과 영혼 또는 하늘을 연결시켜주며 의사의 역할도 하던 무당과 그 주술을 믿는 무교도 있었다. 그리고 자기 부족의 기원을 특정 동식물과 연결시켜 그것을 숭배하는 토테미즘도 있었다. 신석기시대 사람들의 종교의식은 그들의 실제 생활과 밀착되어 있으며 또 예술품과도 관련되어 있겠는데, 그 가운데 부적과 같은 호신부, 조가비 발찌(부산 가덕도 장항), 동물의 이빨로 만든 발찌(통영 연대도), 토우 여인상(울산 신암리), 사람 얼굴(동삼동의 인면 토우와 소야도의 조가비 인면), 뱀, 망아지

인천 소야도 선촌 출토
조개껍데기(가리비)장식
필자 촬영

강화 삼산면 석모도 해골바위(알바위)
필자 촬영

등 동물(통영 욕지도의 동물 토우)을 표현한 것들이 있다. 여성을 나타낸 것은 풍요와 다산에 대한 기원으로 보여 지며 그밖에 주술적 신앙, 무속신앙적인 요소를 찾아 볼 수 있을 것이다. 종교는 열등자연교[劣等自然敎, 多靈敎期: 정령숭배(精靈崇拜, animism)→토테미즘(圖騰崇拜, totemism)→샤머니즘(무교, 巫敎, 薩滿敎, shamanism)→조상숭배(祖上崇拜, ancestor worship)]→고등자연교(高等自然敎, 多神敎, polytheism)→일신교(一神敎, monotheism)로 발전하는데, 이러한 한국 선사시대의 신앙형태는 열등자연교 중 애니미즘(정령숭배신앙), 샤머니즘(무속신앙), 토테미즘(토템숭배신앙)이 중심이 된다. 다시 말하여 한국의 종교는 신석기시대의 정령숭배→청동기시대의 토테미즘→철기시대 전기의 무교와 조상숭배의 순서 등으로 발전하고 있다.[2] 그러나 우리나라의 신석기시대에 이러한 정령

. . . .

2 Edward B. Tylor의 저서 『Primitive Culture』(1871, New York, NY, US: Brentano's Primitive Culture, Vol 2 7th ed.)에서 언급한 미개사회에서 보편적인 초자연관인 정령숭배(animism)는 식물·무생물·자연적 현상에까지 영(靈)이 있다는 것이다. 그리고 토테미즘(totemism)은 북아메리카 Superior 호수를 포함하는 오대호 북쪽 알곤퀸(Algonquin) 언어를 사용하는 오지바(Ojibwa) 인디언들의 ototeman에서 따온 것으로 의미는 '나의 친척'("he is a relative of mine")을 의미한다. 모든 동물의 이름을 따서 집단을 분류하는데 둘 다 열등자연교(劣等自然敎) 중 다령교(多靈敎, polydemonism)에 속한다. 계급사회가 심화되고 국가가 성립되면 이들 열등종교는 무교(shamanism)와 조상숭배로 바뀌고 나중에 고등자연교의 다신교(多神敎, polytheism)와 일신교(一神敎, monotheism/unitarianism)로 정착하게 된다. 이념·종교가 사회구조를 밝히는데 중요성이 여기에 있다. 소도도 일종의 무교의 형태를 띤 것으로 여기에는 조상숭배가 강화된다. 이는 종교의 전문가인 제사장, 즉 천군(天君)의 무덤으로 여겨지는 토광묘에서 나오는 청동방울, 거울과 세형동검을 비롯한 여러 무구(巫具)들로 보아 이 시기의 종교가 무교(巫敎, shamanism)의 일종이었을 것으로 짐작된다. 특히 샤만의 원형을 잘 유

숭배나 무교를 증명할 만한 물질적 자료가 충분치 않아 위의 신앙체계의 존재여부는 아직 많은 이론이 제기될 수 있다.

그리고 즐문토기를 공통분모로 하는 문화가 범북방문화권(凡北方文化圈)에 속한다. 그리고 한강유역의 첨저토기와 함경도의 평저토기도 원래는 한 뿌리로 알타이지역을 포함하는 바이칼 호 주변이 그 기원지가 될 가능성이 많다고 한다. 그러나 최근 들어 이들보다 앞서는 시기의 토기들이 발견되는 예가 늘어나고 있는데, 이들은 무늬가 없거나 토기 몸체에 덧살을 덧붙인 것으로 각각 이른 민무늬토기 혹은 덧무늬토기로 불린다. 함북 웅기 서포항, 강원도 양양 오산리, 부산 동삼동 조개더미(패총) 등에서는 이른 민무늬토기나 덧무늬토기 등이 나오고 있으며, 이들은 즐문토기보다 연대가 올라간다. 최근에는 이 융기문토기 보다 앞선 이른 시기의 토기가 고산리 유적에서 발견되고 있다. 토기들은 동북아시아에서 발견되고 있는 원시무문토기들과 많은 유사성을 가지고 있다. 이러한 구석기시대의 문화적 성격을 가지고 있으면서 토기를 동반하는 유적들이 앞으로 계속 발견된다면 신석기시대의 개시기가 지금보다 상당히 올라갈 것으로 보인다. 신석기인이 사용한 대표적인 토기는 즐문토기인데 이것은 그릇 아래가 달걀처럼 뾰족하거나 둥근 모양을 하고 있으며, 크기도 매우 다양하다. 이 토기가 나온 유적은 주로 강가나 바닷가로 전국에서 매우 많이 발견되고 있다. 우리나라 신석기시대의 대표적인 토기는 빗

· ·

지하고 있다고 생각되는 고아시아족(Palaeoasiatic people, Palaeosibserian)의 축치족(러시아의 Chukotka에 사는 Chukchee/Chukchi족)에서는 샤만을 견령자(見靈者), 예언자(豫言者), 의료자(醫療者)의 세 계급으로 나누어 설명한다. 세 번째의 계급이 마술적 금압(禁厭) 또는 의료법(醫療法)으로 가장 존경을 받는다고 한다. 앞으로 한국의 샤만에도 적용될 수 있는 문제이다.

살무늬토기이다. 함북 웅기 서포항, 강원도 양양 오산리, 부산 동삼동 조개더미, 통영 상노대도·연대도·욕지도 등에서는 이른 민무늬토기나 덧무늬토기 등이 나오며, 이들은 빗살무늬토기보다 더 이른 시기에 만들어져 쓰였던 것으로 나타난다. 이들이 우리나라에서 나오는 가장 이른 시기의 토기들이다. 이 토기를 만들어 쓴 사람들은 농사보다는 주로 바닷가나, 강물과 바닷물이 합쳐지는 어귀에서 연어와 같은 회귀성이 강한 물고기를 중심으로 하여 어로와 관계된 생업을 영위해 나간 것으로 보인다. 즐문토기는 도토리나 달걀모양의 뾰족밑 또는 둥근밑 모양을 하고 있으며 크기도 다양하다. 신석기시대 중기(기원전 3500년－기원전 2500년) 즐문토기가 남쪽으로 확산하여 유적은 전국 각지에 걸쳐 널리 분포하게 된다. 대표적인 유적은 평남 온천 궁산리, 평양시 남경 호남리, 황해도 봉산 지탑리, 서울 암사동, 하남시 미사동, 부산 동삼동, 봉계리, 김해 수가리, 강원도 양양 오산리 등이며, 모두 강가나 바닷가에 자리 잡고 있다.

농경기술이 발달하면서 사냥과 어로가 경제생활에서 차지하는 비중은 줄어들었지만, 여전히 식량의 큰 몫을 차지하였다. 사냥은 주로 활이나 창을 이용하여 사슴류와 멧돼지 등을 잡았고, 물고기 잡이에는 여러 가지 크기의 그물과 작살, 돌이나 뼈로 만든 낚시 등을 이용하였다. 또 굴, 홍합 등 많은 조개류를 먹었는데, 때로는 깊은 곳에 사는 조개류를 따서 장식으로도 이용하였다. 농경도구나 토기의 제작 이외에 원시적인 수공업 생산도 이루어졌다. 가락바퀴나 뼈바늘이 출토되는 것으로 보아 의복이나 그물을 만들어 썼음을 알 수 있다. 도구의 발달과 농경의 시작으로 주거생활도 개선되어 갔다. 주거지는 대개 움집인데, 바닥은 원형이나 모가 둥근 방형이며, 중앙에 불씨 보관용, 취사와 난방을 위한 화덕이 위치하고 있다. 햇빛을 많이 받는 남쪽으로 출입문을 내었으며, 화덕이나 출입문 옆에는 저장구덩(움)을 만들어 식량이나 도구를 저장하였다. 그 규모는 한 집 당 4명–5명 정도가 살기에 적당한 크기였다.

이 시대의 예술품으로는 주로 흙으로 빚어 구운 얼굴 모습이나 동물의 모양을 새긴 조각품, 조개껍데기 가면(경기도 소야도), 조가비로 만든 치레걸이, 짐승의 뼈나 이빨로 만든 장신구 등이 있었다. 신석기시대 문화는 농경과 목축의 시작, 마제석기와 토기의 사용, 정착생활과 촌락공동체의 형성 등을 특징으로 하였으며 이 결과 마을의 인구가 증가하였다. 특히, 구석기시대 사람들이 식량채집생활을 영위한 것과는 달리, 신석기시대 사람들은 농경과 목축을 시작하여 식량생산의 경제활동을 전개함으로써 인류의 생활양식은 자급자족으로 크게 변하였다. 이를 신석기혁명(Neolithic Revolution)이라고도 한다. 이러한 획기적인 변화는 중동지방의 '비옥한 초승달지대(Fertile crescent)', 터키의 아나토리아(Anatolia) 고원, 동부 지중해 연안의 레반트(Levant) 지역, 중국의 장강(양자강)과 동남아시아 등지에서 기원전 8000년경에 시작된 것으로 추정되며, 이후 신석기시대 농경문화는 세계 각 지역으로 확산하여 전 세계의 고고학 편년 상 구석기시대를 이어 신석기시대로 자리 잡았다.

8. 문명의 발생과 국가의 성립

　기원전 3000년경을 전후하여 현 이라크 영토인 메소포타미아의 티그리스와 유프라테스 강, 이집트의 나일 강, 인도(현 파키스탄 령)의 인더스 강, 중국의 황허 유역에서 문명이 탄생하였다. 이들 큰 강 유역에서는 관개농업과 같은 농경의 발달과 더불어 청동기의 사용, 도시의 출현, 문자의 사용과 국가의 형성 등의 발전이 급속히 이룩되었다. 이들이 청동기시대에 일어났다. 이로써 인류는 선사시대를 지나 역사시대로 접어들게 되었다. ① 직립보행을 하고 양팔을 사용하는 인류가 지구상에 처음 나타난 사건 이후, ② 농업의 발생(자급자족의 식량생산), ③ 도시의 발생(urbanism)과 아울러, ④ 산업혁명(서기 1760년경 시작)이 가장 큰 사건으로 꼽히고 있다. 그 중 도시의 발생 또는 도시혁명(urban revolution)은 국가와 문명과 같이 청동기시대에 나타난다. 도시, 국가 그리고 문명의 발생은 계란과 닭의 관계처럼 그 순서를 밝히기가 매우 어렵고 복잡하다. 도시와 국가는 문명발생의 부산물로 보는 학자도 있을 정도로 문명의 발생은 매우 중요하다. 그래서 서기 1960년대 이래 미국과 유럽에서 고고학연구의 주제로, "농업의 기원"과 마찬가지로 "문명의 발생"이 커다란 주류를 형성해 왔다. 최근에는 생태학적인 연구에 힘입어 그들의 발생은 독립적인 것보다 오히려 상호 보완적인 점에서 찾는 쪽으로 나아가고 있다. 고고학의 연구목적은 의·식·주를 포함하는 생활양식의 복원, 문화과정과 문화사의 복원에 있다.

문명의 정의는 미국 하버드 대학의 장광직(張光直, Chang Kwang-Chih, 서기 1931년~서기 2001년) 교수의 이야기대로 "기념물이나 종교적 예술과 같은 고고학적 자료, 즉 물질문화에서 특징적으로 대표되는 양식(style)이며 하나의 질(quality)"이라고 할 수 있다. 그는 또 中國文化의 예를 들어 중국문화의 특성 가운데 하나로 설정된 "정치적 측면에서의 이해"만이 중국을 이해하는 첩경이며, 고대 중국에 있어서 예술·신화·의식(藝術·神話·儀式) 등은 "모두 정치적 권위에 이르는 과정"으로 이야기할 수 있다고까지 언급하기도 한다. 다시 말하여 문화는 인간이 환경에 적응해서 나타난 결과인 모든 생활양식의 표현이며, 의·식·주(衣·食·住)로 대표된다. 생태학적으로 '문화란 인간이 환경에 적응해 살아남자고 하는 전략'이라고도 할 수 있다. 이와 같이 어떤 민족이나 종족에게서 볼 수 있는 보편적인 것이 문화이다.

이들도 시공(時·空)을 달리해도 의·식·주를 중심으로 하는 문화를 가지고 있었다. 이와는 달리, 문명이란 이러한 보편적인 문화가 질적, 양적으로 발전하여 도시나 문자에 기반을 둔 인간문화의 발전단계로 이해된다. 따라서 문명의 정의에는 도시와 문자가 필수적으로 언급되어야 한다. 여기서 도시란 "한 지역에 5,000명 이상의 인구가 긴밀한 문화체계 안에서 유기적인 연관을 갖고, 또 그들 사이에 있어 노동의 분화, 복잡한 계급제도와 사회계층의 분화, 중앙집권화된 정부구조, 기념비적인 건물의 존재, 그리고 문자가 없는 경우 부호화된 상징체계나 당시 풍미했던 미술양식과 지역 간의 교역의 존재"를 통해 찾아질 수 있다. 그리고 국가란 지리학에서 '국민, 영토와 주권'을 국가의 기본으로 삼는다. 그러나 인류학의 엘만 서비스(Elman Service)의 모델인 통합론(統合論, Integration theory)에서는 인류사회는 경제나 기술이 아닌 조직이나 구조에 기반을 두어 군집사회(band)－부족사회(tribe)－족장사회(chiefdom)－고대국가(ancient state)로 구분하고 있다. 그리고 기본자원에 대한 불평등한 접근에서 일어나는 갈등에 기반을 둔 모턴 프리드(Morton Fried)의 갈등론(葛藤論, Conflict theory)의 도식인 평등사회(egalitarian society)－서열사회(ranked society)－계층사회(stratified society)－국가(state)라는 발전단계도 만들어진다. 서비스는 국가단계에 앞선 족장사회를 잉여생산에 기반을 둔 어느 정도 전문화된 세습지위들로 조직된 위계사회이며, 재분배체계를 경제의 근간으로 한다고 규정한 바 있다. 족장사회에서는 부족사회 이래 계승된 전통적이며 정기적인 의식행위(calendric ritual, ritual ceremony, ritualism)가 중요한 역할을 하는데, 의식(ritualism)과 상징(symbolism)은 최근 후기/탈과정주의고고학(post－processual)의 주요 주제이기도 하다. 국가단계사회에 이르면, 이는 권력(power)과 경제(economy)와 함께 종교형태를 띤 이념(ideology)으로 발전한다. 조나단 하스(Jonathan Haas)나 티모시 얼(Timothy Earle)과 같은 절충론(eclecticism)자들은 "무력을 합법적으로 사용하고 통치권을 행사할 수 있는 지배체제의 존재 힘/무력(power)·경제(economy)와 이념(ideology, 또는 religion)을 바탕으로 한 중앙집권화되고 전문화된 정부제도", 또는 "경제·이념·무력의 중앙화, 그리고 새로운 영역(new territorial bounds)과 정부의 공식적인 제도로 특징지어지는 정치진화발전 상 뚜렷한 단계"가 있는 것으로 정의한다. 크라이드 크락크혼(Clyde Kluckhohn)은 약 5,000명 이상 주민, 문자와 기념비적인 종교중심지 중 두 가지만 있어도 도시(city, urban)라 정의할 수 있다고 한다. 그리고 이를 유지해 나가기 위해 사회신분의 계층화를 비롯해 조세와 징병제도, 법률의 제정과 아울러 혈연을 기반으로 하지 않는 왕의 존재와 왕권, 그의 집무소, 공공건물 등이 상징적으로 부가된다. 따라서 도시, 국가와 문명은 상호유기체적이고 보완적인 것으로, 이것들을 따로 떼어내서 독립적으로 연구할 수 없는 불가분의 것이다.

"큰 강 유역에서 관개농업에 의존하여 발생하였다"하여 칼 빗트포겔(Karl Wittfogel)에 의해 불려진 "관개문명"(Hydraulic theory/civilization) 또는 "4대 하천문명"을 포함한 일차적인 고대문명(primary civilization)은 7개나 된다. 이들은 시간과 공간에 관계없이 전 세계적으로 발생하였는데, 수메르(기원전 3000년-기원전 2370년 아카드의 사르곤 왕의 통치 이후 기원전 1720년까지 우르 3왕조가 존속), 이집트(기원전 3000년경-기원전 30년, 기원전 2993년 상·하 이집트가 통일되었다는 설도 있음), 인더스(기원전 2500년-기원전 1800년), 상(기원전 1750년-기원전 1100년 또는 기원전 1046년), 마야(고전기: 서기 300년-700년), 아즈텍(후기 고전기: 서기 1325년-1521년 8월 13일)과 잉카(후기 고전기: 서기 1438년-1532년 11월 16일)가 바로 그들이다. 이들은 기원전 3100년에서 서기 1325년까지 약 4500년간의 시간적인 차이와 근동지방에서 신대륙에 이르기까지의 공간적인 차이가 있다.

이러한 문명이란 사전적인 용어의 해석대로 인류역사상 문화발전의 한 단계이며 엄밀한 의미에서 도시와 문자의 사용을 필요·충분조건으로 삼고, 여기에 고고학상의 특징적인 문화인 공공건물(기념물), 시장, 장거리무역, 전쟁, 인구증가와 기술의 발전 같은 것에 근거를 두게 된다. 이들 상호작용에 의한 승수효과(multiplier effect)가 도시, 문명과 국가를 형성하게 된다. 이들의 연구는 구미학계에서 1960년대 이후 신고고학(New Archaeology)에서 레스리 화이트(Leslie White)와 쥴리안 스튜워드(Julian Steward)의 신진화론(新進化論, neo-evolutionary approach; a systems view of culture)과 체계이론(system theory)을 받아들임으로써 더욱 더 발전하게 된다. 이들 연구의 주제는 농경의 기원과 문명의 발생으로 대표된다. 이들의 관점은 생태학적 접근에서 나타난 자연전체관(自然全體觀, holistic view)으로 물리적 환경(物理的環境, physical environment), 생물상(生物相, biota; fauna, flora)과 문화(文化, culture)와의 상호 적응하는 생태체계(ecosystem)로 이루어진다. 즉 문화는 환경에 적응해 나타난 결과이다. 보편적인 문화에서 양적·질적으로 변화하는 다음 단계, 즉 도시와 문자가 나타나면 문명이 되는 것이다. 여기에 무력을 합법적으로 사용하고 중앙집권체제(中央集權體制)가 갖추어져 있거나, 힘(武力, power), 경제(economy)와 이념(ideology)이 함께 나타나면 국가단계의 출현을 이야기한다. 따라서 도시, 문명과 국가는 거의 동시에 나타난다고 본다.

문명이란 의·식·주와 같은 보편적인 인류의 생활문화가 한 단계 더 발전하여 만들어진 물질문화를 말한다. 문명은 이전보다 더 복잡한 사회구조와 더 다양한 인간 활동을 통해 생겨났다. 청동기와 문자의 사용, 도시의 형성을 통해 문명은 더욱 발달하였다. 청동기의 제작[1]은 석기를 비롯한 다른 도구의 발달을 가져와 농업생산량이 크게 증가하였다. 식량이 풍부해지자 인구도 증가하여 공동체의 규모는 이전보다 더욱 커져갔다. 전쟁무기도 다양해지면서 다른 부족을 정복하여 사회는 이전보다 더 커지고 또한 복잡한 구조를 형성하였다. 이 사회는 농민을 비롯하여 상인, 장인 등이 주된 구성원이었는데, 이들 중에 일부가 가난하여 빚을 지고 갚지 못하면 노예가 되기도 하였다. 전쟁에서 잡혀온 포로들 또한 주로 노예가 되었다. 힘이 센 사람이 정치적 권력을 차지하였고, 제사를 맡은 성직자들 또한 지배층이 되었다. 그리하여 이전 사회의 평등한 관계가 무너지면서 계급사회가 발생하였다. 지배자들은 복잡해진 사회 속에서 다양한 계급의 사람들을 다스리기 위해서 법과 제도를 만들었다. 그리고 이 법을 알리고 집행하기 위해서 문자를 만들어 사용하기 시작하였다. 그리하여 도시가 등장하였고, 이 도시와 문자를 중심으로 문명이 형성되었다. 세계 4대 문명은 모두 큰 강 유역에서 발달하였다. 이곳은 토지가 비옥하고 농사에 필요한 물을 얻기 쉬웠을 뿐만 아니라, 강을 교통로로 이용할 수 있어 다른 지역과의 교류가 쉬웠기 때문에 많은 사람들이 모여 살기에 알맞은 곳이었다. 이곳의 많은 사람들은 강의 범람이나 가뭄에 대비하여 제방을 쌓거나 수로를 내는 일에 필요한 노동력을 제공하였으며, 이들을 효율적으로 조직하고 부리기 위해 사회

· ·

1 Vere Gordon Childe는 도시와 국가의 발생, 장거리 외국무역과 도시혁명(Urban Revolution)이 발생하는 제 요인들을 추구한 결과 19개의 기본적인 발견물과 과학의 응용이 바탕이 된다고 한다. 19개의 항목은 관개, 쟁기, 축력의 이용, 범선, 수레, 과수재배, 양조, 구리의 생산과 이용, 벽돌제조, 궁륭, 沙器와 유리제품, 印흔, 태양력, 기록, 숫자(기수법), 청동, 철, 알파벳, 도시 물 공급의 수도관이다(최몽룡 1990, 고고학에의 접근-문명의 성장과 멸망-, 서울: 신서원, p.146).

조직과 제도가 만들어지면서 초기형태의 국가가 탄생하였다. 문명의 발생과 함께 형성된 도시 또는 국가에서는 이념적, 종교적인 것도 중요한 역할을 담당하였다. 문명이 발생한 곳마다 지역의 특성에 따라 다양한 종교가 성립하였으며, 이들 종교는 정치권력자의 이념적 토대를 제공하여 통치에 도움을 주었다.

1. 메소포타미아 문명

페르시아 만에서 유프라테스 강과 티그리스 강을 따라 북서쪽으로 길게 뻗은 지역을 메소포타미아라고 하는데, 이것은 '두 강 사이의 땅'이라는 뜻이다. 이곳과 그 왼쪽의 지중해 연안지역을 합쳐서 '비옥한 초승달지대'라고 하며, 이곳이 바로 세계 최초의 문명이 발생한 지역이다. 이 지역은 토지가 비옥하고, 물이 풍부하여 농사짓기에 알맞은 조건을 갖추고 있었다. 하지만 두 강이 불규칙하게 범람하였기 때문에 일찍부터 수로를 만들고 제방을 쌓아 물을 관리하였다. 따라서 농업 생산량도 크게 증가하였으며, 식량이 풍부해지자 인구 또한 증가하였다. 한편 이 지역에서 부족한 청동기의 재료를 얻기 위하여 물길을 따라 주변 파키스탄·아프가니스탄·인더스 지역과 활발하게 교역을 함으로써 상업 또한 발달하였다. 그 결과 여러 곳에 도시가 형성되었으며, 도시를 다스리는 지배자와 각 도시의 신을 섬기는 제사장, 전쟁을 담당하는 군인 등 다양한 계급의 사람들이 생겨나게 되었다. 메소포타미아 지역에서는 많은 민족이 나라를 세웠다가 사라져 갔다. 수메르인은 이 지역에서 문명을 일으킨 최초의 사람들이었다. 이들은 기원전 약 3000년경에 도시를 세우고 농경을 중심으로 한 문명을 일구었다. 수메르인은 그 지역에서 쉽게 구할 수 있는 진흙으로 벽돌을 구워 궁전과 성벽을 쌓았으며, 지구라트라는 신전도 만들었다. 이들은 문자 또한 진흙판에 쐐기모양으로 새겨 사용하였다.[2] 또 이들은 달의 움직임을 중심으로 한 태음력을 만들고, 60진법을 사용하는 등 천문학과 수학을 발달시켰다. 수메르인의 뒤를 이어 메소포타미아 지역을 지배한 사람들은 아카드인이었으나 오래가지 못하였으며, 이후에 등장한 나라가 바빌로니아 왕국이었다. 바빌로니아 왕국은 기원전 1800년경에 크게 번영하였는데 함무라비 왕 때 메소포타미아 지역을 통일하였다. 함무라비 왕은 중앙집권적인 통치를 하였으며, 이전의 법전을 정리하여 함무라비법전을 만들었다. 이 법전은 보복법의 성격을 지니고 있어, 오랫동안 이 지역의 법률에 영향을 주었다.

· · · · · · · · · · · · · · · · · · · ·
2 설형문자의 해독은, 이란 케르만샤-하마단 길 옆 베히스툰 또는 비소툰(Bisotun) 바위에 아케메니드 왕조의 3대왕인 다리우스대제(기원전 521년-기원전 486년)에 의해 기원전 516년 설형문자, 옛페르시아어, 엘라마이트어와 바빌로니아어로 부조의 형태로 새긴 비가, 로린손(Rawlison, Lt. col. Henry Creswicke에 의해 1835년-1847년 조사)에 의해 판독됨으로 가능해졌다. 이로써 메소포타미아 전역에서 발견되는 설형문자를 통해 그 연구의 실마리가 이루어지게 되었다. 그리고 그리스의 역사가 Herodotus에 의하면 다리우스 1세(기원전 522년-기원전 486년 재위)의 운하(Darius I's Canal)는 앞선 이집트 26왕조의 파라오인 Necho Ⅱ세(Nekau, 기원전 610년-기원전 595년)의 계획을 완공시킨 것으로 당시 Greater Bitter Lake 호수 남쪽 이집트의 Shaluf(Chalouf) 마을 외곽의 Heroopolite Gulf와 홍해 사이에 나있던 실개천과 같은 물길을 확장해 당시 3단 櫓의 갤리선(galley)과 같은 노 젓는 두 척의 배인 트라이림(trireme)이 다닐 수 있을 정도의 폭을 가지고 한 번 횡단하는데 4일이 소요되었다고 한다. 다리우스 왕은 운하의 완공을 기념해 Kabret와 수에즈 북쪽 수 마일 떨어진 곳에 비를 세웠다. 살루프 비석(Shaluf stele)이라고 알려진 비는 서기 1866년 Charles de Lesseps에 의해 발견되었으며 비문은 페르시아 고어, 메디아, 앗시리아와 이집트어로 쓰여 졌음이 밝혀져 비소툰비와 더불어 페르시아를 연구하는데 중요하다.

2. 이집트 문명

그리스의 역사가 헤로도토스는 '이집트는 나일 강의 선물'이라고 하였다. 에티오피아 고원에서 시작된 몇 개의 물줄기가 모여 남쪽에서 북쪽으로 흐르는 나일 강(블루나일 강, Blue Nile)은 하류지역에 넓은 퇴적토를 이루고 지중해로 흘러 들어간다. 해마다 규칙적으로 범람하는 나일 강은 강 주변의 땅을 충분히 적시고 풍부한 퇴적물을 쌓아 놓았다. 더불어 온화한 기후는 농사를 지으며 살기에 적합한 조건이 되었다. 또 나일 강이 도시를 연결하고 물자를 교역하는 중요한 기능을 하면서 이 강을 따라 마을이 생겨나고 도시가 형성되었다. 나일 강 서쪽의 사막지대와 나일 강 남쪽의 여러 폭포들, 그리고 동쪽 사막과 산맥은 자연적인 방어막을 형성하여 이집트는 외부의 침입으로부터 3,000년이라는 비교적 오랫동안 통일된 왕국을 유지할 수 있었다. 한편 지중해연안의 평탄한 북동쪽을 이용하여 메소포타미아 문명 지역과 교류할 수 있었다. 이집트인들은 여러 신을 믿었지만 그 중에서 태양을 가장 중요하게 여겨 최고의 신으로 섬겼으며, 왕인 파라오를 태양신의 아들로 여겼다. 따라서 파라오는 정치와 종교를 주관하는 강력한 권력을 가지고 있었다. 또 사후세계가 있어 사람이 죽어도 영혼은 사라지지 않는다고 믿었으며, 따라서 사람이 죽으면 미라로 만들어 보존하였다. 그리고 돌을 이용하여 미라를 안치하기 위한 피라미드와 이 피라미드를 보호하기 위한 스핑크스와 같은 커다란 건축물을 쌓기도 하였다. 이집트인들은 정기적인 나일 강의 범람 시기를 알기 위하여 태양력을 만들어 사용하였는데, 이것은 태양의 움직임에 따라 날짜를 계산하여 1년을 365일로 하였다. 또 나일 강이 범람하고 난 후의 토지를 측량하기 위하여 측량술과 기하학이 발달

하였다. 이집트인들은 그림문자를 사용하였는데, 이것을 파피루스로
만든 종이에 기록하였다.

3. 인더스 문명

티벳 고원 서쪽에서 시작한 인더스 강은 히말라야 산맥과 펀자브
지방을 지나 아라비아 해로 흘러들면서 농경에 적합한 비옥한 토지
를 만들었다. 기원전 2500년경 이곳에서 매우 발달한 도시문명이 생
겨났는데, 하라파·모헨조다로와 최근 잘 알려진 돌라비라의 유적
을 통해서 잘 알 수 있다. 이 문명을 일으킨 민족은 드라비다인인데
진흙으로 벽돌을 구워 성을 쌓고 그 안에는 구역을 잘 나누어 도로
를 포장하고 건물을 지었다. 그리고 생활에 필요한 하수도와 곡식 창
고 및 종교의식을 위한 공동목욕탕 등의 시설을 갖추었다. 또한 우수
한 청동기를 만들어 사용하였고, 그림문자를 사용하였으며, 바닷길
을 통해 메소포타미아 지역과 무역을 하였다. 그러나 기원전 1800년
경 서북쪽(폴란드·체코와 북부 독일 비스툴라와 엘베 강 쪽)에서 아
리아인이 이동해 오면서 이 지역을 차지하였다. 아리아인은 우수한
철제도구를 사용하며 농경과 목축생활을 하였으며, 기원전 1000년
경에는 인도 동북쪽의 갠지스 강 유역에 진출하여 정착하였다. 이들
이 현재 인도인의 주류를 이루고 있다. 아리아인들은 브라만교와 카
스트제도와 태양, 하늘, 땅, 바람, 비 등 자연물을 숭배하는 다신교신
앙을 가지고 있었으며, 이것이 기원전 10세기경에 브라만교로 발전
하였다. 브라만교의 경전은 신을 찬미하는 글을 모아 놓은 '베다'였으
며, 제사의식을 담당하는 브라만을 최고 우두머리로 삼았다. 브라만
은 자신들의 특권을 유지하고, 정복한 원주민을 다스리기 위하여 엄

격한 신분제도를 마련하였는데, 이것을 카스트제도라고 한다. 카스트는 종교를 담당하는 사제인 브라만, 정치와 전쟁을 담당하는 귀족과 군인인 크샤트리아, 농경과 목축을 담당하는 평민인 바이샤, 그리고 천민인 수드라로 구성되었으며, 태어날 때 정해진 계급은 평생 바꿀 수 없었다. 아리아인들은 가부장을 중심으로 가정을 형성하고 운영하였다.

4. 황하 유역에서 발생한 상(商) 문명

중국 내륙의 티벳(靑藏) 고원 삼강원(三江源)에서 시작한 황하는 중·하류유역에 이르러 넓은 황토지대를 만들어 놓았는데 이곳은 토지가 비옥하고 물이 풍부하여 농사를 짓기에 적합한 곳이었다. 이곳에서는 일찍부터 농경과 목축이 발달하고 토기를 만들어 사용하였으며, 기원전 2500년경 용산(龙山)문화에는 청동기를 사용하면서 도시국가가 발달하였다. 이곳에서 성립한 최초의 왕조는 물을 잘 다스려 왕이 되었다는 전설 속의 우 임금이 연 하(夏)왕조이다.[3] 그러나 상

• •

3 張光直교수의 중국문화의 편년과 중국 전통역사의 편년관은 아래와 같다.

100만 년 전~20만 년 전	直立猿人	전기구석기시대
20만 년 전~5만 년 전	初期人類	중기구석기시대
5만 년 전~12000년 전	現生人類	후기구석기시대
기원전 8000년~5000년	初期農耕民들	초기신석기시대
기원전 5000년~3200년	仰韶문화	
기원전 3200년~2500년	龙山式문화(용산문화 형성기)	
기원전 2500년~2200년	龙山문화	
기원전 2200년~기원전 1750년	夏, 商	

기원전 1100/1046년(周 2대 武王 姬發이 기원전 1046년 대군을 통솔하여 牧野(현

河南省 新乡)에서 商 紂王의 군대와 결전을 벌려 승리한 해)-기원전 771년西
周-기원전 256년 37대 난왕(赧王)

기원전 771년-221년 東周, 春秋·戰國시대: 春秋(기원전 771년-기원전 475년,
齊, 晉, 楚, 吳 越의 春秋五霸), 戰國(기원전 475년-기원전 221)시대 기원전
475년부터 封建사회의 시작

기원전 221년-207년 秦

기원전 206년-서기 220년 汉[전한: 기원전 206년-서기 9년, 新(王莽): 서기 9년-
서기 22년, 后汉: 서기 25년-서기 220년]

서기 220년-280년 三國(魏: 서기 220년-서기 265년, 蜀: 서기 221년-서기 263년,
吳/孙吳/东吳 서기 222년-서기 280년)

서기 265년-316년 晋(司馬懿/仲達)

서기 317년-418년 東晋

서기 302년-577년 五胡十六國(서기 302년-서기 421년) 및 南北朝시대, 六朝(吳
/孙吳/东吳: 서기 222년-서기 280년, 東晋: 서기 317년-서기 418년, 宋: 서기
420년-서기 479년, 齊: 서기 479년-서기 502년, 梁: 서기 502년-서기 557년,
陳: 서기 557년-서기 589년), 北朝(北魏/鮮卑族 拓跋部: 서기 386년-서기 534
년, 東魏: 서기 534년-서기 550년, 北周: 서기 556년-서기 581년, 北齊: 서기
550년-서기 577년)

서기 581년-618년 隋

서기 618년-907년 唐, 武則天의 武周(서기 690년-서기 705년)

서기 897년-서기 979년/서기 907년-서기 979년 五代十國

서기 960년-1279년 宋: 辽(서기 907년-서기 1125년, 契丹/Kara Khitan/達斡尔族
/Daur족), 金(서기 1115년-서기 1234년, 女真族), 元(서기 1260년-서기 1368년,
蒙古族)]

서기 1206년-1368년 元

서기 1368년-1644년 明

서기 1616년-1912년 2월 12일 해체 淸[女眞/金-后金(서기 1601년 努尔哈赤/누르
하치/愛新覺羅/努尔哈赤(淸太祖 서기 1616년-서기 1626년 재위)-滿洲/努尔哈赤
/누루하치의 后金에서→滿洲/淸→大淸으로 바꿈)-大淸/皇太極(서기 1636년-서
기 1643년 재위)-順治(福臨, 淸世祖, 서기 1643년-서기 1661년 재위)-康熙-擁
正-乾隆-嘉慶-道光-咸丰-同治-光緒-宣統, 서기 1842년 阿片戰爭)

서기 1900년 6월 21일 義和團 사건(55일 천하). 이에 대한 배상금을 기반으로 하여
미국에 의해 '淸华學堂'(서기 1911년)이 세워졌으며 서기 1928년 國立淸华大學으

로 됨. 원래 미국 유학을 목표로 학생들을 교육하기 위해 건립된 학교였다.

서기 1911년 辛亥革命. 이는 淸을 무너뜨리고 중화민국을 성립시킨 중국의 혁명으로 共和革命으로도 불리 운다.

서기 1912년 中国의 마지막 太后인 隆裕太后(孝定景皇后, 서기 1868년 1월 28일－서기 1913년 2월 22일, 叶赫那拉氏, 靜芬, 隆裕皇后, 光緖皇后, 光緖帝의 황후이며, 西太后의 동생 都統桂祥의 딸로 西太后의 조카딸)는 宣統帝(서기 1906년 2월 7일－서기 1967년 10월 17일, 재위는 서기 1908년－서기 1912년이나 황제의 칭호는 서기 1924년까지 유지, 서기 1924년 11월 5일 復辟사건 후 中国国民革命军陆军一级上将 冯玉祥의 부하인 国民革命军高级将领인 鹿鍾麟과 그 부하들에 의해 紫禁城에서 퇴출된 후 서기 1925년 0월 10일 紫禁城은 古宮博物院이 됨. 큰어머니는 隆裕太后/孝定景皇后임) 뒤에서 垂簾聽政을 하고 攝政王 載灃(宣統帝의 生父이며 光緖帝의 동생)과 함께 청 제국 마지막 시기에서 정치를 장악하다가 宣統 3년 12월 25일(戊午, 서기 1912년 2월 12일) 太后의 名義로《淸室退位詔書》를 頒布하여 서기 1644년 順治帝의 淸兵이 入關 이래 청나라 268년의 통치가 종결되었다. 만약 서기 1636년 淸 太宗 皇太極이 国号를 "大淸"으로 바꾼 이후로 보면 淸帝国은 276년간 지속한 것이 된다.

서기 1912년 2월 12일－서기 1949년 10월 1일 中华民國(孫文→遠世凱→蔣介石)
孫文(서기 1866년 11월 12일－서기 1925년 3월 12일)은 서기 1912년 1월 1일－서기 1912년 4월 1일 중화민국 초대 대통령으로 취임하고, 遠世凱(서기 1859년 9월 16일, 咸丰 9년 8월 20일－서기 1916년 6월 6일)는 中国淸末 民初期의 軍人·政治家, 北洋軍閥의 総帥로 大淸帝国 第2代内閣総理大臣으로 淸朝崩壞後에는 第2代 中華民国 臨時大総統(서기 1912년 3월 10일－서기 1913년 10월 10일), 初代 中华民国大総統(서기 1913년 10월 10일－서기 1915년 12월 12일, 서기 1916년 3월 22일－서기 1916년 6월 6일)에 취임하고 한때는 中华帝国 皇帝로 즉위하여 洪憲皇帝(서기 1916년 1월 1일－동년 3월 22일 까지 83일간)으로 불려 지기도 하였다.

서기 1921년 7월 23일－29일 中國共産黨의 成立과 第1次 全國代表大會(中华人民共和国直辖市인 上海市 프랑스 조계지인 法租界 望志路/云南路의 中共第1次代表會議 遺址에서 정해진 中國共産黨第1綱領(露文 複寫本)은 中央檔案館에 소장되어 있다. 서기 1921년 7월 1일은 당의 공식적 建黨紀念日로 이 곳 회의에서는 北京 대표 張國燾, 上海 대표 李達, 武汉 대표 董必武 등 전국에서 13인의 대표가 선출되었는데 毛澤东은 湖南省 長沙의 대표였다. 그리고 서기 1927년 8월 1일 江西省 南昌에서 공산당의 蜂起/起義가 있었는데 그 주역은 周恩來, 朱德, 賀龙

이었으며 이 날은 人民解放軍의 창립기념일이기도 하다.

서기 1936년 12월 12일 張作霖의 아들 東北軍 부총사령관 張學良(奉系军阀 領袖 张作霖의 长子, 1936년 12월 12일, 西安事变, 또는 "双十二事变"의 주동자)에 의한 西安事變으로 國民黨의 총통 蔣介石을 陝西省의 省都인 西安 華淸池에서 납치하여 구금하고 공산당과의 내전을 중지하고 일본 제국주의의 침략에 맞서 함께 싸울 것을 요구한 사건으로 ① 서기 1924년 1월 1일—서기 1927년 8월 1일 孫文의 辛亥革命을 포함하여 국제공산당(코민테른, communist international unified front)의 革命修行를 위해 맺은 1차 國共合作이 서기 1927년 4월 12일 蔣介石에 의해 일방적으로 파기되고 공산당원을 제거하기위한 백색테러가 시작된 후 다시 ② 서기 1937년 9월 20일—서기 1945년 8월 15일 國民黨軍과 中國工農紅軍(약칭 紅軍)의 공동항일전선으로 八路軍(國共合作時의 中國工農紅軍)이 만들어 진다. 이에 앞서 소련의 지지 하에 毛澤東, 周恩來, 朱德 등에 의해 서기 1931년 11월 7일에 수립되었고 서기 1937년까지 중국 남동부 江西省 志丹县 瑞金에 독립적인 정부로 존재했던 중화소비에트공화국(中华苏维埃共和国, 중국 소비에트 공화국, 강서 소비에트)의 紅軍은 蔣介石의 공산주의 소탕작전으로 서기 1934년 10월 17일부터 서기 1935년 10월 까지 370일간 65개 사단 80만 국민당 군의 포위망을 뚫고 江西省 志丹县 瑞金에서 9,600km의 大長征(長征, 大西遷)을 거쳐 陝西省 延安에 자리 잡는다. 그러나 처음 출발할 때 86,000명의 홍군 제일방면군의 숫자가 7,000명으로 줄어들어 공산당이 최대의 위기에 처하게 된다. 그러나 西安에 피신 온 張學良에 의해 서기 1937년 7월 7일 日本軍의 北京/北平 卢沟桥 침공사건 부터 서기 1945년 8월 15일까지 지속되었다. 이러한 일련의 사건으로 中國共産黨이 일본과의 전쟁을 수행하는 동시에 中國共産黨이 起死回生할 수 있는 계기가 된다. 그러나 紅軍의 뒤를 이어 명칭이 바뀐 八路軍은 서기 1945년 8월 15일 일본의 항복 이후 다시 國民黨에 맞서 人民解放軍으로 명칭이 바뀌었다.

서기 1932년—서기 1945년 滿洲國(傅儀, 大同王, 황제로는 康德帝)

서기 1949년—현재 中华人民共和國(서기 1949년 10월 1일 건국), 大長征과 八路軍의 역사적 사건을 거쳐 대통령(당 총서기/국가주석/중국에서 실질적인 권력의 자리는 공산당중앙군사위 주석으로 가장 마지막에 승계된 관행이 있었음)은 毛澤東(서기 1949년 10월—서기 1976년 10월)—华國鋒(서기 1976년 10월—1981년 6월)—邓小平(서기 1981년 6월—서기 1989년 11월)—胡耀邦[初代中国共産党中央委員会総書記, 서기 1982년 9월 12일—서기 1987년 1월 16일 실각, 서기 2015년 11월 20일(금) 그의 탄생 100주년을 맞아 공식 복권됨]—江澤民(서기 1989년 11

월-서기 2004년 9월)-胡錦濤(서기 2004년 9월, 공산당중앙군사위 주석-서기 2013년 3월)-習近平[서기 2012년 11월 15일-현재, 당 총서기와 공산당중앙군 사위 주석은 장악했으며 국가주석(president)은 서기 2013년 3월 14일(목) 中华 人民共和国第十二届全國人民代表大会(全人大, 서기 1959년 이래 5년마다 한 번 씩 열림)一次會議第四次全體會議에서 선출되었으나 서기 2016년 10월 27일 中 共十八届六中全会에서 '核心'이란 칭호로 1인 체제를 구축함]으로 이어짐. 또 서 기 2018년 中华人民共和国第十三届全國人民代表大会(全人大, 3월 5일-3월 20 일 화) 두 번째 임기의 주석으로 선출되었음과 동시 第一次會議에서 현행 헌법 79조에서 '임기가 두 회기(10년)를 초과할 수 없다' 라는 대목을 삭제해 習近平이 집권을 세 번째 이상 장기집권을 할 수 있는 길을 열어 놓았다.

그리고 서기 2019년 10월 28일(월)-31(목)에 열린 제 19기 공산당중앙위원회 제4 차 전체회의(4중전화)에서 천민얼(陳敏尔, 重慶市 서기)과 후춘화(胡春華, 廣東 省 서기)를 9명의 상임위원으로 추가 하고자하였으나 취소하였다. 이들은 시진 핑의 유력한 후계자로 발돋움을 하고 있다.

반면 台湾에서는 일본제국의 패망으로, 1945년 10월 25일 타이완 섬과 澎湖諸島 는 5+0년 만에 중화민국으로 반환되고 1949년 12월에 중화민국 국민정부가 들 어서서 蔣介石→蔣經國→李登輝→陳水扁→馬英九→蔡英文으로 이어진다. 中华 民國의 建国記念日은 辛亥革命의 導火線이 된 서기 1911년 10월 10일(双十節) 湖北省 武汉市의 武昌蜂起日로 잡는다.

그 중 夏나라의 경우 수도는 하남 등봉 왕성강(河南省 登封市 告成鎮 告成村 西 北 土崗/望城崗: 王城崗)→하남 등봉 양성(河南省 登封市 告成鎮 告成村 西北 土崗: 陽城)→하남 언시 이리두(河南 偃師二里頭: 亳)의 순으로 옮긴 것으로 추 정된다. 그 다음 상나라의 경우 언사 이리두(河南 偃師 二里頭/二裏頭: 亳)→정 주 이리강(河南 鄭州 二里崗/二裏岡/鄭州商城: 隞)→하남 안양 은허(河南 安陽 小屯殷墟)으로 도읍을 옮겨 발전해 왔다고 한다. 상의 뒤를 이은 周나라는 그의 수도를 처음에는 위수지역 섬서성 서안(西安)의 남서쪽 호경(鎬京)에 두었다가 (이때를 서주/西周라 함), 북방 이민족의 침입으로 그 수도를 하남성 낙양(洛陽) 으로 옮겼다. 이때를 동주/東周라 하며 그 기간은 기원전 771년-기원전 221년 사이이다. 이제까지 알려진 夏나라보다 약 800년이나 앞서는 紅山문화에 속하며 祭壇, 女神廟와 積石塚 등이 발굴된 辽宁 朝阳市 東山嘴[辽宁省 朝阳市 喀左县 興隆庄乡 章京营子村 東山嘴屯, 新石器時代 紅山文化晚期, 女神廟, 祭壇, 積石 塚/石棺墓(周溝石棺墓) 20기, 大型祭祀性遺址, 동양의 비너스로 불리 우는 女性

• •

陶塑像편, 孕婦陶塑像편, 双龙首玉璜飾, 綠松石(土耳其玉, Turquoise, 터키석)을 조각한 올빼미(鴞, awl), 彩陶祭器, 기원전 3600년-기원전 3000년]와 朝阳市 建平 牛河梁[辽宁省 朝阳市 建平县 富山街道와 凌源市 凌北街道의 경계, 新石器時代 紅山文化晩期, 女神廟, 積石冢, 玉璧, 云形玉佩, 扁圓形玉环, 圓桶形 馬啼形/箍形玉器, 玉鳥, 玉鴿, 玉龜, 玉魚, 玉獸 등, 5500년-5000년 전]유적으로 대표된다. 紅山문화(4,900-5,500년 전, 기원전 4000년-기원전 3000년으로 올라가나 중심연대는 기원전 3000년-기원전 2500년경)는 서기 1935년 초 赤峰市 紅山后에서 발견된 것으로, 그 범위는 내몽고 동남부를 중심으로 辽宁 서남, 河北 북부, 吉林서부에 까지 미친다. 경제생활은 농업과 어로가 위주이고 석기는 타제와 마제석기를 사용하였다. 주요 유적들은 內蒙古 那斯台村, 辽宁 朝阳市 喀左 東山嘴 冲水溝(기원전 3000년경), 朝阳市 建平 牛河梁을 비롯하여 蜘蛛山, 西水泉, 敖汉旗三道灣子, 四棱山, 巴林左旗 南楊家營子들이다. 특히 辽宁 喀左 東山嘴와 建平 牛河梁유적에서는 祭壇(三重圓形), 女神廟(東山嘴 冲水溝의 泥塑像, 여기에서 나온 紅銅/純銅의 FT(Fission Track dating, 우라늄이 포함된 광물이나 유리질의 핵분열에 기초)연대는 4298±345B.P./2348±345B.C., 3899±555B.P/1949±555B.C. C¹⁴의 연대는 5000±130B.P./3150±130B.C.가 나오고 있다), 積石塚(牛河梁 馬家溝, 祭器로서 彩陶圓筒形器가 보임), 石棺墓, 禮器로 만들어진 玉器[龙, 渚(묏/멧돼지), 매, 매미, 거북 자라 등의 動物, 상투(結髮, 魋結)를 위한 馬啼形/箍形玉器(趙寶溝), 環, 璧, 玦 등 100건 이상], 紅陶와 黑陶가 생산된 橫穴式 窯와 一·二次葬을 포함하는 土坑竪穴墓(水葬·風葬·火葬) 등이 알려져 있다. 河南省 南陽市 북쪽에 위치하는 獨山[中國 四大名玉 산지 중의 하나인 獨山(玉潤獨山, 海拔 367.8m)에서 산출되는 玉은 독산으로부터 3km 떨어진 6,000년 전의 玉鏟이 출토한 南陽市 臥龙區 蒲山鎭 黃山村 黃山 신석기시대 晩期의 遺址로 부터 잘 알려져 있으며, 南陽玉, 河南玉, 獨山玉(bright green jadeite, nephrite jade)으로 불리 운다. 옥의 主要 組成礦物로는 斜長石(anorthite)을 중심으로 黝帶石(zoisite), 角閃石(hornblende), 透輝石(Pyroxene), 鉻云母(Fuchsite; chrome mica), 綠帘石(epidote), 陽起石(Tremolite, Tremolite asbestos Actinolite) 등이 있다. 이곳에서 옥은 多色性으로 綠色, 藍色, 翡翠色, 棕色(褐色), 紅色, 白色, 墨色 등 7가지 색이 나타나며, 白玉에서 미얀마/버마/Myanmar(緬甸, 서기 1989년 이후 Burma의 새로운 명칭)에서 나오는 翡翠와 유사한 옥에 이르기 까지 다양하게 산출된다] 및 密县의 密玉(河南省 密县에서 산출하는 河南玉 또는 密玉이라고도 함), 辽宁省 鞍山市 岫岩 滿族自治县(中國 四大名玉산지 중의 하나), 甘肅省 酒泉, 陝西省 藍田, 江蘇省 栗陽 小梅岭, 內

된 갑골문은 거북이의 껍질이나 동물의 뼈로 점친
...데, 후에 한자의 기원이 되었다. 갑골문의 내용은
...락, 기후의 변화, 전쟁에 참가여부 등에 이르기까지
...라 일상의 모습을 알 수 있으며, 상나라의 왕은 이것
...의 통치를 정당화할 수 있었다. 황하유역에서 상나라 다
...ㅏ 주나라는 상의 서쪽에서 성장하여, 청동기기술을 바탕
...을 키웠다. 마침내 기원전 11세기 무렵(기원전 1100년 또는
...1046년) 상나라를 무너뜨리고 동쪽으로 영토를 넓혀 나갔다.
...1046년은 周 2대 武王 姬發이 기원전 1046년 대군을 통솔하여
...(현 河南省 新乡)에서 商 紂王의 군대와 결전을 벌려 승리한 해[4]
...이 이를 기록한 '何尊'이란 청동기에서는 국가와 지리적 통합을 통

4 서기 1975년 中國國家文物局에서 전국의 청동기를 모아
전시하고 그 때 전문가 馬承源이 해독하여 유명하게 되
었다. '何尊'의 바닥에 각 12行 모두 122자의 銘文이 보이
는데 그 내용은 周 2대 武王 姬發이 기원전 1046년 대군
을 통솔하여 牧野(현 河南省 新乡)에서 商 紂王의 군대
와 결전을 벌려 승리를 이끌고 紂王이 자살하고 商朝의
멸망 후 洛邑(현 河南省 洛陽)으로 수도를 옮기려고
제안했다가 病死하였는데 周 3대 成王 姬誦이 재위
5년째 아버진 武王을 위해 祭祀를 올리고 아버지의
유언을 지키기 위해 洛邑으로 遷都하는 '周文王受命
周武王滅商 周成王遷都'라는 주나라 초기의 역사를
전해준다. 당시 商나라는 朝歌(大邑商)이 있었는데
주나라에서는 '控制中心 節制四方'의 관리이념이 '宗
周'(周王朝나 周 王都의 所在地 특히 陝西省 長安縣 張家坡 灃河의 西岸인 豊京과
西安市 長安區 斗門街道 以北一河 東岸의 鎬京을 의미한다. 둘을 합쳐 豊鎬이라
고도 함)에서 국가와 지리적 개념을 통합한 '中國'이라는 단어를 통해 納貢과 朝見
中心, 交通構築의 天下中心의 생각으로 洛邑으로 천도하였다.

陝西省 宝鸡青銅器博物院의 '何尊'
서기 1992년 8월 24일(월), 韓國-中华
人民共和国修交)시 Historical Museum,
Beijing(中国歷史博物館, 현 中国国家博
物館)의 'The Great Bronze Age of China,
An Exhibition from the Peoples's Republic
of China'에서 購入한 slide

蒙古 巴林右旗 青田(巴林石, 青田石)과 멀리 新疆省 和田과 新疆 昌吉县 瑪納斯
에서부터 당시 상류층에서 필요한 玉, 碧玉과 翡翠의 수입 같은 장거리 무역관
계도 형성해나갔던 것 같다. 홍산 문화에서 나타나는 옥기들은 鞍山 岫岩玉(满
族自治县)이 이용되었다. 홍산문화에서 査海(6925±95B.P, 7360±150, 7600±
95B.P. 7500-8000년 이전)의 龙紋陶片과 興隆窪(기원전 6200년-기원전 5400
년, 7500-8000년 이전)의 돌을 쌓아 만든 용의 형태(石頭堆塑龙形圖騰)를 거처
玉猪龙이 사슴·새→멧돼지용(玉渚龙)에서→龙(C形의 玉雕龙으로 비와 농경의
기원)으로 발전하는 圖上의 확인뿐만 아니라, 紅山岩畫에서 보이는 혈연을 기반
으로 하는 階級社會 중 복합족장사회(complex chiefdom) 또는 그 이상의 종교
적 무당 신분의 王이 다스리는 神政政治, theocracy)에 가까운 文明社會를 보여
주고 있다. 劣等自然敎는 精靈崇拜(animism)→토테미즘→(totemism, 圖騰崇
拜)→巫敎(shamanism, 薩滿敎)→祖上崇拜(ancestor worship)로 발전하는데,
이곳 홍산 문화에서는 샤만의 원형을 잘 유지하고 있다고 생각되는 고아시아족
(Palaeoasiatic people, Palaeosibserian people) 중 축치족(러시아의 Chukot-
ka에 사는 Chukchee/Chukchi족)에서와 같이 見靈者, 豫言者와 醫療者의 역할
을 할 수 있는 巫敎(샤마니즘, 薩滿敎)의 무당 신분의 王이 중심이 된다. 도시와
문자의 존재로 대표되는 문명의 발생에 神政政治(theocracy)가 처음 나타나고
뒤이어 아즈텍(서기 1325년-서기 1521년 8월 13일)과 잉카(서기 1438년-서기
1532년 11월 16일) 帝國처럼 世俗王權政治(secularism), 군국주의(militarism)
와 도시화(urbanism)가 나타난다. 여기에는 만신전(pantheon of gods)과 함
께 이에 필요한 공식적인 藝術樣式도 나타난다. 수메르 문명이 발생하기 이
전의 고고학유적으로 움 다바기야(Umm Dabaghiyah, 기원전 6500년-기원
전 6000년)-하순나(Hassuna/Yarim-Tepw I/야림 테페 I, 기원전 6000년
-기원전 5250년)-사마라(Samarra/Telles-Sawwan/텔 에스 사완, 기원전
5500년)-하라프(Halaf/Yarim-Tepe II/야림 테페 II, 기원전 5500년-기원전
4700년)-우바이드(Ubaid, 기원전 4500년-기원전 3500년)-우르크(Uruk, 기
원전 3500년-기원전 3100년)의 여러 단계를 지나며 최후의 수메르 문명기인
젬데트 나스르기(Jemdet Nasr, 기원전 3100년-기원전 2900년)가 된다. 이때
가 되면 주거단위가 마을(village)-읍(town)-도시(city)의 순으로 발전해 도
시를 중심으로 하는 소규모의 도시국가들이 급격히 증가한다. 그리고 홍산 문
화에는 東山嘴와 牛河梁처럼 종교의례중심지도 나타나 도시화가 진행되었다고
믿어진다. 도시는 "한 지역에 5,000명 이상의 인구가 긴밀한 문화 체계 안에서
유기적인 연관을 갖고, 또 그들 사이에 있어 노동의 분화, 복잡한 계급제도와

사회계층의 분화, 중앙집권화 된 정부구조, 기념비적인 건물의 존재, 그리고 문자가 없는 경우 부호화된 상징체계나 당시 풍미했던 미술양식과 지역 간의 교역의 존재"를 통해 찾아질 수 있다. 크라이드 크락크혼(Clyde Kluckhohn)은 약 5,000명 이상 주민, 문자와 기념비적인 종교 중심지 중 두 가지만 있어도 도시(city, urban)라 정의할 수 있다고 한다. 그래서 홍산 문화는 수메르 문명의 발전단계 중 계단식 사원인 지구라트가 나타나는 초기 신전정치를 행하던 우바이드와 우르크기와도 비교된다. 또 이는 남미의 챠빈(Chavin de Huántar, 기원전 900년−기원전 200년/기원전 750년−기원전 400년, 전성기에는 약 3,000명이 거주) 문명이 武力이나 軍隊를 사용하지 않고도 고도의 챠빈 문화를 700년−800년 이상 유지했던 것은 지배층 司祭를 중심으로 산 페드로 선인장(san−pedro−cactus)에서 추출한 환각제를 사용해서 음악과 춤을 배합한 일종의 챠빈교의 永續性을 유지하려던 정교한 宗敎儀式을 행했던 것처럼 홍산문화도 이와 유사한 神政政治의 모습을 보여준다고 추측된다. 이는 夏·商·周와 같은 고대 중국에 있어서 藝術(art), 神話(myth)와 儀式(ritual) 등은 모두 政治體 또는 정치적 권위에 이르는 과정을 언급한 張光直敎授의 견해와도 일치한다. 그러나 甲骨文字와 같은 문자가 없었던 것이 주목된다. 또 그 사회는 母系氏族社會에서 父系氏族社會로 발전하고 있었다. 그러나 이는 結繩文字(매듭문자, 퀴푸, Quipu)가 문자를 대신하는 잉카와 특히 종교적 예술양식의 분포와 문화적 특질'에 바탕을 둔 호라이즌(Early Horizon, 챠빈/Chavin), 중기 호라이즌(Middle Horizon, 티아우아나코/Tiahuanaco/Tiwanaku)과 말기 호라이즌(Late Horizon, 잉카/Inca)로 편년하는 페루 지역에서와 같이 玉의 사용과 아울러 龍문양의 지속과 전파가 문자를 대체하여 나타나는 계급 또는 종교적 예술적 상징(symbolism)로 보인다. 그래서 홍산 문화는 垓字가 돌린 성역화 된 積石塚/石棺墓(周溝石棺墓)과 玉과 龍으로 상징되는 계급사회와 이를 받침하는 종교 제사유적으로 보아 중국 동북부 지역에서 나타난 최초의 문명이라 할 수 있다. 이 홍산 문화 유적은 기원전 4000년−기원전 3000년이며 중심연대는 기원전 3000년−기원전 2500년으로 중국고고학편년 상 신석기시대 晩期/後期 또는 龍山 문화형성기−용산문화기에 속한다. 그리고 周禮 春官 大宗伯에 보이는 "以玉作六器 以禮天地四方 以蒼璧禮天 以黃琮禮地 以靑圭禮東方以赤璋禮南方 以白琥禮西方 以玄璜禮北方 皆有牲幣 各放其色"라는 六器 중 琮·璧·璜과 鉞의 네가지 祭禮重器라는 玉器가 이미 앞선 良渚文化에서 나타나고 있다. 그 중 큰 琮은 人獸面의 문양을가지고 무게는 6,500g에 달한다. 그리고 서기 1986년 5월부터 발굴을 시작한 良渚文化에 속하는 余杭 瓶窯鎭 匯觀山 제

(황하) 문명이 크게 발달한 것

사마천이 지은 『史記』에 그 역사가,

지막 수도유적인 은허(殷墟)에서 많○

적으로 존재했던 중국 최초의 국가로 ○

이 죽으면 커다란 무덤을 짓고, 많은 사람

이용하여 다양한 무기와 제사용기를 만들어

만들어 농사에 이용하였다. 상나라 마지막 도읍○

단, 彭公村墓地(4900B.P.), 盧虎岭과 毛元岭 등 草裏泥로 ○
(水利시설의 댐), 版築(夯土)을 기초로 쌓은 750m×450m 규모○
과 宮殿, 外郭城(古城墻)을 비롯한 余杭 反山과 瑤山 귀족 무덤에○
으로 만든 琮·璧·鉞(浙江省博物館과 良渚博物院所藏)은 ○○·○○
상징하는 것으로 정치권력과 군사통수권을 가진 족장사회(chiefdom)를
국가와 같은 수준의 정치적 기반을 갖춘 정부조직이 있었으리라는 추정을 가○
하게 한다. 그리고 여기에 '王'자에 가까운 刻畵文字, 莫角山의 土城(堆筑○
古城)과 宮殿, 瑤山 7호와 反山 23호의 王墓, 滙觀山의 祭壇 등의 발굴 자○
良渚文化가 이미 족장사회를 넘어선 고대국가 또는 문명의 단계로 인식되○
는 실정이다. 그 외에도 비단의 시작은 지금부터 5,200년 전−4,700년 전○
器時代晩期(商周時期의 馬橋文化)의 良渚文化時期에 속한 浙江省 湖州市
區 境內 錢山樣 유적에서 부터이며 이곳에서 서기 1956년−서기 1958년○
걸친 발굴에서 비단조각(絹片)이 발견됨으로서 신석기시대에 이미 누에를○
養蠶을 했음이 밝혀지고 있다. 이는 世界에서 가장 오래된 ○○織品絹片
『世界絲綢之源』으로 불리운다. 이 유적은 총면적 731.5m²로 발굴된 곳○
소로 출토유물은 錢山漾類型文化의 특징인 三足鼎을 비롯해 陶片 6萬여○
器 500여점, 竹編物 200여점이다. 이곳에서 사용된 玉器의 재료는 江蘇省
小梅岭에서 가져온 것으로 보인다. 요새화한 版築城은 河南省 安陽 後崗
王城崗, 淮陽 平糧台, 山東省 章丘 龍山鎭 城子崖 등 龍山文化에서부터 ○
타나기 시작하였다. 여하튼 넓은 지역의 중국에서 문화의 多原論(polyhe○
polyphyletic theory)이 제기될 수 있는 것은 가능하며, 이 점은 앞으로 중○
고학에서 해결되어야 할 문제점이다.

해 '中國'이란 개념이 처음 만들어 졌다.

주나라는 새로 얻은 영토에는 왕의 친척이나 공신을 제후로 삼아 보내어 다스리게 하고 왕은 수도인 호경을 중심으로 한 지역만을 다스렸다. 이것을 봉건제도라고 한다. 즉, 왕은 각 지역의 제후에게 영토와 백성을 다스릴 수 있는 권력을 주고, 대신에 제후들은 왕에게 각종 세금납부와 충성 및 복종의 의무를 지는 것이다. 주나라는 하늘의 명령을 받은 자가 왕이 된다는 천명사상(天命思想)을 통해 나라를 다스렸는데, 이것은 이후에 중국의 기본적인 통치이념이 되었다. 그러나 시간이 지남에 따라 주나라는 왕실과 제후들 사이의 관계가 느슨해지면서 왕실의 권위가 약해졌다. 기원전 8세기 무렵이 되자 서북쪽에서 침입해 온 유목민족의 공격을 받은 주나라는 수도를 동쪽으로 옮겼는데, 이때부터를 동주시대 또는 춘추전국시대(春秋戰國時代)라고 한다.

이곳에서는 일찍부터 농경과 목축이 발달하고 토기를 만들어 사용하였으며, 기원전 2500년경 용산(龙山)문화에는 청동기를 사용하면서 도시국가가 발달하였다. 이곳에서 성립한 최초의 왕조는 물을 잘 다스려 왕이 되었다는 전설 속의 우 임금이 연 하왕조(夏, 기원전 2200년－기원전 1750년)이다. 그러나 상문명이 크게 발달한 것은 기원전 1750년경 때였다. 상나라는 사마천이 지은 사기(史記)에 그 역사가 실려 있을 뿐 아니라, 상의 후기 마지막 수도유적인 은허(殷墟)에서 많은 유적과 유물이 발견되어 역사적으로 존재했던 중국 최초의 국가로 알려져 있다. 황하유역에서 상나라 다음에 일어난 주나라는 상의 서쪽에서 성장하여, 청동기의 제작기술을 바탕으로 세력을 키웠다. 상의 뒤를 이은 周나라는 그의 수도를 처음에는 위수지역 섬서성 서안(西安)의 남서쪽 호경(鎬京)에 두었다가(이때를 서주/西周

라 함), 북방 이민족의 침입으로 그 수도를 하남성 낙양(洛陽)으로 옮겼다. 이때를 동주/東周라 하며 그 기간은 기원전 771년 - 기원전 221년 사이이다.

중국의 경우 공산주의 이전의 문명은 ① 선비계급(gentry) ② 봉건제도(feudalism) ④ 관료제도(bureaucracy)가 기반이 되는 대지주인 황제가 다스리는 專制主義의 지배(despotic rule)에 있다. 아시아직 생산양식(Asiatic mode of production)이란 칼 막스(Karl Marx)가 서기 1850년 초에 고안한 이론으로 중국은 다른 나라와 생산양식이 다른데 요지는 ① 토지의 사적인 소유가 결여하며 황제와 같은 대지주(super landlord)의 존재 ② 가내 수공업 ③ 소유권자인 독재자(황제)의 존재와 灌漑施設의 책임 ③ 계급사회의 미미한 발전 ④ 사유재산이 존재하지 않고 自給自足하는 공동체에 기반을 두고 있다. 중국에서 공산당이 資本主義의 國民黨을 대만으로 몰아내고 新中國을 건립하는 데에는 大長征(서기 1934년)과 八路軍(제2차 國共合作時의 中國工農紅軍, 서기 1937년7월 7일-서기 1945년 8월 15일)투쟁기간 동안 백성들에게 '토지의 분배'에 대한 약속이 주효했기 때문이었다.

9. 고조선
: 청동기문화의 발달과 고조선의 형성

    청동기시대의 유적은 중국의 요녕성, 길림성을 포함하는 만주지역으로부터 한반도에 걸쳐 널리 분포되어 있다. 한반도의 대표적인 청동기시대 유적으로는 함북 회령 오동리, 나진 초도, 평북 강계 공귀리, 의주 미송리, 평양시 사동 구역 금탄리, 남경, 경기도 여주 흔암리, 파주 덕은리, 강화 부근리, 충남 부여 송국리, 충북 제천 황석리, 전북 고창 죽림리와 상갑리, 전남 화순 도곡 효산리와 대신리(사적 410호), 순천 대곡리, 경남 울주 검단리(사적 332호), 창원 동면 덕천리, 강원도 속초시 조양동(사적 376호)과 강릉시 교동 등을 들 수 있다.이 시기의 전형적인 유물로는 반달돌칼, 바퀴날도끼 등의 석기와 비파형 동검(고조선식 동검), 거친무늬거울,

충남 대전 비래동 출토 동검과 일괄 유물
청동기시대 전기. 필자 촬영

강원도 속초 조양동(사적 제
376호) 출토 부채꼴 청동도끼
필자 촬영

화살촉, 부채꼴 청동도끼(扇形銅斧) 등의 청동
제품 그리고 미송리식 토기와[1] 각 지역에 따
라 특징이 있는 민무늬토기 등이 있는데, 이들
은 청동기시대의 집자리를 비롯하여 고인돌,
돌널무덤과 돌무지무덤 등 당시의 무덤에서도
나오고 있다. 이 시기의 대표적인 동검인 비
파형동검은 만주지역으로부터 한반도 전역
에 걸쳐 분포하며, 이러한 동검의 분포는 미
송리식 토기 등과 함께 이 지역이 청동기시대에 같은 문화권에 속하
고 있음을 보여준다. 청동기시대의 집자리는 조기 정방형→전기 세
장방형→중기의 장방형→말기의 소형 원형의 평면구조로 발전해 나
간다. 각 유적에서 확인된 최대 규모 집자리의 장축 길이를 보면 평
택 현곡 17m, 화성 천천리 29m, 화성 동탄면 석우리 동학산 18m, 부
천 고강동 19m, 화천 용암리 19.5m, 보령 관산 24m, 시흥 논곡동 목
감 15m, 천안 백석동 고재미골 2지구 23m, 청도 송읍리 18m, 화양
진라리 18m, 춘천 거두리 15m 등 15-29m에 이른다. 이들 대형 집
자리의 조사 및 연구에서는 격벽시설의 유무와 격벽시설로 구분되

· ·

1 고조선 중 단군조선(기원전 2333년-기원전 1121년/기원전 1111년)의 세력범위는
청동기시대를 특징짓는 유물인 비파형동검, 거친무늬거울, 미송리식 토기와 지석
묘(고인돌) 등이 분포하는 지역과 거의 일치하고 있다. 한편 동이족의 분포는 고
대의 한민족이라 할 수 있는 예, 맥, 부여, 고구려, 북옥저, 읍루 등을 아우르는 지
역으로 추정되고 있다. 미송리식 토기(미송리형 단지)는 평북 의주 미송리 동굴에
서 처음 나타났다. 납작밑 항아리 양쪽 옆으로 손잡이가 하나씩 달리고 목이 넓게
올라가서 다시 안으로 오므라들고, 표면에 集線무늬가 있는 것이 특징이며, 주로
청천강 이북, 요녕성과 길림성 일대에 분포한다. 그리고 이 토기는 지석묘, 거친
무늬거울, 비파형동검과 함께 고조선의 특징 있는 유물로 본다.

한국 선사시대의 분화와 국가의 형성

양(安陽)]에서 발견된 갑골문은 거북이의 껍질이나 동물의 뼈로 점친 내용을 적은 것인데, 후에 한자의 기원이 되었다. 갑골문의 내용은 건강, 사냥의 허락, 기후의 변화, 전쟁에 참가여부 등에 이르기까지 다양하여 상나라 일상의 모습을 알 수 있으며, 상나라의 왕은 이것을 통해 자기의 통치를 정당화할 수 있었다. 황하유역에서 상나라 다음에 일어난 주나라는 상의 서쪽에서 성장하여, 청동기기술을 바탕으로 세력을 키웠다. 마침내 기원전 11세기 무렵(기원전 1100년 또는 기원전 1046년) 상나라를 무너뜨리고 동쪽으로 영토를 넓혀 나갔다. 기원전 1046년은 周 2대 武王 姬發이 기원전 1046년 대군을 통솔하여 牧野(현 河南省 新乡)에서 商 紂王의 군대와 결전을 벌려 승리한 해[4]이며 이를 기록한 '何尊'이란 청동기에서는 국가와 지리적 통합을 통

· ·

4 서기 1975년 中國國家文物局에서 전국의 청동기를 모아 전시하고 그 때 전문가 馬承源이 해독하여 유명하게 되었다. '何尊'의 바닥에 각 12行 모두 122자의 銘文이 보이는데 그 내용은 周 2대 武王 姬發이 기원전 1046년 대군을 통솔하여 牧野(현 河南省 新乡)에서 商 紂王의 군대와 결전을 벌려 승리를 이끌고 紂王이 자살하고 商朝의 멸망 후 洛邑(현 河南省 洛陽)으로 수도를 옮기려고

陝西省 宝鸡青銅器博物院의 '何尊'
서기 1992년 8월 24일(월), 韓國-中华人民共和国修交)시 Historical Museum, Beijing(中國歷史博物館, 현 中国国家博物館)의 'The Great Bronze Age of China, An Exhibition from the Peoples's Republic of China'에서 購入한 slide

제안했다가 病死하였는데 周 3대 成王 姬誦이 재위 5년째 아버지 武王을 위해 祭祀를 올리고 아버지의 유언을 지키기 위해 洛邑으로 遷都하는 '周文王受命 周武王滅商 周成王遷都'라는 주나라 초기의 역사를 전해준다. 당시 商나라는 朝歌(大邑商)이 있었는데 주나라에서는 '控制中心 節制四方'의 관리이념의 '宗周'(周王朝나 周 王都의 所在地 특히 陝西省 長安县 張家坡 灃河의 西岸인 豊京과 西安市 長安區 斗門街道 以北→河 東岸의 鎬京을 의미한다. 둘을 합쳐 豊鎬이라고도 함)에서 국가와 지리적 개념을 통합한 '中國'이라는 단어를 통해 納貢과 朝見 中心, 交通構築의 天下中心의 생각으로 洛邑으로 천도하였다.

한국 선사시대의 문화와 국가의 형성

(황하) 문명이 크게 발달한 것은 기원전 1750년경 때였다. 상나라는 사마천이 지은 『史記』에 그 역사가 실려 있을 뿐 아니라 상의 후기 마지막 수도유적인 은허(殷墟)에서 많은 유적과 유물이 발견되어 역사적으로 존재했던 중국 최초의 국가로 알려져 있다. 상나라에서는 왕이 죽으면 커다란 무덤을 짓고, 많은 사람을 함께 묻었다. 또 청동을 이용하여 다양한 무기와 제사용기를 만들어 사용하였으며, 달력을 만들어 농사에 이용하였다. 상나라 마지막 도읍지인 은허[하남성 안

. . . .

단, 彭公村墓地(4900B.P.), 盧虎岭과 毛元岭 등 草裹泥로 쌓은 11개소의 水壩(水利시설의 댐), 版築(夯土)을 기초로 쌓은 750m×450m 규모의 莫角山 王城과 宮殿, 外郭城(古城墻)을 비롯한 余杭 反山과 瑤山 귀족 무덤에서 출토한 玉으로 만든 琮 · 璧 · 鉞(浙江省博物館과 良渚博物院所藏)은 神權 · 財權 · 軍權을 상징하는 것으로 정치권력과 군사통수권을 가진 족장사회(chiefdom)를 넘어선 국가와 같은 수준의 정치적 기반을 갖춘 정부조직이 있었으리라는 추정을 가능하게 한다. 그리고 여기에 '王'자에 가까운 刻畵文字, 莫角山의 土城(堆筑土의 古城)과 宮殿, 瑤山 7호와 反山 23호의 王墓, 滙觀山의 祭壇 등의 발굴 자료는 良渚文化가 이미 족장사회를 넘어선 고대국가 또는 문명의 단계로 인식되고 있는 실정이다. 그 외에도 비단의 시작은 지금부터 5,200년 전—4,700년 전 新石器時代晚期(商周時期의 馬橋文化)의 良渚文化時期에 속한 浙江省 湖州市 吳興區 境內 錢山樣 유적에서 부터이며 이곳에서 서기 1956년—서기 1958년 2차에 걸친 발굴에서 비단조각(絹片)이 발견됨으로서 신석기시대에 이미 누에를 키워 養蠶을 했었음이 밝혀지고 있다. 이는 世界에서 가장 오래된 蠶絲織品絹片으로 「世界絲綢之源」으로 불리 운다. 이 유적은 총면적 731.5m²로 발굴된 곳은 4개소로 출토유물은 錢山樣類型文化의 특징인 三足鼎을 비롯해 陶片 6萬여편, 石器 500여점, 竹編物 200여점이다. 이곳에서 사용된 玉器의 재료는 江蘇省 栗陽 小梅岭에서 가져온 것으로 보인다. 요새화한 版築城은 河南省 安陽 後崗, 登封 王城崗, 淮陽 平糧台, 山東省 章丘 龙山鎭 城子崖 등 龙山문화에서부터 이미 나타나기 시작하였다. 여하튼 넓은 지역의 중국에서 문화의 多原論(polyhedral, polyphyletic theory)이 제기될 수 있는 것은 가능하며, 이 점은 앞으로 중국고고학에서 해결되어야 할 문제점이다.

사회계층의 분화, 중앙집권화 된 정부구조, 기념비적인 건물의 존재, 그리고 문자가 없는 경우 부호화된 상징체계나 당시 풍미했던 미술양식과 지역 간의 교역의 존재"를 통해 찾아질 수 있다. 크라이드 크락크혼(Clyde Kluckhohn)은 약 5,000명 이상 주민, 문자와 기념비적인 종교 중심지 중 두 가지만 있어도 도시(city, urban)라 정의할 수 있다고 한다. 그래서 홍산 문화는 수메르 문명의 발전단계 중 계단식 사원인 지구라트가 나타나는 초기 신전정치를 행하던 우바이드와 우르크기와도 비교된다. 또 이는 남미의 챠빈(Chavin de Huántar, 기원전 900년-기원전 200년/기원전 750년-기원전 400년, 전성기에는 약 3,000명이 거주) 문명이 武力이나 軍隊를 사용하지 않고도 고도의 챠빈 문화를 700년-800년 이상 유지했던 것은 지배층 司祭를 중심으로 산 페드로 선인장(san-pedro-cactus)에서 추출한 환각제를 사용해서 음악과 춤을 배합한 일종의 챠빈교의 永續性을 유지하려던 정교한 宗敎儀式을 행했던 것처럼 홍산문화도 이와 유사한 神政政治의 모습을 보여준다고 추측된다. 이는 夏·商·周와 같은 고대 중국에 있어서 藝術(art), 神話(myth)와 儀式(ritual) 등은 모두 政治體 또는 정치적 권위에 이르는 과정을 언급한 張光直敎授의 견해와도 일치한다. 그러나 甲骨文字와 같은 문자가 없었던 것이 주목된다. 또 그 사회는 母系氏族社會에서 父系氏族社會로 발전하고 있었다. 그러나 이는 結繩文字(매듭문자, 퀴푸, Quipu)가 문자를 대신하는 잉카와 특히 '종교적 예술양식의 분포와 문화적 특질'에 바탕을 둔 호라이죤(Early Horizon, 챠빈/Chavin), 중기 호라이죤(Middle Horizon, 티아우아나코/Tiahuanaco/Tiwanaku)과 말기 호라이죤(Late Horizon, 잉카/Inca)로 편년하는 페루 지역에서와 같이 玉의 사용과 아울러 龙문양의 지속과 전파가 문자를 대체하여 나타나는 계급 또는 종교적 예술적 상징(symbolism)로 보인다. 그래서 홍산 문화는 垓字가 돌린 성역화 된 積石塚/石棺墓(周溝石棺墓)과 玉과 龙으로 상징되는 계급사회와 이를 받침하는 종교 제사유적으로 보아 중국 동북부 지역에서 나타난 최초의 문명이라 할 수 있다. 이 홍산 문화 유적은 기원전 4000년-기원전 3000년이며 중심연대는 기원전 3000년-기원전 2500년으로 중국고고학편년 상 신석기시대 晚期/後期 또는 龙山 문화형성기-龙山문화기에 속한다. 그리고 周禮 春官 大宗伯에 보이는 "以玉作六器 以禮天地四方 以蒼璧禮天 以黃琮禮地 以青圭禮東方 以赤璋 禮南方 以白琥禮西方 以玄璜禮北方 皆有牲幣 各放其器之色"라는 六器 中 琮·璧·璜과 鉞의 네가지 祭禮重器라는 玉器가 이미 앞선 良渚文化에서 나타나고 있다. 그 중 큰 琮은 人獸面의 문양을가지고 무게는 6,500g에 달한다. 그리고 서기 1986년 5월부터 발굴을 시작한 良渚文化에 속하는 余杭 瓶窯鎭 匯觀山 제

蒙古 巴林右旗 青田(巴林石, 青田石)과 멀리 新疆省 和田과 新疆 昌吉県 瑪納斯에서부터 당시 상류층에서 필요한 玉, 碧玉과 翡翠의 수입 같은 장거리 무역관계도 형성해나갔던 것 같다. 홍산 문화에서 나타나는 옥기들은 鞍山 岫岩玉(滿族自治県)이 이용되었다. 홍산문화에서 査海(6925±95B.P, 7360±150, 7600±95B.P. 7500-8000년 이전)의 龙紋陶片과 興隆窪(기원전 6200년-기원전 5400년, 7500-8000년 이전)의 돌을 쌓아 만든 용의 형태(石頭堆塑龙形圖騰)를 거쳐 玉猪龙이 사슴·새→멧돼지용(玉渚龙)에서→龙(C形의 玉雕龙으로 비와 농경의 기원)으로 발전하는 圖上의 확인뿐만 아니라, 紅山岩畵에서 보이는 혈연을 기반으로 하는 階級社會 중 복합족장사회(complex chiefdom) 또는 그 이상의 종교적 무당 신분의 王이 다스리는 神政政治, theocracy)에 가까운 文明社會를 보여주고 있다. 劣等自然敎는 精靈崇拜(animism)→토테미즘→(totemism, 圖騰崇拜)→巫敎(shamanism, 薩滿敎)→祖上崇拜(ancestor worship)로 발전하는데, 이곳 홍산 문화에서는 샤만의 원형을 잘 유지하고 있다고 생각되는 고아시아족(Palaeoasiatic people, Palaeosibserian people) 중 축치족(러시아의 Chukot-ka에 사는 Chukchee/Chukchi족)에서와 같이 見靈者, 豫言者와 醫療者의 역할을 할 수 있는 巫敎(샤마니즘, 薩滿敎)의 무당 신분의 王이 중심이 된다. 도시와 문자의 존재로 대표되는 문명의 발생에 神政政治(theocracy)가 처음 나타나고 뒤이어 아즈텍(서기 1325년-서기 1521년 8월 13일)과 잉카(서기 1438년-서기 1532년 11월 16일) 帝國처럼 世俗王權政治(secularism), 군국주의(militarism)와 도시화(urbanism)가 나타난다. 여기에는 만신전(pantheon of gods)과 함께 이에 필요한 공식적인 藝術様式도 나타난다. 수메르 문명이 발생하기 이전의 고고학유적으로 움 다바기야(Umm Dabaghiyah, 기원전 6500년-기원전 6000년)-하순나(Hassuna/Yarim-Tepw I/야림 테페 I, 기원전 6000년-기원전 5250년)-사마라(Samarra/Telles-Sawwan/텔 에스 사완, 기원전 5500년)-하라프(Halaf/Yarim-Tepe II/야림 테페 II, 기원전 5500년-기원전 4700년)-우바이드(Ubaid, 기원전 4500년-기원전 3500년)-우르크(Uruk, 기원전 3500년-기원전 3100년)의 여러 단계를 지나며 최후의 수메르 문명기인 젬데트 나스르기(Jemdet Nasr, 기원전 3100년-기원전 2900년)가 된다. 이때가 되면 주거단위가 마을(village)-읍(town)-도시(city)의 순으로 발전해 도시를 중심으로 하는 소규모의 도시국가들이 급격히 증가한다. 그리고 홍산 문화에는 東山嘴와 牛河梁처럼 종교의례중심지도 나타나 도시화가 진행되었다고 믿어진다. 도시는 "한 지역에 5,000명 이상의 인구가 긴밀한 문화 체계 안에서 유기적인 연관을 갖고, 또 그들 사이에 있어 노동의 분화, 복잡한 계급제도와

해 '中國'이란 개념이 처음 만들어 졌다.

주나라는 새로 얻은 영토에는 왕의 친척이나 공신을 제후로 삼아 보내어 다스리게 하고 왕은 수도인 호경을 중심으로 한 지역만을 다스렸다. 이것을 봉건제도라고 한다. 즉, 왕은 각 지역의 제후에게 영토와 백성을 다스릴 수 있는 권력을 주고, 대신에 제후들은 왕에게 각종 세금납부와 충성 및 복종의 의무를 지는 것이다. 주나라는 하늘의 명령을 받은 자가 왕이 된다는 천명사상(天命思想)을 통해 나라를 다스렸는데, 이것은 이후에 중국의 기본적인 통치이념이 되었다. 그러나 시간이 지남에 따라 주나라는 왕실과 제후들 사이의 관계가 느슨해지면서 왕실의 권위가 약해졌다. 기원전 8세기 무렵이 되자 서북쪽에서 침입해 온 유목민족의 공격을 받은 주나라는 수도를 동쪽으로 옮겼는데, 이때부터를 동주시대 또는 춘추전국시대(春秋戰國時代)라고 한다.

이곳에서는 일찍부터 농경과 목축이 발달하고 토기를 만들어 사용하였으며, 기원전 2500년경 용산(龙山)문화에는 청동기를 사용하면서 도시국가가 발달하였다. 이곳에서 성립한 최초의 왕조는 물을 잘 다스려 왕이 되었다는 전설 속의 우 임금이 연 하왕조(夏, 기원전 2200년−기원전 1750년)이다. 그러나 상문명이 크게 발달한 것은 기원전 1750년경 때였다. 상나라는 사마천이 지은 사기(史記)에 그 역사가 실려 있을 뿐 아니라, 상의 후기 마지막 수도유적인 은허(殷墟)에서 많은 유적과 유물이 발견되어 역사적으로 존재했던 중국 최초의 국가로 알려지 있다. 황허 유역에서 상나라 다음에 일어난 주나라는 상의 서쪽에서 성장하여, 청동기의 제작기술을 바탕으로 세력을 키웠다. 상의 뒤를 이은 周나라는 그의 수도를 처음에는 위수지역 섬서성 서안(西安)의 남서쪽 호경(鎬京)에 두었다가(이때를 서주/西周

라 함), 북방 이민족의 침입으로 그 수도를 하남성 낙양(洛陽)으로 옮겼다. 이때를 동주/東周라 하며 그 기간은 기원전 771년－기원전 221년 사이이다.

중국의 경우 공산주의 이전의 문명은 ① 선비계급(gentry) ② 봉건제도(feudalism) ④ 관료제도(bureaucracy)가 기반이 되는 대지주인 황제가 다스리는 專制主義의 지배(despotic rule)에 있다. 아시아적 생산양식(Asiatic mode of production)이란 칼 막스(Karl Marx)가 서기 1850년 초에 고안한 이론으로 중국은 다른 나라와 생산양식이 다른데 요지는 ① 토지의 사적인 소유가 결여하며 황제와 같은 대지주(super landlord)의 존재 ② 가내 수공업 ③ 소유권자인 독재자(황제)의 존재와 灌漑施設의 책임 ③ 계급사회의 미미한 발전 ④ 사유재산이 존재하지 않고 自給自足하는 공동체에 기반을 두고 있다. 중국에서 공산당이 資本主義의 國民黨을 대만으로 몰아내고 新中國을 건립하는 데에는 大長征(서기 1934년)과 八路軍(제2차 國共合作時의 中國工農紅軍, 서기 1937년7월 7일－서기 1945년 8월 15일)투쟁기간 동안 백성들에게 '토지의 분배'에 대한 약속이 주효했기 때문이었다.

9. 고조선
: 청동기문화의 발달과 고조선의 형성

　청동기시대의 유적은 중국의 요녕성, 길림성을 포함하는 만주지역
으로부터 한반도에 걸쳐 널리 분포되어 있다. 한반도의 대표적인 청
동기시대 유적으로는 함북 회령 오동리, 나진 초도, 평북 강계 공귀
리, 의주 미송리, 평양시 사동 구역 금탄리, 남경, 경기도 여주 흔암
리, 파주 덕은리, 강화 부근리, 충남 부여 송국리, 충북 제천 황석리,
전북 고창 죽림리와 상갑리, 전남 화
순 도곡 효산리와 대신리(사적 410
호), 순천 대곡리, 경남 울주 검단리
(사적 332호), 창원 동면 덕천리, 강
원도 속초시 조양동(사적 376호)과
깅능시 교능 능을 들 수 있다. 이 시
기의 전형적인 유물로는 반달돌칼,
바퀴날도끼 등의 석기와 비파형 동
검(고조선식 동검), 거친무늬거울,

충남 대전 비래동 출토 동검과 일괄 유물
청동기시대 전기. 필자 촬영

강원도 속초 조양동(사적 제376호) 출토 부채꼴 청동도끼 필자 촬영

화살촉, 부채꼴 청동도끼(扇形銅斧) 등의 청동 제품 그리고 미송리식 토기와[1] 각 지역에 따라 특징이 있는 민무늬토기 등이 있는데, 이들은 청동기시대의 집자리를 비롯하여 고인돌, 돌널무덤과 돌무지무덤 등 당시의 무덤에서도 나오고 있다. 이 시기의 대표적인 동검인 비파형동검은 만주지역으로부터 한반도 전역에 걸쳐 분포하며, 이러한 동검의 분포는 미송리식 토기 등과 함께 이 지역이 청동기시대에 같은 문화권에 속하고 있음을 보여준다. 청동기시대의 집자리는 조기 정방형→전기 세장방형→중기의 장방형→말기의 소형 원형의 평면구조로 발전해 나간다. 각 유적에서 확인된 최대 규모 집자리의 장축 길이를 보면 평택 현곡 17m, 화성 천천리 29m, 화성 동탄면 석우리 동학산 18m, 부천 고강동 19m, 화천 용암리 19.5m, 보령 관산 24m, 시흥 논곡동 목감 15m, 천안 백석동 고재미골 2지구 23m, 청도 송읍리 18m, 화양 진라리 18m, 춘천 거두리 15m 등 15−29m에 이른다. 이들 대형 집자리의 조사 및 연구에서는 격벽시설의 유무와 격벽시설로 구분되

. . . .

1 고조선 중 단군조선(기원전 2333년−기원전 1121년/기원전 1111년)의 세력범위는 청동기시대를 특징짓는 유물인 비파형동검, 거친무늬거울, 미송리식 토기와 지석묘(고인돌) 등이 분포하는 지역과 거의 일치하고 있다. 한편 동이족의 분포는 고대의 한민족이라 할 수 있는 예, 맥, 부여, 고구려, 북옥저, 읍루 등을 아우르는 지역으로 추정되고 있다. 미송리식 토기(미송리형 단지)는 평북 의주 미송리 동굴에서 처음 나타났다. 납작밑 항아리 양쪽 옆으로 손잡이가 하나씩 달리고 목이 넓게 올라가서 다시 안으로 오므라들고, 표면에 集線무늬가 있는 것이 특징이며, 주로 청천강 이북, 요녕성과 길림성 일대에 분포한다. 그리고 이 토기는 지석묘, 거친무늬거울, 비파형동검과 함께 고조선의 특징 있는 유물로 본다.

충남 천안 백석동 고재미골
청동기시대 전기 토기
필자 촬영

는 각 방의 기능도 고려해야 할 것이다. 이는 기원전 5500년 - 기원전 5000년경의 유럽의 신석기시대 즐문토기문화(LBK, Linear Band Keramik)의 15m - 40m의 세형(細形) 장방형 주거지에서 보이듯이 아직 모계사회의 잔재가 남아 있는 것으로 해석될 수 있다. 그런데 해발 60m - 90m의 구릉 정상부에 자리한 이들 집자리들은 혈연을 기반으로 하는 청동기시대 족장사회의 족장의 집 또는 그와 관련된 공공회의 장소나 집무실 등으로 보는 것도 좋을 것 같으며, 이러한 예는 철기시대 전기로 편년되는 제주시 삼양동(사적 416호) 유적에서도 확인된 바 있다.

1. 우리나라의 청동기문화

신석기시대에 이어 편년되는 우리나라의 청동기시대는 기원전 2000년 - 기원전 400년에 속한다. 기원전 1500년은 남북한 모두에 적용되는 청동기시대 전기의 상한연대이다. 그러나 연해주지방(자이사노프카, 리도프카 유적 등) - 아무르 하류지역, 만주지방과 한반도 내의 최근 유적 발굴조사의 성과에 따라 이에

충남 아산 탕정 명암리 출토
공렬문토기(청동기시대 중기)
필자 촬영

앞서는 청동기시대 조기가 만들어져 그 상한이 기원전 2000년까지 올라가면서 신석기시대의 말기와 약 500년간 공존한다. 이는 앞선 신석기인들이 내륙으로 들어와 농사를 짓거나 즐문토기의 태토나 기형에

무문토기의 특징이 가미되는 또는 그 반대의 문화적 복합양상이 나타기도 한다. 이는 통혼권(通婚圈, intermarrige circle, marriage ties or links)과 통상권(通商圈, interaction shpere)의 결과에 기인한다.

농경의 기원문제 역시 또 다른 한국문화의 계통과 관련된 문제점이다. 지금까지 밭농사와는 달리 벼농사에 대해서는 주로 중국으로부터의 전파경로에 치중하여 연구되어 왔는데, 이는 반달칼이나 홈자귀(有溝石斧)의 분포를 보아서 또는 해류나 계절풍의 진행경로 등으로 유추한 것이다. 그러나 최근에 오면서 평양시 남경 36호 집자리(기원전 1024년, 기원전 992년)와 여주 흔암리 12호 집자리 등에서 탄화미가 출토되어 대략 기원전 1500년-기원전 1000년경 공열문토기가 나오는 청동기시대 중기에는 우리나라 거의 전역에서 벼농사가 보급되었음을 알게 되어 이들은 청동기시대의 인구증가와 집약농경의 발전과도 무관하지 않을 것으로 추측된다. 이의 증거로 최근 울산 무거동 옥현, 충남 논산시 연무읍 마전리, 진주 대평면 대평리 옥방 2·3·4지구에서 청동기시대의 경작지들이 속속 조사·보고되고 있다. 최근에는 벼의 형태에 따라 다양한 전파경로를 추정하고 있다. 현재 밭농사와는 달리 벼농사의 전래는 세계에서 제일 오래된 벼를 재배하며 도작의 시작(稻作之源)으로 자칭하는 호남성 성두산(湖南省 常德 澧县 城头山镇)의 약 6,000년-6,600년 전의 논(水稻田) 유적, 그리고 절강성 하모도 유적(浙江省 余姚県 河姆渡鎮 姚江 옆 현 河姆渡博物 館, 기원전 5000년-기원전 3300년)으로 부터 가능하리라 본다. 특히 절강성 하모도촌에서 자포니카종이 발견되고 벼의 기원이 양자강 중하류역이라고 인정할 정도의 많은 자료가 나오고 있기 때문에 양자강 하류로부터 서해를 경유하거나 화북·만주를 거쳐 우리나라로 들어온 것으로 파악하고 있다. 앞으로 벼 자체의 특성과 성장조건 등에 대한 연구를 비롯하여 '벼' 중심의 고정관념에서 벗어나 여러 곡물과 그들의 특성 등을 고루 참고해서 우리나라의 곡물 생산에 대한 이해를 넓혀가야 할 것이다. 内蒙古自治区 赤峰市 敖汉旗 兴隆洼村은 敖漢博物館이 서기 1982년부터 현재 10차 발굴을 하여 약 7,500년~8,000년 전(기원전 6200년~기원전 5400년)의 "中华远古第一村"으로 불리우는 유적을 발글하고 있다. 이곳에서 石器,陶器,玉玦, 玉璜, 骨笛, 骨器,蚌器(반월형석도), 女神石雕像, 蚌雕人面飾, 石头堆塑龙形图腾을 비롯하여 무엇보다도 중요한 것은 벼 이외의 수수와 조 등의 곡물이 출토하였는데 그 중 기장/黍/Panicum miliaceum과 수수(정선 수수부꾸미-millet pancake)/粟(조 또는 차조, 小米, アワ, Foxtail millet. 麵과 수제 등으로 요리)/高粱(Sorghum bicolor 10% 栽培) 등이 잘 알려져 있다. 우리나라의 경우 신석기시대 최말기에 속하는 경기도 우도, 김포 가현리와 일산을 비롯하여 평남시 호남리 남경(기원전 1024년, 기원전 992년), 여주 흔암리(기원전 1260년~기원전 670년)의 청동기시대 유적에서 확인되고 있다. 청동기시대 상한이 현재 기원전 2000년경으로 간주할 때, 현재 벼가 인구의 급격한 증가와 더불어 단위 소출량을 증대시키는 관개농업으로 오곡이 재배되는 것은 공렬토기가 나오고 인구가 갑자기 증가하는 청동기시대 중기(기원전 11세기~기원전 7세기)시대로 여겨진다. 이 시기부터 한국화 된 문화양상이 시작된다. 그리고 울산 무거동, 논산 마전리(기원전 475년)와 이들보다 시기가 떨어지는 마한의 서기 2세기경의 천안 장산리 유적들이 이를 입증한다. 최근 전북 신안 용님뎀 내 방녀긔 갈두(갈미리) 신석기 중~말기 유적에서 여러 점의 석제 보습(石犁)이 출토되었는데, 이는 해안가의 어패류에 의존해 살아가던 패총형성의 신석기시대의 전형적인 유적과 달리 내륙지방에서 농경을 기반으로 하여 살아가던 신석기시대의 토착 농경사회의 또 다른 모습의 환경적응의 결과를 보여준다. 이와 같이 농경의 경우 살아가는 환경에 대한 적응, 곡물의 분석과 더불어 생활방식의 형태로부터 이웃 문화로부터 영향과 현 민속자료의 비교에 이르기까지 다양한 연구가 필요하다.

신석기시대에 이어 한반도와 만주에서는 기원전 2000년–기원전 1500년경부터 청동기시대가 시작되었다. 그 시기는 신석기시대와 청동기시대 조기인들, 그리고 한반도 청동기시대 상한문제와 아울러, 앞선 전면 또는 부분즐문토기와 부분적으로 공반하는 돌대문토기, 그리고 신석기시대에서 청동기시대에로 이행 과정 중에 나타나는 계승성문제도 앞으로의 연구방향과 과제가 될 것이다. 인류문명 발달사에서 청동기시대란 고돈 촤일드(Vere Godon Childe)가 유물사관에 따라 명명한 도시혁명(都市革命, Urban revolution)으로 혈연을 기반으로 하지 않은 계급·계층사회를 바탕으로 전문장인이 존재하면서 동시에 도시·문명·국가가 나타나는 시대를 말한다. 그리고 이 시대에서는 구리와 주석, 아연, 납과 비소 등을 합금으로 한 청동제무기를 사용하고 있다. 청동기의 제작에서 비소(As/Arsenic)는 2–3% 합금되며, 최종 합금에서 견고성의 효과를 보기 위해서는 비소가 3% 정도 들어간다. 한반도와 만주지역에서 청동기문화가 발달한 것은 우리나라 신석기시대의 빗살무늬토기 말기인 기원전 2000년에서 기원전 1500년경 사이 중국의 요녕성과 길림성, 러시아의 연해주지방 등지에서 들어온 돌대문토기 시기이다. 청동기는 구리와 주석, 비소, 아연과 납 등의 재료를 합금한 것으로 각각의 재료를 구하기가 쉽지 않고, 만들기도 어려워서 누구나 가질 수는 없었다. 따라서 대부분의 사람들은 여전히 석기를 만들어 사용하였으며, 청동기는 지배계급이 자신의 권위를 드러내거나, 무기로 사용하기 위해 만들었다. 청동기문화를 대표하는 유물로는 비파형동검, 거친 무늬거울과 같은 청동기를 비롯하여 미송리(平北 義州 美松里)식 토기, 민무늬토기와 같은 토기가 있다.[2] 그 주된 지역은 이들 유물들의 분포로 보아 난하 아래, 송화강 이동의 요녕성과 길림성이다. 반달돌칼, 바퀴날도끼 등과 같은 석기도 청동기시대에 널리 사용한 도구이다. 이 유물들은 청동기시대의 집터를 비롯하여 지석묘, 돌널무덤, 돌무지무덤과 같은 유적에서 발견되고 있다.

돌대문토기는 요녕성 소주산(中國 辽宁省 小珠山)유적의 상층(신석기시대 후기)과 같거나 약간 앞서는 것으로 생각되는 요동반도 남단 요녕성 대련시 교구 석회요촌(辽宁省 大連市 郊區 石灰窯村), 대련시 장흥도 삼당(大連市 長興島 三堂)유적(기원전 2450년－기원전 1950년경으로 여겨짐), 요동만(辽東湾)연안 와점방시 교류도향 마로

· ·

2 평양시 삼석구역 호남리 남경(湖南里 南京)유적 I기에 속하는 36호(기원전 2000년 기 말－기원전 1000년 기 초)가 속하는 청동기시대 I기에서 나타나는 팽이그릇(角形土器)에는 남한 청동기시대 전기(기원전 1500년－기원전 1000년)의 특징인 이중구연에 단사선문이 보인다. 최근 북한 학자들은 평양시 삼석구역 호남리 표대 유적의 팽이그릇 집자리를 4기로 나누어 본다(I－기원전 3282년±777년/3306년±696년, II－기원전 2668±649년/2980±540년/2415±718년/2650±510년, III－기원전 2140±390년/2450±380년, IV－기원전 1774±592년/1150±240년, 조선고고연구 2003－2). 그 중 II에서 IV문화기 즉 기원전 3천년 기 전반기에서 기원전 2천년기에 해당하는 연대를 단군조선(고조선) 국가성립을 전후한 시기로 보고 있다(조선고고연구 2002－2). 그리고 북한학자들은 아직 학계에서 인정을 받지 못하고 있지만 서기 1993년 10월 2일 평양 근교 강동군 강동읍 대박산 기슭에서 단군릉을 발굴하고 단군릉에서 나온 인골의 전자상자공명연대측정법으로 나온 기원전 3010년을 토대로 하여, 근처 용천군 용산리 순장묘와 지석묘(5069±426B.P./3119B.C.), 대동강 근처 덕천군 남양 유적 3층 16호 집자리(5796B.P./3846B.C.)와 평양시 강동군 남강 노동자구 황대(黃岱)부락의 토석혼축(土石混築)으로 만든 성(城)까지 묶어 기원전 30세기에 존재한 '대동강 문명'이란 말을 만들어냈다.

촌 교류도 합피지(瓦房店市 交流島乡 馬路村 交流島 蛤皮地), 길림성
화룡현 동성향 홍성촌 삼사(吉林省 和龙县 東城乡 興城村 三社, 早期
興城三期, 기원전 2050년－기원전 1750년), 그리고 연해주 보이즈만
신석기시대 말기의 자이사노프카의 올레니와 시니가이 유적(이상 기
원전 3420년－기원전 1550년)에서 발견되고 있어 서쪽과 동쪽의 두
군데에서 영향을 받았을 가능성이 많다. 이들 유적들은 보두 신석기
시대 말기에서 청동기시대 조기에 속한다.

청동기시대 전기의 이중구연토기(二重口緣土器)가 나오는 강원도
춘천시 서면 신매리 17호 주거지 유구(기원전 1120년－기원전 840년
이라는 연대가 나옴), 청동기시대 중기의 공렬토기가 나오는 경기도
평택 지제동(기원전 830년, 기원전 789년), 청주 용암동(기원전 1119
년), 경주시 내남면 월산리(기원전 970년－기원전 540년, 기원전 1530
년－기원전 1070년 사이의 두 개의 측정연대가 나왔으나 공반 유물로
보아 기원전 10세기－기원전 8세기에 속한다. 실제 중간연대도 기원
전 809년과 기원전 1328년이 나왔다), 충주 동량면 조동리(1호 집자리
불 땐 자리는 기원전 10세기경), 대구시 수성구 상동 우방 아파트(구
정화여중·고), 속초시 조양동 유적(사적 376호)들이 기원전 10세기－
기원전 7세기경으로, 그리고 강릉시 교동의 집자리 경우 청동기시대
전기에서 중기로 넘어오는 과도기적인 것으로 방사성 탄소측정 연대
도 기원전 1130년－기원전 840년 사이에 해당한다. 여기에서는 이중
구연토기의 구연부에 단사선문(短斜線文)과 구순각목문(口脣刻目文)
이 장식된 공렬토기가 주류를 이루고 있어 서북계의 팽이형토기(角形
土器)와 동북계의 공열 토기가 복합된 양상을 보여준다. 이는 하바로
프스크 고고학박물관에서 볼 수 있다시피 얀꼽스키나 리도프카와 같
은 연해주지방의 청동기문화에 기원한다 하겠다. 최초의 예로 이제까

지 청동기시대 전기(기원전 1500년-기원전 1000년) 말에서 청동기시대 중기(기원전 1000년-기원전 600년)에 걸치는 유적으로 여겨져 왔던 경기도 여주시 점동면 흔암리 유적(경기도 기념물 155호)을 들었으나 이곳 강릉 교동 유적이 앞서는 것으로 밝혀졌다. 서북계와 동북계의 양계의 문화가 복합된 최초의 지역이 남한강 유역이라기보다는 태백산맥의 동안인 강릉일 가능성은 앞으로 문화 계통의 연구에 있어 많은 시사점을 제공해 준다. 또 속초시 조양동(사적 376호)에서 나온 부채꼴형 도끼(扇形銅斧)는 북한에서 평안북도 의주군 미송리, 황해북도 신계군 정봉리와 봉산군 송산리, 함경남도 북청군 토성리 등지에서 출토 예가 보고되어 있지만 남한에서는 유일한 것이다. 청동기시대의 시작은 기원전 20세기까지 올라가나 청동기와 지석묘의의 수용은 그 연대가 약간 늦다. 이는 청동기시대 전기와 중기의 이중구연토기(王巍의 陀螺形陶器)와 공열 토기의 사용과 함께 청동기가 북으로부터 받아들여졌다고 보기 때문이다. 속초 조양동의 경우 바로 위쪽의 함경남도의 동북 지방에서 전래되었을 가능성이 많다. 강원도 춘천 중도의 예를 보면 비파형동검, 지석묘인돌과 공열토기가 함께 나타난다. 전라남도 여천 적량동 상적 지석묘[청동기시대 전기 말-중기 초, 기원전 11세기(좀 더 빠르면 기원전 13세기 까지 올라감)-기원전 9세기경, 이중구연 단사선문, 구순각목, 공열토기, 비파형동검 6점] 다시 말해 청동기시대 중기(기원전 1000년-기원전 600년) 공열토기단계에 한반도에 고인돌이 집중해 나타나는 것으로 보인다.

2. 지석묘(고인돌)

전 세계적으로 지석묘는 선사시대 돌무덤의 하나로 거석문화에 속한다. 성격은 제사유적으로 보다 무덤으로서의 구실이 크다. 대표적인 집단무덤의 예로는 석실 속에서 성별·연령의 구별 없이 약 3백 개체의 뼈가 발견된 남부 프랑스 카르카손(Carcasonne) 근처에서 발견된 집단묘와 185구의 성인과 18개체분의 어린아이의 뼈가 나온 아베이롱(Aveyron)을 들 수 있다. 유럽의 고인돌은 프랑스·남부 스웨덴·포르투칼·덴마크·네덜란드·영국 등지에 두루 분포하고 있는데, 그 연대가 지금까지는 대개 기원전 2500년-기원전 2000년에 속하는 것으로 알려져 왔다. 영국의 스톤헨지만 보더라도 처음에는 그 연대는 기원전 1900년(Stewart Pigott), 기원전 2350년(Richard Atkinson)이 나왔으나, 최근 영국의 고고학자인 콜린 렌프루(Collin Renfrew)가 보정탄소연대를 적용해 본 결과 기원전 2750년이 나와 구라파의 고인돌은 이집트 쿠푸(치옵, 케호프)왕의 피라밋 제작연대인 기원전 2600년경 보다 약 150년이 앞서고 있다. 따라서 구라파의 거석문화의 기원이 이집트라는 그라프톤 엘리엇 스미스(Graffton Elliot Smith)와 같은 전파론자들의 주장은 설득력을 잃어버리게 되었다. 구라파에서 지석묘는 기원전 4000년대까지 올라가며, 또 영국이나 프랑스의 경우 가장 오래된 지석묘의 연대는 기원전 4800년까지 나오고 있다. 최근에는 기원전 4000년-기원전 3000년대에 이미 지석묘가 유럽 전역에서 축조되었다는 것이 정설로 되었다. 또한 지석묘는 마요르카(Majorca)·미노르카(Minorca)·말타(Malta)·사르디니아(Sardinia)·불가리아·카프카스(Kavkaz)·다카(Dacca)지방에서도 보이며, 에티오피아·수단 등 아프리카에서도 나타난다. 이들은 지중해연안을 끼고 있는 지역 일대에 중점을 두어 나타나고 있는 것이 특징이며, 멀리 팔레스타인·이란·파키스탄·티베트와 남부 인도에까지도 분포하고 있다. 인도의 경우 일반적으로 인도고고학 편년 상 철기시대에 나타나고, 실 연대는 기원전 10세기경인데 어떤 것은 서기 2세기까지 내려오는 것도 있다. 대체적으로 인도의 지석묘는 기원전 1000년-기원전 550년 사이 드라비다족에 의해 만들어진 것으로 알려져 있다. 또한, 지석묘는 인도네시아·보르네오·말레이시아에서도 계속 나타나는데,[3] 그 연대에 대해서는 아직 정설이 없다. 그러나 피코크(Peacock, J. L.)는 농업의 단계, 즉 화전민식 농경(火田民式農耕)에서 수전식 농경(水田式農耕)에로의 변천과정에 착안하여, 인도네시아지역의 오래된 지석묘는 기원전 2500년-기원전 1500년경에 해당하는 것으로 본다. 그리고 남중국과 베트남에 제사용 악기의 일종인 청동제 동고(drum)를 특징으로 하는 동손문화(Dongson 文化)가 지석묘와의 연관성이 있는지도 문제가 있다. 기원전 600년-서기 3세기경사이 베트남 북쪽 홍하(紅河, Red river)의 삼각주를 중심으로 번성했던 동손문화(The Đông Sơn bronze culture)인들이 사용하던 전통적인 타악기인 청동동고(靑銅銅鼓, bronze drum, Heger Type I drum)는 현재 광서장족자치구(广西壯族自治區) 중 주강(珠江)상류에 해당하는 홍수하(紅水河)변의 하지시 동란현(河池市 東蘭縣)의 장족을 비롯하여 금왕노산(岑王老山 下 广西 田村县 三瑤村 瑤恕屯)하의 요족(瑤族)들은 아직도 청동동고를 만들어 사용하고 있다.

· ·

3 인도네시아(Indonesia 印度尼西亞) 숨바(Sumba) 섬의 타룽(Tarung)마을에는 아직도 집 앞에 지석묘/megalithic tombs를 축조하고 있으며, 바자우(Bazau)족, 부르네오의 다야크(Dayak)족, 술라웨시(Sulawesi)의 '위에서 내려온' 이란 의미를 지닌 토라쟈(Toraja/Toradja)족의 동굴가족묘와 그 앞 설벽에 타우타우(Tau-tau)라는 피장자를 나타낸 木俑을 세우고 있다. 그리고 란테 파오(Rantepao/Rante Pao) 고원 북쪽 보리 파린딩 거석문화 유적(Bori Parinding in Tana Toraja Megalith Site)에는 100여기가 넘는 인도사원에서 시바 신에 바치는 링감 형태의 입석(lingam shape menhirs)이 세워져 있다.

일본의 지석묘는 거의 대부분 한반도의 늦은 개석식으로 우리나라에서 전파된 구주지방(九州地方)의 지석묘는 조몽시대(繩文時代) 말기즉 기원전 5세기-기원전 4세기까지 올라가는 것도 있으나, 보편적으로 야요이시대(弥生時代, 기원전 300년-서기 300년)에 속하며 형식은 모두 늦은 개석식이다.

이제까지는 기원전 2600년경에 처음 세워졌던 이집드의 피라미드(죠서 왕의 생몰연대는 기원전 2686년-기원전 2613년경으로 그의 피라미드는 기원전 2613년 전후에 세워진 것으로 추정됨)를 거석문화의 하나로 보고 이 거석문화에서 전파되어 유럽 거석문화가 형성되었다고 추정되어 왔다. 거석문화에는 지석묘(고인돌, dolmen), 입석(선돌, menhir), 환상열석(stone circle, 영국의 Stonehenge가 대표), 열석(alignment, 프랑스의 Carnac이 대표)과 집단묘[collective tomb/megalthic grave/long barrow: 가. 羡道〈연도, 널길〉가 있는 묘 passage grave(또는 access passage, 영국의 Maes Howe Chambered Barrow가 대표적임), 나. 연도가 없는 묘 gallery grave, 또는 allée couverte]의 크게 5종 여섯 가지 형태가 나타난다. 이들 거석문화의 대표적 예들은 영국의 에이브버리 스톤헨지(Avebury Stonehenge)와 콘월 포트홀(Cornwall Porthole, Men-An-Tol, the Crick Stone), 스웨덴의 선더홀름(Sonderholm), 스페인의 로스 미야레스(Los Millares), 英연방인 고조(Gozo) 섬의 간티자(Gian Tija/Ġgantija/giant tower란 의미로 갠티에/쥬갠티제로 발음함)의 청동기시대의 두 개 사원, 말타(Malta, 몰타) 섬의 Hagar Quim(Hagar Quimand), 므나지드라(Mnajidra)와 타르시엔(Tarxien) 사원, 프랑스 Brittany의 Carnac, Locmariaquer, Morbihan, Dissignac, Gavrinis와 아일랜드의 Newgrange, Meath, Haroldtown, Punchtown, Knowth(보인궁/Brú na Bóinne/Palace of the Boyne)등이다. 특히 말타(Malta, 몰타)와 이웃 고조(Gozo) 섬에는 다른 곳들의 거석문화와는 달리 특이한 3-6葉型의 반원형/抹角의 회랑(curved end as an apse)들을 가진 사원(temple)이 24개소나 있으며, 이들은 기원전 3500년-기원전 2500년에 속한다. 이들은 유럽의 거석문화를 연구하는 학자들로부터 거석문화의 하나로 불린다. 또 이들 사원들은 마이노르카(Minorca, Menorca), 마요르카(Majorca)와 이비자(Ibiza) 섬이 포함되는 스페인령 발레아레스 제도(Balearic islands)의 기원전 2000년경의 딸라요트(Talayot) 문화의 거석으로 축조된 사원들과도 비교된다. 그 중 문화전파의 증거가 되었던 영국 윌셔 솔리스버리에 있는 환상열석인 스톤헨지(Stonehenge)의 경우 스튜아트 피고트(Stuart Pigott)의 발굴 때 기원전 1900년, 그리고 그에 이은 리차드 에잇킨손(Richard J. C. Atkinson)의 발굴 자료의 방사성탄소연대는 기원전 2350년, 그리고 마지막 콜린 랜프류(Collin Renfrew)의 보(수)정방사성탄소연대는 기원전 2750년이 나와 이집트 죠서의 피라미드 축조연대보다 올라가는 것으로 밝혀졌다. 유럽의 거석문화에는 고인돌, 입석(선돌, menhir), 환상열석(stone circle), 열석(alignment)과 집단묘(collective tomb)가 있으나 우리나라에서 발견되는 거석문화는 이중 고인돌과 선돌(입석)의 두 가지 뿐으로 전파론도 가능하다. 그러나 지석묘의 기원과 전파에 대하여는 연대와 형식의 문제점 때문에 현재로서는 구라파 쪽에서 전파된 것보다 요녕성 일대를 포함하는 한반도 자생설(韓半島 自生說)쪽으로 기울어지고 있는 실정이다.

청동기시대가 혈연을 기반으로 하는 계급사회(족장사회, chiefdom)라는 것은 지석묘를 통해서 잘 알 수 있다. 지석묘는 한반도 전역에 걸쳐 있으며 그 형태도 다양하다. 우리나라에서 사적으로 지정

고창 지석묘(남방식 고인돌)
사적 제391호. 필자 촬영

된 지석묘는 강원도 속초 조양동(사적 376호), 경기도 강화도 부근리(사적 137호), 경기도 파주군 덕은리와 玉石里(기원전 640년, 기원전 900년 −기원전 740년, 사적 148호), 경상남도 마산 진동리(사적 472호), 전라남도 화순 춘양면 대신리와 도산 효산리(기원전 555년, 사적 410호), 전라북도 하서면 구암리(사적 103호), 고창지방(고창읍 죽림리, 상갑리와 도산리 일대의 지석묘군은 현재 사적 391호)이며, 그 중 강화도, 고창과 화순의 지석묘들은 세계문화유산으로 지정되어 있다. 지석묘는 조상숭배의 성역화 장소이다. 지석묘가 분포하고 있는 상황은 무리를 지어 있는 것이 보통이다. 황해남도 개천군 묵방리, 황해남도 은율군 관산리, 배천군 용동리, 안악군 노암리, 평안남도 성천군 용산리 지석묘(순장묘)과 같은 서북지방의 경우를 보면 1, 2기의 지석묘가 독립적으로 나타나는 경우도 있으나, 대부분은 5, 6기 내지 10여 기를 중심으로, 한 지역에 1백−2백여 기씩 무리를 지어 있다. 또한, 이곳의 지석묘의 방향은 보통 고인돌이 있는 골짜기의 방향과 일치한다. 전라남도에서도 지석묘는 예외 없이 무리를 지어 발견된다. 전국적인 분포를 가진 것으로 추정되는 북방식 지석묘 중 서해안지대에서는 전라북도 고창지방, 황해남도 은천군 은천읍과 평안북도 남포시 용강군 용강읍의 것들이 대표적이다. 그러나 고창의 지석묘의 대부분은 개석식으로 추정된다. 현재까지 알려진 한국의 지석묘는 강원도 338, 경기도 502, 경상북도 2,800, 경상남도 1,238, 전라북도 1,597, 전라남도 19,068, 충청북도

478, 제주도 140, 북한 3,060의 모두 29,510기나 된다. 특히 전라남도
는 청동기시대 중기(기원전 10세기-기원전 7세기) 공렬토기가 나오
는 단계에 수전경작과 함께 인구가 급격히 증가하면서 지석묘의 수가
전국의 약 2/3가 될 정도로 증가한다. 중국의 요녕성과 절강성의 것들
을 합하면 더욱 더 많아질 것이다. 이는 전라남도 곡성읍의 경계에서
요천(蓼川)과 곡성군 오곡면 압록(鴨綠)으로 합치는 섬진강(蟾津江)
과 보성강(寶城江)을 중심으로 주위의 비옥한 자연환경(niche)을 적
극 이용하여 농사를 해서 잉여생산물을 많이 만들었기 때문이다. 다
시 말해 주위의 환경에 적응과 개발을 잘한 것이다. 중국의 요녕성의
것들을 합하면 더욱 더 많아질 것이다. 그리고 최근 끄로우노프까 강
변에서 발견된 얀꼽스키문화(기원전 8세기-기원전 4세기)에서도 지
석묘와 유사한 구조와 그 속에서 한반도에서 나오는 석검, 관옥 등 비
슷한 유물들이 확인되고 있다. 남
한의 지석묘는 북방식, 남방식,
개석식(北方式, 南方式과 蓋石
式)의 셋으로 구분하고 발달 순
서도 북방식→남방식→개석식으
로 발전한다고 생각된다. 그러나
북한의 지석묘는 황주 침촌리와
연탄 오덕리의 두 형식으로 대별
되고, 그 발달 순서도 남한과 달
리 변형의 침촌리식(황해도 황
주 침촌리)에서 전형적인 오덕리
(황해도 연탄 오덕리)식으로 보
고 있다. 어떻든 한강이남으로

전남 나주 다도면 판촌리 지석묘 하부 구조
필자 촬영

내려가면 전라남도의 몇 례를 제외하고는 북방식 지석묘의 분포는 매우 희박해진다. 반도 중심부에서는 북한강 상류의 춘천을 한계로 하며, 동해안에서는 고성지방에서 남방식과 같이 발견되고 있다. 남방식 지석묘는 한강과 북한강유역 아래에서부터 분포하기 시작하나 주로 경상도와 전라도의 남부지방에 그 분포가 국한되고 있다. 개석식 지석묘는 국토 전역에 걸쳐 분포하고 있으며, 숫자상으로도 가장 많다. 또 북방식의 경우 중국의 요녕성 요동반도 지역, 즉 보란점 석붕구(普蘭店 石棚溝), 개주 석붕산(盖州 石棚山), 와방점 화동강(瓦房店 华铜壙), 대자(台子), 대석교 석붕치(大石橋 石棚峙), 안산시 수암(鞍山市 岫岩), 해성 석목성(海城 昔牧城), 대련시(大蓮市) 금주구(金州區) 향응향(向應乡) 관가둔(關家屯)에서도 나오고 있어, 고인돌의 전체 분포범위는 한반도와 중국의 동북부지방까지 확대되고 있다. 특히 昌原 東面 德川里(경상남도 창원시 동읍 덕천리 83 일대, 경상남도 문화재자료 제206호), 馬山 鎮東里(사적 472호), 사천 이금동, 보성 조성면 동촌리, 무안 성동리, 용담 여의곡, 광주 충효동 등, 그리고 최근 밝혀지고 있는 춘천 천전리, 홍천 두촌면 철정리, 평창 천동리, 서천 오석리와 진주 대평 옥방 8지구의 주구석관묘 등은 무덤 주위를 구획 또는 성역화한 특별한 구조를 만들면서 조상숭배를 잘 보여준다. 즉, 북방식과 남방식 지석묘사회는 최근 발굴조사 된 마산 진동리의 지석묘처럼 한반도 북쪽의 까라수크에서 내려온 석관묘나 중국의 요녕성 조양시 동산취와 우하량(朝阳市 建平 牛河梁 富山街道와 凌源市 凌北街道의 경계)의 紅山문화(기원전 4000년 – 기원전 3000년/기원전 3600년 – 기원전 3000년으로 올라가나 중심연대는 기원전 3000년 – 기원전 2500년경)가 기원으로 보여 지는 주구석관묘도 수용하고 있다. 그리고 철기시대 전기에 와서는 중국계의 토광묘 문화도 받아들이기도 하였다. 그리고 한반도 남부의 지석묘사회에서는 보다 늦게 등장한 개석식 지석묘 사회를 기반으로 마한(馬韓)이 형성되기도 하였다.

이 시기에 계급사회도 발전하게 된다. 우리나라의 지석묘 사회는 일반적으로 전문직의 발생, 재분배 경제, 조상 숭배와 혈연을 기반으로 하는 계급 사회로 인식되고 있다. 우리나라에서 고인돌 축조사회를 족장사회 단계로 보거나 위만조선을 최초의 고대국가로 설정하는 것은 신진화론의 정치 진화 모델을 한국사에 적용해 본 사례라 할 수 있다. 그렇게 보면 경남 창원 동면 덕천리, 마산 진동리, 사천 이금동, 여수 화동리 안골과 보성 조성리에서 조사된 고인돌은 조상숭배를 위한 성역화 된 기념물로 당시 복합족장사회의 성격(complex chiefdom)을 잘 보여준다 하겠다. 규모가 큰 수십 톤 이상의 덮개돌은 채석에서부터 운반하고 설치하기까지에 많은 인력이 필요하였다. 그러므로 지석묘는 경제력이 있거나, 정치권력을 가진 지배층 및 가족의 무덤으로서, 당시의 사회구조를 잘 반영해준다고 보는 것이다. 최근의 지석묘 연구는 지석묘를 만드는데 소요되는 노동력, 사람 수, 거기에 따른 취락규모의 추정 등으로 지석묘를 만드는 사

전남 여천(여수) 화양 화동리 안골의 지석묘 하부 구조
인제대학교 이동희 교수 제공

회의 복원 쪽으로 관심의 방향과 폭을 넓혀가고 있다. 계급의 분화는 사후에까지 영향을 끼쳐 무덤의 크기와 부장품(껴묻거리)의 내용에

도 반영되었다. 계급사회의 발생을 보여주는 당시의 무덤으로 대표적인 것이 지석묘이다. 지석묘는 정치권력이 있거나 경제력을 가진 지배층의 무덤으로, 그 형태는 보통 북방식에서 보는 바와 같이 4개의 판석형태의 굄돌을 세워 돌방을 만들고 그 위에 거대하고 편평한 덮개돌을 얹어 놓은 것이 전형적이다. 이 지석묘는 덮개돌과 돌방이 지상에 나타나 있으면 북방식, 덮개돌과 굄돌은 지상에 돌방은 지하에 숨어 있으면 남방식, 그리고 덮개돌 밑에 굄돌이 없이 돌방이 그대로 지하에 묻혀 있으면 개석식으로 불린다. 이러한 북방식이 남쪽으로 내려가면서, 또 시대가 내려오면서 돌방이 지하로 숨어 들어가는 남방식과 개석식으로 바뀐다. 그리고 여러 개의 받침돌이나 돌무지로 덮개돌을 받친 형태도 나타났다.

지석묘의 뚜껑돌은 자연암석을 그대로 이용하거나 큰 바위에서 일부를 떼어낸 것으로, 실제로 그러한 채석장이 서북지방에서 여러 군데 발견되고 있다. 돌을 떼어내는 방법으로는 바위틈이나 인공적인 구멍에 나무쐐기를 박아서 물로 불리어 떼어내는 방법이 일반적으로 이용되었을 것이다. 운반은 지렛대와 밧줄을 이용하거나 수로를 이용했을 것이며, 뚜껑돌을 들어 올릴 때에는 받침돌을 세우고 그것과 같은 높이의 봉토를 쌓아 경사면을 이용, 끌어올린 다음 봉토를 제거하는 방법이 이용되었을 것이다. 최근의 프랑스에서 행한 실험고고학에서는 개석을 운반하는 방법 중, 개석 밑에 받친 통나무의 양쪽 끝에 홈을 파 그 구멍에 지렛대를 끼어 앞으로 힘을 주면 통나무가 쉽게 굴러 개석의 운반도 용이해진다는 것을 알려준다.

지석묘의 돌방은 길이가 1.5m 이상 되는 것도 있지만 1m 미만의 돌방도 상당수가 있어, 이들은 어린아이의 무덤으로도 보인다. 그러나 어른의 시신을 일단 가매장하고 살이 썩으면 뼈만 추려 묻는 세골장(洗骨葬, 二次葬)도 있었던 것 같다. 고인돌의 돌방은 길이가 1.5m 이상 되는 것도 있지만 1m 미만의 돌방도 상당수가 있어, 이들은 어린아이의 무덤으로도 보인다. 최근 화장의 예도 강원도 원주 지정면 보통리, 춘천 신북면 발산동, 춘천 중도, 화천 용암리, 홍천 두촌 철정리, 평택 청북 현곡리, 경기도 양평군 양수리, 안성 공도 만정리 등지에서 보고되고 있다. 거의 모두가 공렬토기가 나오는 청동기 중기에서 경질무문토기의 후기에 속한다. 이제까지의 자료를 보면 지석묘사회에서 무덤으로서의 역할은 앙와신전장(仰臥伸展葬)→화장(火葬)→세골장(洗骨葬, 二次葬)의 순으로 이루어진 것 같다. 지석묘에 관한 또 하나의 문제는 뚜껑돌에 파여진 원형이나 사각형의 구멍들이다. 이들은 생산의 풍요성을 비는 성혈(性穴, cupmark), 하늘의 별자리 표시(天文圖), 또는 돌을 떼어낼 때 나무를 박았던 구멍 등으로 해석된다.

지석묘의 규모와 수에 비하여 부장품(껴묻거리, 副葬品)가 나온 것은 비교적 적고, 그나마 출토된 유물의 수와 종류도 매우 한정되어 있다. 지금까지 조사된 부장품에는 주로 화살촉과 돌검이 중심을 이루고 있으며, 그밖에 돌도끼·가락바퀴 등의 석기와 민무늬토기계통의 토기류, 옥으로 된 장식품과 소수의 청동기 등이 있다. 최근 전남 승주 우산리, 보성 덕치리, 여천 봉계동·적량동·평여동, 여수 오림동, 경남 창원군 동면 덕천리, 대전광역시 대덕구 비래동 등지에서 변형 비파형동검이 나왔으며, 황해남도 은천군 은천읍 약사동 지석묘에서 정농 활촉, 그리고 상원노 속초시 조양동에시는 부제끨 청동도끼(扇形銅斧) 등의 출토 례가 보고되어 청동유물의 수가 점차 증가하고 있는 추세이다. 이는 지석묘의 중심연대가 청동기시대임을 입증하고 있는 것이다. 그러나 지석묘들 껴묻거리를 대표할 수 있는 유물은 돌검과 화살촉으로 출토된 부장품의 대부분을 차지하고 있다. 화살촉의 분포를 보면, '마름모꼴 슴베형'은 전국적인 분포를 보이고 있으며, '마름모 납작 슴베형'과 긴 마름모형은 중부 이남, 버들잎형은 황해도·평안남도를 중심으로 한 서북지방, 슴베 없는 세모꼴촉은 중부지방에 분포되어 있다. 돌검은 자루달린 식과 슴베달린 식의 두 종류가 모두 나오고 있으며, 이들은 주거지에서도 차츰 발견되고 있다. 반달돌칼은 주로 개석식 지석묘에서, 양면날 돌도끼는 북방식에서, 대팻날 돌도끼는 남방식에서, 또 둥근 도끼는 북방식에서 주로 나온다. 그밖에 별도끼·홈자귀·석창·숫돌·가락바퀴 등의 석기류도 나온다. 적갈색 민무늬토기의 조각들이 지석묘 주위에서 자주 발견되나 지석묘 내부에서는 매우 드물게 나타난다. 토기의 종류로는 팽이토기·적갈색 민무늬토기·붉은간토기가 있고, 김해토기와 묵방리형 토기가 나온 곳도 있다. 장식품으로는 관옥(管玉, 대롱구슬)과 수식옥(垂飾玉, 드리게구슬)이 있는데 대부분 개석식에서 나오고 있으며, 원산지는 중국 4대 옥산지 중의 하나인 요녕성 鞍山市 岫岩 滿族自治県의 岫岩玉일 가능성이 많다. 그리고 우리나라와 관련이 있는 중국의 옥산지로는 요녕성 수암옥을 비롯해 하남성 독산(河南省 南陽市 북쪽에 위치하는 獨山), 감숙성 남전(甘肅省 酒泉, 陝西省 藍田), 강소성 소매령(江蘇省 栗陽 小梅岭), 내몽고 청전(内蒙古 巴林右旗 青田 青田石/巴林石), 신강성 화전(新疆省 和田)과 마나스(新疆 昌吉県 瑪納斯)를 들 수 있으며 이는 당시 상류층에서 필요한 옥, 벽옥과 비취(玉, 碧玉과 翡翠)의 수입 같은 장거리 무역관계도 형성해나갔던 것 같다.

지석묘에 대한 연대문제는 주로 출토 유물 중 돌검을 통해 연구되어 오고 있다. 종래에는 석검이 세형동검을 모방하였다고 하여 소위 금석병용기시대(金石竝用期時代, Aneolithic, Chalcolithic age)에 속한다는 이론적 근거로 삼고 지석묘도 이 시기에 속한다고 본적이 있으나, 파주 옥석리(玉石里) 지석묘(사적 148호) 아래에서 발견된 움집에서 나온 이단자루식 돌검이 방사선 탄소연대 측정에 의해 기원전 640년경(보정연대는 기원전 900년−기원전 740년임)에 제작되었고, 또 황석리 고인돌 출토 돌검의 연대가 기원전 410년으로 알려져, 돌검이 세형동검보다 연대가 앞서는 것으로 알려지고 있다. 그 결과 고인돌은 금석병용기의 묘제가 아니라 청동기시대의 묘제로 밝혀진 것이다. 과거에 이들은 소위 金石竝用期時代로 언급되었다. 현재 고고학의 성과로 보아 돌검이 세형동검보다 앞서므로 이를 부인하고 있다. 그러나 이 시대는 유럽에서 신석기시대에서 청동기시대로 넘어오는 과도기 시대로 언급하는데, 우리나라에서는 일제시대 일인학자들이 김해패총(사적 2호)의 예를 들어 석기에서 청동기시대를 거치지 않고 바로 중국의 영향으로 바로 철기시대로 넘어 갔다는 한국문화의 타율성을 대표하는 최초의 식민지사관 중의 하나로 표현되었다. 이는 후일 청동기시대에 속하는 유적이

강화 부근리 북방식 고인돌
사적 제137호. 필자 촬영

발견됨으로서 영향력을 잃어버렸다. 이는 최근 지석묘의 발굴에서 비파형동검이 자주 발견되는 것으로도 입증이 된다. 그러나 그 상한연대와 하한연대에 관해서는 이론이 많다. 그러나 청동기시대(기원전 2000년−기원전 400년)에 나타나는 시식묘 묵조시회는 늦이도 기원전 1500년 이후 한반도 내의 토착을 이루던 사회로서 여기에서 철기시대까지 이어져 삼한사회로 발전하게 된다. 이러한 배경을 가진 지석묘는 고대국가발생 이전의 계급사회인 혈연, 조상숭배, 그리고

재분배경제를 기반으로 하는 족장사회 상류층의 공동묘지였다. 그리고 나주 판촌리(板村里)에서 나타나는 어린아이의 무덤은 고인돌 사회에서 신분이 세습되었음을 보여주는 증거이다. 전라북도 진안 용담동 내 여의곡, 전라남도 보성 조성면 동촌리, 경상남도 마산시 동면 덕천리와 진동리의 지석묘, 경상남도 사천시 이금동의 굴립주(掘立柱)형식으로 지어진 신전은 지석묘가 철기시대에까지 지속되면서 조상숭배 및 제사의식과도 연관되었음을 시사해주는 증거들이다.[4]

. . . .

4 日本의 전형적인 신석기시대는 죠몽시대[繩文時代]로 그 죠몽토기 가운데 소바타[曾畑]토기가 우리나라의 즐문토기와 비슷하다. 나가사키현 후쿠에시의 에고패총[江湖貝塚]이나 도도로끼패총[長崎県 轟貝塚] 등에서 발견되며, 그 연대는 기원전 3000년경이다. 이들은 쓰시마 섬의 아소오만[淺茅灣]이나 이키[壹岐]의 가마자키[鎌崎] 유적에서까지 발견된다. 이 토기는 우리나라 신석기시대 즐문토기인들이 고기잡이를 나갔다가 직접 교역 또는 내왕하여 죠몽토기에 영향을 주어, 쓰시마·큐슈 등지에서 만들어진 것으로 생각된다. 해양성 어업은 결합식 낚시바늘·돌톱(石鋸)을 사용한 낚시의 존재로 입증된다. 일본에서 발견된 낚시바늘 가운데 사가현 가라쯔시[佐賀県 唐津市] 나바타[菜畑] 유적에서 소바타토기와 함께 출토되고 있는 결합식 낚시바늘(서북 큐슈형)은, 우리나라에서는 양양 오산리·부산 동삼동·김해 농소리·경남 상노대도 등 4군데에서 출토되고 있다. 오산리에서는 47점이나 출토되고 있으며, 그 가운데 40점이 기원전 6000년 – 기원전 4500년에 해당하는 조기의 제 1문화층에서 나오고 있어 서북 큐슈형의 원류가 한국에 있을 가능성이 있다. 돌톱(石鋸)은 흑요석(黑曜石)을 이용하여 톱날을 만든 것으로, 일본에서는 죠몽시대 후기에 나타나며 서북 큐슈형 결합식 낚시바늘과 같은 분포를 보여주고 있다. 그런데 한국에서는 함북 무산·웅기 굴포리·농포·부산 동삼동·경남의 상노대도 패총(조개더미)에서 발견되고 있고, 또 한국 측의 연대가 일본의 것보다 앞서고 있어, 그 원류도 역시 한국으로 보아야 할 것 같다.
신석기시대의 죠몽시대[繩文時代] 다음에 우리나라의 청동기, 철기시대 전기와 삼국시대 전기에 해당하는 야요이[弥生]시대가 이어진다. 그리고 하루나리 히데지[春成秀尔], 이마무라 미네오[今村峯雄]와 후지오 신이찌로[藤尾慎一郎]를 중심으로 야요이시대의 상한연대도 종전의 기원전 300년에서 최근 福崗의 雀居[사사이] 유적에서 나오는 돌대문(덧띠새김무늬, 각목돌대문)토기의 재검토로 상한을 기원전 10세기경으로 조정하고 있다. 이 시기에는 한반도에서 청동기를 비롯하여 무문토기·쌀·고인돌(支石墓) 등이 일본으로 전파되었다고 한다.

잘 알려진 연구에 의하면 이들은 九州大 가나세끼 다께오[金關丈夫] 교수가 언급한 繩文末期 農耕論과 같이 高身長의 稻作人이 한반도에서 九州에 들어오고 이때 도래한 집단인 기내인(畿内人, 일본인은 畿内人외 東北型/아이누족·裏日本型들이 있다)들에 의해서 전래되었을 가능성이 크다고 보고 있다. 그리고 고하마 모도쯔구[小濱基次], 하니하라 가즈로[埴原和郎]와 이노우에 다까오[井上貴央] 등이 형질인류학과 유전자 검사로 한반도인의 도래를 구체적으로 입증하고 있다. 야요이 시대 유적으로는 후구오까 이마까와[福岡 今川, 동촉 및 습베(莖部)를 재가공한 古朝鮮式 동검이 출토됨], 사가현 우기군덴[佐賀県 宇木汲田] 18호 옹관(김해식 토기와 韓國式 동검 출토), 후꾸오까 요시다께다까기[福岡 吉武高木] 3호 목관묘(동검, 동모, 동과, 다뉴세문경, 죠노고식[城の越式] 토기 출토)가 있고, 곧 이어 日本最初의 古代國家인 후꾸오까 시가도 오오따니[福岡 志賀島 大谷], 사가현 소자[佐賀県 惣座]에서 동검이, 佐賀県 神埼町[간자기쵸], 三田川町[미다가와쵸], 東背振村[히가시세부리손]에 걸쳐 있는 요시노가리[吉野ケ里, 卑弥呼·台與 또는 壹與의 邪馬台國, 히미코는 서기 248년 死]에서 동모가 발견되었다. 이 무렵이면 청동을 부어 만드는 틀(鎔范)이 출토되어 자체 제작이 가능했던 것으로 보인다. 죠몽 만기의 구로카와식[黑川式] 토기의 최종단계에서 우리나라의 무문토기가 나타나기 시작하며, 그 다음의 유우스[夜臼]단계에는 한국 무문토기 계통의 홍도[紅陶]가 출현한다. 온대성기후인 일본에는 조생종인 단립미(短粒米: 작고 둥글며 찰기가 있는)만 존재하는데, 이는 고인돌·석관묘·마제석기·홍도가 출현하는 유우스식 단계, 즉 실연대로 기원전 5세기－기원전 4세기경에 한반도에서 전래된 것으로 보인다. 고인돌의 경우 한반도 남쪽지방에서 철기시대전기(기원전 400년－기원전 1년)에도 남방식과 개석식이 함께 나타나는데, 그 연대는 기원전 4세기－기원전 3세기경으로 추정된다. 그러나 앞으로 突帶文토기의 기원전 10세기 상한설과 관련하여 그 연대의 상한은 좀 더 올라갈 것으로 보여진다. 그리고 『위지(魏志)』 동이전(東夷傳) 변진조(弁辰條) 및 왜인전(倭人傳) 里程記事로 볼 때, 대략 서기 3세기경이면 海(水)路萬里의 무역로(通商圈/trade route, exchange system, interaction spheres, barter, logistics)를 통해 한국·중국·일본 산에 활발한 교역권계기 이루어지고 있었음을 알 수 있다. 이의 대표적 예들이 서기 57년(『后汉書』 光武帝 第1下 中元二年, 서기 1784년 福岡에서 발견)의 "汉倭奴國王", 서기 239년(魏 明帝 景初 3년) 히미코(卑弥呼)의 "親魏(倭)王"의 책봉과 金印이다. 그리고 요시노가리(佐賀県 神埼郡 神埼町, 三田川町, 東背振村의 吉野け里)에 위치한 卑弥呼(ひみこ, 서

여기에 비해 한 장씩의 판석으로 짜 상자모양으로 만든 석관묘(石棺墓) 또는 돌널무덤(石箱墳)의 형식이 있다. 김원용(金元龍)은 "이러한 석상분은 시베리아 청동기시대 안드로노보기에서 부터 나타나 다음의 카라숙－타가르기에 성행하며 두관협족(头廣足狹)의 형식과 굴장법(屈葬法)으로서 우리나라에 전파되어 청동기시대 비슷한 시기의 지석묘사회에서 받아들인 형식이다. 그리고 이 분묘는 확장되어 북방식 지석묘로 그리고 지하에 들어가 남방식 지석묘로 발전해 나가는 한편 영남지방에서는 석곽묘(石槨墓)로 발전해 삼국시대의 기본 분묘형식으로 굳히게 된다고 보고 있다." 즉 그는 석관묘(석상분)－지석묘(북방식/남방식)－석곽묘로 발전한다고 생각하며, 대표

· ·

기 158년경－서기 248년), 台與(とよ 또는 いよ, 서기 235년?－?)가 다스리던 邪馬台國(やまたいこく)은 당시 이러한 국제적 교역관계의 종착점인 양상을 띠고 있었다. 이키 섬[壹岐島] 하라노쓰지[原ノ辻] 유적에서 발견된 철제품을 비롯하여 후한경(后汉鏡)·왕망전(王莽錢)·김해토기(金海土器; 九州大 所藏), 제주시 산지항(山地港), 구좌읍 終達里패총, 애월읍 금성리와 해남 군곡리 출토의 화천(貨泉), 고성(固城)패총과 骨浦國(合浦)으로 알려진 창원시 외동 城山 貝塚에서 발견된 후한경과 오수전 등은 이러한 양상을 잘 입증해 준다. 동아대학교 박물관이 발굴한 경상남도 四川 勒島에서는 경질무문토기, 일본 야요이(弥生)土器, 樂浪陶器, 汉式硬質陶器 등과 함께 반량전이 같은 층위에서 출토되었다. 半兩錢은 기원전 221년 진시황의 중국 통일 이후 주조되어 기원전 118년(7대 汉 武帝 5년)까지 사용된 중국화폐로 알려져 있다. 사천 늑도는 당시 낙랑·대방과 일본 야마다이고꾸(邪馬台國)를 잇는 중요한 항구였다. 『三國志』魏志 東夷傳 弁辰條의 '國出鐵 韓濊倭皆從取之 諸市買皆用鐵如中國用錢又以供給二郡'의 기사와 倭人傳에 보이는 海(水)路萬里의 무역로를 감안해 볼 때 樂浪(帶方)－海南 郡谷里－泗川 勒島(史勿國)－固城(古史浦)－昌原 城山(骨浦國)－金海(狗邪韓國)－제주도 山地港/삼양동(사적 416호)－對馬國(つしまのくに)－一支國(いきこく, 壹岐)－末廬國(まつろこく, まつらこく)－伊都國(いとこく)－奴國(なこく, なのくに)－邪馬台國(やまたいこく)으로 이어지는 바닷길이 예상될 것이다. 한국 무문토기·쌀·지석묘(고인돌)·청동기가 일본에 많이 나타나고 있는 점은 당시 이러한 교역관계에서 이해되어야 한다.

적인 석관묘 유적으로 동포(단추, 銅泡)와 검은 긴 목항아리가 나온 강계시 풍룡리(江界市 豊龙里), 봉산군 덕암리(鳳山郡 德岩里) 단양 안동리(丹陽 安東里)를 들고 있다. 석관묘(석상분)와 지석묘의 기원과 전파에 대하여는 선후 문제, 문화 계통 등에 대해 아직 연구의 여지가 많다. 최근 끄로우노프까 강변에서 발견된 얀꼽스키문화(기원전 8세기-기원전 4세기)에서도 지석묘와 유사한 구조와 그 속에서 한반도에서 나오는 석검, 관옥 등 비슷한 유물들이 확인되고 있다.

지석묘는 미송리형 단지, 거친무늬거울 및 비파형동검과 같이 고조선의 강역과 문화를 연구하는데 중요한 표식적 유물이다. 북한에서도 지석묘 사회를 정치체와 연결시켜 무덤의 주인공이 군사령관 또는 추장(족장)이며 지석묘 축조자들의 후예가 고조선의 주민을 형성했다는 견해를 제시하고 있다. 한편 최근의 북한학자들은 1993년 평양시 강동구 대박산에서 단군릉을 발굴하고 이의 연대를 기원전 3000년으로 올려 그때부터 단군조선이 있어 왔다고 주장한다. 따라서 이는 지석묘사회=단군조선=청동기시대의 시작=노예순장제사회=한국 최초의 국가성립이란 등식이라는 견해가 성립되어 앞으로의 연구과제가 된다. 고조선문화의 특징인 고인돌과 비파형/고조선식동검이 나오는 요녕성 일대의 지석묘 유적의 연대는 대략 기원전 17세기-기원전 12세기로 좁혀지고 있다. 그러나 이제까지 남한에서 출토한 비파형동검의 연대도 이중구연 단사선문(중국은 그 상한을 기원전 13세기로 봄), 구순각목, 공렬토기와 같이 출토하고 있어 그 연대도 청동기시대 전기 말-중기 초로 기원진 11세기[좀 너 빠르면 청동기시대 전기(기원전 1500년-기원전 1000년)의 이중구연 단사선문의 존재로 보아 기원전 13세기 까지 올라감]를 보여 준다.[5] 지석묘의 연구는 앞에서 언급한 바와 같이 그 기원문제와 더불어 형

5 夏家店 상층문화(西周−春秋早期, 기원전 8세기−기원전 3세기의 靑銅文化로 內蒙古 辽宁省 辽河一帶에 분포, 戈, 矛, 短劍, 鏃, 飾牌靑銅器가 발견된다. 서기 1975년−서기 1998년에 조사된 內蒙古 赤峰市 宁城县 甸子乡 小黑石溝유적이 대표], 辽宁 朝阳市 魏營子문화(기원전 14세기−기원전 7세기, 魏營子類型의 年代는 대략 中原의 商末周初/기원전 12세기로 夏家店下層文化와 上層文化 사이)와 辽宁省 朝阳市 大凌河 계곡에 위치한 十二台營子의 청동단검묘(春秋時代 晩期−戰國時代 早期)로 대표되는 辽西圈/凌河문화(기원전 10세기−기원전 4세기)를 비롯해 辽宁 阜新市 彰武县 二道河子와 辽宁省 普蘭店市(구 新金县) 安波鎮 德勝村 西山南坡 雙房 등의 대표적 辽東圈의 문화유형들은 지석묘, 미송리형단지(기원전 13세기−기원전 10세기경), 거친무늬거울(조문경), 비파형동검(琵琶形/辽宁式/滿洲式/古朝鮮式銅劍/直柄銅劍)의 古朝鮮문화와의 관련도 언급된다.
서기 1972년 大連市(구 旅大市) 甘井子區 營城子鎮 后牧城驛村 雙砣子- 3기층 16호 주거지(목탄 ZK−78: 4205±95B.P./2060±95B.C.)와 4호 주거지(목탄 ZK−79: 3135±9015B.P./1170±90B.C.(考古 72−5)에서 기원전 21세기−기원전 12세기경으로 올라가는 연대가 나왔다. 그러나 아래의 몇 유적의 절대연대는 기원전 1635년, 1605년, 1565년, 1555년, 1535년, 1490년, 1440년, 1415년, 1370년, 1355년, 1330년, 1220년, 1185년, 1180년, 1165년, 1105년, 1040년 등으로 나오고 있어 요동지방의 지석묘와 積石墓의 중심 축조연대는 대략 기원전 17세기−기원전 11세기로 좁혀지고 있다. 방사성탄소연대가 나오는 몇 유적은 다음과 같다.

  가. 辽宁省 大連市 旅順口區 鐵山鎮 于家村 砣头 積石墓:
      3280±85B.P./1330±85B.C.(于家村 上層, 樹輪校正年代 3555±105B.P./1605±105B.C., 文物 83−9)
      3230±90B.P./1280±90B.C.(樹輪校正年代 3505±135B.P./1555±135B.C., 文物 83−9)
      3440±155B.P./1490±155B.C.
  나. 辽宁省 大連市 長海县 大長山島 上馬石 上層:
      3440±155B.P./1490±155B.C.(樹輪校正年代 1415±195B.C. 1370±160B.C., 考古 83−4)
      3390±100B.P./1440±100B.C.
      3170±150B.P./1220±150B.C.
      3130±100B.P./1180±100B.C.(文物 83−3, 考古 83−4)
  다. 辽宁省 大連市(구 旅大市) 甘井子區 營城子鎮 后牧城驛村 雙砣子- 3기층:
      4205±95B.P./2060±95B.C.(16호 주거지, 考古 72−5)

식 간의 선후관계, 편년, 출토 유물간의 관계 등에서 아직
도 해결해야 할 몇몇 문제를 안고 있다.

그리고 포항 인비동과 여수 오림동에서 보는 바와 같이
우리나라에 들어온 기존의 청동기(비파형 또는 세형동검)
와 마제석검을 사용하던 청동기-철기시대 전기의 한국 토
착사회를 이루던 지석묘사회 사회에 쉽게 융화되었던 모양

강원도 원주시 가현동
출토 마제석검
필자 촬영

3135±90B.P./1185±90B.C.(4호 주거지, 樹輪校正
年代 1170±90B.C., 考古 72-5)

3305±155B.P./1355±155B.C.

3130±100B.P./1180±100B.C.

3115±90B.P./1165±90B.C.(考古 72-5)

3090±100B.P./1040±100B.C.

라. 辽宁省 大連市(구 旅大市) 甘井子區 營城子鎭 后牧城驛村 崗上 積石墓:
3285±90B.P./1335±90B.C.(보정연대는 1565±135B.C.임, 종래의 연대는 비
파형동검과 명도전이 나와 춘추-전국시대로 추정)

마. 辽宁省 普蘭店市(구 新金县) 安波鎭 德勝村 西山南坡 雙房 6號 石棺墓:
3555±105B.P./1605±105B.C.
3280±50B.P./1330±50B.C.

바. 辽宁省 本溪县 南甸鎭 馬城子村(太子河 馬城子, 本溪市 明山區 梁家村 石棺
墓 에서도 靑銅短劍과 雙紐銅鏡이 발견)
3585±65B.P./1635±65B.C.

사. 吉林省 永吉县 岔路河鎭 星星哨 石棺墓: 3055±100B.P./1105±100B.C.

최근 辽宁省 撫順市 望花區 李石街道 河夾心村, 辽宁省 本溪市 桓仁滿族自治县
馮家保子와 本溪 人片地, 吉林省 通化市 金厰鎭 躍進村 万發撥子에서도 새로운 지
석묘가 발견되고 있다. 그리고 이제까지 남한에서 출토한 비파형동검은 이숭녕
단사선문(王藝의 陀螺形陶器文化로 그 상한을 기원전 13세기로 봄), 구순각목, 공
렬토기와 같이 출토하고 있어 그 연대도 청동기시대 전기 말-중기 초로 기원전
11세기[좀 더 빠르면 청동기시대 전기(기원전 1500년-기원전 1000년)의 이중구연
단사선문의 존재로 보아 기원전 13세기 까지 올라감]임을 보여 준다.

울산 대곡리 반구대 암각화(국보 제285호)
필자 촬영

이다. 우리의 암각화에서 보여주는 사회의 상징과 표현된 신화의 해독이 아무르강의 사카치(또는 시카치) 알리안의 암각화와 기타지역의 암각화와의 비교 연구, 그리고 결과에 따른 문화계통의 확인이 현재 한국문화의 기원을 연구하는데 필수적이다. 이들은 한반도 동북지방의 유물들과 많은 연관성을 가지고 있다. 극동지역 및 서시베리아의 암각화도 최근에 남한에서 암각화의 발견이 많아지면서 그 관련성이 주목된다. 시베리아, 극동의 대표적인 암각화로는 러시아에서도 암각화의 연대에 대하여 이론이 많지만 대개 청동기시대의 대표적인 암각화 유적은 예니세이강의 상류인 손두기와 고르노알타이 우코크의 베르텍과 아무르강의 사카치 알리안 등을 들 수 있다. 이에 상응하는 우리나라의 대표적인 암각화는 울주군 두동면 천전리 각석(국보 147호), 울주 언양면 대곡리 반구대(국보 285호), 고령 양전동(보물

고령 양전동 암각화(보물 제605호)
필자 촬영

(605호) 등을 들 수 있으며, 그 외에도 함안 도항리, 영일 인비동, 칠 포리, 남해 양하리(상주리), 벽연리, 영주 가홍리, 여수 오림동과 남 원 대곡리 등지를 들 수 있다. 울주 천전리의 경우 人头(무당의 얼굴) 를 비롯해 동심원문, 뇌문, 능형문(그물문)과 쪼아파기(탁각, pecking technique)로 된 사슴 등의 동물이 보인다. 암각화는 多産기원의 주 술적 聖所 또는 成年式(initiation ceremony)場所로 울주 두동면 川 前里(국보 147호), 울주 언양 대곡리 반구대(盤龜台, 국보 285호, 청동 기시대 중기), 고령 良田洞(보물 605호)을 들 수 있으며 밀양 상동, 단 장 고례리의 경우 지석묘이면서 성년식의 장소로도 활용된 것으로 보 인다. 반구대 유적의 경우 인면(人面)의 존재로 샤머니즘(巫敎, 薩滿 敎)의 요소도 보여준다. 아무르 강 유역 하바로브스크시 근처 사카치 알리안에서 발현한 암각화 문화는 울주 언양 대곡리(국보 제285호)와

반구대 암각화 주암면 도상 색상처리
문화재청(공공누리)

울주 두동면 천전리 각석(국보 제147호), 고령 양전동(보물 제605호),
밀양 상동, 함안 도항리, 포항 기계 인비리와 칠포리, 영천 보성리, 경
주 안심리 광석마을과 석장리, 영주 가흥동, 남해 양아리(良阿里, 상
주리)와 여수 오림동을 거쳐 남원 대곡리에 이르면서 기존의 토착 지
석묘사회에 융화되었다. 하바로브스크시 근처 사카치(시카치) 알리안
등지에서는 울산 두동면 천전리(국보 제147호) 암각화에서 보이는 요
소가 많이 확인되었다. 여기에서 보이는 여성의 음부 묘사가 천전리
암각화와 최근 밀양 상동, 단장 고래리 지석묘 개석에서도 확인된 바
있다. 후기 구석기시대 이후의 암각화나 민족지에서 성년식(Initia-
tion ceremony) 때 소녀의 음핵을 잡아 늘리는 의식(girl's clitoris-
stretching ceremony)이 확인되는데, 이는 여성의 생식력이나 성년
식과 관계가 깊다고 한다. 그리고 울주 언양면 대곡리 반구대의 암각

화(국보 285호)에 그려져 있는 고래는 지금은 울주(蔚州 근해, 浦項市 虎尾/장기곶과 울산 동구/機張 方魚津)에 잘 나타나지 않고 알라스카 일대에서 살고 있는 흑등고래(humpback whale)중 귀신고래(Korean specimen whale, gray whale, 克鯨, 12월 24일−1월 6일 사이 사할린 필튼만으로 회귀)로 당시 바닷가에 면하고 있던 청동기시대 중기(공렬토기. 기원전 1000년−기원전 600년) 반구대 사람들의 고래잡이나 고래와 관련된 주술과 의식을 보여준다. 최근 동해 송정동에서 반구대보다 600−700년이 늦은 철기시대 전기(기원전 400년−기원전 1년) 동예(東濊)의 凸자형 집자리 유적(II−3호 집자리, 기원전 2세기경)에서 고래잡이를 하던 철제 작살(삼지창)과 갈고리, 고래뼈(II−3 저장공)가 출토되고 있어 고래잡이가 꾸준히 이어져 왔음을 뒷받침해 준다. 이는 미국과 캐나다와 국경을 접하고 있는 벤쿠버섬과 니아만 바로 아래의 태평양 연안에서 서기 1970년 발굴·조사된 오젯타의 마카족과도 비교된다. 그들은 주로 고래잡이에 생계를 의존했으며, 예술장식의 주제에도 고래의 모습을 자주 올릴 정도였다. 이들은 앞서 언급한 러시아의 손두기, 베르텍, 키르(Kir)강의 초루도보 쁘레소와 사카치 알리안의 암각화에서도 보인다. 이의 의미는 선사시대의 일반적인 사냥에 대한 염원, 어로, 풍요와 다산에 관계가 있을 것이다. 또 그들의 신화도 반영된다. 사카치 알리안 암각화의 동심원은 '아무르의 나선문(Amur spiral)으로 태양과 위대한 뱀 무두르(mudur)의 숭배와 관련이 있으며 뱀의 숭배 또한 지그재그(갈 '之'字文)문으로 반영된다. 하늘의 뱀과 그의 기산들이 지상에 내려올 때 수직상의 지그재그(이때는 번개를 상징)로 표현된다. 이 두 가지 문양은 선의 이념(idea of good)과 행복의 꿈(dream of happiness)을 구현하는 동시에, 선사인들의 염원을 반영한다. 그리고 그물문(Amur net pattern)

은 곰이 살해되기 전 의식 과정 중에 묶인 끈이나 사슬을 묘사하며 이것은 최근의 아무르의 예술에도 사용되고 있다. 현재 이곳에 살고 있는 나나이(Nanai, Goldi, 赫哲)족의 조상이 만든 것으로 여겨지며, 그 연대는 기원전 4000년－기원전 3000년경(이 연대는 그보다 후의 청동기시대로 여겨짐)으로 추론된다고 한다. 이들은 역사상에 나타나는 종족명의 한 갈래로 현재 말갈이나 여진과 가까운 것으로 여겨지고 있다. 이들은 청동기시대에서 철기시대 전기에 속하는 것으로 볼 수 있다. 그리고 영일만(포항, 형산강구)에서부터 시작하여 남원에 이르는 내륙으로 전파되었음을 본다. 아마도 이들은 아무르강의 암각화 문화가 해로로 동해안을 거쳐 바로 영일만 근처로 들어온 모양이며 이것이 내륙으로 전파되어 남원에까지 이른 모양이다. 청동기 시대의 석관묘, 지석묘와 비파형동검의 전파와는 다른 루트를 가지고 있으며, 문화 계통도 달랐던 것으로 짐작이 된다. 그러나 한반도 내에서는 지석묘사회가 이들 문화를 수용하여 다원적 사회를 구성하였다.

강원도 춘천 중도의 예를 보면 비파형동검, 지석묘와 공렬토기가 함께 나타난다.

전라남도 여천 적량동 상적 지석묘[청동기시대 전기 말－중기 초, 기원전 11세기(좀 더 빠르면 기원전 13세기 까지 올라감)－기원전 9세기경, 이중구연 단사선문, 구순각목, 공렬토기, 비파형동검 6점]
전라남도 여수시 월내동 상촌 II지석묘(이중구연 단사선문, 공렬토기, 비파형동검 3점, 청동기시대 전기 말－중기 초, 기원전 10세기경)
전라남도 고흥 두원면 운대리(高興 豆原面 雲岱里 支石墓, 1926, 11월 朝鮮總督府博物館)
전라남도 고흥 두원면 운대리 중대 지석묘(재활용된 비파형동검, 光州博

物館)

전라남도 여천 화장동 지석묘(비파형동검, 기원전 1005년)

전라남도 순천 우산리 내우 지석묘(비파형동검)와 곡천 지석묘

강원도 평창군 하리 240 – 4번지 2호 석관묘(비파형동검, 길이 26.3cm)

청동기시대 중→후기(기원전 600년 경, 발형토기, 마제석검, 관옥 등의 유물이 인근 13기의 석관묘에서 출토, 서기 2016년 9월 8일, 목, 강원고고문화연구원 조사. 강원도 평창군 하리 석관묘(강원대 중앙박물관 서기 2018년 2월 14일 수 발표, 기원전 6세기 – 기원전 5세기, 비파형동검, 제사장으로 추정되는 20대 여성 인골 출토)

강원도 춘천 우두동 직업훈련원 진입도로(비파형동검)

강원도 춘천 중도 레고랜드 개발지(서기 2014년 예맥문화재연구원, 빗살문토기와 돌대문토기가 같이 나옴, 서기 2015년 레고랜드 개발지에서 方形環壕와 함께 비파형동검, 청동도끼가 나옴)

충청남도 부여 송국리(사적 249호, 비파형동검)

대전광역시 대덕구 비래동 지석묘(기원전 825년, 기원전 795년, 기원전 685년)

경기도 광주시 역동(세장방형집자리, 공렬토기, 기원전 10세기경)

경상남도 마산 진동리(사적 472호, 재활용)

경상남도 마산 동면 덕천리(재활용 된 비파형동검)

경상남도 남해시 창선면 당항리 국도 3호변 2기의 석관묘 중 1호에서 비파형동검이 세 조각으로 분산되어 나옴, 청동기시대 전기 말 기원전 10세기경(三江문화재연구원, 서기 2019년 6월 25일, 화 및 남해 국도 3호선 위험노도 개선구간 내 배장문화재 시·발굴조사 약식보고서)

춘천 중도의 경우, 서기 1983년 5–6월 국립박물관 고고부에서 발굴한 지석묘 1호 아래에서 나온 4/7세 –8세 정도의 화장된 여아는 당

시의 혈연을 기반으로 하는 계급사회로 당시 세습신분제사회를 반영하는 것으로 보여 지며, 春川 中島의 硬質(粗質)無文土器는 기원전 15±90년(1935±90B.P., 기원전 105년-서기 75년, 이 지석묘는 철기시대 전기까지 연대가 내려감)으로, 이 경질무문토기의 하한은 늦어도 기원전 1세기-서기 1세기경이 될 것이다.

그리고 춘천 중도 유적의 레고랜드(엘엘개발주식회사의 Legoland Korea Project. 서기 2013년 10월 27일-서기 2015년 9월 30일) 조성을 위한 유적 발굴 중 유구와 유물에서 나타난 편년은 돌대문토기가 보이는 ① 청동기시대 조기(기원전 2000년-기원전 1500년, 한강문화재연구원 28호 주거지 p.23, 한백문화재연구원 p.24 285호 주거지, 예맥문화재연구원 p.33의 돌대문토기), 공렬토기와 비파형동검이 발견되는 ② 청동기시대 중기(기원전 1000년-기원전 600년, 한백문화재연구원 p.30 97호 주거지, 한얼문화유산연구원 p.24 및 p.28의 40호 주거지 출토 비파형 동검 및 37호주거지 출토 扇形銅斧, 고려문화재연구원 p.21 및 p.32의 공렬토기)와 중도식 무문토기로 대표되는 ③ 철기시대 전기(기원전 400년-기원전 1년, 국립박물관 서기 1983년)와 ④ 철기시대 후기[서기 1년-서기 300년, 한강문화재연구원 p.39 삼국시대 전기의 주거지 및 한얼문화유산연구원 p.34의 철기시대 후기의 유물 등 충주시 가금면 탑평리(육각형 구조를 가진 철제무기를 만들던 대장간과 같은 工房으로 서기 355년, 서기 365년, 서기 380년의 연대가 나옴)와 화천군 하남 원천리와 양평 개군면 상자포리에서 발견되는 집자리와 유사하다]의 네 시기가 뚜렷이 나타난다. 그리고 이곳은 지석묘로 대표되는 혈연을 기반으로 하는 계급사회인 족장사회(chiefdom, 한강문화재연구원 pp.31-34, 한백문화재연구원 pp.37-38, 예맥문화재연구원 pp.51-52의 지석묘 하부구조)

이며, 어업과 농업(한강문화재연구원 P.42, 예맥문화재연구원 pp.57 -58, 한얼문화유산연구원 pp.41-43의 경작유구)을 바탕으로 생계 유지를 하고 청동기시대 전기 말 중기초의 세장방형과 장방형 주거 지에 살고 있으며, 굴경(掘耕, digging stick system)→초경(鍬耕, hoe system)→려경(犁耕, 쟁기, 보습, plough system)으로 발전하 면서 쌀(벼), 콩, 수수, 조, 기장의 五穀을 재배하고 한국의 정체성 (identity)을 가장 잘 보여주는 청동기시대 중기에는 적어도 3,000명 -5,000명(주거면적 3㎡당 1명으로 보면 각 주거지 당 4명-7명 정도 가 살 수 있다. 그리고 군집→부족→족장→국가로 발전하는 정치진 화단계에서 군집은 400명-500명 정도, 부족은 800명-3,000명 정도 이며, 이곳 중도의 경우 족장사회로 한 족장 아래 적어도 3,000명 이 상이 모여 살았던 것으로 예상된다. 여기에 거주한 인구밀도는 마을 (village)보다 규모가 크고 도시(city)보다 적은 당시 읍(town, 예맥 문화재연구원 39페이지 III 유형 주거지 분포양상, 고려문화재연구원 pp.15-16의 주거지 현황도, 한얼문화유산연구원 26쪽, 31쪽 및 40 쪽 B구역 I지점 주거지, 한얼문화유산연구원 pp.36-37의 환호)에 해 당했던 곳으로 여겨진다(춘천 중도 고조선유적지 보존 및 개발저지 범국민운동본부, 2015 춘천 중도 고조선유적지 발굴약식보고서). 그 러나 이보다 앞서 나타나는 제사유구의 원형 환호 대신 방형의 환호 는 행정중심지 또는 족장과 행정보좌관이 거주하는 구획으로 발전해 나간다. 다시 말해 청동기시대 환호가 철기시대에는 주거지로서 보 다 종교·제사유적과 관계된 特殊지구인 別邑인 蘇塗로 발전되어 나 간 것 같다. 그러나 이 방형의 環壕는 후일 木柵→土城(+木柵)→石 城 순으로 발전해 나가면서 정치적 중심지가 된다. 『三國史記』에 의 하면 고구려 2대 瑠璃王(기원전 19년-서기 18년 재위)은 22년 서기

3년 고구려 초대 東明王(朱蒙, 기원전 37년－기원전 19년 재위)이 기원전 37년 세운 최초의 도읍지인 卒本/桓仁(五女山城, 下古城子, 紇升骨城 등이 초기 도읍지와 관련된 지명임)에서 集安(輯安)으로 옮겨 國內城을 축조하고, 10대 山上王 2년(서기 197년－서기 227년 재위) 서기 198년에 丸都山城을 쌓고 있다. 우리나라에서 청동기시대 이래 关防施設이 環壕(圓形→方形)→木柵→土城(+木柵)→石城이라는 발전 순에서 비추어 보면 이해가 된다.

3. 청동기시대의 생활 모습과 예술

청동기시대에는 이전보다 나은 도구가 등장하여 경제생활도 좀 더 발달하였다. 괭이, 홈자귀, 반달돌칼과 같은 농기구를 이용하여 기장, 조, 보리, 콩과 같은 밭농사와 함께 쌀의 논농사도 지었다. 사냥이나 어로도 여전히 하고 있었지만 농경의 발달로 점차 그 비중이 줄어들었고, 돼지, 소, 말 등 가축을 기르는 일이 이전보다 더 늘어나게 되었다. 사람들은 앞쪽에는 시냇물이 흐르고, 뒤쪽에는 나지막한 야산이 바람을 막아줄 수 있는 곳에 우물을 중심으로 배산임수(背山臨水)의 자리에 모여 살았다. 집은 대체로 직사각형이었으며, 이전 시대보다 땅을 깊이 파지 않고 지었다. 집의 크기도 커졌을 뿐만 아니라 마을의 규모도 커져, 주거용 건물 외에 창고, 집회소, 공동작업장, 공동의식장소 등도 만들었다. 청동기시대에는 경제가 발전하고 인구가 증가하면서 이전과는 다른 전문직이 바탕이 되는 혈연을 기반으로 하는 계급사회를 이루었다. 부족을 통솔하는 족장을 중심으로 자기 부족을 스스로 하늘의 자손이라고 믿는 선민사상을 갖고, 주변의 약한 부족을 정복하거나 통합하였다. 이를 계기로 지배자와 지배를 받는 자의 구분이 뚜렷해졌는데, 지석묘는 이와 같은 계급의 발생을 보여주는 대표적인 무덤유적이다. 이 시대의 지배자는 정치, 경제, 군사와 하늘에 제사를 지내는 종교의식도 주관하면서 강한 권력을 가지게 되었다. 이때 신을 접견하고(見쿳者), 예언하며 의술도 행하는 무교(샤마니즘)가 시베리아로부터 들어오고 여기에 조상숭배가 함께 나타났다. 청동기시대에 사회, 경제의 발달에 따라 예술 활동도 활발해졌다. 이 시기의 예술은 종교 및 정치적 요구와 밀착되어 있었다. 그것은 당시 제사장이나 족장들이 사용했던 칼, 거울, 방패 등의 청동제품이나 토제품, 바위그림 등에 반영되어 있다. 청동제도구들은 그모양이나 장식에 당시 사람들의 미의식과 생활모습이 표현되어 있다. 또 지배층의 무덤인 돌널무덤 등에서 출토된 청동제 의기들은 말이나 호랑이, 사슴, 사람 손 모양 등을 사실적으로 조각하거나 기하학 무늬를 정교하게 새겨 놓았다. 이들은 주술적 의미를 가진 것으로, 어떤 의식을 행하는데 사용된 것으로 보인다. 흙으로 빚은 짐승이나 사람모양의 토우장식 역시 장식으로서의 용도 외에도 풍요와 다산을 기원하는 주술적 의미를 가지고 있었다.[6] 바위 면을 쪼아 새긴

. . . .

6 大田 槐亭洞 遺蹟 출토로 전해지는 方牌形 銅器의 한 종류인 農耕文靑銅器(철기시대 전기, 기원전 400년–기원전 1년, 보물 1823호)에는 앞면과 뒷면에 괭이로 땅을 갈고 있는 사람의 모습과 수확한 곡식을 항아리에 담는 모습 등과 긴 장대 끝에 새가 매달려 있는 솟대(蘇塗) 등이 새겨져 있어 당시의 농경문화와 솟대를 통한 農耕儀式을 살펴볼 수 있다. 생식기(男根)를 들어낸 채로 벌거벗은 남자는 두 손으로 씨앗을 밭에 뿌리는 파종을 하기 위해 흙을 일굴 때 사용하는 도구인 따비의 자루를 삽고, 한 말로 날을 밟고 있다. 이른 裸耕과 蘇塗노 豊饒와 多産에 뛴인 呪術 儀式의 표현으로 볼 수 있다. 함경도에 10여년 流配를 갔던 조선시대 柳希春(서기 1513년–서기 1577년)은 『眉巖先生集』의 권3 '雜著'에서 함경도 변방의 비루한 풍습으로 '立春裸耕議'를 언급하년서 '매년 입춘 날 아침에 읍을 관장하는 토관(土官)이 사람을 시켜 관문(官門) 길 위에서 목우(木牛)를 몰아 땅을 갈고 씨를 뿌리게 하는 등 가

바위그림은 당시 사람들의 활기에 찬 생활상을 보여 주고 있다. 울주의 바위그림에는 거북, 사슴, 호랑이, 새 등의 동물과 작살이 꽂힌 고래, 그물에 걸린 동물, 우리 안의 동물 등 여러 가지의 그림이 새겨져 있다. 이것은 사냥과 물고기 잡이의 성공과 풍성한 수확을 비는 염원의 표현으로 보인다. 고령의 바위그림에는 동심원, 십자형, 삼각형 등의 기하학무늬가 새겨져 있다. 동심원은 태양을 상징하는 것으로, 이들 바위그림 유적은 다른 청동기시대의 농업사회에서의 태양 숭배와 같이 풍요와 다산을 비는 제사 터와 같은 의미를 지니고 있다.

4. 족장사회(chiefdom society)

청동기시대 및 철기시대의 사회에 대해 종래 부족사회-부족국가

· ·

색(稼穡)의 모습을 재현하여 한 해 풍년을 점치고 곡식이 잘 되기를 기원하는데, 추운 데도 나체(裸體)로 갈게 한다고 하였다. 그 뜻을 관에 물으니 민속이라고 답하고, 민에게 물으니 관에서 시킨 것이라는 대답을 들었다고 한다'고 적고 있다. 농경에 관한 豊饒와 多産에 관한 裸耕이나 性交行爲와 같은 기묘한 豊年呪術儀式은 세계적인 것으로 보인다. 日本에서는 오곡의 풍요(五穀豊穰)를 뜻하는 '농업의 신'을 모신 日本 京都 伏見(ふじは) 稻荷大社(ふしみいなりたいしゃ)의 水口播種祭와 豊作祈願인 相撲(すもう)의 四股(しこ, 力士/스모토리가 흙으로 직경 4.55m, 높이 34cm에서 60cm로 쌓아 올린 土俵/どひょう 위에서 시합 직전 행하는 準備運動)가 있으며, 말레이시아(馬來西亞)의 사브 섬(Savu Island, サヴ)과 숨바 섬(Sumba Island, スンバ), 인도네시아(印度尼西亞)의 자바(爪哇)인들의 벼 이삭이 필 때 벼가 성숙하게 자라는 것을 촉진하기 위해 부부가 밭 또는 터 밭에서 행하는 性交行爲, 그리고 유고슬라비아(Yugoslavia)의 크로아티아(Croatia)에서의 파종 후 부부가 밭 한가운데서 또는 근처에서의 性交行爲 등은 풍년과 다산에 기원에 있다고 한다[安田德太郎 1953, 『人間の歷史』, 東京: 光文社, 李相玉·任東權 譯, 1962, 『人間의 歷史』, 서울: 敎文社 p.411, 기묘한 豊年呪術 및 古川久雄, 1991. マライシ了の農耕系(Genealogy of Agriculture in Malaisia), 東南アジア研究 29巻3号]

－부족연맹－고대국가의 도식이 있었으나 부족과 국가가 서로 접속될 수 없음을 지적하고 인류학에서의 사회발달의 진화이론을 받아들이는 가운데 엘만 서비스의 통합론 모델을 한국사에 적용해보게 되었는데 거기에 따르면 군집사회(band society)－부족사회(tribe society)－족장사회(chiefdom society)－국가(state)로 나타난다. 미국의 신진화론의 맥을 이은 문화생태학자들은 중·남미 고고학 자료들을 기술과 경제에 바탕을 두어 편년한 구석기－신석기－청동기－철기시대 또는 리식(lithic)－아케익(archaic)－훠마티브(formative)－크래식(classic, 마야)－포스트크래식(post－classic, 아즈텍과 잉카)이란 명칭에 대입해 쓰기도 한다. 서비스에 의하면 족장사회란 잉여생산을 바탕으로 어느 정도 전문화된 세습적인 지위들로 조직된 위계사회이며, 경제활동에서는 재분배체계를 갖춘다. 족장사회는 혈연에 기초하고 지역공동체의 개념을 기반으로 하는 점에서는 부족과 공통적이나, 단순한 지도자(leader)가 아닌 지배자(ruler)의 지위이며 계급서열에 의한 불평등한 사회라는 점에서는 국가단계와 공통된다. 따라서 족장사회는 하나의 정형화된 사회단계가 아니라 평등사회에서 계급사회로 나아가는 한 과정의 유동적인 모습으로 파악될 수 있다. 한국사에 실제로 적용해 본 것으로는 지석묘 축조사회를 족장사회 단계로 보거나 위만조선을 우리나라 최초의 고대국가를 예로 들 수 있다. 마산 진동리와 창원 동면 덕천리(사적 472호)에서 발굴된 지석묘가 조상숭배를 위한 성역화한 기념물로 당시 족장사회의 성격을 잘 나타내 준다고 하겠다. 또 여기에는 계급사회 특징 중의 하나인 방어시설이 등장한다. 우리나라에서 청동기시대 주거지 주위에 설치한 환호(環濠)가 이를 입증한다. 이들은 울주 검단리(사적 332호), 창원 서상동과 춘천 중도가 대표적이다. 족장사회는 혈연 및 지역공동체개

념을 기반으로 한다는 점에 있어서는 부족사회의 일면을 지니나 단순한 지도자(leader)가 아닌 지배자(ruler)의 지위가 존재하며 계급서열에 따른 불평등사회라는 점에서는 국가단계 사회의 일면을 지닌다. 족장사회는 하나의 정형화된 사회단계가 아니라 평등사회에서 국가사회로 나아가는 한 과정이라는 유동적 형태로 파악된다. 지석묘 축조 사회를 족장사회 단계로 보거나 위만조선을 우리나라 최초의 고대국가로 본 사례는 이 모델을 한국사에 실제로 적용해 본 예들이다.

5. 단군조선: 고조선의 형성

우리나라에서 단군조선(檀君朝鮮, 기원전 2333년 – 기원전 1122년/1111년), 기자조선(箕子朝鮮, 기원전 1122년/1111년 – 기원전 194년)과 위만조선(衛滿朝鮮, 기원전 194년 – 기원전 108년)을 전체적으로 일컬어 고조선(古朝鮮)으로 부른다. 고조선 중 단군조선의 건국연대는 기원전 2333년(戊辰年)의 徐居正·崔溥[7]의 『東國通鑑』外紀가 기본이 된다. 우리나라에서 고고학과 역사학이 결합할 수 있는 부분은 고조선 중 檀君朝鮮시대부터이지만 서거정·최부(徐居正·崔溥) 등이 공찬(共撰)한 동국통감 외기(『東國通鑑』外紀), 보각국사(普覺國師) 일연(一然)의 삼국유사(『三國遺事』)·이승휴(李承休)의 제왕운기(『帝王韻記』)·세종실록지리지(『朝鮮王朝實錄地理志』)·권람(權擥)의 응제시주(『應製詩註』)에 실린 기록은 신화의 차원에만 머무를 뿐 실제 역사학과 고고학에서 활용되지는 못하고 있다. 단군조선의 존재연대를 살펴보면 북송(北宋) 사마광(司馬光)의 자치통감(『自治通鑑』)에는 요(堯)임금의 즉위년을 기원전 2357년으로 보았기 때문에 단군조선(檀君朝鮮)의 건국연대인 戊辰년을 기원전 2333년으로 보는 계산이 나

7 세계 3대 중국기행은 이탈리아 베네치아 공화국의 베니스(威尼斯, Venice)상인 마르코폴+로(馬可波羅, Marco Polo, 서기 1254년 9월 15일-서기 1324년 1월 8일)의 『東方見聞錄』[1298, 원제목은 세계의 서술(Divisament dou monde, Livres des merveilles du monde임)], 日本 圓仁(서기 794년-서기 864년 2월 24일, 京都 延歷寺, 日本 天台宗三祖, 謚号 慈覺大師, 入唐八家(最澄, 空海, 常曉, 圓行, 圓仁, 惠運, 圓珍, 宗叡)의 한 분]이 서기 838년 7월 2일(唐 文宗 開成 3년 6월 13일)-서기 848년 1월 23일(唐 宣宗 大中元年 12월 14일) 日本 九州 福岡県 福岡市 博多湾을 출발해 중국에 도착하여 본국 博多湾에 돌아갈 때까지 9년 7개월간의 第19次 遺唐使團入唐求法巡礼過程, 서기 9세기 당나라와 당나라 내 신라인의 생활을 상세히 소개한 『入唐求法巡礼記』(전 4권)와 崔溥(耽津 崔氏, 서기 1454년-서기 1504년)의 漂海彔을 들 수 있다. 圓仁의 『入唐求法巡礼記』는 卷一 承和 5年(서기 836년) 6月13日條-開成 4年(서기 839년) 4月, 卷二 開成 4年(서기 839년) 4月-開成 5年(서기 840년) 5月, 卷三 開成 5年(서기 840년) 5月-會昌 3年(서기 843년) 5月, 卷四 會昌 3年(서기 843년) 6月-承和 14年(서기 847년) 12月14日條 이다.

그 중 崔溥의 漂海彔은 조선 成宗 18년(서기 1488년 2월 15일, 閏正月, 당시 35세) 奉命을 받들어 濟州 등 三邑 推刷敬差官으로 제주도에 왔다가 아버지의 訃告를 듣고 상을 치르기 위해 배를 타고 羅州로 향하던 중 海難을 만나 14일을 海上漂流한 끝에 從吏, 護軍, 奴僕, 水手 등 일행 42명과 함께 중국의 浙江省 台州府 臨海県 越溪乡 三門灣 해역(현 浙江省 三門県 沿赤乡 牛头門)에 닿았고, 台州에서 육로로 현 海上絲綢之路起碇港인 浙江省 宁波市를 시작으로 紹興, 杭州와 西湖, 그곳에서 운하로 135일 배를 타고 北京에 가서 다시 육로로 丹東을 거쳐 東鴨綠江을 건너 6월 14일 朝鮮에 조선에 돌아오기까지의 여섯 달 동안의 여정을 기록한 것이다. 그는 明나라 때 북경-항주의 京杭大運河를 지나간 최초의 朝鮮人이 되었다. 최부는 字는 淵淵, 号는 錦南, 朝鮮王朝의 官員으로 全羅南道 羅州 洞江面 仁洞里 성지 마을 사람이다. 그는 金宗直의 문하에서 金宏弼과 수학하였으며 24세에 進士 3등에, 29세에 文科 乙科 제1등으로 합격해 서기 1487년 朝鮮 弘文館 副校理(五品官)에 임명되었다. 표해록은 全書 약 5.4만여 자로 中國 明朝 弘治(서기 1488년-서기 1505년 中國 明朝 第九代 皇帝 明 孝宗 朱祐樘의 年号) 초년의 政治, 軍事, 經濟, 文化, 交通, 名勝古蹟, 市井風情, 民俗, 내훈하늘 농안 상냅석 교뉴 등 나 방면의 情況을 기술해 中·韓관계 및 中國 明朝의 重要 歷史文獻이 되었다. 서기 1488년 7월 朝鮮의 成宗이 明나라 孝宗에게 사신을 보내 43명의 무사귀환에 대해 謝恩을, 그는 또 서기 1492년 三年喪(守孝期滿)을 마치고 謝恩團을 따라 북경에 와서 謝意를 표하기도 하였다. 그는 성종 16년(서기 1485년)에 완성된 『新編·東國通

왔고 이에 따라 서거정·최부 등이 찬한『東國通鑑』外紀에는 기원전 2333년(戊辰年)에 단군이 아사달(阿斯達)에서 나라를 열었다고 한다. 『三國遺事』기이(紀異)편 고조선(古朝鮮)조에 인용된 위서(魏書)에는 단군이 건국한 때는 당고(唐高는 堯임금을 표시)와 동시기이며 같은 책의 고기에는 당고가 즉위한 지 50년인 해가 경인(庚寅)년[기원전 2311년, 실제 그 해는 丁巳年임]이라 하고 있다. 그래서 실제 단군조선이 있었다면 현재까지의 문헌상으로 보아 기원전 2333년에서 은(殷/商)의 기자(箕子)가 무왕(武王) 때 조선으로 온 해인 기원전 1122년[주 무왕 원년 을묘년(周 武王 元年 乙卯年)까지이나 동작빈(董作賓)의 견해에 따르면 주 무왕 11년 즉 기원전 1111년에 해당한다]. 그래서 만약 단군조선과 기자조선이 실재하여 고고학과 결부된다면 이 시기는 우리나라의 고고학 편년 상 신석기시대 후−말기에 해당된다. 따라서 단군조선 시기에 있어서 역사학과 고고학의 결합은 현재까지 어려운 실정이나 앞으로 학제적 연구 등에 의해 더 나아질 가능성이 많다. 그런데 최근의 러시아와 중국의 고고학 자료들에 의해서 청동기시대 조기(기원전 2000년−기원전 1500년)가 이 시기까지

鑑』56권의 編纂에 徐居正 등과 함께 참여 했으며 328편의 사론 중 118편을 담당하였다. 그는 燕山君 4년(서기 1498년)에 벌어진 戊午士禍에 端川으로 귀양 갔다가 6년 뒤 연산군 10년(서기 1504년)에 일어난 甲子士禍 때 사형 당하였다. 中宗 치세인 서기 1506년에 사후 복권되었다. 현재 그의 묘소는 전남 夢灘面 梨山里에 있다. 그에 대한 기록은 張輔가 台州府志와 宁海县志에 쓴 '送朝鮮崔校理序'이 남아 있다. 그는 弘治 元年 서기 1488년 正月 24일 台州 沿岸에서 명나라 관원의 호송을 받아 北京으로 가면서 그동안 받은 은혜를 '我一遠人也 你們對我寬以對之 厚以別之 則一天下 階吾兄弟'란 글로 남겼다. 서기 2002년 7월 11일 韓國人 崔溥의 후손 및 관계 전문가들이 中國 浙江省 宁波市 宁海县 越溪小學交 운동장 뒤편 越溪巡檢司遺址附近에 崔溥漂流事迹碑(6월 5일 立碑)의 落成式을 가졌다. 비문은 北京大學韓國學硏究中心副主任 葛振家敎授가 撰寫하였다.

근접해 거슬러 올라갈 수 있음이 밝혀졌다. 따라서 단군조선 시기에 있어서 역사학과 고고학의 결합은 현재까지 어려운 실정이나 앞으로 이론적 배경을 바탕으로 하는 학제적 연구로 전설과 신화에서 벗어나 실제의 역사로 탈바꿈할 가능성도 많다. 그러나 식민지사관이나 중국의 동북공정에 맞 대항 하여 학문논리를 벗어난 상고사서술은 신중을 기해야한다. 그러나 단군조선은 아직 우리나라에서 신화의 차원에서 머무르고 있다. 중국에서 황하를 중심으로 神話를 歷史로 점차 탈바꿈시키고 있으며, 또 이를 통해 중국인민의 마음을 하나로 모으는 정신적 정책을 수립하고 있다. 중국에서는 황하가 관통하는 陝西省 黃陵縣 橋山 黃帝陵과 湖南省 株洲 炎陵縣 鹿原鎭의 炎帝陵(廟는 宋太祖 乾德 5年/서기 967년에 세움)에서 淸明節(寒食)에 국가단위의 제사를 올리고 있으며 또 현재의 夏华族(汉族)이 모두 신화·전설상의 炎(神農)黃帝(軒轅, 서기 1998년 이미 높이 106m의 炎黃帝像을 河南省 鄭州市 黃河景區 炎黃帝塑像廣場에 세웠음)의 同系子孫이라는 中华文明探原大工程이라는 운동을 벌려 종전의 중국의 역사가 기원전 2200년경 禹임금이 세운 夏나라보다 약 1,000년 더 올라가는 三皇五帝의 시절까지 소급시키려 하고 있다. 중국의 삼황오제[三皇五帝, 三皇: 太昊/伏羲·神農/炎帝·女媧), 五帝: 黃帝/軒轅 또는 少昊·顓頊·帝嚳·堯·舜]의 경우 섬서성 신목현 석묘촌(陝西省 神木縣 石峁村), 산서성 양분현 도사(山西省 襄汾縣 陶寺)와 안휘성 봉부시 도산 우회촌(安徽省 蚌埠市 涂山 禹會村) 유적에서 기록과 전실을 뒷받침하는 증거늘이 나오고 있는 싯네 미친거시로 한국에서도 단군조선을 포함하는 신화 상의 한국상고사가 역사적 현실로 진입하게 될 수 있을 것이다. [8]

8 최근 발굴되어 신화나 전설에서 역사로 진입한 중국 유적의 예로 다음을 들 수 있 겠다.

① 山西省 吉県 麗山 頂峰에 위치한 人祖廟안에 중국에서 인간을 창조한 여신으로 알려진 太昊/伏羲와 함께 봉안된 女媧像(명나라 때 제작)아래에서 발견된 여자 成人遺骨(두개골)의 주인공은 6,280년 전 三皇時代의 女媧(媧皇)로 주장되고 있다. 人祖廟가 위치한 산은 女媧의 전설이 깃든 黃河中游이며, 主峰은 吉県 城 東北 30km 떨어진 海拔 1742.4km, 主峰頂上 人祖廟의 面積은 약 1,400km²이다. 人祖廟에는 媧皇宮과 伏羲皇帝正廟 두 건물이 남아있다. 媧皇宮은 서기 1984년 文化大革命으로 파괴된 것으로 추측된다. 유골은 黃綾에 싸여 木函에 안치되었으며 木函墨書은「大明正德十五年(서기 1520년), 天火燒了金山寺, 皇帝遺骨流在此, 十六年上樑立木, …皇帝遺骨先人流下」이다. 이곳은 서기 1520년 벼락에 의한 화재로 소실된 것을 그 해에 중건한 것으로 여겨진다. 서기 2011년 8월-10월 사이 考古工作者들은 이곳에서 조사를 해서 戰國(천문대), 汉·唐(龜趺石碑), 宋·元, 明·清·民國의 遺物 291점을 발견하였다. 그리고 媧皇宮 積土 中에서 人头骨, 木函殘片과 많은 동물 骨头뼈들을 찾아내어 北京大學 考古文博學院에서 행한 방사선 탄소연대 측정으로 人头骨은 6,280年, 動物뼈들은 2100-900년 전의 것으로 밝혀냈다. 이는 중국 國家文物局 前 副局長 張柏, 故宮博物院副院長 李文儒 등 考古, 歷史, 神話, 民俗學者 23명이 '人祖山考古文化旅遊鑑評聽登會'와 現場考察을 거행하면서 나온 것이다(黃河新聞網報導, 2012년 6월 3일). 女媧는 당시 母系社會 중 으뜸가는 原始氏族의 명칭과 氏族首領의 이름으로 여겨지며 한사람에 국한한 것이 아닌 것으로 추정된다. 이는 木函題記 중 나오는「皇帝」의 이야기는 최후의 女媧이며 인골은 그녀의 것으로 추정하고 있다. 그래서 人祖廟는 중국에서 발견된 가장 오래된 여와의 제사유적으로 보고 있다. 女媧에 대한 제사는 山西省 臨汾市 洪洞県 趙城鎮 侯村 女媧廟/女媧陵에서 행해온 것이 가장 유명한데 서기 2004년 6월 10일 山西省 吉県의 人祖廟가 이와 관련된 새로운 유적임을 확인하였다. 여와의 전설과 관련된 유구는 여와의 전설이 깃든 陝西省 宜川県과 臨山西省 吉県에 속하는 황하 중류의 壺口瀑布, 약 1만 년 전에 제작된 여와의 나체그림이 그려진 山西 吉県 柿子湾 岩畵(그외 鹿角 魚尾祖龍 등이 그려져 있으며 근처에서 안료로 사용된 철광석과 磨粉石 등이 발견됨), 그리고 근처 清水河 양안의 西村과 大田窩에 산재하는 柿子灘의 후기 구석기시대 유구에서 발견된 불을 피던 곳 4개 처의 생활유적으로 이곳에서는 2,000여점의 유물들이 발견되었다고 한다. 1만 년 전 일어난 대홍수 시절에 살았던 것으로 전해지는 여와의 신화가 점차 역사적 사실로 탈바꿈 하고 있다.

•••••••••••••••••••••

② 서기 1987년-서기 1988년 7월 河南省 濮阳县 城西南隅 西水坡에서 文物部门配合 引黄调节池工程队가 발굴하여 기원전 4600년 전(6600±135B.P.) 仰韶文化时期에 속하는 조개(蚌, Anodonta woodiana, Mussel 또는 Clam, clamshell)로 만든 蚌龙摆塑形象(蚌壳砌塑龙虎图案)의 龙虎图案을 발굴하였는데 45号 墓穴 중 키 1.84m, 仰卧伸張(头南足北向)의 一男性骨架 좌우에 주인공의 머리와 정반대로 누운 용과 호랑이(머리는 북향, 얼굴은 서향)가 조개껍질로 같이 누워 있는데 용에는 사람이 타고 있는 형상이 나타난다. 그리고 주인공의 좌우와 아래에 旬葬한 세 사람이 함께 묻혀있었다. 중국의 神話傳說로 '黃帝乘龙升天'이 있으며 司馬迁이 쓴 『史記』五帝本紀·集解에 '顓頊都帝丘 今東郡 濮阳是也'라고 있어 이 곳이 五帝의 한 명이며 黃帝의 손자인 顓頊遺都임을 알려준다. 따라서 묘의 주인공도 전욱일 가능성이 높다. 그래서 서기 1995년 10월 중순 濮举办에서 열린 "龙文化与中华民族" 学术研讨会에서 '中华第一龙'으로 불리었다. 그러나 이보다 1,000년 이상 앞서고 苏秉琦 교수에 의해 "玉龙故乡, 文明发端"으로 언급되는 查海유적(辽宁省 阜新市 阜新蒙古族自治县 沙拉乡 查海村 西五里 "泉水沟"朝力馬营子, 서기 1982년 발견, 서기 1987년-서기 1994년 7차 발굴, 6925±95B.P., 7360±150B.P., 7600±95B.P., 7,500-8,000년 이전)에서 龙纹陶片이 출토됨으로서 中华第二龙으로 전락 되었다. 그래도 이 유적은 중국의 신화가 역사로 바뀌는 전욱의 무덤과 관련이 있으며 그 후 중국조상을 상징하는 토테미즘(totem-ism, 圖騰崇拜)으로 청동기, 옥기와 자기 등에 계속 용을 그려 넣고 있다. 예를 들어 嵌紅銅龙紋方豆(春秋시대, 河南博物館 소장), 盤龙銅鏡(唐, 中國國家博物館 소장), 云龙佩飾(宋, 中國國家博物館 소장), 五彩云龙紋盤(明, 中國國家博物館 소장), 靑畵海水云龙扁瓶(明, 景德鎭御窯廠), 白磁双腹龙柄傳瓶(明, 中國國家博物館 소장) 등이 그러하다.

河南省 濮阳县 城西南隅 西水坡에서 발굴되어 河南省博物院 전시실에 전시된 모형의 龙虎图案
필자 촬영

③ 최근 北緯 38度 33分 東经 110도 18분 黃河 中·下流 一帶 陝北 黃土高原 北部边缘 陝西省 榆林市 神木县 高家堡镇 禿尾河 北側山 石峁(스마오, shi mǎo)村의 石峁와 皇城台 유적에서 夯土(版築)와 灰반죽(mortar)을 이용해 石城을 쌓은 龙山文化(기원전 2500년-기원전 2200년) 말기-夏(기원전 2200년-기원전 1750년) 시대에 속하는 4,300-4,000년 전 다시 말해 기원전 2350년-기원전 1950년경(서기 2019년 9월 이 유적의 C^{14}/碳 14 방사성 탄소연대 측정은 기원전 2200년-기

원전 1900년의 사이가 나왔으며 현장에서는 기원전 2300년-기원전 1800년 사이 500여 년간의 유적으로 설명)의 龙山晚期-夏早期時期의 石城과 정상의 石壁으로 구획된 '下沈院式 大形宮殿'인 皇城台가 발굴되었는데 이는 中國 最大의 史前石城遺跡으로 최대 장 108.5m로 石城牆, 墩台, "門塾", 內外 "瓮城"(馬面, 甕, 雉) 등이 포함된 三基의 기초가 완전한 상태로 남아있는 '皇城台, 內城과 外城(현재 2.84km 정도가 남아있다고 함)의 三重城과 祭祀台(樊庄子祭壇, 皇城台 夯土기초, 池苑 유적)가 잘 갖추어져 있음을 확인하였다. 馬面(bastion)은 春秋戰國時代에서 汉나라에 이르기 까지 이용된 것으로 城牆史가 龙山 晚期에 까지 거슬러 올라감을 보여준다. 石峁 石城은 外城과 內城으로 분류되는데 內城의 성벽(石墻)의 남아 있는 부분은 长 약 2,000m 면적 약 235万㎡, 高 15m(东护墙 北段 上部), 外城의 성벽은 길이 약 2.84km, 면적 약 425万㎡로 浙江省 杭州市 余杭區 良渚鎮 良渚와 山西省 襄汾县 陶寺 유적 등 기존에 알려진 史前城址 중 가장 큰 것 중의 하나이다. 그리고 성벽을 좀 더 강화하기 위해 할석(砌石)으로 4면을 돌린 台城으로 方形이다. 內城은 金字塔式 구조로 평면 呈方形(squareness)의 '皇城台'을 포위하고 있으며 山勢가 而建筑에 의존하고 성벽(城墻)은 割石으로 '東护墙'의 경우 계단식 테라스/terrace 狀(护坡石墙)으로 한 단 약 3m의 모두 5단의 層段을 형성하면서 쌓아 올렸는데 벽체에 '柱洞'양식으로 성벽을 쌓거나 또 성벽을 자체를 보호하기 위해 할석(砌石)으로 쌓아 한 단 약 3m의 모두 5단의 層段으로 쌓아 올렸는데 할석(石砌)으로 쌓은 성벽 사이사이에 일정 간격의 孔洞이 있고 孔洞 밖으로 北方地区에 자주 보이는 柏木(백목)의 머리(木头)가 돌출되어 있는데 백목들은 柱棟(柱洞)이나 縱木의 '壁柱槽(Pilaster, 孔洞, hole) 안에 縱·橫으로 밖아넣어 石木结构(Structure)의 형태를 취하였고 외벽은 계단식 테라스식 护坡石墙의 형태를 취하였다. 이와 같은 양식은 外城의 구조에서도 비슷하다. 백목나무는 현재 많이 썩어없어 졌거나 炭化되었다. 석담에 밀집되어 나타나는 나무로 짜넣은 '纴木孔洞'은 宋人 李诚所의 『营造法式』에 나오는 '纴木孔洞["破墙而出]로 纴木을 사용하여 비게목(飛階木, 塔架法, 搭建框架/Build framework)을 세워 작업무게를 감당(承担重量/Bear the weight함)으로 아래에서 위로 오르는 계단상(层阶坛状)으로 만들려는 构筑 방식으로 보인다. 원래 이러한 기술은 汉나라의 성벽에서 처음 보이기 시작하였다. 그리고 "石城"의 수명인 300년을 훨씬 초과했다는 점도 특이하다. 外城은 內城 东南部의 성벽 일부를 이용하여 만들었는데 东南方向으로 진행하여 확대해 석축 하여 弧形石墙을 쌓았다. 大部分의 성벽은 돌출한 地面을 이용하였는데 현재 잘 보존 된 곳은 1m정도 남아 있다. "皇城台"정상에 오르려면 최후의 '关卡'(customs pass, gate)를 지나야 하는데 그 구조는 "穿三门, 折四弯"으로 아서 에반스(Arthur Evans, 옥스포드 대학교 에슈몰 박물관장을 역임)가 서기 1920년–서기 1932년에 걸쳐 25년간 발굴한 Minos 문명의 중심지의 궁전인 크노소스(Knossos, Kephala)의 迷宫(labyrinth)의 형태로 비밀스럽고 방어를 필요한 구조를 갖추고 있다.

이곳에 발견된 유물들은 서기 1976년–서기 1981년 사이 진행된 初步发掘에 의해 房址、灰坑 및 土坑墓、石椁墓、瓮棺葬、窖洞(요지) 등을 비롯하여 陶、玉、石器(逐石製의 打製石鏃) 등 수백점인데 磨制玉器는 매우 精细하고 좀 特色이 있다. 陶器는 龙山文化를 대표하는 끓이거나(煮) 찌는(烝)는 취사도구인 '空三足器'인 鬲이 위주인데 구연부에는 '花边口缘 또는 刻劃齒輪狀花邊(突帶紋)'도 눈에 띈다. 이는 우리나라 청동기 조기(기원전 2000년–기원전 1500년)에 보이는 突帶紋土器(刻目突帶文土器)의 장식과 유사하다. 도기로 빚은 독수리, 대형 陶鷲도 확인되었다. 玉器类는 墨玉과 玉髓를 위주로 다양한 색깔의 옥으로 만든 刀、镰、斧、钺、铲、璇玑、璜、牙璋、人面形雕像 등으로 古城址에서 발견된다. 石峁 유적에서 나온 玉器는 서기 1929년 독일인 학자 Alfred Salmony(萨尔蒙尼, 美籍德国人, 서기 1890년 11월 10일 – 서기 1958년 4월 29일, professor emeritus of fine arts at New York University's Insti- tute of Fine Arts)가 이곳에서 처음으로 옥기를 수집해 본국으로 가져가 소개하였다. 그러나 清朝(서기 1616년 2월 17일、서기 1636년 5월 15일 혹은 서기 1644년 6월 5일–1서기 1912년 2월 12일)末期–民國(서기 1912년 1월 1일–서기 1949년 10월 1일)初期에 대부분 牙璋인 4,000여 점의 石峁玉器는 이미 유실되거나 이미 해외로 반출되어 53.4cm의 墨玉质의 刀形端刃玉器가 독일 쾰른 미술관(Art Museum of the Archbishopric Cologne, 德国科隆远东美术馆)에 소장된 것을 비롯하여, 대영박물관(大英帝國博物館, 大英博物館, The British Museum)、미국 하바드대학교 박물관(赛克勒博士/Dr. Arthur M. Sackler, Arthur M. Sackler Museum, Harvard Art Museums, 美国哈佛大学赛克勒博物馆, 10여점의 浮彫石刻 등)、보스톤미술관(Boston Museum of Fine Arts, 波士顿美术馆)、시카고미술관(Art Institute of Chicago, 芝加哥美术馆), 뉴욕 메트로폴리탄 박물관(Metropolitan Museum of Art, The Met) 등에 소장되었다. 그러나 陝西省考古研究院 院长 王炜林은 "1970년대 고고학자늘이 石峁 유직에서 수습해 陝山历史博物馆에 소정된 깃은 126짐뿐이나 이미 해외로 유실된 것은 4,000여점이 된다."라고 이야기 하면서 世界的으로 유명한 石峁에서 출토했다는 牙璋玉器라는 정식명칭은 없다고 말한다. 피정복 부족으로부터 반은 보통 두께 1–5mm, 길이 30cm, 무게 30–50g 내외의 牙璋玉器는 藏玉于墙으로 征伐과 天圓地方을 나타내는 王國段階의 僻邪的와 呪術的인 의미

의 象徵物로 祭祀를 치른 후 반으로 쪼개 파기시켰던 것 같다.

서기 1976년 西北大学 考古系 戴应新 教授가 발굴을 진행하였으며 그 이후 西安과 北京의 考古學 팀이 발굴을 진행하였다. 그리고 서기 2012년의 石峁城址에서 정식으로 진행된 一次考古발굴은 外城의 北部 城门址, "外瓮城"을 경유하는 外城东门址, 域内 제일 높고 두 기의 할석과 夯土(版築)로 축조된 墩台인 曲尺形 "内瓮城", "门楣"(상인방, lintel) 등의 구조를 포함하는 약 25,000여m²의 범위였다. 이 발굴은 6점의 玉铲, 玉璜, 祭祀용 玉璋(玉圭와 현태가 비슷하고 东汉 许慎 在의『说文解字』에 의하면 "半圭为璋"이라 함) 등 완전한 玉器 125점의 이외에 20여점 대량으로 출토한 石雕人头像 및 菱形眼睛装飾이 나왔는데 이들은 石峁 유적의 여러 번 발굴에서 출토한 것이다. 玉器는 특이한 발굴로 돌담 안 퇴적층에서 확실하게 발견되었다. 玉器 중 가장 단순한 제 1종은 경사면의 돌담 안에서 좀 더 복잡한 제 2종은 넘어진 돌담이 퇴적된 지표면 가까이에서 발견되었다. 外城东门址의 퇴적층에서 발굴된 125점의 옥기는 石峁城 傘下의 下位 部族이 이 성을 방문할 때 자기 부족의 祈福과 安宁을 빌기 위한 供物用이었다. 이러한 추측은 辟邪와 驅鬼하던 夏나라의 마지막 임금인 桀王의 玉門을 연상시킨다.

서기 2016년 8월 石峁 유적의 皇城台 구역에서 4,300여 년 전의 大型建筑遺址, 瓮城, 广场을 발견하였는데 보존상태가 무척 양호하였는데 皇城台의 底部에서 할석(石砌)으로 만든 通道를 발견하였는데 이는 皇城台 底部로부터 직접 顶上部로 가는 길이었다. 이를 "皇城大道"로 부르는데 이도로는 内·外城의 主干道에 이어진다. 왼쪽으로 가면 皇城台 顶部에 이르게 되는데 그 앞에는 相对的으로 隐蔽된 공간이 있는데 이는 强皇城台 防卫能力을 증강시키고 있다. 왼쪽 瓮城의 돌담에서 2점의 보존상태가 좋은 玉钺을, 그리고 왼쪽 쌓인 흙더미에서 다시 环首铜刀와 같은 青铜武器를 제조하던 石范(stone mold)를 발견하였다. 이 石范의 발견은 4,000여년 전후 石峁 유적에서 이미 간단한 青铜武器를 생산하고 鑄造할 수 있는 능력을 갖추었음을 증명한다. 이는 中国 早期 青铜发展史 연구에서 石峁 유적인들이 청동기의 제작활동을 하였다는 중요한 의미를 보여준다.

陕西省考古研究院과 榆林文物部门이 합동으로 2년간의 발굴을 지속함에 따라 神木 石峁 유적의 핵심구역인 皇城台 门址의 신비한 모습을 발굴하게 되었다. 그들은 중국에서 龙山晚期의 규모가 가장 크고 복잡한 구조를 들어내었다. 石峁 유적에서 皇城台 门址는 유일한 城门 유적으로 广场、外瓮城、南北墩台와 内瓮城 등 四部分으로 构成되었다. 그 중 广场은 门址의 가장 바깥쪽에 있으며 南北 走向으로 면적이 2,100m²로 평탄한 중국에서 처음 있는 최대의 광장이다. 城门의 구조는 크며 外城门址의 구조와 유사하고 양쪽에 南北墩台가 있으며 안쪽에는 外瓮城, 할석으로 쌓은 台基, 道路, 护墙 등이 있다. 门址의 范围 안에서 대량의 유물이 출토하였다. 遗物로 연대를 추정해보면 기원전 2300년–기원전 2200년 정도가 된다. 皇城台가 石峁 유적의 가장 앞서 만들어진 건축물임에는 틀림없다. 이외에 皇城台를 보호하는 성벽은 皇城台를 할석으로 중층으로 둘러쌓았으며 매 층 높이 약 3m정도 된다. 서기 2018년 8월 顶小底大상의 金字塔式 구조를 가지고 왼쪽 무너져 내려 쌓인 건축물 중간에서 手工业의 工房 흔적이 발견되었다. 이곳에서 주요 생산품은 骨针, 石范과 环首铜刀 등이다. 皇城台 위에 거주하던 사람들은 贵族들이나 이외에 수공기술을 장악하던 사람들도 皇城台 위에 거주할 정도로 높은 사회적 지위를 누렸던 것으로 보인다. 皇城台 门址는 早期의 王权国家를 대표하면서 사회 내에서 높은 规制도 보여준다. 이러한 早期都城은 中国都城史研究에서 성의 방어시설과 성문과 관련된 규제도 잘 보여준다.

工房(加工作坊)은 서기 2017년 9월 5일 皇城台 유적을 발굴할 당시 대량의 骨器를 발견했는데 이는 陕北地区에서 여러 번에 걸쳐 발견된 龙山时期의 骨器加工作坊이다. 30m³의 土房 안에 250枚의 骨针의 발견을 포함해 모두 300점이 확인되었다. 이 骨针은 전 유적에서 약 14,000점이 발견 되었다. 製作된 骨针은 羊(山羊)의 小腿趾骨(fibular)을 거의 같게 加工하고 骨头를 잘라 가는 骨条로 만들어 沙岩片을 이용해 갈아 骨针을 만든다. 骨器의 발견은 皇城台 顶部에 존재하는 骨手工作坊은 皇城台 顶上部의 聚落(주거)과 石峁 城址 内部의 功能区划은 중요한 단서를 제공해준다. 동시에 石峁 유적의 皇城台는 贵族의 活动区域 뿐만 아니라 당시 선진 工艺技术의 工房(手工作坊区)이기도 하다는 점이다. 또 서기 2015년 9월 돌로 쌓은 돌담(石墙) 위에서 木架构의 高层建筑을 발견하였는데 이는 长城의 烽火台 같은 역할로도 여겨지나 4,000년 전의 "哨所"일 가능성도 높다는 것이다. 石峁와 皇城台 유적은 三皇五帝시절 중 黄帝의 '昆仑城'이나 舜임금의 '幽都(幽州)'와 관련된 유적으로 부합시키고 있으나 이론의 여지도 많다. 集解徐廣曰, 「號陶唐」皇甫謐曰, '堯以甲申歲生, 甲辰即帝位, 甲午徵舜, 甲寅舜代行天子事, 辛巳崩, 年百一十八, 在位九十八年': 집해(集解) 서광(徐廣)이르기를, '호는 도당(陶唐)이나', 황보 미(皇甫謐)이 이르기를 '요(堯)는 갑신(甲申)년 태어났으며, 갑신(甲辰)년에 곧 제위에 올랐고, 십오(甲午)에 순(舜)을 거두어들이고, 갑인(甲寅)년에 순(舜)에게 천자(天子)의 일을 대행시켰으며, 신사(辛巳)년에 붕(崩)하여, 118세를 살았으며, 재위는 98년이다'(『史記』五帝本紀). 이곳의 발굴은 약 425여만m²로 상나라 이전 三皇五帝 중 堯임금과 관련된 都邑[『史記』권 1, 五帝本紀 제 1]으로도 추정하고 있다. 『舜典』의 幽洲는 『堯典』의 幽都 洲、都,语의 다른 말이며 『孟子』의 幽州, 『史记』幽陵, 蔡传가 인용한 『尔雅』에서 "水中可居, 曰

洲", 非也。幽州在舜, 十有二州之内라고 한다. 陝北 黃土高原 北部에 위치한 이 성은 '石峁类型'으로 불리 우며 新石器時代晚期에 夏代早期에 존재하던 中华文明 起源의 窗口 또는 夏早期 中國北方의 中心으로 黃帝의 都城인 昆仑城으로도 보는 견해도 있다. 이는 黃帝 돌아간 후 桥山에 매장하였는데 "人终老, 葬南山"의 华夏文化理念에 의하면 黃帝晚年에 黃河中游과 陝北高原 지역에서 활동하였는데 '南方属火, 火上升 与升天'의 理念과 一致한다. 『山海经』기재에 의하면 '桥山 黃帝陵方圆三百里都是桃林'으로 소위 世外桃源은 黃帝陵의 桥山에 속할 가능성이 많은 점에서 추론된다. 그러나 중국의 90%를 차지하고 있는 汉族들은 炎帝 (神農)와 黃帝(軒轅)의 '炎黃帝'가 만든 '华夏文明'의 後裔로 이 유적이 上古時代 三皇 中 黃帝의 昆仑城이나 舜임금의 幽都(幽州)와 관련된 유적으로 믿기를 원한다.

黃帝의 都城 즉 黃帝의 活動은 石峁가 위치하는 陝北 黃土高原에서 이루어졌으며 『史记』, 『汉书』에서는 黃帝의 陵墓가 石峁에서 멀지 않은 陝北 子长一帶로 기재하고 있다. 『史记』五帝本纪에서는 "黃帝崩, 葬桥山", 『索隐』에서 인용하는 『地理志』에서는 "桥山在上郡阳周县"으로, 『汉书』地理志에서는 "桥山在南, 有黃帝冢" 그 위의 上郡 阳周의 아래라고 기록하며 阳周县은 지금의 陝北 子长县임을 언급한다. 지금의 陝西 黃陵县 이북의 偏东三四百里의 地方이다. 이외에도 『汉书』 地理志에서 上郡 肤施县 아래 "有黃帝祠四所"로, 肤施县은 지금의 陝西 榆林으로 子长县의 북쪽으로 石峁가 위치하는 神木县 高家堡镇 다시 말해 石峁 부근의 榆 林市이다. 子长县 일대에는 黃帝의 무덤과 황제의 부족 사람들이 제사지내는 黃帝의 祠堂 다시 말해 黃帝生前에 타 부락의 사람들과의 관계는 의론의 여지가 없다. 동시에 『潜夫论』志氏姓, 『列子』, 『山海经』, 『大荒西经』, 『左传』成公十三年, 『国语』晋语四, 『国语』齐语 등의 典籍을 분석해 보면 黃帝의 后裔인 白狄은 陝北 地区에서 活動하고 黃帝部族의 直接后裔인 周人도 모두 陝北活動하였다. 마지막으로 沈长云 教授가 再次 强调하듯이 考古专者들이 발굴한 石峁古城의 방사성탄소연대는 龙山晚期에서 夏代早期에 걸침으로 黃帝의 活動시간과 대체로 맞아 들어간다며 石峁古城은 黃帝部族이 살던 곳이 틀림없다고 한다. 그러나 이 유적의 연대가 기원전 2200년-기원전 1900년의 사이가 된다면 龙山晚期로 黃帝의 昆仑 城 보다는 舜임금의 幽都(幽州)와 관련이 더 있을 것으로 추정된다.

그러나 『路史』 发挥 卷三에서 인용하는 『竹书纪年』에 "黃帝至禹, 为世三十"는 만약에 이 기록이 근거가 있다면 『说文』 中 "一世"를 30년으로 본다면 黃帝에서 大禹의 기간이 900년이 나 되며 또 이 기록을 "夏商周断代工程"에 결합시켜보면 夏代의 시작과 黃帝의 재세 연대가 지금으로부터 5,000년 전으로 되어 실제 일

반사람이 黃帝时代에 대한 지식으로 石峁古城의 연대를 黃帝와 직접 관련시킨다
는 것은 相冲된다는 반론도 만만치 않다.

石峁 유적에서 나온 대량의 玉器 중 陝西历史博物馆의 玉人头像(玉雕人头像, 玉
白色, 高 4.5cm, 폭 4.1cm, 두께 0.4cm)이 최고 걸작품으로 中国 新石器时代 유
적 중 발견된 유일한 것이다. 서기 2015년 9월 石城의 돌담에서 "石雕人面像"을
발견하였는데 古城에 있던 原始宗教信仰과도 밀접한 관련이 있다. 正式으로 발
굴하기 이전 石峁 유적에서 발견된 石雕人面像이 눈길을 끌었는데 10여 년 전
이미 보고된 20여점의 石雕 혹은 石刻人像은 대부분 砂岩质의 人面像으로 半身
혹은 全身石像도 있었다. 이들은 '종교에 바탕을 두어 人头를 조각하던 최초의
정신적 개척자'로 雕刻技艺 상 매우 성숙되고 阴刻, 浅浮雕, 高浮雕, 圆雕 등으로
中国의 문명이 고도로 발달했음을 보여준다. 皇城台 大台基 南护墙 门址 北侧의
높이 약 15m의 皇城台东护墙(东护墙北段上部)와 南向北发掘最长 약 120m의 복
도(廊道) 또는 通道라고 추측되는 거리에서 현재까지 발견된 70여점의 石雕 중
20여점이 발견되었는데 대부분 浮雕가 중심이나 한 점의 阴刻雕刻도 있다. 内容
은 "神面", 人面, "神兽", 动物, 符号 등 5종류(발굴현장에서는 圖式双面을 1, 神面
을 2, 單式을 3, 多体式을 4, 符号를 5, 사람이 수렵하는 서사시의 부조를 6형식
으로 모두 6종류로 구분한다)의로 나누며 그 중 皇城台大台基南护墙1号石雕(서
기 2018년 출토), 皇城台大台基南护墙6号石雕(서기 2018년 출토), 皇城台大台基
南护墙11号石雕(서기 2019년 출토)의 人面纹饰(粧飾)이 있다. 그리고 약 1m 크
기의 石撞과 같은 华表위에 木柱(皇城台 神面纹圓型 立柱式石雕)를 수직으로 꼽
아 종교의식의 중심역할을 하던 미국 서북쪽 해안의 Haida, Tlingit와 알라스카
동남해안의 Tsimshian communities, Washington주와 southern British Co-
lumbia의 Kwakwaka'wakw와 Nuu-chah-nulth communities에 보이는 일
종의 totem pole과 같은 석조물도 보인다. 中国 西北地区 早期青铜器时代와 비
슷한 雕刻들로 상호 관련이 많이 있다. 즉 興隆窪(内蒙古自治区 赤峰市 敖汉旗
兴隆洼村), 赤峰 红山과 良渚(浙江省 杭州市 余杭區 良渚鎮) 문화의 "神面", 偃师
二里头, 湖北省 天门市 石家河镇 北郊 石家河유적(三星堆文化, 楚文化의 기원)문
화에서 영향을 받아 商과 周나라에 영향을 준 饕餮紋의 기원이 되는 一脈相承의
문회 전통을 시시하고 있다. 이 기리는 제시를 지내는 신싱힌 징소였을 깃이나.
그러나 이들은 饕餮紋은 당시의 종교적 토템신앙(圖騰崇拜, totemism)과 조상
숭배(祖上崇拜, ancestor worship)도 보여주고 있다.

出土유물 중 중국 고대의 一目國을 나타내는 눈 하나 달린 人头像 옥기를 포함
한 다수의 玉器, 礼器, 壁畫(龙山시기에 속하는 것으로 성벽 하단부에 圖案의 형

태로 남아있다) 등 龙山晚期에서 夏時期에 걸치는 陶器, 石器, 骨器 등이다. 陝西省博物院에서 발굴한 옥기는 모두 127점으로 刀, 牙璋, 鏟, 斧, 鉞, 璧, 璜, 人头像, 玉蠶, 玉鷹, 虎头 등이다. 조합하여 <u>巫師</u>의 <u>巫具</u>로 이루어지는 것으로 추정되는 톱니바퀴 모양의 璇玉器(玉璇玑), 玉琮과 玉璧, 牙璋 등을 포함해 최대길이 56cm에 달하는 玉牙璋(玉节之符)도 있으며 玉鏟과 玉璜 등 완전한 형태의 옥기도 6점이 된다. 玉璇玑는 서기 1978년 山东省 滕县에서 출토한 바 있으며 外緣에 3개의 톱니가 달려있으며 龙山文化에 속한다. 璇者는 北斗七星의 第二星으로 璇柄(北斗七星의 斗柄)과 같이 생겼다. 璇은 北斗第二星, 璇枢(璇枢)는 北斗第一星을 의미한다. 그리고 "璇玑"二字는 원래 『尚书』 舜典에서 보이는데, "在璇玑玉衡, 以齐七政"로 西汉学者 孔安国의 해석에 따르면 "在, 察也, 璇, 美玉也, 玑衡, 王者正天文之器, 可运转者"로 清代 吳氏의 『古玉图考』에서 이를 "玉璇玑"로 칭한 이래 그대로 따르고 있으며 '古代大型祭祀仪式用品'으로 추정된다. 그 중 牙璋礼器의 盛行은 石峁 玉文化의 特色을 보여준다. 그 외에도 石雕人头像이 발견되었다. 龙山晚期에서 夏時期에 걸치는 陶器 중 瓮形斝는 客省庄(陝西省 西安市)文化最晚期에 속하는데 그 연대는 기원전 2000년–기원전 1900년에 속하며 C14/碳14 방사성연대측정으로 보면 4030±120 B.P., 3940±120 B.P.가 된다. 최근 서기 2019년 9월에 측정한 새로운 기원전 2200년–기원전 1900년이다. 또 石峁村에서 灰를 이용해 石城을 쌓고 있는데 萬里長城 축조 시 나타난 것보다 훨씬 오래된 수법으로 확인된다.

서기 2012년 발굴 중 外城 东门 內 甕城 一段의 돌담(石墙)의 바닥 地面上에서 발견된 壁画는 100여 편이 한꺼번에 떨어져 층을 이루고 있는데 일부분은 晚期石墙에 붙어있는 채로 발견되었다. 이 벽화는 夏至 태양이 뜨고 지는 신앙과 관련이 있다. 壁画는 毛刷(筆)로 그렸으며 白灰面이 아래고 红, 黄, 黑, 橙, 绿 등의 颜色绘로 图案을 그렸는데 큰 편은 약 30cm로 龙山時期 유적 중 기원전 3000년–기원전 2500년경의 朝阳市 建平 牛河梁 그리고 거의 같은 시기인 기원전 2500년–기원전 1900년의 山西省 襄汾県 陶寺 유적에서 발견되는데 幾何學紋에 가까운 图案은 北方地区의 일종의 传统流行으로 볼 수 있다.

서기 2012년 5월–11월 사이 사람의 두개골만 120여점 集中埋葬된 2개소가 발견되었는데 그 안에는 20세 전후의 젊은 여성이 많다. 이는 城墙의 修建 시 祭祀活動과 관계가 있으며 이런 头盖骨祭祀 유적은 中国 新石器 유적에서 자주 발견된다. 下层地面 아래서 발견된 두개골은 한 곳에서만 48개의 人头骨이 나왔는데 모두 外瓮城 南北向 长墙의 外側과 门道入口 北墩台와 가까운 두 곳에서이다. 두 곳에 묻힌 人头骨은 一定规律에 따라 묻혔는데 묻힌 구덩이는 특별한 형태가 없다. 外瓮城 外側은 南北向 椭圆形이며, 门道入口는 南北向 长方形이다. 그리고 젊은 여성의 枕骨(occipital bone)과 下颌(Mandible)골에 일부 불탄 흔적이 있다. 그러나 이 성의 門入口의 바깥쪽에서 발견된 南-北向의 长方形 竪穴坑에서 20세가량의 젊은 女性의 头盖骨이 많이 나왔는데 이는 성의 축조보다 앞서는 시대의 것으로 新石器时代 이 마을의 우두머리인 族長(首领人物)의 死后 殉葬을 하던 마을 전통의 通過仪礼의 礼俗과의 관련뿐만 아니라 辟邪, 질병예방, 镇壇具 등과 같은 성격의 儀礼인 奠基仪式 혹은 祭祀活动으로 묻은 家屬人들의 殉葬坑으로도 추정된다. 또 동문 밖 제사유구 내에는 두개골이 한꺼번에 24구가 나오고 전체 7개의 수혈갱에서 모두 80(모두 120여구)여구의 두개골이 발견되는데 이는 이곳을 공격하다가 포로로 잡힌 다른 부족의 사람들을 죽여 묻은 犧牲坑으로도 해석되고 있다.

서기 2013년 4월 20일-11월 15일 사이 祭坛을 발굴하였는데 이는 皇城台에서 版築(夯土)으로 축조된 祭祀(樊庄子祭坛) 유적과 池苑(정원과 연못) 유적이다. 祭祀 유적은 石峁城址 外城 东南方向에 있으며 外城 城墙으로부터 약 300m 떨어져 있다. 祭坛은 3개 층으로 皇城台 石峁城址 內城中部의 편서 쪽인데 유적과 유물이 풍부하게 출토하였다. 나무판을 대고 夯土로 다진 기반은 1,500m²이며. 池苑 유적은 夯土 유적의 기반에서 북쪽에 위치하며 약 300m²의 넓이에 깊이 2m이다. 서기 2012년 后阳湾의 1기의 房址부근에서 正方形의 3.5cm 크기의 鳄鱼骨板이 발견되었는데 정면에 조그만 구멍이 많다. 당시 이 시대의 黄土高原의 기후가 溫暖多濕하여 오늘날에도 扬子江(長江) 하구에 살고 있는 '扬子鳄'가 서식하고 있었을 것으로 추정된다. 이 鳄鱼骨板은 陕晋中北部(山西 中北部, 陝西 北部), 内蒙古 中南部 河套地区에서도 여러 차례 발견되었다. 이는 上层社会의 奢侈品으로 '鼍鼓(tuó gǔ)'를 만들기 위해 交流되어 온 것이다. 史料记载에 의하면 上古时代에 일종의 '鼍' 鼓가 있는데 이는 악어(鳄)의 가죽으로 만든 것이며 고급 북의 상징으로 여겨왔다. 여기에서 "鼍"는 扬子江에 서식하고 있는 악어(鳄)의 옛 이름이다. 악어 북(鼍鼓, 鳄鱼骨鼓)이란 타악기 이외에 '東护墙'의 4단에 쌓인 퇴적물에서 骨制 8-9cm의 口簧(口簧琴, 口簧, 口弦, 嘴琴, The Jew's Harp Guild, Guimbardes, Lamellophone), 일본 弥生时代의 土笛(つちぶえ)과 같은 형태의 笛, 骨笛(鹰笛 혹은 鹰骨笛, 藏/Tibet族, 塔古克/Tajikistan族, 柯尔克孜/Kirgiz/族의 边棱气鸣(都列, 列嘎都, edge-blown aerophones)乐器, 哨(7,000년 전 浙江省 余姚県 河姆渡 유적 출토 骨哨) 등의 악기가 나왔다. 그 중 口簧은 23점이나 나와 당시의 샤머니즘(巫教, 薩滿教)같은 원시종교 의식이나 祭祀를 치루는 데 필요했을 것이다. 『詩經』 國風 王風에 '君子(指舞師)陽陽(洋洋得意), 左執簧(口簧), 右招

我由房, 其樂只且! 君子陶陶, 左執翿, 右招我由敖, 其樂只且!', 『詩經』小雅, 鹿鳴에 '呦呦鹿鳴, 食野之苹. 我有嘉宾, 鼓瑟吹笙.b吹笙鼓簧, 承筐是將. 人之好我, 示我周行....'과 『詩經』國風, 車鄰에 '...並坐鼓篁...'에서 口簧이란 말이 나와 중국에서도 신석기시대부터 지금까지 면면히 이어져 내려오는 '太古初音'과 같은 전통적인 악기로 여겨진다. 이제까지 伏羲 · 女媧는 인간인가 神인가? 이러한 문제는 後世의 民俗傳說에 계속해서 혼란을 가중시켜왔다. 先秦史料에 의하면 伏羲·女媧는 ① 禮樂文化始祖, ② 肇造人皇, ③ 純粹神話人物의 세 가지 얼굴을 가지고 있었다. 그러나 서기 2018년 山西省 石峁 유적에서 출토한 20여점의 口簧(笙簧, 件骨制口弦琴)은 先秦시대의 史官이 편찬한 『世本』 등의 '殘文記載'와 부합시켜볼 때 女媧는 上古禮樂文化의 重要創造者로 다시금 부각이 된다. 『莊子』, 『列子』, 『易·繫辭』의 伏羲 · 女媧의 기록 이외에도 『周易.繫辭와 『伏羲画卦』는 中國古代神话传说에 관한 故事로 '八卦는 伏羲画'(伏羲作八卦)'라고 전하고 있다. 그리고 趙國史書『世本』殘文說到에서는 '女媧作笙簧'으로 언급한다. 뱀 모양의 복회와 남매로 구전된 여와가 서로의 꼬리를 틀고 있는 그림에서 伏羲는 '华夏民族人文先始、三皇之一, 亦是福佑社稷之正神, 同时也是我国文献记载最早的创世神'이고 女娲는 '中国上古神话中的创世女神, 是华夏民族人文先始'으로 알려져 있다. 그리고 『伏羲女娲图』는 唐나라의 이름이 알려지지 않은 作者(서기 618년–서기 907년)가 绢本彩色한 그림으로 纵长 220cm, 横长 116.5cm로 서기 1965년 新疆阿斯塔那에서 출토하여 현재 新疆维吾尔自治区博物馆에 소장 중이다. 共鳴器인 口簧은 중국에서 시작하여 滿洲, 匈奴, 內蒙古, 티베트(西藏)의 羌, 藏, 回族, 어룬춘족(鄂伦春族 Èlúnchūn Zú, 서기 5세기 이전 "沃沮", "乌素固", "鞯鞨", "鉢室韋"와 관련, 鮮卑族–北魏國의 發祥)을 비롯하여 唐宋 이후에는 東南亞, 大洋州, 非州(아프리카)와 歐洲(유럽)까지 전파되어 현재 세계 56개 민족이 샤만(薩滿)의 종교의식에 사용한다고 한다. 이는 서기 2017년 8월 11일. 湖北省博物館에서 中国民族博物館과 湖北省博物館이 联合하여 "初音–世界口弦文化艺术展"(The Beginning Sound)展覽會, 서기 2019년 가을 초 石峁 발굴현장에 세계 각국의 口簧의 연주자를 초청해 石峁의 口簧이 세계 口簧의 발원지임을 확인시켜주었다. 그리고 9,000년 전–7,700년 전의 河南省 舞陽県 北舞渡鎮 西南 1.5km 賈湖村 출토 賈湖骨笛 또는 「賈湖骨管」 2점의 완전한 피리를 포함하는 26점이 나왔는데 이는 중국에서 가장 오래되고 보존이 가장 잘된 악기이다.

서기 2012년 石峁 유적 發掘 중 后阳湾의 한 곳 집자리(房址) 아래에서 두 개의 손잡이가 달린 双鋬鬲 2점이 깨어진 채로 한꺼번에 포개어져 나왔으며 그 안에는 죽은 지 1세 미만 어린이로 요절한 어린아이의 肢骨(사지의 뼈. 팔다리의 뼈)

과 肋骨(Costa)이 매장되어 있었는데 요절한 영아가 항아리나 도자기에 甕棺의 형태로 묻히는 것은 당시 埋葬夭折嬰儿를 埋葬하던 习俗으로 중국에서는 보편적인 현상이었다. 이 유골에는 인류 최초로 이용했던 纺织纤维인 苎麻类纤维[麻类纤维, Boehmeria nivea (L.) Gaudich. Fiber, Fibre]의 纺织物残片이 남아 있었는데 당시의 "北麻南丝" 현상을 보여준다. 이는 4000여 년 전의 石峁人이 이미 人工纺织으로 内·外衣를 구분하고 있어 中国服饰历史의 연구에 있어 매우 중요하다. 이는 골침, 紡錘車, 纺织으로 보아 大麻와 羊毛를 다루었음을 알 수 있다. 또 한 조각의 비단(絲綢)도 출토하였다. 비단의 시작은 기원전 2700년경(지금부터 5,200년 전-4,700년 전) 新石器時代晚期(商周時期의 馬橋文化)의 良渚文化時期에 속한 浙江省 湖州市 吳興區 境內 錢山樣 유적에서 부터로 이곳에 교역으로 얻은 비단을 이용했을 가능성이 많다.

서기 2015년 9월 石峁 外城 東门 부근을 정리하는 중 규모가 크고 비교적 보존이 잘 된 큰 院落(울안에 본체와 따로 떨어져 있는 정원이나 부속 건물이 있는 굉장히 큰 집)이 발견되었는데 窑洞式住房(黄土高原의 土崖畔에 굴을 파 만든 洞窑式住房)으로 高处는 库房, 礼仪性 厅房 및 활석으로 바닥을 깐 石铺地坪과 院落门址 등이 잘 조성된 기본 구조를 갖고 있다. 이는 龙山文化 晚期에 비교적 높은 인물이 살던 주거지(집자리)로 보여 진다.

이곳에서 보이는 동물은 山羊을 사육한 綿羊이 가장 많고 그다음이 돼지(猪)와 소(牛)의 순서로 로 되며 식물은 栗(櫟, 기장과 피), 黍(기장, Panicum miliaceum), 谷子(稷, 粟, 粱, Setaria italica)가 중심이다. 이는 石峁 유적 왼편에 '毛烏素沙地'(Máowūsù Shādì, Mu Us Desert, 陝西省榆林地區과 內蒙古自治區鄂尔多斯市의 사이, 면적 422만km²)라는 초원지대가 있어 石峁 유적의 생태와 밀접한 관련을 갖고 있다. 山羊은 骨針의 기본재료가 되며 소의 肩胛骨에서 裂痕의 흔적으로 보아 占卜도 했던 것으로 보인다. 이곳의 연대는 夏代 年代인 기원전 2070경에서 陶寺晚期의 下限년대인 기원전 1900년 사이(기원전 2200년-기원전 1900년으로 수정)로 보고 있다. 이 성은 약 4300년 전(龙山中期 혹은 晚期에 세워졌으며 龙山晚期에는 매우 흥성하였던 것으로 보인다)에 세워졌고 夏代에 폐기된 것으로 추정된다. 그래서 이곳의 발굴은 약 400여만m²로 "王的居所", "王权国家, 㓐品段階"로 싱나다 이찐 三皇五帝 중 黄市의 㑴㐰城이나 堯임금과 관련된 都邑인 幽都(幽州)로도 추정하고 있다. 신석기시대에 성이나 제단이 나온 곳은 良渚(浙江省 杭州市 余杭區 良渚鎭, 기원전 3350년경-기원전 2350년경, 300여 만m²)유적과 陶寺遺蹟(山西省 襄汾県 기원전 2500년-기원전 1900년, 270여 만m²)을 들 수 있다. 그러나 중국 최고의 城市인 中國第一古城과 城內에서 발견된 世界에서 제일 오래된 벼를 재배하던 논(水稻田) 유적(6500B.P.)이 湖南省 常德 澧縣 城头山에서 발견되었으며 이 유적의 연대는 I기-6000B.P., II기-5800B.P., III기-5300B.P.에 해당한다. 그 외에도 居住區, 製陶區, 墓葬區, 祭祠區 등이 성안에서 발견되었다. 湖南省考古研究所와 大陸各地의 전문가들이 서기 1991-서기 1999년 사이 9次에 걸쳐 발굴하였는데 古城東門北側에서 가장 오래된 논 유적과 함께 石器, 陶器, 玉器, 角骨器를 포함하는 1,600여점과 碳化穀粒이 발굴되었다. 城头山古城의 設計와 城牆의 構築工程規模는 상당히 크며 城 平面은 圓形으로 東, 南, 西, 北에 4개의 城門이 있다. 성벽 안의 넓이는 약 8萬m², 성벽밖에는 30-40m의 강이 성을 둘러싸 성을 보호하고 있으며 강바닥의 진흙을 파내어 길이 1000m, 폭 30m, 높이 4-5m의 성을 쌓았다. 성 안 밖 넓이는 15万m²로 그 안에서 건물바닥과 기초, 토기를 만들던 곳, 大道, 중첩된 공동묘지, 灌漑設施, 祭壇 등이 발견되었다. 이 유적은 湯家崗文化時期에 속한다. 汤家崗文化는 中国 湖南省 安乡县 黄山头镇에서 서기 1978년에 발굴된 新石器時代의 유적으로 서기 2013년 全国重点文物保, 宜昌 孙家河、金子山 등지에서 이와 유사한 유적들이 계속 발견되어 이런 유적을 총칭하여 서기 1990년대부터 '汤家崗文化'로 부르게 되었다. 灌漑設施을 갖춘 水稻田, 祭壇과 城市의 발굴로 이곳에 거주하던 신석기시대인들이 地理條件을 이용하여 古代農耕文明과 生產發達을 가져오고 이로 인해 人口增加, 經濟繁荣, 社會安定을 촉진시켜 중국문명발달사를 1,000년 정도 앞당기게 되었음을 알 수 있다. 이 유적은 '2006年被公布为全国重点文物保护单位'로 '서기 2012年十大考古新发现, 世界十大田野考古发现, 二十一世纪世界重大考古发现', 그리고 서기 2019년 5월 石峁遗址被列入『中国世界文化遗产预备名单』으로 이야기 되고 있다. 이 遺跡은 唐 · 李贺의 诗『李凭箜篌引』"女娲炼石补天处, 石破天惊逗秋雨"에서 인용되는 '石破天惊'(shí pò tiān jīng, earth-shattering and heaven-battering, 天翻地覆) 또 唐 · 白居易『李白墓』의 诗 "可怜荒冢穷泉骨, 曾有惊天动地文"에서 나오는 詩句대로 '惊天动地'할 만하다. 그리고 서기 2019년 9월 21일 『中国世界文化遗产预备名单』을 위한 '石峁遗址申报世界文化遗产启动仪式'이 神木에서 거행되었는데 李伯谦 北京大 교수는 '石峁遗跡을 中华五千年文明起源과 发展은 史前中国六大区系 혹은 多区系의 相关文化范围 안에서의 研究에 매우 중요하며 石峁遗跡은 비록 古文献에서 记载가 없더라도 古文献과 고고학을 결합하는 심도 있는 연구가 진행되어야 한다.'라고 건의함과 동시에 이 유적을 '中华聖域'으로 命名하였다.

④ 산서성 양분현 도사(山西省 襄汾县 陶寺)의 요임금의 평양(堯都平阳)의 소재지로 이제까지의 조사에서 中原地區의 龙山文化에서 陶寺類型이 확인되고 放射

性碳素연대로 기원전 2500년-기원전 1900년 사이로 밝혀진 것이 중요하다. 이와 같은 陶寺類型의 유적은 晉西南汾河下游와 澮河流域에서 이미 70여 군데서 발견되었다. 陶寺遺址에서 나온 유물을 복원하면 中國古代의 階級사회인 夏文化가 된다. 黃河流域出土의 가장 오래된 漆木器實物, 將案、俎、盤、鬥、勺(작) 등 文物의 歷史가 1,000여 년 전부터 지속되어오고 漆木器의 造型과 圖案도 商과 周漆器와 상당히 근접한다. 이외 晩期墓中 出土한 한 점의 小銅鈴이 있는데 이것은 中國에서 가장 빠른 金屬樂器이며 동시 가장 빠른 複合鎔范 이용해 만든 金屬器로 잘 알려져 있다 또 주거지에서 출토한 한 점의 陶扁壺上에서 毛筆을 이용해 쓴 朱書의 글씨는 字形의 結構가 甲骨文과 동일한 수법을 보인다. 이 유적은 原始氏族社會를 벗어나 새로운 歷史階段인 三皇五帝 중 堯임금의 도시로 이야기 된다. 이곳에는 "王墓"、陶礼器、铜器、朱书文字、城垣、宫殿、祭祀区、仓储区, "观象台" 등이 존재하기 때문이다. 中华文明探源工程의 일환으로 中國社科院考古所과 山西臨汾地區文化局의 연합발굴로 이곳이 中國史前 "第一城"古城임을 밝혔는데 早期는 小城으로 南北长 약 1,000m, 东西폭 약 560m로 中期大城의 东北에 위치. 중기의 성은 早期 小城의 남쪽에 위치하며 南北长 약 1,800m, 东西폭 약 1,500m의 면적은 280만m²로 170만m²의 石家河城보다 크다. 그리고 성내에는 宫殿区、仓储区、祭祀区로 구획되어진다고 한다. 그리고 陶壺上에 朱書符號는 중국에서 알려진 가장 오래된 中國文字이다. 또 陶寺 早期(기원전 2300년—기원전 2100년)와 中期(기원전 2100년—기원전 2000년)의 대형의 王族墓地는 長 5m、폭 3.7m、깊이 8.4m로 大城의 南端에 위치하는 陶寺文化의 中期의 墓地로 1기의 大墓이며, 72건의 부장품이 출토함으로 볼 때 墓主人은 "王"이 가능하다고 한다. 이곳에서 財富를 상징하는 돼지의 하악골(豬下頜骨), 王權과 兵權을 상징하는 6점의 玉鉞이 발굴되었다. 현재 陶寺 "观象台"를 복원시킨 "太极追踪"으로 추정되는 大型圓体의 판축상 夯土建筑과 齒輪의 陶寺文化器物, 中國에서 가장 빠른 金屬樂器이며 동시 가장 빠른 複合鎔范 이용해 만든 金屬器인 陶寺文化早期의 銅鈴과 彩绘龙盘 등으로 볼 때 이곳이 "二十四节令과 四季"와 "期三百有六旬有六日"을 밝히는 등 唐尧时代에 天文历法의 공헌이 많았던 堯임금의 "堯都平阳"의 소재지로 확인된다.

⑤ 아(夏)나라 우(禹)임금의 세사유적인 安徽省 蚌埠山 四郊 涂山 南麓의 淮河 東岸에 위치하는 蜂埠市 禹會村은 淮河 流域에서 발견된 최대의 龙山文化遺址로 總面積은 50萬m²에 달한다. 禹會 또는 禹墟라는 명칭은 "禹會諸侯"에서 나왔으며 『左轉』 및 『史記』에 "禹會諸侯於涂山、執玉帛者萬國" 및 "夏之興、源於涂山"으로 기재되어있어 涂山 및 이곳 유적의 역사적 중요성을 알 수 있다. 中國社會

6. 북한의 단군릉

그러나 북한의 사회과학원에서는 서기 1993년 10월 2일 평양 근교 강동군 강동읍 대박산 기슭에서 단군릉을 발굴하고 조선중앙방송과 조선통신을 통해 무덤구조, 금동관(金銅冠)편과 단군의 뼈(5011년 B.P., 기원전 3018년)라고 주장하는 인골을 공개하고, 이에 입각하여 집안에 있는 광개토왕릉과 유사한 대규모의 단군릉을 복원하는 등의 거국적인 사업을 시행하고 있다. 이를 살펴보면, 고조선의 중심지는 평양 강동군 대박산 단군릉을 중심으로 하는 평양 일대이며, 평양 근처에는 구석기시대의 검은모루봉인(원인)－역포인과 덕천인(고인)－승리산인(신인)－만달인(중석기인)－신석기시대인(조선옛유형인)－

· ·

科學院考古研究所는 서기 2006년 지표조사를 하고 서기 2007년－서기 2010년간 四次의 發掘을 진행하였는데 발굴면적은 약 6,000㎡에 달한다. 발굴성과는 ① 2,500㎡의 大型祭祀台基를 발견하고 동시에 祭祀台面위에서 中軸線 部位를 확인하고 북에서 남으로 柱洞、溝槽、燒祭面、方土台 및 南北一字排列에서 길이 50m에 달하는 柱洞을 가진 長方形 土坑를 발굴하였다. 그리고 台面西側에 길이 약 40m의 祭祀溝 등의 중요한 시설, 약 100㎡ 數塊磨石으로 된 燒祭面과 그 위의 溝槽, 陶甕 등의 遺跡·遺物의 층위별 순서를 확인하고, 일렬로 나있는 35個의 柱洞들에서 당시 제사 규모와 복잡한 모습을 파악하였다. ② 발굴된 세 종의 祭祀坑은 풍부한 祭祀 內容과 形式을 보여주며 祭祀台基는 남북 약 100m로 거대하다. 그리고 각기의 祭祀坑에서 매장된 陶器와 磨石으로 만들어진 小型灰坑을 다시 확인하였다. 禹會유적의 연대는 방사성탄소연대에 의해 4140B.P.(기원전 2190년), 4380B.P.(기원전 2430년)이 나왔으며 이는 원시무리사회 末期인 龙山文化(기원전 2500년－기원전 2200년) 晚期에 해당된다. 그래서 禹임금이 활동하던 시기는 考古學上 龙山文化 晚期로, '禹會', '會墟'의 발굴로 인해 淮河流域 龙山文化를 파악하고, 이를 바탕으로 신화·전설상에만 그치던 夏代(기원전 2200년－기원전 1750년) '大禹'의 사건을 역사적 사실로 바꿀 수 있게 되었다. 이곳에서 발굴된 유물은 현재 蚌埠歷史文化博物館에 전시되어있다.

청동기시대의 지석묘사회인(=단군조선=청동기시대의 시작=노예순장제사회=한국 최초의 국가성립=대동강 문명)이 발견되는데, 이로 알 수 있듯이 평양은 옛날부터 인류의 조상이 一脈相承, 一系同族으로 계속 살아온 유구한 전통을 지니고 있다는 것이다. 또한 고조선의 문화는 지석묘(고인돌)과 비파형동검(고조선식동검)으로 대표되는데, 지석묘와 비파형동검의 연대로 볼 때 고조선의 시작이 기원전 30세기로 거슬러 올라간다고 한다. 그리고 고조선사회를 종전의 주장대로 노예제사회(국가 또는 대동강 문명)로 보고 있으며, 이의 증거로 평안남도 성천군 용산리(成川郡 龙山里, 5069년B.P.)의 순장묘(殉葬墓)를 들고 있다. 이러한 주장은 일견 논지가 일관되어 합리적인 것으로 보이지만 다음과 같은 문제점을 가지고 있다.

① 첫째는 연대문제로 기원전 2333년에서 기원전 194년까지 존속했던 고조선 중 위만조선을 제외한 단군 – 기자조선이 실존했었는지의 여부도 파악하기 힘들며, 실존했다 하더라도 그 연대가 한국고고학 편년에 대입시켜보면 신석기 말기 즉 기원전 2000년에서 기원전 1500년으로 청동기시대 조기와 겹친다.

② 둘째는 지리적인 문제로 고조선 중 의 단군조선의 대표적인 유물인 지석묘와 비파형동검의 출토지역을 중심으로 살펴보면 중심지는 오늘날 행정구역상 요령성과 길림성 일대로 평양이 단군조선의 중심지일 가능성은 거의 없다는 것이다.

③ 세 번째는 단군릉에서 발굴된 인골의 연대 측정문제이니. 출토 인골의 연대분석으로 기원전 3018년이란 연대가 나왔는데, 이는 단군의 건국 연대인 기원전 2333년보다 685(서기 1993년 기준)년이나 앞선다는 문제점과 함께 연대측정에 이용된 전자상자공명연대측정법은 수십에서 수 백 만

년 이전의 유물인 경우에 더 정확한 연대를 측정하는 것으로 알려져 있다.

④ 넷째로 인골이 출토된 유구가 평행삼각고인 천정에 널길인 연도(羨道)가 중심에 위치한 돌칸흙무덤(石室封土墳)이라고 하는데, 그 시기의 대표적인 무덤형식은 지석묘나 적석총이다. 따라서 무덤 자체의 형식으로 보아서는 이 단군릉이 고구려 하대의 무덤이지 그보다 연대가 훨씬 올라가는 단군의 무덤이라고 할 수 없다는 것이다. 그래서 고구려시대 말 단군릉의 이장(移葬)이라는 궁색한 변명이 만들어지게 된다.

⑤ 다섯째는 유구 내부에서 출토되었다고 하는 도금된 금동관 편으로 이는 무덤의 구조와 마찬가지로 고구려의 유물일 가능성이 큰 것이다. 따라서 이 유구에 묻힌 인골은 단군조선시대의 인물과는 거리가 먼 것으로 보아야 할 것이다.

⑥ 여섯째는 단군의 실존 여부의 문제이다. 단군이 실재했는지는 현재로서는 알 수 없고, 단군 그 자체는 단지 몽고침입이 잦았던 고려 말이나 일제 침입이 있었던 조선 말 민족의 구원자겸 구심점으로 삼한일통/삼한일맥(三韓一統/三韓一脈)적인 민족의 상징적인 역할을 했던 것으로 보인다. 이런 점을 고려할 때 단군릉은 주인공의 존재를 알 수 없던 고구려의 무덤이 후대에 단군릉으로 변조된 것으로 볼 수 있을 것이다. 이와 같이 단군릉의 발굴에 대한 북한 측의 견해는 학문적이라기보다는 그들의 정통성 확보를 위한 정치적인 면을 보이는 것이라 할 수 있을 것이다.

그리고 평양시 삼석구역 호남리 남경(湖南里 南京)유적 I기에 속하는 36호(기원전 2000년 기 말-기원전 1000년 기 초, 기원전 1024년, 기원전 992년)가 속하는 청동기시대 I 기에서 나타나는 팽이그릇(角形土器)에는 남한 청동기 시대 전기(기원전 1500년-기원전 1000년)의 특징인 이중구연에 단사선문이 보인다. 최근 북한 학지들은 평양시 삼석구역 호남리 표대 유적의 팽이그릇 집자리를 4기로 나누어 본다(I−기원전 3282년±777년/3306년±696년, II−기원전 2668±649년/2980±540년/2415±718년/2650±510년, III−기원전2140±390년/2450±380년, IV−기원전 1774±592년/1150±240년, 조선고고연구 2003−2). 그 중 II에서 IV문화기 즉 기원전 3천년 기 전반기에서 기원전 2천년 기에 해당하는 연대를 단군조선(고조선)국가성립을 전후한 시기로 보고 있다(조선고고연구 2002−2). 그리고 북한학자들은 아직 학계에서 인정을 받지 못하고 있지만 평양 강동읍 대박산 단군릉에서 나온 인골의 전자상자공명연대측정법으로 나온 기원전 3018년을 토대로 하여, 근처 용천군 용산리 순장묘와 지석묘(5069±426B.P./3119B.C.), 대동강 근처 덕천군 남양 유적 3층 16호 집자리(5796B.P./3846B.C.)와 평양시 강동군 남강 노동자구 황대(黃垈)부락의 토석혼축(土石混築)으로 만든 성(城)까지 묶어 기원전 30세기에 존재한 '대동강 문명'이란 말을 만들어냈다.

7. 신화와 역사

한국고고학의 경우 고조선 중 단군조선과 같은 신화의 차원을 벗어나 역사학과 고고학의 직접적인 결합은 사기 조선열전(『史記』 朝鮮列傳)과 한서 조선전(『汉書』 朝鮮傳)에 나타나는 위만조선(衛滿朝鮮, 기원전 194년−기원전 108년)을 그 시작으로 삼을 수 있다. 그 시기는 우리나라 고고학 상 철기시내 전기(기원선 400년−기원선 1년)에 속하여 당시의 문화내용이 어느 정도 밝혀지고 있다. 이와 같은 철기시대 전기와 후기(삼국시대 전기, 종전의 원삼국시대, 서기 1년−300년)는 역사학에서 고대사의 범주에 속하는 시기로 우리는 이 시기에 대해 아직 모르고 있는 점이 많고 문헌과 고고학적 유물·유적을 일치시키기에는 좀 더 많은 연구가 필요하다. 그러나 최근 고고학과 고대사의 연구방향은 가능하면 신빙성 있는 문헌을 통해 고대사를 새로이 해석하려고 하는 것이다. 그래서 이러한 문헌에 의거하여 국가의 기원 및 체제·사회내용 등에 대하여 파악하려고 노력하고 있다. 족장사회가 출현하면 세력이 강한 족장은 주변의 여러 사회를 통합하고 점차 국가로 발전시켜 나아간다. 여기에 가장 앞섰던 것이 고조선이다. 고조선은 徐居正·崔溥의『東國通鑑』外紀에 의하면 기원전 2333년 단군왕검(檀君王儉)에 의해 아사달에서 건국되었다고 한다. 단군왕검이란 당시 지배자의 칭호였다. 고조선은 요녕지방을 중심으로 성장하여, 점차 인접한 족장사회들을 통합하면서 한반도까지 발전하였다고 보이는데, 이와 같은 사실은 지석묘와 비파형동검, 거친무늬거울, 미송리식 단지 등 출토되는 유적과 유물의 공통성 및 분포에서 알 수 있으며, 환웅부족과 곰 토템 부족의 결합, 제정일치의 사회, 농사를 중시하는 점 등이 큰 줄기임을 알 수 있다. 경제나 기술이 아닌 조직이나 구조에 기반을 둔 엘만 서비스의 모델인 통합론에서 인류사회는 군집사회(band)-부족사회(tribe)-족장사회(chiefdom)-고대국가(ancient state)로, 기본자원에 대한 불평등한 접근에서 일어나는 갈등에 기반을 둔 모턴 프리드의 갈등론의 도식인 평등사회(egalitarian society)-서열사회(ranked society)-계층사회(stratified society)-국가(state)라는 발전단계와 비교해 보아도 단군조선은 족장사회나 계층사회로 보인다. 서거정·최부의『東國通鑑』外紀의 본문은 '동방에 처음에는 군장(君長)이 없었으며 신인(神人)이 나무 아래로 내려와 국인(國人)이 이를 군장으로 삼았는데 이는 단군으로 국호는 조선이다. 그 때가 요임금 무진년이다. 처음 도읍지를 평양으로 정하고 후일 백악으로 옮겼으며 상나라 무정 8년 을 미년 아사달에 들어가 산신이 되었다. 본문은 '東方初無君長, 有神人 降于檀木下, 國人立爲君, 是爲檀君, 國號朝鮮, 是唐堯戊辰歲也. 初都 平壤, 后徒都白岳, 至商.武丁八年乙未(기원전 1317년), 入阿斯達山爲 神'이다. 이암(李嵒)의 단군세기(檀君世紀)에서는 기원전 2333년 나라 를 연 王儉檀君(재위 93년)부터 47대 古列加檀君(재위 58년)까지 47 대 2,096년의 치세가 끝나는 해가 기원전 238년경으로 보고 있다. 여 기에서 국인이 세운 단군이란 군장은 당나라 방교/현령 등이 찬한 진 서 사이전(唐 房喬/玄齡 等 撰『晋書』四夷傳) 숙신(肅愼)조의 행정 상 우두머리이나 왕이 아닌 군장(君長)과도 같은 족장(chief)에 해당한 다. 이러한 고조선은 기원전 3세기-기원전 3세기 말엽에는 부왕(否 王)과 준왕(準王) 등 왕을 칭하고 왕위를 세습하였으며 관직도 두게 되었다. 한편 전국시대(戰國時代, 기원전 475년-기원전 221년) 이후 중국이 혼란에 휩싸이자 북경근처의 연(燕)나라를 주로 하는 유이민 들이 대거 우리나라로 넘어와 살게 되었다.

　가장 먼저 君長(族長)사회로 발전하였다고 이야기되는 것은 고조선 중 단군조선이다. 고조선은 단군왕검(檀君王儉)에 의하여 건국되었다 고 한다(기원전 2333년). 단군왕검은 당시 지배자의 칭호였다. 그러나 고조선은 요녕성 지방을 중심으로 성장하여, 점차 인접한 족장 사회 들을 통합하면서 한반도로까지 발전하였다고 보는데, 이와 같은 사실 은 출토되는 비파형동검의 분포로서 알 수 있다. 고조선의 세력 범위 는 청동기시대를 특징짓는 유물의 하나인 비파형동검(고조선식동검) 이 나오는 지역과 거의 일치하고 있다. 이러한 내용은 신석기시대 말 에서 청동기시대로 발전하는 시기에 계급의 분화와 함께 지배자가 등 장하면서 새로운 사회질서가 성립되는 것을 잘 보여준다. "널리 인간을 이롭게 한다[弘益人間]"는 것도 새로운 질서의 성립을 의미하는 것이다. 이 시기에는 사람들이 구릉지대에 거주하면서 농경 생활을 하고 있었다. 이 때, 환웅 부족은 태백산의 신시를 중심으로 세력을 이루었고, 이들은 하늘의 자손임을 내세워 자기 부족의 우월성을 과시하였다. 또 풍백, 우사, 운사를 두어 바람, 비, 구름 등 농경에 관계되는 것을 주관하게 하였으며, 사유재산의 성립과 계급의 분화에 따라 지배계급은 농사와 형벌 등의 사회생활을 주도 하였다. 선진적 환웅 부족은 주위의 다른 부족을 통합하고 지배하여 갔다. 곰을 숭배하는 부족은 환웅 부족과 연합하여 고조선을 형성하였으나, 호랑이를 숭배하는 부족은 연합에서 배제되었다. 단군은 제정일치의 지배자로 고조선의 성장과 더불어 주변의 부족을 통합하고 지배하기 위해 자신들의 조상을 하늘에 연결시켰다. 즉, 각 부족 고유의 신앙 체계를 총괄하면서 주변 부족을 지배하고자 하였던 것이다. 고조선은 초기에는 요녕 지방에 중심을 두었으나, 후에 와서 대동강 유역의 왕검성을 중심으로 독자적인 문화를 이룩하면서 발전하였다. 고조선은 연나라의 침입을 받아 한때 세력이 약해지기도 하였다. 그러나 기원전 3세기경에는 부왕(否王), 준왕(準王)과 같은 강력한 왕이 등장하여 왕위를 세습하였으며, 그 밑에 상(相), 대부(大夫), 장군(將軍) 등의 관직도 두었다. 또 요하를 경계선으로 하여 중국의 연(燕)과 대립할 만큼 강성하였다. 위만→이름을 알 수 없는 위만의 아들→위만의 손자 우거(右渠)왕→태자 장(長, 張路, 長降)의 4대 87년간 이어온 혈연에 의한 세습왕권이었던 위만조선 왕조 때에는 철기문화가 크게 발달하였다. 한 고조(汉 高祖) 12년(기원전 195년) 연왕 노관(燕王 盧綰)이 한나라에 반하여 匈奴로 도망감에 따라 부하였던 위만과 우거 이외에 기록에 나타나는 비왕장(裨王長), 조선상 노인(朝鮮相 路人), 상 한도(相 韓陶, 韓

陰), 대신 성기(大臣 成己), 니계상 삼(尼鷄相 參), 장군 왕겹(將軍 王唊), 역계경(歷谿卿), 예군 남려(濊君 南閭) 등은 그러한 세습왕권을 유지하는 고위각료들이었던 것으로 생각되며 이들이 곧 전문화된 군사·행정집단인 것으로 보인다. 또한 조선상 노인의 아들 최(最)가 등장하는 것으로 보아 왕위와 마찬가지로 상류층에서도 지위세습이 존재했으며 그러한 상위계층에 대응하는 하나 이상의 하위 신분계층이 더 존재했을 가능성을 시사해주고 있다. 이러한 신분체계와 아울러 기록을 통해서 알 수 있는 위만조선의 사회구조에 관한 것은 내부의 부족 구성과 인구수 등이다. 위만조선의 인구규모는 한서와 후한서(『汉書』와 『后汉書』)의 기록을 종합해 볼 때 약 50만에 이른 것으로 추정된다. 족장단계(chiefdom society)를 넘어서는 이러한 인구규모를 통제하기 위해서는 경제적 배경이나 영토, 이외에 법령과 치안을 담당할 군대도 필요하다. 한서 지리지에는 한의 풍속이 영향을 미친 이후 80여 조에 달하는 法令이 제정되었다는 기록이 있고, 후한서 동이전 예조(『后汉書』東夷傳 濊條)에도 역시 그와 유사한 기록이 있다.

한반도 최초의 고대국가는 고조선 중 衛滿朝鮮(기원전 194년 — 기원전 108년)이다. 국가는 무력, 경제력과 이념(종교)이 바탕이 되며, 무력을 합법적으로 사용하고 중앙집권적이고 전문화된 정부조직을 갖고 있다. 세계에서 도시·문명·국가는 청동기시대에 나타나는데 우리나라의 경우 중국의 영향 하에 성립되는 이차적인 국가가 되며, 또 세계적인 추세에 비해 훨씬 늦은 철기시대 전기에 나타난다. 고인돌은 기원전 1500년에서부터 시작하여 경상남도, 전라남도의 제주도에서는 철기시대기 전기 말까지 존속한 한국토착사회의 묘제로서 그 사회는 혈연을 기반으로 하는 계급사회인 족장사회로, 교역, 재분배 경제, 직업의 전문화, 조상숭배 등을 바탕으로 하고 있었다. 그리고 그 다음에 오는 고대국가의 기원은 앞으로 고고학적인 자료의 증가에 따라 단군조선에까지 더욱 더 소급 될 수도 있으나, 문헌에 나타나는 사회조직, 직업적인 행정관료, 조직화된 군사력, 신분의 계층화, 행정 중심지로서의 왕검성(평양 일대로 추정)의 존재, 왕권의 세습화, 전문적인 직업인의 존재 등의 기록으로 보아서 위만조선이 현재로는 한반도 내 최초의 국가체제를 유지하고 있었던 것으로 보인다. 또한 국가형성에 중요한 역할을 차지하는 시장경제와 무역의 경우 위만조선 이전의 고조선에서도 교역이 있었으며, 변진과 마한, 왜, 예 등은 철을 중심으로 교역이 행해졌던 것으로 보여 진다. 위만조선의 경우 한반도 북쪽의 지리적인 요충지에 자리 잡음으로 해서, 그 지리적인 이점을 최대한으로 이용한 '중심지무역'으로 이익을 얻고, 이것이 국가를 성립시키고 성장하는데 중요한 요인이 되었을 것이다. 위만은 입국할 때에 상투를 틀고 조선인의 옷을 입고 있었던 것으로 보아 연나라에서 살던 조선인으로 생각된다. 위만은 나라 이름 그대로 조선이라 하였고, 그의 정권에는 토착민 출신으로 높은 지위에 오른 자가 많았다. 따라서 위만의 고조선은 단군의 고조선을 계승한 것으로 볼 수 있다. 그리고 국가가 되기 위해서는 '무력의 합법적인 사용과 중앙 관료체제의 확립'이나 '전문화나 전문화된 정부 체제를 지닌 사회'라는 조건을 갖추어야 하는데 위만조선의 경우 이에 해당한다고 하겠다. 따라서 위만조선은 중국의 사기(『史記』)와 한서(『汉書』) 등의 기록에 의하면 우리나라에서 처음으로 확실한 국가의 체제를 갖추었다고 하겠다.

고조선의 건국 사실을 전하는 단군이야기는 우리 민족의 시조신화로 널리 알려져 있다. 단군이야기는 오랜 세월을 거치면서 전승되어 기록으로 남겨진 것이다. 그러는 사이에 어떤 요소는 후대로 가면서 새로이 첨가되기도 하고 때로는 없어지기도 하였다. 이것은 모든 신화에 공통된 속성의 하나로서, 신화는 그 시대의 사람들의 관심을 반영하는 것이기 때문에 역사적인 의미가 있다. 단군의 기록은 청동기시대의 문화를 배경으로 한 고조선의 성립이라는 역사적 사실을 반영하고 있다. 우리나라에서 종교적인 모습을 뚜렷이 보여주는 단군의 기록은 청동기시대의 문화를 배경으로 한 고조선의 성립이라는 역사적 사실을 반영하고 있다. 또 풍백·우사·운사(風伯·雨師·雲師)를 두어 바람·비·구름 등 농경에 관계되는 것을 주관하게 하였으며, 사유재산의 성립과 계급의 분화에 따라 지배계급은 농사와 형벌 등의 사회생활을 주도하였다. 선진적 환웅부족은 주위의 다른 부족을 통합하고 지배하여 갔다. 곰을 숭배하는 부족은 환웅부족과 연합하여 고조선을 형성하였으나, 호랑이를 숭배하는 부족은 연합에서 배제되었다. 단군조선은 열등자연교 중 토테미즘에 해당한다. 단군은 제정일치의 지배자로 고조선의 성장과 더불어 주변의 부족을 통합하고 지배하기 위해 자신들의 조상을 하늘에 연결시켰다. 즉, 각 부족 고유의 신앙체계를 총괄하면서 주변 부족을 지배하고자 하였던 것이다. 고조선(단군조선) 초기에는 요녕지방의 요하에 중심을 두었으나, 후에 와서 대동강 유역의 왕검성(王儉城)을 중심으로 독자적인 문화를 이룩하면서 발전하였다.

8. 고조선의 강역 문제

고조선연구에서 가장 논란이 많았던 부분은 역시 고조선의 위치비정에 대해서이다. 고조선의 중심지에 대한 주장은 1) 대동강 중심설 2) 요동 중심설로 대별되는데 이러한 주장은 사실상 고려시대부터 있어 왔다. 근대 역사학의 성립 이후, 대동강 중심설 가운데 가장 대표적인 것이 李丙燾설이다. 요동 중심설은 주로 민족주의 역사학 계열인 申采浩, 鄭寅普 등이 주장하였고 최근에 윤내현(尹乃鉉) 등이 동조하였다. 최근에 와서 고조선의 초기 중심지는 요동에 있었는데 후기에 대동강유역으로 중심지가 옮겨졌다는 일종의 절충설도 나왔다. 남한학계의 정리된 견해를 보면 고조선은 초기에는 요하 동쪽 요녕성 개평현과 해성현(辽宁省 蓋平县과 安市城 근처의 海城县)에 중심을 두었으나, 후에 와서 왕검성을 중심으로 독자적인 문화를 이룩하면서 발전하였다. 그리하여 기원전 3세기경－기원전 3세기말 부왕과 준왕과 같은 강력한 왕이 등장하여 왕위를 세습하였으며, 그 밑에 상, 대부 장군(相, 大夫, 將軍) 등의 관직도 두었다. 또 요하를 경계선으로 하여 중국의 연나라와 서로 대립할 만큼 강성하였다. 북한학계에 있어서도 고조선 문제 가운데 강역문제가 최대의 관심사인 것으로 보인다. 이들은 영역문제를 대단히 폭 넓고 치밀하게 논의하였는데, 특히 고조선의 서쪽 경계에 치중하여 건국 초기의 서변은 요하와 혼하 하류였다가 기원전 2세기 말경이 되면 대릉하가 경계라고 이해하고 있다. 북한학계의 연구의 특징은 고조선의 중심을 요녕성(만주)에 두는 견해가 정설로 되어 있는 점이다. 하지만 당시의 사회발전수준과 관련하여 고조선이 그렇게 넓은 지역을 포괄할 수 있었는지 충분히 설명되지 못하였다. 또 비파형동검(고조선식동검)을 중심으로 한 유물분포를 바탕으로 설정된 문화영역이 곧 고조선이라는 단일정치세력권으로 대입될 수 있는가 하는 문제점도 있다.

이는 난하－대릉하－요하가 흐르는 요녕성과 내몽고 지역에는

① 부신 사해(辽宁省 阜新市 阜新县 沙拉乡 査海村 朝力馬營子 阜新
蒙古族自治县)－흥륭와(興隆窪, 內蒙古 敖汉旗 興隆窪村)－조보구

(趙寶溝⋯ →부하(富河) - 홍산(紅山) - 소하연(小河沿)을 잇는 홍산

(紅山, 중국 옥룡문화)문화

②하 - 상[9] - 주 - 연(燕)나라 - 한(汉)나라 - 당(唐) -⋯⋯金 - 后金 - 滿洲

/청(清)

⋯⋯⋯⋯⋯⋯⋯⋯⋯⋯⋯⋯

9 서기 2005년 7월에서 서기 2006년 11월 赤峰市 三座店 水利樞紐工程建設에서 內
蒙古文物考古研究所가 발굴 조사한 內蒙古自治區 赤峰市 松山區 初头朗鎭 三座
店 石城은 7,500㎡의 넓이에 夏家店 下層文化 石城遺址에 속한다. 연대는 지금부
터 4,000년 전에서 3,400년 전으로 성내 道路와 집자리들의 區劃이 뚜렷하며 집
자리들 사이에 한 줄의 담장이 있는 石砌圓形建築基址와 半圓形建築基址 65기,
窖坑(jiào, 수혈구덩이) 49기, 石墻, 積石台 16기, 零星墓葬(아무런 시설이 없는 산
발적이며 규모가 작은 土壙墓) 등이 발견 되었다. 집지리는 성내 고저에 따른 계
단상(terrace)에 분포하는데 雙圈建築基址는 直徑 8m-10m로 안쪽은 방이고 외
부 벽은 回廊에 해당하며 중간 중간에는 隔墻이 있다. 單圈建築의 면적은 비교적
규모가 작은 직경 3-5m로 雙圈建築의 附屬 건물에 속하며 실내에는 泥土로 편평
하게 다져 사용했는데 불을 핀 흔적과 함께 陶鬲과 陶罐이 발견된다. 집자리 중
에는 夏家店下層文化에 속하는 유구가 20여기로 城內舍屋이 뚜렷하다. 집자리 중
가장 높은 곳에 자리 잡은 F30 집자리는 石砌雙圈建築으로 성내 남북방향의 중심
에 위치하며 길의 흔적도 뚜렷한 문길(門道) 위에는 석판이 덮여 있으며 外圈石墻
內側에는 흙으로 매우고 다시 土石混築의 基台를 형성한 것 같다. 基台위에는 一
單圈建築이 있는데 건축 내부에서 발견된 다층의 가공된 면이 형성되었으며 최상
층에는 白灰가 칠해져 있다. 아마 이는 族長의 집이나 집무소로 추정된다. 현재
140m의 성벽과 15개소의 雉(三圈砌石築으로 馬蹄形 馬面 사이의 거리는 2-4m
임), 城址에서 출토한 夏家店下層文化의 遺物은 石磬과 人面紋 岩畫 등을 제외하
면 비교적 적으나 문자와 유사한 부호가 새겨진 陶片은 夏家店下層文化時期에 成
熟된 文字類 符號가 있었던 것으로 중요한 발견물이다. 이 유적은 中國社會科學
院에서 서기 2006년 중요한 발견 중의 하나로 평하고 있다(內蒙古文物考古研究
所, 2007-7, pp.17-24)

또 內蒙古自治區 赤峰市 红山区 二道井子村 北部의 산 구릉의 면적 3.8만㎡의 유
적은 서기 2009년 9월 2일부터 시작한 '중국 考古 6대 발굴' 중의 하나로 內蒙古文
物考古研究所가 수습·발굴한 보존상태가 완전한 4,000년 전의 夏家店下層文化
(夏-商) 유적이다. 유적의 퇴적은 평균 8m에 달하고 중간층에서 상·하로 나뉘며

③ 스키타이 – 오르도스(Ordos/Erdos, 鄂尔多斯沙漠, 河套/河南) – 흉노
(匈奴) – 갈족(羯族) – 동호(東胡) – 오환(烏桓) – 선비(鮮卑) – 돌궐(突
厥) – 토번(吐藩) – 위굴(回紇, 維吾尔) – 거란(契丹) – 몽고(蒙古/元)
④ 키토이 – 이사코보 – 세르보 – 아파나쉐이브 – 오쿠네보 – 안드로노보
– 카라숙 – 타가르문화[러시아 동부시베리아(프리바이칼 지역)의 신
석기 – 청동기시대 편년은 Kitoi – Isakovo(기원전 4000년 기원전 3000
년) – Servo(기원전 3000년 – 기원전 2000년) – Affanasievo – Oku–

· ·

주거지들의 일부는 城墻의 위층에 속하며 陶器, 石器와 骨器를 위주로 少量의 玉
器 및 青铜器가 나온다. 보존상태가 그대로 남은 지면에서 环壕, 城墙, 院落, 房址,
窖穴, 道路 등으로 이루어진 聚落이 잘 남아있어 당시의 聚落形态 및 社會组织의
구조를 잘 보여준다. 环壕의 平面은 대체로 椭圆形을 보이며 南北长 약 190m, 东
西폭 약 140m이며 环壕의 단면은 "V"字形으로 위의 폭은 11.8m, 바닥 폭은 0.2–
0.5m, 깊이 약 6.05m이다. 城墙(성벽)은 环壕内侧에 위치하며 아래쪽 폭은 9.6m,
높이 6.2m로 城墙内侧에는 완만한 경사로 흙이 퇴적되어 있으며 城墙의 外侧은
급격한 경사를 보인다. 环壕内壁은 비슷한 傾斜面으로 형성되어 있다. 주거지는
지상가옥 149기로 상하 중첩되어있으며 가장 많은 것은 7겹으로 포개어져 있다.
주거지들은 2–3개가 잇대어 있으며 많은 것은 7기가 붙어 있으며 또는 八间의 집
자리도 존재한다. 단칸방은 평면 원형이 위주이며 외부에 回廊혹은 側室이 있다.
담 벽은 깬 돌로 쌓았으며 높이 2.1m에 달한다. 回廊内에는 흙과 깬 돌을 이용해
높이가 낮은 담을 쌓았다. 집들은 门道(西南向이 많음) 혹은 门洞(door opening)
으로 상호 연결이 되며 각 집들은 柱洞(柱式洞门, post tunnel portal), 门墩(gate
pier, door pier)이 갖추어져 있다. F8은 발굴 북쪽 지역에서 발굴되었는데 규모도
크고 결합구조도 복잡하다. 담장의 높이도 2m로, 면적은 110m²이며 그 남쪽에는
300m²의 광장이 만들어져 있다. 아마도 족장의 집이나 집무소로 여겨진다. 출토
유물로 陶器는 筒腹鬲, 鼓腹鬲, 罐形鼎, 豆, 罐, 三足盘, 大口尊 등이 주류를 이루며
石器는 斧, 刀, 铲, 镞, 锛, 饼, 球, 槽, 臼, 杵, 磨盘과 磨棒 등이며 骨器는 三棱长铤
镞, 锥, 铲, 针, 笄 등, 玉器는 玉斧, 玉环, 项饰, 그리고 青铜器는 刀와 喇叭口式耳
环가 달린 锥이 있다. 이 유적은 이미 발굴된 三座店古城遗址보다 面积이 3배가 크
다. 서기 2013년 5월 国务院에서 第七批全国重点文物保护单位로 지정하였다(社會
科學院公布, 2009, 考古资料)

nevo – Andronovo – Karasuk – Tagar의 순으로 되는데 우리나라에

서 기원전 1000년 – 기원전 600년의 청동기시대 중기에 나타나는 공렬

토기와 구순각목토기는 Isakovo와 Servo에서 이미 나타나고 있다]

⑤ 신락(新樂) – 편보자(偏堡子, 辽宁 新民)의 평저즐문토기

⑥ 소주산(小珠山) – 후와(后窪) 문화의 즐문토기와 돌대문토기

⑦ 예(濊) – 고조선(古朝鮮), 맥(貊) – 부여(夫餘) – 고구려(高句麗) – 백제

(百濟) – 신라(新羅)

⑧ 읍루(挹婁) – 숙신(肅愼) – 물길(勿吉) – 말갈(靺鞨) – 흑수말갈(黑

水靺鞨) – 여진(女眞) – 생여진(生女眞) – 금(金, 서기 1115년 – 서기

1234년) – 후금(后金, 서기 1616년 – 서기 1626년) – 만주/청(滿洲/淸,

서기 1626년 – 서기 1636년) – 대청(大淸, 서기 1636년 – 서기 1911년)

의 8개의 독립된 문화들이 융합·혼재되어있어 용광로와 같은 지역
(melting point of furnace)이기 때문이다.

 그 중 고조선문화의 특징인 지석묘와 비파형동검이 나오는 유적의
연대는 대략 기원전 17세기 – 기원전 12세기로 좁혀지고 있다. 그리고
①의 홍산문화는 중국의 옥룡(玉龙)문화로 玉의 사용과 아울러 龙문
양의 지속과 전파가 문자를 대체하여 나타나는 계급 또는 종교적 예
술적 상징(symbolism)으로 보인다. 그래서 홍산문화는 갑골문자와
같은 문자가 출현하지 않았지만 해자(垓字)가 돌린 성역화 된 주구석
관묘(周溝石棺墓)와 옥과 용으로 상징되는 계급사회와 이를 뒷받침
하는 종교 제사유적으로 보아 중국 동북부 지역 동산취(東山嘴)와 우
하량(牛河梁)처럼 종교의례 중심지도 나타나 도시화가 진행되었던
최초의 문명이라 할 수 있다. 또 홍산문화는 모계씨족사회(母系氏族
社會)에서 부계사회로 넘어가는 단계로 신정정치(神政政治, theoc-

racy)의 모습을 보여준다. 이 유적은 기원전 4000년-기원전 3000년이며 중심연대는 기원전 3000년-기원전 2500년으로 중국고고학편년상 신석기시대 만기/후기 또는 용산(龙山)문화형성기(Lungshanoid culture, 기원전 3200년-기원전 2500년)-용산문화기(Lungshan culture, 기원전 2500년-기원전 1750년)에 속한다. 이 문화는 지석묘와 비파형/고조선식동검으로 대표되는 고조선(단군조선)의 문화와는 구별된다. 오히려 중국의 신석기시대 ⑥ 소주산-후와문화[東港市 馬家店鎭 三家子村 后窪屯, 下層 6000년 전 이상, 上層은 4465±90B.P., 4980±159B.P.로 5000년 전, 기원전 3000년-기원전 2900년), 石雕龙이 나옴, Ⅲ-상층 기원전 3000년-기원전 2500년으로 돌대문토기의 말기 후와문화에서는 한국 청동기시대 조기(기원전 2000년-기원전 1500년)의 대표적인 돌대문토기가 나온다. 한국의 청동기시대의 시작(청동기시대 조기)은 돌대문의 출현으로 확인된다. 이들 토기는 중국 요녕성 소주산(中國 辽宁省 小珠山유적의 상층, 신석기시대 후기)와 같거나 약간 앞서는 것으로 생각되는 요동반도 남단 요녕성 대련시 석회요촌, 대련시 장흥도 삼당유적(기원전 2450년-기원전 1950년경으로 여겨짐), 요동만(辽東湾)연안 와점방시 교류도향 마루촌 교류도 합피지, 길림성 화룡현 동성향 흥성촌 삼사(早期 興城三期, 기원전 2050년-기원전 1750년), 그리고 연해주 보이즈만 신석기시대 말기의 자이사노프카의 올레니와 시니가이 유적(이상 기원전 3420년-기원전 1550년)에서 발견되고 있어 중국의 서쪽 요녕성과 동쪽 길림성, 러시아의 연해주(沿海州) 세 군데에서 영향을 받았을 가능성이 많다. 이들 유적들은 모두 신석기시대 말기에서 청동기시대 조기에 속한다. 이제까지 전라남도 여천 적량동 상적 지석묘와 강원도 춘천 중도 레고랜드 개발지에 이르기 까지 남한에서 출토된

13군데의 비파형동검 관계 유적의 연대도 이중구연 단사선문(중국에서는 그 상한을 기원전 13세기로 봄), 구순각목, 공렬토기와 같이 출토되고 있어 그 연대도 청동기시대 전기 말—중기 초로 기원전 13세기—기원전 11세기 까지 올라가고 있음을 보여 준다. 고조선 중 단군조선의 건국연대가 서거정·최부 등이 공찬한『東國通鑑』外紀에 의한 기원전 2333년을 인정하면, 그 시대는 한국고고학 편년 상 신석기시대 말기—청동기시대 조기에, 그리고, 마지막 단계인 위만조선의 건국은 기원전 194년으로 철기시대 전기 말에 해당한다.

미송리식 단지(토기), 거친무늬거울, 비파형동검과 지석묘 등은 고조선을 대표하는 표식적인 유적·유물이다. 그 연대의 상한이 기원전 17세기—기원전 12세기로 소급된다. 그리고 지석묘와 비슷한 배경을 갖고 나타나는 석관묘(돌널무덤)는 청동기시대에 시베리아로부터 만·몽(滿·蒙)지방을 거쳐 한반도 전역에 걸쳐 분포하고 있다. 이는 평안북도 용천 신암리와 개천 용흥리 출토의 청동도자(靑銅刀子)로 보아 시베리아의 안드로노보와 카라수크의 청동기문화(기원전 1300년—기원전 1000년)와 관련을 말해준다. 여기에 관련지어 울주군 두동면 천전리 암각화(국보 147호), 울주 언양면 대곡리 반구대(국보 285호)와 고령 양전동(보물 605호) 등지의 암각화와 이의 계통으로 여겨지는 암각화들이 멀리 남원 대곡리의 내륙에까지 분포되어 있는데, 이들의 기원지로는 시베리아 아무르 강 유역의 사카치 알리안 유적이 거론될 수 있겠다. 양쪽의 연대가 정확히 맞지 않는 것이 현재 문제점으로 남아 있지만 한국문화의 원류 중의 하나인 암각화의 기원이 10,000년—13,000년 전으로 거슬러 올라가는 아무르 강 유역의 가샤 유적(오시포프카 문화) 신석기 I 기 원시무문토기단계에서처럼 아무르 지역에서 해로로 울산(太和江)—포항(兄山江구)지역으로 직접 들어왔을 가능성도 배제할 수 없다. 이는 환태평양지구의 문화권도 암시한다.

9. 기자조선에 대한 이해

고조선의 발전과 관련하여 기자조선(箕子朝鮮)에 대한 기록이 있다. 사서에는 周의 武王이 기자를 조선에 봉하였다고 나와 있다. 그 연대는 기원전 12세기 말경(기원전 1122년 또는 기원전 1111년)으로 추정된다. 그러나 중국 先秦시대 문헌에는 기자와 조선이 별개로 취급되었다가 진한대 이후에 양쪽이 관련되어 동래설로 등장하는 만큼, 그 사실성을 인정하기 힘들다고 하는 견해가 많다. 남한학계에서는 일찍이 기자조선의 허구성을 논증하고 이를 부정해 왔으며, 북한학계에서도 "대국주의 사상에 입각한 중국인들에 의해 후대에 조작된 것"이라 하여 부정하고 있다. 현재 기자 자체가 본래 왕을 뜻하는 우리나라 고유의 칭호였다고 해석하는 견해, 기자조선을 고조선의 발전과정에 있어서 사회내부에서 새로이 등장한 지배세력을 가리키는 것으로 보는 견해(=예맥조선), 또는 동이족의 이동과정에서 기자로 상징되는 어떤 부족이 중국의 商·周 교체기에 중국 하북성에서 대릉하, 남만주를 거쳐 대동강 유역의 고조선으로 이동하여 정치세력을 잡은 것으로 보는 견해 등이 있다.

10. 위만의 집권

중국이 전국시대 이후로 혼란에 휩싸이게 되자 유이민들이 대거 고조선으로 넘어오게 되었다. 고조선은 그들을 받아들여 서쪽지역에

안배하여 살게 하였다. 그 뒤, 진·한교체기에 또 한 차례의 유이민 집단이 이주하여 왔다. 그 중 위만은 무리 1,000여 명을 이끌고 고조선으로 들어왔다. 위만은 처음에 준왕에게 고조선의 서쪽 변경에 거주할 것을 청하여 허락을 받았으며, 그 뒤에 준왕의 신임을 받아 서쪽 변경을 수비하는 임무를 맡게 되었다. 이때, 위만은 그 곳에 거주하는 이주민세력을 통솔하게 되었고, 그것을 기반으로 하여 자신의 세력을 점차 확대하여 나갔다. 그 후, 위만은 수도인 왕검성에 쳐들어가 준왕을 몰아내고 스스로 왕이 되었다(기원전 194년). 위만조선은 활발한 정복사업으로 광대한 영토를 차지하였고 중앙정치조직을 갖추고 있었으며 지리적 이점을 이용하여 예(濊)나 남방의 마한(馬韓)이 중국과 직접 교역하는 것을 막고, 중계무역의 이득을 독점하다가 결국 한 7대 무제(汉 武帝)의 침략을 받아 멸망하였다. 한은 위만조선의 지역에 군현을 설치하였다.

최근에는 위만조선을 중앙정치조직을 갖춘 강력한 국가로 보고 있는데, 이때에는 국가란 무엇인가라는 개념정의가 필요하다. 이것은 앞 절의 족장사회에 대한 논의와도 연결되는 문제이다. 국가에 대한 정의로서 마샬 살린스(M. Sahlins)는 무력의 합법적인 사용과 중앙집권화된 조직의 두 가지를 들고 있는데, 이것은 최근까지도 가장 공약수가 많은 견해이다. 켄트 플래너리(K. Flannery)는 위의 특징 외에 법률, 도시, 직업의 분화, 징병제도, 세금징수, 왕권, 사회신분의 계층화 등을 들고 있는데, 이러한 제 특징들이 위만조선 관계기사에도 나타나고 있는 것이다. 『史記』 조선열전에는 직업적인 계급을 가진 중앙관료정부와 막강한 군사력, 계층화된 신분조직, 행정중심지로서의 왕검성, 왕권의 세습화 등의 요소가 모두 나타나고 있는 것이다. 이러한 위만조선은 초기에 주위의 유이민 집단을 정복해 나가다 차츰 시간이 흐를수록 완벽한 국가체제를 갖추었다고 하겠다. 그리고 위만조선을 정복국가로 보는 견해가 많고, 또 한편으로 '무역'에 기초하여 성장한 국가라고 보기도 하는데 최근에는 후자가 가장 중요하다고 보는 견해가 우세하다. 이에 의하면 변진과 마한, 왜, 예 등 철을 중심으로 하는 교역이 남부지방에 행해지고 있을 때, 위만조선은 한반도 북쪽의 지리적인 요충지에 자리 잡아 그 지리적 이점을 최대한으로 이용한 중심지무역을 전개하면서 막대한 흑자를 보고, 이를 토대로 국가를 성립시킴과 아울러 세력을 확장, 강화시켰다는 것이다. 당시의 무역로는 명도전(明刀錢)의 출토지로 보아 난평—요양—무순—위원, 강계—평양이 될 것으로 추정되며 산동반도를 지나는 바닷길도 고려될 수 있다.

11. 고조선의 사회

위만조선이 망한 다음 한은 위만조선(고조선)지역에 군현을 설치하고 토착세력의 성장을 저지하기 위해 분리·회유정책을 썼다. 그러나 한나라가 세운 군현의 통치에 대한 저항운동은 계속되었고, 이를 축출하기 위한 운동은 한편으로는 주위 족장사회의 내적 발전을 촉진하게 되었다. 기록을 보면 역계경과 함께 망명한 2천 호, 예군 남려의 28만명 등이 언급되어 고조선은 적어도 몇 개 이상의 부족으로 이루어진 국가라는 것을 알 수 있다. 일찍이 고조선의 인구에 대한 중국역사서의 기록이 있으나, 그 숫자가 엄청나거나 하여 믿기 어려운 경우가 많다. 위만조선의 경우는 일찍이 중국과의 교류가 있어왔기 때문에 위만조선지역에 대한 인구의 수에 대해서는 비교적 정확하다고 볼 수 있다. 한서 지리지와 후한서의 자료를 종합하면 위만조선 당시의 인구는 적어도 25만-30만명 정도 될 것으로 보인다. 요동, 현토군 등은 아마도 위만조선 주위의 여러 소국을 포괄한 것으로 보인다. 이는 상당히 많은 인구이며 그들을 통제하기 위한 복잡한 사회조직이 이루어졌을 것은 충분히 짐작할 수 있다. 이들 기록에 나타나는 지도자들 밑에는 각각 800명-3,000명 정도의 부족이 있었으며, 그 밑으로는 군집의 단위로 이루어진다. 위만왕조의 고조선은 철기문화를 본격적으로 수용하였다. 철기를 사용함으써 농업과 무기생산을 중심으로 한 수공업이 더욱 성하게 되었고, 그에 따라 상업과 무역도 발달하였다. 이 무렵, 고조선은 사회, 경제의 발전을 기반으로 중앙정치조직을 갖춘 강력한 국가로 성장하였다. 그리고 우세한 무력을 바탕으로 활발한 정복사업을 전개하여 광대한 영토를 차지하였다. 또 지리적인 이점을 이용하여 아직도 족장(族長) 사회의 수준에 머물러 있던 예나 남방의 진이 중국 한나라와 직접 교역하는 것을 막고, 중계무역의 이득을 독점하려 하였다. 이러한 경제적, 군사적 발전을 기반으로 고조선은 한과 대립하게 되었다. 이에 불안을 느낀 汉 7대 무제(武帝, 기원전 141년-기원전 87년)는 수륙 양면으로 50,000명의 대규모 무력침략을 감행하였다. 고조선은 1차 접전에서 대승을 거두었고, 이후 약 1년에 걸쳐 한의 군대에 완강하게 대항하였으나, 내분에 의해 왕검성이 함락되어 멸망하였다(기원전 108년). 고조선이 멸망하자, 한은 고조선의 일부 지역에 군현을 설치하여 지배하였으나, 토착민의 강력한 반발에 부딪혔다. 그리하여 그 세력은 점차 약화되어 고구려 15대 미천왕 14년(서기 313년, 美川王, 서기 300년-서기 331년 재위)의 공격을 받아 소멸되었다.

고조선의 사회상을 알려주는 것으로 8조의 법이 있었다. 그중에서 3개 조목의 내용만이 전해지고 있는데, 그것은 사람을 죽인 자는 사형에 처하며, 상처를 입힌 자는 곡물로써 배상하게 하고, 남의 물건을 훔친 자는 노비로 삼는다는 것이다. 이러한 내용으로 보아, 당시 사회에서는 생명과 사유재산을 중히 여기고 보호하였음을 알 수 있다. 또 이것은 당시 사회에 권력과 경제력에 차이가 생겨나고 재산의 사유가 이루어지면서 형벌과 노비도 발생하였음을 보여주는 것이다. 그리고 사람들은 죄를 짓는 것을 수치로 여겨 남의 물건을 훔치지 않아 문을 걸어 둘 필요가 없었다고 하며, 여자는 정절을 귀하게 여겼다고 하는 데에서 가부장제적인 가족제도가 확립되었음도 알 수 있다. 한의 군현이 설치되어 억압과 수탈을 가하게 되자, 토착민들은 이를 피하여 이주하거나 단결하여 한군현에 대항하였다. 이에 한군현은 엄한 율령을 시행하여 자신들의 생명과 재산을 보호하려 하였다. 그에 따라 법조항도 60여 조로 증가되었고, 풍속도 각박해졌다. 이러한 많은 인구를 지닌 사회를 통제하기 위해서는 어떠한 수단이 필요했을 것이다. 그것은 크게 두 가지로 생각되는데 첫 번째가 법의 존재이다. 한서 지리지(『汉書』地理志)에 따르면 고조선에는 기자가 만든 팔조금법이 있었는데, 이것이 후에 한나라의 영향이 미치면서 풍속이 어지러워져 60여 조의 법령이 제정되었다고 한다. 처음에 제정되었다는 팔조금법은 만민법(jus gentium)적인 성격을 띠고 있으며, 위만조선의 국가형성단계에 와서 사회가 복잡해지고 여러 법령이 제정되었을 것으로 보인다. 또한 늘어난 법은 8조 법금처럼 공동체에서 자연적으로 지켜지는 만민법이 아니라 복잡한 사회에 따른 여러 가지 인위적인 규정들로 이루어졌을 것이다. 이러한 법률을 시행하고 통제하기 위해서는 군사력과 경찰력이 합법적으로 사용되어야 한다. 이러한 법의 강제적 집행을 위한 군사력은 앞에서 살펴본 바와 같이 고고학적으로 발견되는 무기로 보아 충분히 갖추었으리라 여겨진다. 고조선은 청동기문화를 바탕으로 등장한 우리 겨레 최초의 나라이다. 삼국유사(『三國遺事』) 등의 기록에 따르면 단군왕 검이 고조선을 건국하였다고 한다. 고조선의 건국 사실을 전하는 단 군이야기는 우리 겨레의 시조신화로 널리 알려져 있다. 신화는 그 시 대 사람들의 관심이 반영된 것으로, 그 안에는 역사적인 의미가 담겨 져 있다. 단군의 이야기도 청동기시대를 배경으로 하는 고조선의 성 립이라는 역사적 사실을 담고 있다.

12. 고조선의 변화

한반도 최초의 고대국가는 고조선 중 위만조선(기원전 194년-기 원전 108년)이다. 국가는 무력, 경제력과 이념(종교)이 바탕이 되며, 무력을 합법적으로 사용하고 중앙집권적이고 전문화 된 정부조직을 갖고 있다. 세계에서 도시·문명·국가는 청동기시대에 나타나는데 우리나라의 경우 중국의 영향 하에 성립되는 이차적인 국가가 되며, 또 세계적인 추세에 비해 훨씬 늦은 철기시대 전기에 나타난다. 고인 돌은 기원전 1500년에서부터 시작하여 경상남도, 전라남도와 제주도 에서는 철기시대기 전기 말까지 존속한 한국토착사회의 묘제로서 그 사회는 혈연을 기반으로 하는 계급사회인 족장사회로, 교역, 재분배 경제, 직업의 전문화, 조상숭배 등을 바탕으로 하고 있었다. 그리고 그 다음에 오는 고대국가의 기원은 앞으로 고고학적인 자료의 증가 에 따라 단군조선에까지 더욱 더 소급될 수도 있으나, 문헌에 나타나 는 사회조직, 직업적인 행정관료, 조직화된 군사력, 신분의 계층화, 행정중심지로서의 왕검성(평양 일대로 추정)의 존재, 왕권의 세습화, 전문적인 직업인의 존재 등의 기록으로 보아서 위만조선이 현재로는 한반도 내 최초의 국가체제를 유지하고 있었던 것으로 보인다. 또한 국가형성에 중요한 역할을 차지하는 시장경제와 무역의 경우 위만조선 이전의 고조선에서도 교역이 있었으며, 변진과 마한, 왜, 예 등은 철을 중심으로 교역이 행해졌던 것으로 보인다. 위만조선의 경우 한반도 북쪽의 지리적인 요충지에 자리 잡음으로 해서, 그 지리적인 이점을 최대한으로 이용한 '중심지무역'으로 이익을 얻고, 이것이 국가를 성립시키고 성장하는데 중요한 요인이 되었을 것이다. 위만은 입국할 때에 상투를 틀고 조선인의 옷을 입고 있었던 것으로 보아 연나라에서 살던 조선인으로 생각된다. 위만은 나라이름 그대로 조선이라 하였고, 그의 정권에는 토착민출신으로 높은 지위에 오른 자가 많았다. 따라서 위만의 고조선은 단군의 고조선을 계승한 것으로 볼 수 있다. 그리고 국가가 되기 위해서는 '무력의 합법적인 사용과 중앙관료체제의 확립'이나 '전문화나 전문화된 정부체제를 지닌 사회'라는 조건을 갖추어야 하는데 위만조선의 경우 이에 해당한다고 하겠다. 따라서 위만조선은 중국의 사기와 한서 등의 기록에 의하면 우리나라에서 처음으로 확실한 국가의 체제를 갖추었다고 하겠다. 고조선의 발전과 관련하여 기자조선에 대한 기록이 있다. 중국 사서에는 주의 무왕이 기자를 조선에 봉하였다고 되어 있다. 그리고 그 연대를 기원전 12세기경으로 추정하기도 한다. 그러나 기자조선을 조선의 발전과정에서 사회 내부에 등장한 새로운 지배세력을 가리키는 것으로, 또는 동이족의 이동과정에서 기자로 상징되는 어떤 부족이 고조선의 변방에서 정치세력을 잡은 것으로 보는 견해가 많다. 위만은 입국할 때에 상투를 틀고 조선인의 옷을 입고 있었던 것으로 보아 연나라에서 살던 조선인으로 생각된다. 위만은 나라 이름 그대로 조선이라 하였고, 그의 정권에는 토착민 출신으로 높은 지위에 오른 자가 많았다. 고조선은 대동강 유역을 중심으로 독자적인 문화를 이룩하며 발전하였다. 기원전 3세기경에는 왕위를 세습하였으며, 왕 아래 상, 대부, 장군 등의 관직도 두었다. 이때 고조선은 요서지방을 경계로 하여 중국 전국시대의 연나라와 대립할 만큼 힘이 강하였다. 기원전 2세기경 중국에서 진과 한이 교체되던 시기에 많은 사람들이 혼란을 피하여 고조선으로 넘어왔다. 고조선의 준왕은 그들에게 서쪽 경계의 땅을 내어주며 그 곳을 지키도록 하였다. 그 중에서 위만이 자신의 세력을 키워 마침내 평양 일대로 추정되는 왕검성에 쳐들어가 준왕을 내몰고 스스로 왕이 되었다(기원전 194년). 위만과 우거의 4대 87년간 이어온 위만조선 때에는 철기문화가 크게 발달하였다. 이것은 중국의 철기시대의 시작이 전국시대(기원전 475년－기원전 221년)이며 특히 연나라로부터 많은 영향을 받은 것으로 보인다. 철기의 사용은 농업을 발달시켰을 뿐만 아니라 무기생산을 중심으로 한 수공업도 발전시켰다. 나아가 상업과 무역이 더욱 활발하게 되었다. 이를 바탕으로 고조선은 활발한 정복사업을 펼쳐 넓은 영토를 차지하였다. 또 지리적 이점을 이용하여 한반도 남쪽의 마한이나 동쪽의 예가 중국의 한과 교역하는 것을 중계함으로써 많은 이익을 누리게 되었다. 고조선이 경제적, 군사적으로 크게 성장하자 중국의 한은 불안을 느꼈고, 결국 한의 무제는 군사를 크게 일으켜 위만조선을 공격하였다. 위만조선은 한 무제가 보낸 누선장군(樓船將軍) 양복(楊僕)이 왕검성(王儉城)을 공격하자 이를 격파하고 좌장군 순체(荀彘)의 군대는 패수 서쪽에서 저지하였다. 이후 약 1년에 걸쳐 한의 군대와 맞서 싸웠다. 그러나 오랜 전쟁으로 위만조선의 지배층 사이에 분열이 일어나 수도인 왕검성이 함락되고 기원전 108년 고조선은 멸망하였다.

  우리나라의 철기시대문화를 다루는데 있어 기존의 시대구분을 따

르면 철기시대는 철기시대 전기와 후기(또는 삼국시대 전기) 즉, 기원
전 400년부터 서기 300년까지 약 700년의 기간에 해당된다. 이의 기
원은 중국의 요녕성과 러시아의 아무르 강 유역으로부터이다. 북옥
저(끄로우노프까, 北沃沮, 黑龙江省 東宁县 团結村 團結文化)와 읍루
(挹婁, 뽈체, 철기시대로 그 상한은 기원전 7세기까지 올라간다) 문
화들이 바로 그러하다. 현재 우리나라의 철기시대 전기의 상한연대
가 기원전 5세기에서 더욱 더 올라갈 가능성도 있다. 철기시대는 점
토대토기(덧띠토기)의 등장과 함께 시작되는데, 현재까지 가장 이른
유적은 요녕성 심양 정가와자 유적이며, 그 연대는 기원전 5세기까
지 올라간다. 그리고 이 시기는 청천강 이북을 포함한 요동지역에 분
포하는 영변 세죽리−요녕 무순 연화보유형의 유적들과 관련도 있
다. 이 시기에는 청동기와 지석묘 등 청동기시대의 몇몇 문화요소들
이 점차 소멸되는 반면, 자체수요를 넘어서 잉여를 생산할 정도로 철
기생산이 본격화되고 새로운 토기(종전의 민무늬토기보다 좀 더 단단
하게 구운 경질무문늬토기(700℃−850℃)와 한나라와 낙랑도기의 영
향을 받은 1000℃정도에서 구워진 타날문토기가 나타나게 된다. 이외
에도 석곽묘와 상류계급층의 목곽묘의 발달, 농경, 특히 도작(稻作)
의 발달 등이 철기시대 후기의 문화적인 특색으로 꼽힐 수 있다. 이미
이 시기에는 북부지역에서 고구려가 고대국가의 형태를 가지면서 각
지에 적석총(돌무지무덤)을 축조하게 된다. 한편 남부지역에서 지석
묘사회에서 해체되어 나타난 삼한사회를 바탕으로 하는 신라·백제와
같은 고대국가도 나타나게 된다. 우리나라 최초의 고대국가와 문명의
형성을 이루는 위만조선도 한국고고학 편년 상 철기시대에 속한다.

10. 한사군의 성립

　기원전 108년 위만조선의 멸망과 더불어 위만조선의 고지에 한사군(汉四郡), 기원전 108년−서기 313년)이 들어선다. 위만조선이 한나라 7대 무제(武帝, 기원전 140년−기원전 87년 재위)의 원정군에 의해 멸망한 해는 기원전 108년으로 사기를 편찬한 사마천(司馬迁, 기원전 145년−기원전 87년)이 37세 때이다. 이는 그만큼 위만조선과 한나라 사이의 긴박했던 순간을 생생하게 묘사했다는 점을 시사한다. 위만조선이 지리적 이점을 이용하여 한반도 남쪽의 辰王이 다스리는 馬韓이나 동쪽의 예(濊)가 중국의 한나라와의 교역을 중개함으로써 많은 이익을 누리게 되고 고조선의 마지막 나라인 위만조선이 경제적, 군사적으로 크게 성장하자 한나라는 불안을 느껴, 결국 한의 무제가 군사를 크게 일으켜 위만조선을 공격

평양 석암리 금제 허리띠고리
平壤 石巖里 金製鉸具
국보 제89호, 국립중앙박물관 소장

하였기 때문이다. 한사군은 주로 위만조선의 영역이었던 현 평양 낙랑지구를 포함하는 평안남도, 경기도와 강원도의 예(濊 또는 東濊)지역으로 추정된다. 기록에 의하면

① 낙랑은 한 무제 원봉 3년(汉 武帝 元封 3년, 기원전 108년)에서 진 건흥 원년(晉 建興 元年/고구려 15대 美川王 14년, 서기 313년),
② 대방(帶方)은 헌제 건안 연간(獻帝 建安, 서기 196년 – 서기 220년) – 서기 313년,
③ 임둔(臨屯)은 한 무제 원봉 4년(汉 武帝 元封 3년(汉 武帝 元封 3년, 기원전 108년) 설치하고 기원전 82년 임둔을 파하여 현도군에 합치고, 기원전 82년에 군이 폐지되고 소속현들은 현도군에 편입되었으며, 기원전 75년에 현도군이 북쪽으로 옮겨가자 다시 낙랑군에 편입되어 동부도위(東部都尉)의 관할을 받게 되었다.
④ 현도(玄菟, 기원전 107년 – 기원전 75년)는 전한(前汉)의 무제(武帝)가 기원전 107년에 세우고 기원전 75년에 토착민들의 저항으로 인해 예(濊 또는 東濊)지역에서 혼하(渾河) 상류의 흥경(興京)·노성(老城) 일대로 치소를 옮기고 후한(后汉) 초기(서기 1세기)에 고구려의 압박으로 인해 다시 서쪽인 무순(撫順)으로 이치(移置)되었다.

이들 지역의 위치는 평양을 비롯해 경기도, 강원도의 濊(또는 東濊)지역으로 추정된다. 이는 이 지역에서 집중해서 낙랑도기가 집중적으로 나오고 있어 그들이 설치된 위치를 파악할 수 있기 때문이다. 위만조선의 도읍지였던 평양에 낙랑(樂浪), 그 아래 지역에 대방[帶方, 후한 헌제(獻帝) 건안(建安, 서기 196년 – 서기 220년)에 설치되고, 고구려 15대 미천왕 14년 서기 313년에 없어짐]이 설치되었고, 이

들을 통해 한나라의 발달된 문물이 한반도로 쏟아져 들어온다. 낙랑의 위치는 평양근처(현 樂浪區域)로 보고 있다.[1] 이는 사마천의 사기

1 낙랑의 위치는 평양근처(현 樂浪區域)로 보고 있다. 이는 사마천(司馬遷)의 『사기(史記)』 하본기(夏本紀 2, …太行, 常山至于碣石入于海… 集解王肅日 '來右碣石入于海, 正義播 '來右碣石入于渤海也'), 사기 색은(史記 索隱), 통전(通典), 사마광의 자치통감(『資治通鑑』, 北宋 서기 1084년 11월에 완성)에 인용된 태강지리지(太康地理志) 등의 기록에 나오는 '낙랑군 수성현 갈석산(碣石山, …樂浪遂城具有碣石山 長城所起…)에서 진나라의 장성(秦 長城)이 시작된다.'는 기록은 낙랑군이 한반도 평양에 있을 때가 아니라 공석구 교수의 견해대로 서기 313년 고구려 15대 미천왕 14년(美川王, 서기 300년-서기 331년 재위) 때 고구려에 의해 축출되어 땅이름이 요서지방으로 옮긴 뒤에 만들어 진 것(僑置)으로 보기 때문이다. 한사군의 위치 특히 낙랑군은 평양을 중심으로 한 대동강유역으로 보는 것은 고조선의 마지막 단계인 위만조선의 강역과 일치하기 때문이다. 참고로 갈석산(碣石山)에 대한 중국측의 기록은 다음과 같다.

『書禹貢』夾右竟石入於河, 『孔傳』「碣石, 海畔山」 其所在古今傳說不一, (甲)『汉書武帝紀注』「文穎日, 碣石在辽西罍县, 故城在今河北省昌黎县東南」 郭璞注『水經注』「謂在臨楡南水中, 蓋因罍县后汉省入鹽楡, 卽文穎之說也, 水經潔水注雲, 碣石淪於海中」 濡水注又雲, 濡水東南至罍县碣石山, 今海有石如甬道數十裡, 當山頂有大石如柱形, 世名之日天橋術, 韋昭以爲碣石, 明一統志則曰在昌黎西北五十裡, 府志又以爲卽今县北十裡之仙人台, 皆言在是黎境, 而又各不同, (乙)『汉書地理志』「右北平驪城县, 大揭石山在西南」 驪城, 今河北省樂亭县, 『禹貢錐指』驪城之山稱大碣石必有小碣石在, 蓋卽罍县海帝之石矣, (丙)『后汉書郡國志』「常山九門县, 碣石山, 戰國策雲在县界」 此在今河北省藁城县, 『書疏』鄭雲, 戰國策碣石在今九門县, 今屬常山郡, 蓋別有碣石與此名同, 今九門無此山也. (丁)『史記正義』「碣石, 在幽州薊县西三十五裡」 薊县故城在今北京大興县西. (戊)『史記 索隱』「太康地志, 樂浪遂城县有碣石, 長城所起」 此在今朝鮮境. (已)『北齊書文宣帝紀』天保四年, 大破契丹於青山, 道至營州, 登碣石山, 『唐書地理志』「營州柳城县有碣石山」 此在今河北省凌源县, (庚)『隋書地理志』「北平盧龙县有碣石」 『括地志』通曲通考諸說相同, 盧龙在今河北省, 『清一統志』雲「盧龙南不濱海, 今县志亦無此」 (辛)『肇域志』「山東海豐县馬谷山, 卽大碣石」 劉文偉亦以馬谷山在古九河這下, 合於禹貢入海之文, 斷爲碣石, 海豐, 今山東無棣县。

하본기(夏本紀 2, ...太行, 常山至于碣石入于海... 集解王肅曰 '來右
碣石入于海, 正義播 '來右碣石入于渤海也'), 사기 색은(『史記』 索隱),
통전(通典), 司馬光의 자치통감(『資治通鑑』, 北宋 서기 1084년 11월에
완성)에 인용된 태강지리지(太康地理志) 등의 기록에 나오는 '낙랑군
수성현 갈석산(碣石山, ...樂浪遂城县有碣石山長城所起...)에서 진나
라의 장성(秦 長城)이 시작된다.'는 기록은 낙랑군이 한반도 평양에
있을 때가 아니라 공석구 교수의 견해대로 서기 313년 고구려 15대
미천왕 14년(美川王, 서기 300년-서기 331년 재위) 때 고구려에 의
해 축출되어 땅이름이 요서지방으로 옮긴 뒤에 만들어 진 것(僑置)으
로 보기 때문이다. 한사군의 위치 특히 낙랑군은 평양을 중심으로 한
대동강유역으로 보는 것은 고조선의 마지막 단계인 위만조선의 강역

· ·

돌로 새긴 비석이란 의미의 갈석산(碣石山)의 위치에 대해서는 河北省 藁城县, 昌
麗县 등 이견이 많다. 그리고 최근 北京 大興區 黃村鎭 三合莊村에서 출토한 東魏
元象 2년(서기 539년) 樂浪郡 朝鮮县인 출신의 韓顯度 銘文磚(誌石)의 발견(中國
評論新聞網-大陸新聞 2015년 3월 16일)으로 李德一(한가람역사문화연구소)소장
은 낙랑군을 북경근처 蘆龙县으로 비정하기도 한다. 長城은 戰國長城, 秦長城, 汉
長城, 明長城과 辽宁古長城으로 나누어 생각할 수 있다. 秦長城은 秦始皇이 33년
(기원전 214年) 大将 蒙恬을 파견해 북쪽 匈奴의 남하를 막으면서 서쪽으로 甘肅省
臨洮县(현 臨洮县 新添镇三十墩村 望儿)에서 기원전 221년 戰國時代의 통일 때까
지 동쪽으로 辽东 碣石山(현 河北省 藁城县, 昌麗县으로 추정하나 이론이 많음)에
이르는 甘肅省, 陝西省, 內蒙古自治區, 宁夏回族自治區, 辽宁省을 포함하는 1만
여리의 長城축조를 포함한다. 이는 앞선 战国时期 秦, 赵, 燕 三国长城의 기초위
에 들어 진 것으로 현재 东西로 西吉, 固原, 彭阳의 三县, 固阳县의 城北 7km의 色
尔腾山(阴山山脉의 西段 狼山의 以东으로 巴彦淖尔盟 乌拉特前旗 东北部와 乌拉
特中旗의 东南部에 위치)上, 崇山을 포함하는 내몽고자치구의 赤峰, 呼和浩特, 包
头, 鄂尔多斯(오르도스Ordos/Erdos, 鄂尔多斯沙漠, 河套/河南)시 鄂托克旗 등지
에서 진 장성의 흔적이 뚜렷이 발견된다. 이는 세계 7대 기적의 하나로 여겨진다
(진 장성 지도 참조).

한국 선사시대의 문화와 국가의 형성

과 일치하기 때문이다.

현 평양시 낙랑구역 토성리에는 토성터(토성리 토성), 한-진(晉)대 초기에 축조된 낙랑 한묘가 있다. 일제 시 행해진 발굴의 결과, 토성리 토성에서는 건물·도로·창고 군이나 樂浪禮官, 樂浪富貴, 大晉元康(西晉 2대 惠帝, 서기 291-서기 299년, 유창종 유금와당박물관)이란 중국의 문자를 기록한 기와 등이 발견되었고, 고분은 석암리, 정백동, 정오동, 토성동 등지에서 집중적으로 발견된다. 그리고 충청남도 연기 송원리의 백제석실묘(사진 29, KM-016호 석실묘), 성남시 판교와 공주시 금학동 유적의 석실에 구현되어있는 밖으로 약간 휘어져 호상(弧狀)을 이루는 이른바 동장기법(胴張技法) 등은 낙랑 전축분의 영향 하에 만들어진 것으로 보인다.한사군의 설치 이후 한나라로부터 유입된 대표적인 문물로 한자(汉字), 토광묘(土壙

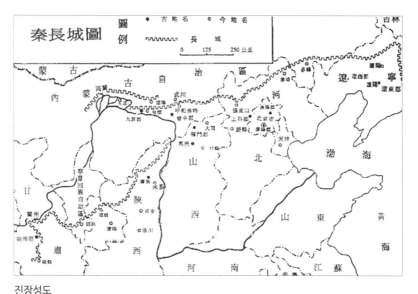

진장성도
中國文化硏究院(http://www.chiculture.net/1203/html/1203b04_02pop04.html)에서 引用

墓)와 철기 등을 꼽을 수 있으며, 진(秦)나라와 한나라에서 사용되던 무기, 특히 과(戈)와 낙랑도기(한식도기)의 유입 역시 당시 상황을 고고학적으로 입증해 준다. 경기도 가평 달전 2리에서 확인된 토광묘에서는 전한대(前汉代, 기원전 206년－서기 24년)의 철과[鐵戈, 극(戟)으로 이야기 할 수도 있으나 최근 중국 서안박물관(西安博物館)에서 과(戈)로 표현함]와 낙랑도기/한식도기 그리고 위만조선시대의 화분형토기가 출토되었다. 강원도 강릉 안인리와 병산동, 동해 송정동과 춘천 율문리를 비롯해 경기도 가평 대성리 '철(凸)'자형 집자리에서는 경질무문토기(700℃－850℃에서 구워짐)와 낙랑도기가 함께 출토되었으며, 양평군 양수리 상석정, 가평 대성리와 상면 덕현리, 연천 청산면 초성리에서 '철(凸)'자형, '여(呂)'자형 및 육각형 집

가평 달전 2리 위만 조선시대 토기
필자 촬영

자리에서 한나라 도기가 여러 점이 보고 되었는데, 화성 기안리(华城 旗安里 풍성아파트)의 제철유적에서도 같은 양상이 확인되었다.

또 연천 학곡리 적석총에서 출토된 한나라 도기의 연대는 공반유물을 통해 기원전 1세기경으로 추정되었으며, 연천 중면 삼곶리와 군남면 우정리(牛井里)에서도 적석총(돌무지무덤)이 발굴되어

동해 송정 고래 작살
필자 촬영

한국 선사시대의 문화와 국가의 형성

같은 양상을 보인다.

기원전 108년 위만조선이 한 무제의 원정군에 망한 후 그 자리에 남아있던 위만조선의 원주민과 중국 전국시대(戰國時代, 기원전 475년-기원전 221년)의 난을 피해온 주로 연나라의 망명인들인 한인(汉人, 樂浪人)들과의 관계에 대한 고고학 자료의 입증은 토광묘, 화분형(花盆形)토기, 세형동검(細形銅劍, 韓國式銅劍) 관계 일괄 유물들과 한나라 인들이 가져온 낙랑도기/한식도기들의 분포 등으로 이루어 질 수 있다. 최근 낙랑도기/한식도기가 나오는 유적은 풍납동토성(사적 11호) 등 십여 군데에 이른다. 주로 강원도(임둔, 기원전 108년-기원전 82년, 예, 동예 지역)와 경기도(낙랑, 기원전 108년-서기 313년, 대방지역)지역에 집중해서 낙랑

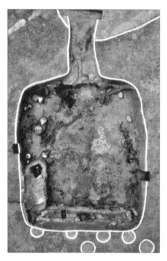

강원도 춘천 율문리의 철(凸)자형 집자리
필자 촬영

서울 강동구 풍납토성(사적 제11호) 내 출토 경질 무문토기
필자 촬영

도기/한식도기가 나오고 있으며, 이 점은 한사군 중 낙랑과 임둔의 영향을 잘 보여준다. 현재까지 낙랑도기/한식도기기 나오는 유적들은 다음과 같다.

가. 서울 송파구 풍납토성(風納土城, 사적 11호)

나. 경기도 연천 청산면 초성리

다. 경기도 연천 백학면 학곡리

라. 경기도 가평 달전 2리(한극/汉戟, 위만조선토기/衛滿朝鮮土器)

마. 경기도 가평 청평면 대성리 역사(大成里 驛舍)

바. 경기도 양평 양수리 상석정[兩水里 上石亭, 가장 연대가 올라가는 것
   은 A10－S1(A－10호 주거지 중앙기둥)으로 2150±60B.P. 보정연대
   는 기원전 330년 또는 기원전 170년이 된다.]

사. 경기도 하남시 二聖山城(사적 422호)

아. 경기도 화성 발안면 기안리

자. 강원도 강릉시 안인리와 병산동

차. 강원도 춘천 근화동 역사(槿花洞 驛舍), 우두동과 율문리

카. 강원도 동해 송정동

타. 강원도 정선 예미리

파. 충청북도 제원 청풍면 도화리(桃花里, 사적 2호인 金海貝塚에서 나오
   는 회청색 낙랑도기가 출토)

하. 경상남도 사천 늑도[사물국/史勿國, 반량전/半兩錢: 기원전 221년－
   기원전 118년, 7대 한 무제 원수 5년/汉 武帝 元狩 5년, 낙랑도기와 일
   본의 야요이토기/弥生土器가 공존, 사적 450호)

그리고 경기도 지역에서 확인된 적석총은 백제의 건국신화와 아
울러 백제가 고구려로부터 남하한 세력인 점과 부합한다. 또 적석
총의 분포상은 한성시대 백제 초기의 영역과 밀접한 관련이 있는
고고학 자료이기도 하다.
한나라가 현재의 평양으로 추정되는 위만조선의 고지(故地)에 설

치했던 낙랑과 후일 후한 헌제(獻帝) 연간 (建安, 서기 196년-서기 220년)에 설치되고 서기 313년에 없어지는 대방군(帶方郡)과의 직접적인 접촉을 통한 무역 또는 통상권의 관계는 삼국지 위서 동이전(『三國志』魏書 東夷傳, 晋初 陳壽, 서기 233년-서기 297년)에 자세히 기록되어 있으며, 대방은 원래 기원전 108년에 설치된 진번군의 현(县)으로 15개현이 소속되어 있었는데, 토착민들의 저항으로 인해 기원전 82년에 진번군이 폐지되며 소속 15개 현 가운데 8개현은 폐지되고 대방에 7개현만 편입되었다. 낙랑군에는 편입된 진번군 지역을 관할하기 위해 남부도위(南部都尉)를 설치하여 관할한 7개 현 중의 중심지였다. 대방군의 영역은 대체로 황해도의 자비령 이남

경기도 연천 청산면 초성리 출토
낙랑 도기
필자 촬영

경기도 양주 양수리 상석정 출토
낙랑 도기
필자 촬영

에서 경기도 북부에 이른다고 보며 치소는 황해북도 사리원시에 있는 속칭 당토성(唐土城)으로 추정되고 있다. 이는 일제강점기에 이루어진 발굴조사에서 '사군대방 태수장무이전(使君帶方太守張撫夷塼)'이라는 명문이 새겨진 벽돌과 臨屯人守卣 封泥가 발견되어 대방과 임둔의 위치비정을 뒷받침하고 있다. 문헌상 사물국으로 추

경남 사천 늑도 출토 반량진오수진
동아대학교 이동주 교수 제공

정되는 경남 사천 늑도(사물국, 史勿國)에서도 진시황이 중국을 통일한 해인 기원전 221년부터 한나라 7대 무제 5년 기원전 118년까지 사용되었던 반량전(半兩錢), 회청색 경질도기를 비롯한 한나라 도기, 무문토기와 일본의 야요이[弥生] 토기 등이 함께 출토된 바 있는데, 이는 『三國志』 위지 동이전 변진조와 왜인전에 보이는 해로만리의 무역로를 감안해 볼 때 대방(낙랑)에서 시작한 수로가 해남 군곡리(海南 郡谷里), 사천 늑도(史勿國)와 고성(固城, 古史浦)-창원 성산(昌原 城山, 骨浦國, 合浦)-김해(金海 狗邪韓國)를 지나 일본의 쯔지마고꾸(對馬國)-이끼고꾸(一支國)-마쯔로고꾸(末慮國)-이또고꾸(伊都國)-나고꾸(奴國)-종착지인 일본의 야마다이고꾸(邪馬台國)로 이어지는 바닷길이 예상될 것이다. 이러한 공반 관계는 위지 동이전의 기록을 고고학적으로 입증해 주는 고고학 자료임은 물론 기존 학계에서 통용되던 한국 철기시대 전기(기원전 400년-기원전 1년)의 문화상과 편년을 재고할 필요성을 강력하게 제기한다.

낙랑의 묘제는 위만조선 당시의 토광묘(土壙墓)에서→목곽분(木槨墳, 單葬木槨墓, 異穴合葬木槨墓)→귀틀무덤(同穴合葬木槨墓)→전축분(벽돌무덤, 塼築墳)으로 발전한다. 낙랑 고분(樂浪古墳)은 평양 근교와 황해도에 산재되어 있는 낙랑 시대의 무덤으로 평양 근방 토성리(土城里)를 중심으로 평양 근교와 황해도에 산재되어 있는 낙랑시대의 무덤으로 현재 1,200-1,400여 기(基)에 달하는 고분이 산재해 있으나 일제 시 일본 학자들의 손에 약 70여기가 발굴 조사 되었다. 발굴된 고분은 석암리 목곽분, 석암리(平壤 石巖里) 9호, 정백동 8·51·53·62·92·205호, 정오동 1·2·5호, 토성동 2·45호 등이 있으며, 그 중 석암리 9호 고분이 잘 알려져 있다. 낙랑고분은 내부 구조에 따라 목곽분(木槨墳)과 전곽분(塼槨墳)으로 크게 나눌 수 있다. 이들 고분의 외형(外形)은 대개 주·한(周·汉) 시대에 보편적으로 행하던 방대형(方台形)으로 목곽분은 광실(壙室)을 목재로 축조한 것으로 곽호(槨戶) 이외에 내측별곽(內側別槨)이 있는 것도 있다. 벽돌무덤은 벽돌로 내부를 쌓은 것으로 천장과 아치(arch)식의 입구를 가졌고, 모두 벽돌로 쌓아 묘실은 2, 3개씩 있고 측실(側室)까지 달려있는 것도 있다. 낙랑 고분에서 부장품으로는 동기(銅器)·옥기(玉器, 죽은 신체의 아홉 개의 구멍을 틀어막는 九竅 포함)·토기·도기(陶器)·목기(木器)·철기·칠기·장신구·문방구·철물·도장(印)·기타 명기(明器) 등이 출토되었다. 동기로는 노(爐)·정(鼎)·종(鐘)·제렴·호(壺)·세(洗)·인(印) 등이 있고, 향로는 대동강 가의 평양 석암리(平壤 石巖里) 제9호분에서 나온 박산로(博山爐)가 유명한데, 중국 산동성 박산의 모양으로 만든 까닭에 박산로라 한다. 낙랑 유물 중에서 가장 유명한 것이 구리거울(동경)인데, 용호(龙虎)·금수(禽獸) 계열의 거울과 내행화문거치경(內行花文鉅齒鏡)과 다뉴세문경(多紐細文鏡) 등이 태반을 차지한다. 그 중에서도 특히 왕망(王莽, 기원전 45년 - 서기 23년 10월 6일, 신나라는 서기 8년에서 서기 23년까지 지속됨) 시대의 명기가 있는 구리거울이 가장 오래된 것이다. 칠기류에는 안(案), 반(盤), 배(杯), 우(盂), 협상(상자) 등이 있다. 대표적인 작품으로는 석암리 제9호 묘에서 출토된 금동구칠반(金銅鉤漆盤), 석암리 왕우묘(王旴墓)의 채화칠반(彩畵漆盤), 남정리(南井里) 채협총 출토의 채화칠협(彩畵漆篋)과 그밖에 여러 고분에서 나온 금동이칠배(金銅耳漆杯) 등을 들 수 있다. 채협총 출토의 채화칠협은 잘게 쪼갠 대나무로 엮어 만든 위에 옻칠로 채색한 상자로, 표면에는 한 나라의 효자와 열녀·충신·제왕 등 94명의 인물을 섬세하게 그려 놓은 것으로 당대의 화풍을 보여주는 좋은 미술품이다. 칠배류로는 대개 타원 장변에 귀[耳]를 붙였기 때문에 이것을 이배(耳杯)라고 한다. 그 중에 내면주칠(內面朱漆)·외면흑칠 등에 교묘한 운문(雲文)을 주칠로 나타내고 두 변의 귀[耳]를 모두 금동으로 금동이칠배(金銅耳漆杯)와 전면 흑칠 일색의 칠이배(漆耳杯)가 있다. 칠이배에도 연호명(年號銘)이 나타나는 것이 있는데, 그 중에는 기원전 85년(전한 소제 시원 2년/前汉 昭帝 始元 2년), 서기 54년(광무제 건무 30년/光武帝 建武 30년)의 명(銘)이 있는 이배(耳杯)도 발견되었다. 장신구로는 금지환(金指環)·은지환(銀脂環)·금천(金釧)·은천(銀釧), 패옥(佩玉)으로 벽옥(碧玉)·금박(金珀)·유리(琉璃)·수정(水晶) 등이 있고, 순금제(純金製) 대구(帶鉤, 띠고리, 평양 석암리 9호 출토 金製鉸具)까지 출토되었는데 대동강변 제9호분에서 발굴된 것이다. 그 외에도 화려한 장식품들이 많이 출토되어 낙랑시대의 화려한 문화생활을 엿볼 수 있다. 서기 1916년에 발굴·조사된 석암리 9호 무덤은 구덩이 속에 큰 나무곽을 만들고 그 속에 다시 나무곽과 나무널을 넣는 형식의 귀틀무덤(同穴合葬木槨墓)이다. 껴묻거리(부장품) 중에는 서기 8년 명문이 새겨진 칠기를 포함해 청동거울, 장신구 등 중국에서 수입된 문물들이 많이 포함되어 있어 이 무덤의 주인공은 낙랑의 최고급 인사의 무덤으로 생각된다. 기타 서기 1913년에 평안남도 용강군(龙岡郡)에 있는 어을동 토성(於乙洞土城) 근처에서 발견된 높이 약 1.33미터, 너비 약 1.10미터 되는 화강암으로 만든 예서체(隸書體)의 점제현 신사비[粘蟬县 神祠碑, 후한의 원화(元和) 2년(서기 85년), 영초(永初) 2년(서기 108년), 광화(光和) 1년(서기 178년), 광화 2년(서기 179년), 경초(景初) 2년(서기 238년)설이 있음]를 비롯해 낙랑예관(樂浪禮官)·낙랑부귀(樂浪富貴) 등을 새긴 개와도 있으며, 봉니(封泥)로는 낙랑태수장(樂浪太守章)·낙랑

대윤장(樂浪大尹章)·조선우위(朝鮮右尉)·증지승인(增地丞印) 등의 문자가 새겨진 것이 발견된다. 평양시 토성리에서는 집터·포도(鋪道, 포장 도로)·옛터 등이 발견되고, 기타 초석(礎石)·봉니(封泥)·경편(鏡片)·와당(瓦當)·반량전(半兩錢)·오수전(五銖錢)·대천오십(大泉五十)·화천(貨泉, 신나라 동전) 등의 전화(錢貨)·전범(錢范)·동촉(銅鏃)·금영락(金瓔珞)·소옥(小玉) 등이 출토되었다. 칠기로는 한대 최고도의 기술을 발휘한 촉(蜀)·광한(廣汉) 두 군에서 관공(官工)의 손으로 만든 것이 많다. 또 서기 1990년 초 평양 정백동 364호 귀틀무덤에서 기원전 45년(汉 初元 4년)에 작성된 '初元 4년 戶口簿/県別戶口多少'라는 낙랑군 호구조사 木簡의 발견은 낙랑군 25개현의 현별 호구 수를 적은 통계표이며, 낙랑군 남쪽 관할인 남부도위 7개 현, 동쪽 관할인 동부도위 7개 현, 중심부인 직할 11개현의 일부 인구와 호구 수가 기록돼 있다. 이 중 汉族은 4만명에 이른다고 한다. 이로서 낙랑군이 한사군과 관계없는 樂浪國이라 할지라도 기원전 108년에 세워진 낙랑의 위치가 평양근처임을 확인 시켜주고 있다.[2] 목간 통계를 보면, 낙랑군의 핵심부인 조선현(평양)의 호구 수가 근 1만호에 이르는 등 직할지 11개현의 인구가 17만9천여 명, 남부도위 대방현 이하 7개현이 5만1167명 등 모두 4만5956호에 28만여 명이 낙랑군에 살았던 것으로 파악됐다. 한나라가 기원전 108년 설치한 한사군의 하나인 낙랑군과 고분에서 출토한 유물들은 기원전 108년 —서기 313년 사이 위만조선과 삼국시대까지의 공백을 메워 주는 한

· · · · · · · · · · · · · · · · · · · ·

2 손영종은 서기 1990년대 초 정백동 364호 출토 목간의 내용을 『력사과학』 198호 (2006−2)에 소개하고, 윤용구는 서기 2007년 4월 26일 한국고대사학회 정기발표회 장에서. 첫 발제자로 '새로 발견된 낙랑 목간'으로 이를 분석하여 재 소개하였다.

나라 문화보다 낙후된 한반도 여러 지역에서 문화적 영향을 확인하는 중요한 자료로서 앞으로 한국상고사 연구에 있어 식민지사관이나 한사군의 위치비정과 상관없이 중요한 몫을 차지해야 할 것이다.

11. 철기시대

: 철기의 보급과 여러 나라의 성장

1. 철기의 사용과 문화

철기시대 전기는 철기의 사용이 시작된 때부터 청동기가 완전히 소멸되고 전국적으로 본격적인 철 생산이 시작될 무렵까지의 시기로 절대연대로는 기원전 400년을 전후한 시기부터 기원을 전후한 시기에 해당된다. 이것은 최근 점토대토기 관계유적의 출현과 관련하여 기원전 400년으로 상한을 올려 잡을 수 있다. 점토대토기의 출현은 철기시대의 시작과 관련이 있다. 다시 말해 철기시대의 상한이 점토대토기의 출현과 관련이 있고 늦어도 기원전 5세기로 올라가고 있다. 그리고 최근의 고고학적 자료에 의하면 철기시대의 기원지로 연해주의 북옥저(끄로우노프까, 北沃沮, 黑龙江省 東宁县 团结Ⅰ 團結文化)[1]와 읍루(뿔체, 挹婁, 철기시대로 그 상한은 기원전 7세기까

1 러시아 아누치노 북옥저(끄로우노프까) 유적에서한국 선사시대 문화 중 철기시

지 올라간다)를 수 있다. 철기시대문화의 기원은 청동기시대와 마찬가지로 다원적이라고 말할 수 있다. 그리고 우리나라 선사시대 철기문화를 다루는데 있어 기존의 시대구분을 따르면 철기시대는 철기시대 전기와 후기(삼국시대 전기) 즉, 기원전 400년부터 서기 300년까지 700년의 기간에 해당된다. 이의 기원은 중국의 요녕성과 러시아의 아무르 강 유역으로부터이다. 북옥저와 읍루문화가 바로 그러하다. 이 시기는 이전에 청동기 II기로 지칭되었을 만큼 청동기 제작기술이 비약적으로 발전하여 비록 실용성이 상실되기는 했지만, 청동기가 동검(銅劍), 동경(銅鏡, 다뉴세문경), 동모(銅矛), 동과(銅戈), 팔령구(八鈴具) 등으로 다양하고 정교한 청동제품이 제작되었다. 특히 의례용 청동기가 많이 부장되는데 최근 전라남도 함평군 해보면 상곡리 철기시대 전기(기원전 4세기 경)의 석관묘에서 직경 6.2cm－6.4cm의 鏡形銅器가 목 부위 근처에서 출토되고, 특정부위가 닳아 있어 피장자는 평소 儀禮와 관련된 인물이나 신분이 높았던 자로 추정된다. 그리고 전라북도 群山市 沃溝邑 船提里 적석목곽묘(길이 219cm, 폭 46cm)에서 劍把形銅器 3점, 細形銅劍 8점, 청동도끼(斧) 1점, 銅鉈

∙∙∙∙∙∙∙∙∙∙∙∙∙∙∙∙∙∙∙∙∙∙∙

대 전기(기원전 400년－기원전 1년)에 속하는 銅鉾(銅矛, 청동 투겁창, 길이 21cm, 최대 폭 3.9cm)가 확인되었다(서기 2017년 8월 16일 동아일보). 또 서기 2016년에도 연해주 니콜라예프카 성터와 미하일로프카에서 기원전 4세기－기원전 3세기에 속하는 안테나식 銅劍이 발견∙확인된 바 있다. 이는 서기 1995년도 연해주 끄로우노프까 강변에 발견된 13기의 개석식 지석묘와도 관련이 있다. 이와 같은 예는 연해주에서 발견된 것으로 추정되는 철기시대 전기 중 후기에 속하는 기원전 2세기－기원전 1세기경의 細形銅劍(韓國式銅劍)이 하바로브스크 박물관에도 전시되어있고 러시아의 연해주 올레니 A와 북옥저인 끄로우노프까에서 기원하는 凸자형과 呂자형 집자리가 조사되어 한국문화의 기원과 전파를 알려주는 철기시대 전기의 유물들의 발견예가 증가하고 있다.

(청동새기개) 1점과 함께 131점으로 꿴 푸른색 還玉 목걸이, 黑色磨
硏土器와 구연부 단면 圓形의 粘土帶土器[2]가 출토되었다(전북문화재
연구원). 그 중 劍把形銅器은 대전 괴정동, 충남 아산시 남성리와 예
산군 동서리에서 발견되었지만 현장에서 수습하기는 이번이 처음이
다. 또 검파형동기는 중국 요녕성 심양 정가와자(辽宁省 沈阳 鄭家窪
子) 유적 출토와 같은 형으로 기원전 5세기 우리나라 철기시대의 시
작을 알려주고 있다. 또한 세형동검(細形銅劍, 韓國式銅劍)과 다뉴세
문경(精文式細文鏡, 잔무늬거울)으로 대표되는 이 시기의 청동기문
화는 비파형동검(古朝鮮式銅劍)으로 대표로 하는 요령지방의 고조선
(단군조선)문화와는 구별되는 거의 한반도에 국한하여 나타난다. 그
래서 한국식동검문화라고도 부른다. 따라서 철기시대 전기의 표식적
인 유물로는 세형동검과 세문경의 두 가지 청동기유물이 널리 통용
되고 있다.

. . . .

2 紅陶(붉은간토기)는 酸化焰(oxidizing fire)으로, 黑陶는 還元焰(reducing fire)
으로 구어진다. 中國 靑海省 靑藏高原 三江源 玉樹藏族自治州 지역인 扎曲河 北
岸 襄謙县 卡永尼村의 藏族들은 과거조상들이 해오던 토기제작방식을 그대로 사
용해 토기를 만들어 내고 있다. 다시 말해 근처에서 채취한 紅色粘土에다 鐵成分
의 돌을 분쇄해 갈아 만든 가루를 섞은 바탕흙(胎土)를 가지고 積輪法(테쌓기수법,
ring−building method)이나 捲上法(coiling method)을 이용해 성형하고 발로 간
단한 물레(陶車)를 천천히 돌리면서 손비짐(手捏法)으로 원하는 그릇을 成形해 나
간다. 그리고 그 과정에서 그릇 안에는 拍子를 대고 밖에서는 빨래방망이와 같은
板子로 표면을 두들겨 그릇의 모양을 좀 더 단단하게 굳힌 후 器表面에 나무칼로
陽刻 또는 陰刻의 문양을 새겨 초벌 토기를 완성한다. 최후의 燒成은 산돌로 베두
리를 두른 仰天窯(open kiln) 안에 토기를 거꾸로 쌓아놓고 그 위에 마른 소똥을
덮어 불을 붙이는 방식을 이용한다. 그리고 많으면 한꺼번에 100여점 정도 구워낸
다. 이 제작과정은 모두 남자가 담당한다. 그 결과 5,000년 전부터 시작된 전통적
인 紅陶 제작수법이 그대로 유지되고 있다.

이제까지 철기시대 전기는 두 시기로 구분되어 왔다. Ⅰ기(전기)는 Ⅰ식 세형동검(한국식 동검), 다뉴세문경, 동부, 동과, 동모, 동착 등의 청동기류와 철부를 비롯한 주조(鑄造, casting iron) 철제 농·공구류 그리고 단면 원형의 점토대토기와 섭씨 700℃−850℃ 사이에서 구워진 경질무문토기를 특색으로 한다. 그 연대는 기원전 400년부터 기원전 200년 전후로 볼 수 있다. Ⅱ기(후기)에는 Ⅱ식 세형동검과 단조철기(鍛造, 鍛打, forging iron)가 등장하고, 세문경 대신 차마구가 분묘에 부장되고 점토대토기의 단면형태는 삼각형으로 바뀐다. 그

리고 철기시대 전기는 동과와 동검의 형식분류에 따라 세 시기로 구분될 수도 있다. 그러나 최근의 자료로 보면 점토대토기의 아가리 단면 형태로 원형, 직사각형 그리고 삼각형의 세 종류가 확인되는데, 이들은 Ⅰ기(전기), Ⅱ기(중기)와 Ⅲ기(후기)의 세 시기로 구분된다. 점토대토기의 단면 형태로 보면 원형, 직사각형, 삼각형의 순으로 변화한 것 같다. 매우 이른 시기에 속하는 철기시대의 ① 단면 원형의 점토대토기(전기, Ⅰ기) 유적의 예로 강원도 강릉 사천 방동리 과학 일반 지방산업단지 등을 포함하여 경주 금장리, 완주 이서면 반교리 갈동,

전남 순천 덕암동
마한 소도에서 나온
굽은 옥
필자 촬영

群山市 沃溝邑 船提里과 순천 덕암동 등지에서 상당수 확인되고 있다. ② 단면 직사각형의 점토대토기(중기, Ⅱ기)는 원형에서 삼각형으로 바뀌는 과도기적 중간 단계로 제주시 삼양동(사적 416호), 강원도 춘천 거두 2리(2지구), 홍천 두촌면 철정리, 논산 원북리, 가평 달전 2리와 안성 공도 만정리의 토광묘 등지에서 확인된다. 원형에서 삼각형으로 바뀌는 과도기에 해당하는 점토대토기 가마가 경상남도 사천 방지리, 파주 탄현 갈현리와 이천 나종면 이치리 등지에서 확인된 바

있다. 그리고 ③ 경주 나정(蘿井, 사적 245
호)의 경우 구연부 단면 삼각형의 점토대토
기(후기, Ⅲ기)와 함께 다리가 굵고 짧은 豆
形토기가 나오고 있으며 이 시기는 기원전
57년 박혁거세의 신라건국과 밀접한 관련을
맺고 있기 때문이다. 다시 말해서 동과와 동
검 그리고 점토대토기의 단면형태를 고려한
다면 철기시대 전기를 두 시기가 아닌 세 시
기의 구분이 가능할 수 있겠다. 그리고 최근
발견된 유적을 보면 완주 이서면 반교리 갈
동에서는 동과·동검의 용범과 단면 원형 점
토대토기(Ⅰ기)가, 화성

전북 완주 이서면 반교리 갈동
토광묘 출토 동검 거푸집
필자 촬영

동학산에서는 철제 끌의 용범과 단면 직사각형
의 점토대토기(중기, Ⅱ기)가 논산 원북리, 가평 달
전 2리와 안성 공도 만정리의 토광묘에서는 세
형동검, 그리고 공주 수촌리에서 세형동검,
동모, 동부(도끼, 斧), 동사(銅鉈, 조각칼)
와 동착(끌, 鑿)이 토광묘에서 나왔는
데, 이들은 철기시대 전기의 전형적
인 유적·유물들이다. 특히 이들이
토광묘에서 출토되었다는 사실은
세형동검이 나오는 요양 하란 이도
하자(辽陽 河欄 二道河子), 여대시 여
순구구 윤가촌(旅大市 旅順口區 尹家
村), 심양 정가와자(沈阳 鄭家窪子),

충남 공주 의당 수촌리(사적 제460
호) 출토 세형(한국식)동검 일괄
필자 촬영

황해도 재령 고산리(高山里)를 비롯해 위만조선(기원전 194－기원전 108년) 시기와 밀접한 관련이 있는 것으로 볼 수 있다. 다시 말해 세형동검(한국식동검) 일괄유물, 끌을 비롯한 용범(거푸집), 토광묘 등은 점토대토기(구연부 단면원형)와 함께 철기시대의 시작을 알려준다. 토광묘의 경우는 평안남도 강서군 대(태)성리의 경우처럼 낙랑에 앞선 위만조선 시대(기원전 194년－기원전 108년)의 것으로 볼 수 있다. 이와 유사한 토광묘는 경기도 가평 달전 2리, 완주 이서면 반교리 갈동과 충남 아산 탕정면 명암리 등지에서 확인된다.

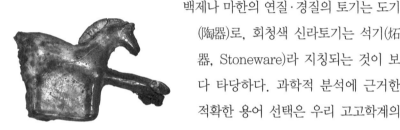

충남 아산 탕정 명암리 말모양
허리띠 장식
필자 촬영

백제나 마한의 연질·경질의 토기는 도기(陶器)로, 회청색 신라토기는 석기(炻器, Stoneware)라 지칭되는 것이 보다 타당하다. 과학적 분석에 근거한 적확한 용어 선택은 우리 고고학계의 시급한 과제 중의 하나이다. 특히 시대구분의 표지가 되는 토기, 도기, 석기의 구분 문제는 보다 중요한데, 이는 이들을 구워 내는 가마를 포함한 제작기술상의 문제와 이에 따른 사회발달상과도 깊은 관련을 맺고 있기 때문이다. 한나라 또는 낙랑의 도기들은 무문토기 사회에 여과되지 않은 채 직수입된 중국의 문물이 끼친 영향이 어떠했는가를 엿볼 수 있는 좋은 자료들이다. 한반도 청동기시대 주민들은 당시 안성 공도 만정리에서 확인되듯이 물레의 사용 없이 손으로 빚은 경질무문토기를 앙천요(open kiln)에서 구워 내었지만, 그 후 철기시대가 되면 강릉 사천 방동리, 파주 탄현 갈현리, 경남 사천 방지리, 아산 탕정 명암리에서 보여주다시피 직경 1.5m내외 원형의 반수혈(半竪穴)의 좀 더 발전한 가마에서 점토대토기를 구워내고 있었다. 진천 삼룡리(사적 제344호)와 산수리(사적 제 325호)에서 확인되는 중국식 가마 구조의 차용과 그곳에서 발견되는 한식도기의 모방품에서 확인되듯이 도기제작의 기술적 차이를 극복하는데 적어도 2−300년의 기간이 걸렸을 것이다. 서기 3세기−서기 4세기 마한과 백제유적에서 흔히 보이는 토기 표면에 격자문, 횡주단사선문, 타날문 또는 승석문이 시문된 회청색 연질 또는 경질토기(도기로 보는 것이 좋음)들이 도기 제작에 있어서 기술 극복의 결과로 볼 수 있을 것이다. 따라서 낙랑의 설치와 아울러 중국 汉나라 본토에서 직접 가져온 한식도기 또는 낙랑도기가 공반되는 무문토기 유적의 연대는 낙랑이 설치되는 기원전 108년과 가까운 시기가 될 것이다. 가평 달전 2리 토광묘에서 한식 도기와 중국 서안(西安) 소재 섬서성 역사박물관 전시품과 똑같은 한대의 과(戈)가 출토되었고, 가평 대성리와 양평 양수리 상석정의 '철(凸)'자와 '여(呂)'자형 집자리 유적의 경우도 마찬가지로 볼 수 있다. 그들의 연대도 기원전 1세기를 내려오지 않을 것이다. 또 포천 영중면 금주리 유적에서도 기원전 20년−서기 10년이라는 연대가 확인되어 이들과 비슷한 시기의 유적임이 확인된 바 있다. 러시아의 연해주 올레니 A와 북옥저인 끄로우노프까에서 기원하는 凸자형과 呂자형 집자리가 나와 앞으로의 기원과 연대문제도 정립되어야 한다. 한식도기(낙랑도기)는 주로 강원도(臨屯 기원전 108년−기원전 82년, 濊, 東濊지역)와 경기도(樂浪 기원전 108년−서기 313년, 帶方지역)지역에 집중해서 한식도기가 나오고 있다. 이 점은 낙랑과 임둔의 영향을 잘 보여 주고 있다 하겠다. 이런 점에서 철기시대 전기 중 단면 삼각형(후기, Ⅲ기)이 나오는 기원전 2세기−기원전 1세기의 고고학적 유적과 유물의 검토가 필요하다. 그리고 경기도 가평 외서면 청평 4리, 경기도 광주시 장지동, 강원도 횡성 공근면 학담리, 춘천 거두리와 천전리에서 출토된 해무리굽과 유사한 바닥을 지닌 경질무문토기는 아무르강 중류 리도프카 문화와 끄로우노프카 문화에서도 보이므로 한반도의 철기시대에 러시아 문화의 영향을 고려할 필요가 있다.

철기시대 전기 중의 후기(기원전 3세기-기원전 1년)에는 위만조선-낙랑-마한-동예 등의 정치적 실체들이 서로 깊은 관계를 맺어 역사적 맥락을 형성하고 있다. 따라서 원삼국시대라는 한국 고대사 기록과 부합되지 않는 애매한 시기 설정 대신에 마한과 백제라는 시기와 지역의 구분이 등장하여 이 시기의 성격이 명확하게 설명되고 있다. 문헌으로 볼 때에도 고구려, 백제와 신라는 신화와 역사적 사건으로 서로 얽히어 있다. 그러나 한국의 고대사에서는 백제와 신라의 초기 역사를 인정하지 않고 있다. 그래서 삼국시대 초기에 대한 기본적인 서술은 통시적(通時的), 진화론(進化論)과 아울러 역사적 맥락(歷史的 脈絡, context)을 고려해야 한다. 한국의 역사고고학 시작은 위만조선 때부터이다. 그 중 철기시대 전기에 속하는 기원전 400년에서 기원전 1년까지의 약 400년의 기간은 한국고고학과 고대사에 있어서 매우 복잡하다. 이 시기에는 한국고대사에 있어서 중국의 영향을 받아 한자(汉字), 鐵器와 土壙墓를 알게 되고 국가가 형성되는 등 역사시대가 시작되고 있다. 청동기시대에 도시, 문명, 국가가 발생하는 전 세계적인 추세에 비추어 우리나라에서는 국가의 형성이 이보다 늦은 철기시대 전기에 나타난다. 위만조선이 망한 후 낙랑, 진번, 임둔(이상 기원전 108년 설치)과 현도(기원전 107년 설치)의 한사군이 들어서는데, 오늘날 평양 낙랑구역에 낙랑이, 그리고 황해도와 경기도 북부에 대방[처음 낙랑군에 속하다가 헌제 건안(獻帝 建安 서기 196년-서기 220년)간에 대방군이 됨]이 위치한다. 이들은 기원전 3세기-기원전 2세기경부터 존재하고 있던 마한과 기원전 18년 마한의 바탕 위에 나라가 선 백제, 그리고 동쪽의 동예(東濊), 남쪽의 진한(辰韓)과 변진(弁韓)에 막대한 영향을 끼치었다. 이러한 점에서 비추어 볼 때, 최근 발굴 조사된 경기도 가평 달전 2리, 경기도 광주시 장지동, 충청남도 아산 탕정면 명암리, 전라북도 완주 이서면 반교리 갈동, 경상북도 성주군 성주읍 예산리 유적에서 나오는 토광묘, 화분형토기, 한식도기 등의 존재는 매우 중요하다. 이들은 이제까지 사마천의 사기와 같은 문헌에 주로 의존하고 있었으며 고고학자료는 매우 영세했던 위만조선의 연구에 신국면을 맞게 해주었다.

이외에도 석곽묘의 발전, 상류계급층의 목곽묘의 발달, 농경, 특히 논농사(稻作)의 발달 등이 철기시대 전기의 후기의 문화적인 특색으로 꼽힐 수 있다. 또한 삼국사기의 초기 기록을 신뢰하지 않더라도 이미 이 시기에는 북부지역에서 고구려가 온전한 고대국가의 형태를 가지게 되며, 각지에 적석총이 축조되게 된다. 시체를 넣은 돌널 위를 봉토를 덮지 않고 돌만으로 쌓아올린 무덤을 적석총(積石塚)이라고 한다. 고구려와 백제 초기단계에서 보이는 적석총은 환인현(桓仁縣) 고력묘자촌(高力墓子村), 자강도 시중 심귀리, 자성 조아리·서해리·법동리·송암리 등지의 압록강 유역에서 보이는 것들과, 경기도 양평 서종면 문호리, 서울 석촌동, 강원도 춘천 중도, 충청북도 제천 청풍면 양평리·교리·도화리 등지의 남한강 유역에서 보이는 것들이 이에 해당한다. 특히 이들은 남·북한강 유역에 주로 분포되어 있다. 시기도 백제가 공주로 천도하기 이전의 기간인 기원진 18년-시기 475년의 약 500년 동안으로, 한성(汉城)백제라는 지리적인 위치와도 관련을 맺고 있다. 이 유적들은 백제 초기인 한성도읍시대의 연구에 중요한 실마리를 제공해주고 있다. 고구려계통의 적석총이 남하하면서 임진강, 남한강, 북한강 유역에 적석총이 축조된다. 그 대표적인 예로 경기도 연천 군남면 우정리·중면 삼곶리·횡산리(中面 橫山里)·백학면 학곡리, 충북 제원 청풍면 도화리(堤原 淸風面 桃花里)의 기원전 2세기−기원전 1세기경의 적석총을 들 수 있다. 이 적석총은 백제의 건국자인 주몽(朱蒙, 高朱蒙/東明聖王)의 셋째 아들 온조(溫祚, 기원전 18년−서기 28년 재위)의 남하신화(南下神話)와도 연결된다. 즉 문헌과 신화 상으로 볼 때 적석총이 고구려 및 백제와 같은 계통이라는 추정이 가능하며 이는 고고학 자료로도 입증되고 있다. 한편 남부지역에서 삼한사회가 고대국가로 발돋움 하게 된다.

2. 철기의 사용

중국에서는 기원전 475년 경 전국시대부터 철기가 쓰이기 시작하였다. 특히, 철제농기구의 사용으로 농업이 발달하여 경제기반이 확대되었다. 우리나라는 기원전 5세기경부터 중국 요녕성과 러시아 연해주지역의 영향을 받아 철기시대로 접어들었다. 철기의 재료가 되는 철광석이 널리 퍼져 있는데다가 청동기보다 더 단단하여 철기가 실생활에 더 유용하였다. 따라서 청동기는 점차 의식용 도구로 변해갔다. 철기시대에는 이전에 사용하던 나무나 돌로 만든 도구와 더불어 삽, 낫, 괭이와 같은 농기구, 칼, 창, 화살촉과 같은 무기 등을 철로 만들어 사용하였지만 청동제의 세형동검과 다뉴세문경의 사용도 계속되었다. 그러나 철제무기와 철제도구의 사용으로 청동기는 의기(儀器)화 하였다. 토기는 경질의 무문토기 이외에 입술 단면에 원형, 삼각형과 방형의 덧띠가 붙여진 점토대토기와 홍도(紅陶, 붉은간토기)와 흑도(黑陶, 검은간토기) 등을 사용하였다. 이 점토대토기의 말기에는 한반도에 고대국가가 나타난다. 그리고 북쪽에서는 위만조선이란 국가가 이미 형성되었다. 특히, 철제 농기구의 사용으로 농업이 발달하여 경제기반이 확대되었다. 그리고 이 시기에 이르러 청동기문화도 더욱 활짝 펴, 한반도 안에서는 독자적인 발전을 이룩하였다. 고조선식 비파형동검은 한국식 동검인 세형동검으로, 거친무늬거울은 잔무늬거울로 그 형태가 변하여 갔다. 그리고 청동제품을 제작하던 틀인 거푸집도 전국의 여러 유적에서 발견되고 있다. 기원전 400년경부터 철기가 유입되면서 중국 연나라 화폐인 명도전(明刀錢), 진나라의 반량전(半兩錢), 한나라의 오수전(五銖錢, 한 무제 元狩 5년, 기원전 118년), 후한 초의 왕망전(王莽錢, 新 서기 8년—서기 23년) 등이 사용되어 당시의 활발한 교역관계를 보여주고 있다. 통상권을 형성하고 있던 한반도 내의 사회들은 중국과 국제 무역 및 한반도 내부 나라(國) 사이의 교역을 행하였다. 이는 삼국지 위지 동이전 변진조와 왜인전 이

제주 애월 금성리-화천
필자 촬영

정기사(里程記事)에서 보이는 바와 같이 낙랑·대방에서 출발하여 對馬國(つしまのくに)—一支國(いきこく, 壹岐)—末廬國(まつろこく, まつらこく)—伊都國(いとこく)—奴國(なこく, なのくに)[3]를 거쳐 일본

• •

3 奴國은 서기 57년 后汉 光武帝로부터 '汉倭奴國'이란 金印을, 邪馬台國은 서기 239년 魏의 齊王으로부터 '親魏倭王'란 칭호를 下賜받으며 九州 佐賀县 神埼郡 神埼町·三田川町 東村振村 吉野ケ里(요시노가리)에 위치한 일본 최초의 고대국가인 邪馬台國의 卑弥乎(히미꼬)女王은 서기 248년에 죽고 宗女 台與(壹與)가 그 자리를 계승한다.

의 사가현 간자끼군 히사시세부리손 요시노가리(佐賀県 神埼 東背 振 吉野け里)에 위치한 히미꼬(卑弥呼, 서기 158年경－서기 248年) 와 도요(台與, 서기 235年?－?)가 다스리던 邪馬台國(やまたいこ く)에 이르는 무역루트 또는 통상권이 잘 나타나 있다. 해남 군곡리 －김해 봉황동(회현동, 사적 2호)－사천 늑도－제주도 삼양동(사적 제416호) 등 최근 확인된 유적들은 당시의 국제 통상권의 루트를 잘 보여주고 있다. 이의 대표적 예들이 서기 57년(『后汉書』光武帝 第1 下 中元二年, 서기 1784년 福岡에서 발견)의 "汉倭奴國王", 서기 239 년(魏 明帝 景初 3년) 히미코(卑弥呼)의 "親魏(倭)王"의 책봉과 金印 이다. 그리고 요시노가리(佐賀県 神埼郡 神埼町, 三田川町, 東背振 村의 吉野け里)에 위치한 히미꼬와 도요가 다스리던 야마다이고꾸 (邪馬台國)는 당시 이러한 국제적 교역관계의 종착점인 양상을 띠 고 있었다. 이끼 섬[壹岐島] 하라노쓰지[原ノ辻] 유적에서 발견된 철 제품을 비롯하여 후한경(后汉鏡)·왕망전(王莽錢)·김해토기(金海土 器), 제주시 산지항(山地港), 구좌읍 종달리(終達里)패총, 애월읍 금 성리와 해남 군곡리 출토의 화천(貨泉), 고성(固城)패총과 골포국(骨 浦國, 合浦)으로 알려진 창원시 외동 성산 패총[4]에서 발견된 후한경

· ·
4 浦上八國에 대한 기록으로 『三國史記』와 『三國遺事』에서 찾아 볼 수 있다. 三國史 記 新羅本紀 第二. 奈解十四年(서기 209년)秋七月 浦上八國謀侵加羅 加羅王子來請 救 王命太子于老與伊伐飡 利音將六部兵往救之 擊殺八國將軍奪所虜六千人還之. 三國遺事 避隱第八 勿稽子條 第十奈解王卽位十七年(서기 212년)壬辰. 保羅國(今 固城) 史勿國(今泗州.) 等八國 倂力來侵邊境 王命太子㮈音 將軍一伐等 率兵拒之 八國皆降. 時勿稽子軍功第一 然爲太子所嫌 不賞其功 或謂勿稽子 此戰之功 唯子而 已 而賞不及子 太子之嫌君其怨乎 稽曰 國君在上 何怨人臣 或曰然則奏聞于王幸矣 稽曰 代功爭命 命揚己掩人 志士之所不爲也 勵之待時而已 十年乙未 骨浦國(今合浦 也)等三國王 各率兵來攻竭火(疑屈弗也今蔚州.)王親率禦之 三國皆敗 稽所獲數十

과 오수전[5] 등은 이러한 양상을 잘 입증해 준다. 동아대학교 박물관

. . . .

級 而人不言稽之功 稽謂其妻曰 吾聞仕君之道 見危致命 臨難忘身仗於節義 不顧死
生之謂忠也 夫保羅(疑發羅今羅州) 竭火之役 誠是國之難 君之危 而吾未曾有忘身致
命之勇 此乃不忠甚也 旣以不忠而仕君 累及於先人 可謂孝乎 旣失忠孝 何顔復遊朝
市之中乎 乃被髮荷琴 入師彘山(未詳) 悲竹樹之性病 寄托作歌 擬溪澗之咽響 扣琴
制曲 隱居不復現世. 포상팔국 중 이 골포국의 정치진화단계는 Elman Service의
통합론(Integration theory)와 Timothy Earle의 절충론(Eclecticism)에 의하면
고대국가 직전단계인 복합족장사회(complex chiefdom)에 속하며 2-300년 후 왕
이나 여왕이 다스리던 奴國과 邪馬台國과의 교역(interaction sphere)을 통해 정
치가 더욱더 복잡하게 발전하였다. 그때는 이미 伽倻 王國으로 대표된다.
창원시 佛母山(火池)에 조선시대의 鐵鑛, 製鍊所, 爐址와 冶鐵址가 있었다는 口
傳이 있고, 또 昌原府에서 銅鐵이, 창원 北背洞에서 구리가 섞인 生沿石이 생산되
었다고 기록으로 전해온다(『朝鮮王朝實錄』 25권, 세종 6년, 서기 1424년 갑진년 9
월 9일자, 26권 세종 6년 서기 1424년 정해년 11월 16일자 등). 그리고 창원 봉림동
과 의창(창원) 다호리 背寺洞(九龙路)에서 서기 1974년 무렵까지 철과 구리를 채광
하던 흔적이 남아있다. 실제 경주 황성동 소방도로, 경주 월성 毛火里(문화재관리
국, 1987)와 충남 서산 해미읍성(사적 116호) 등지에서 삼국시대-조선시대의 야
철지가 알려져 있다. 그리고 창원시 외동 昌原 南中學校내의 지석묘(서기 1974년
지방문화재 5호로 지정됨), 그리고 가음정동과 토월동의 지석묘 존재가 알려져 있
다. 창원시 근처에는 마산 덕천리와 진동리 지석묘(사적 472호), 의창 多戶里 고분
군(走漕馬國, 사적 327호) 등 청동기시대 후기 말-철기시대 전기 초의 중요한 유
적들이 많다. 당시에는 技術의 어려움 때문에 자연 選鑛이 되는 냇가철(川砂鐵)이
나 바닷가철(濱砂鐵)이 採鑛의 중심이 되었을 것이다.

5 五銖錢은 汉 武帝 당시 도량형의 一標準으로 3.35g에 해당한다. 오수전은 동제와
철제의 두 가지가 있으며, 銅製五銖錢은 그 기원이 한 무제 元狩 5년(기원전 118
년)이며 鐵製五銖錢은 后汉 光武帝 建武 6년(興龙 6년, 서기 30년)에서부터 시작
한다. 동제 오수전의 종류로는 穿上橫文(神爵年間 기원전 61년-기원전 58년), 四
角決文, 穿上半星, 穿下半星, 内好周郭, 四出文(后汉 靈帝 中平 3년, 서기 186년),
傳形과 大文의 五銖錢 등이 있다(水野淸一·小林行雄編 1959, 『圖解考古學辭典』,
東京: 創元社, pp.345-346). 성산패총 출토 오수전은 전면 穿上 위에 두 개의 점
(星點)이 있고 배면은 内好周郭과 흡사하다. 그러나 창원 성산 패총출토의 오수전
이 발견된 층위의 방사성탄소연대가 기원전 250년, 기원전 175년이 나와 야철지

이 발굴한 경상남도 사천 늑도에서는 경질무문토기, 일본 야요이(弥生)토기, 낙랑도기, 한식경질도기 등과 함께 반량전이 같은 층위에서 출토되었다. 반량전은 기원전 221년 진시황의 중국 통일 이후 주조되어 기원전 118년(7대 汉 武帝 5년)까지 사용된 중국화폐로 알려져 있다. 사천 늑도(사물국)는 당시 낙랑·대방과 일본 야마다이고꾸(邪馬台國)를 잇는 중요한 항구였다. 철기시대 전기의 한국 무문토기·쌀·지석묘·청동기가 일본에 많이 나타나고 있는 점은 당시 이러한 교역관계에서 이해되어야 한다. 또 경남 의창군 다호리 유적(사적 제327호)에서는 붓이 나와 중국의 한자가 사용되고 있었음을 보여준다.

3. 철기시대의 생활

공렬문토기로 대표되는 청동기시대 중기(기원전 1000년 – 기원전 600년) 이후 청동기시대 중기 공렬토기 단계가 되면 족장사회와 같은 계급사회가 발전하고 한국화 된 최초의 문화정체성(文化正體性, cultural identity)이 형성된다. 이러한 정체성은 그 다음 철기시대 전기(기원전 400년 – 기원전 1년)가 되면 더욱더 뚜렷해진다. 철기시대 농경의 재배식물 종류는 청동기시대와 동일하나 가축의 비중이 보다 높아지고 농경도구가 석기에서 철기로 바뀌면서 생산력과 노동효율성이 증가하였다. 그리고 철제 농공구의 사용으로 저습지 개발이 증가하였고, 작물의 수확이 반월형석도를 이용하여 이삭을 따는 방식에서 쇠낫을 이용하여 뿌리 가까이 베는 오늘날과 같은 수확

· ·
의 연대는 銅製 五銖錢과 관계없이 기원전 2세기 – 기원전 1세기에 속한다고 말할 수 있다.

방식으로 바뀌었다. 그리고 철기시대 농경의 또 다른 특징으로는 밤나무, 복숭아와 같은 유실수 재배가 이루어지고 자체 수요와 세금 납부를 위한 대마 재배가 증가하였다. 가축은 부여의 기록에서 개, 돼지, 소, 말, 양이 나타나지만 남한에서는 개와 돼지를 제외하고는 가축의 비중이 여전히 미미하였다. 집의 형태는 대개 장방형움집인데 점차 지상가옥으로 바뀌어져서 온돌구조가 나타나며 농경의 발달과 인구증가로 정착생활의 규모가 확대되었다. 철기는 이전의 도구들에 비해 더 단단하고 날카롭기 때문에 효율성이 높았다. 경작지를 개간하기가 더 쉬워졌고, 농업기술도 발달하여 농업생산량이 크게 늘어났으며, 이에 따라 인구도 증가하였다. 또한 무기도 발달하여 철제무기를 잘 이용한 부족은 다른 부족을 정복함으로써 세력을 크게 키울 수 있었다. 더불어 직업이 전문화되고, 사회의 계급이 뚜렷이 구분되면서 국가의 모습을 갖추어 나아갔는데, 이때 만주와 한반도 일대에는 새로운 나라들이 많이 등장하였다. 철기시대의 무덤으로는 토광묘(널무덤)와 옹관묘(독무덤) 등이 있다. 널무덤은 구덩이를 파고 나무로 널을 만들어 넣은 것으로, 평안도 지역에서 만들어지다가 남부로 전파되어 낙동강 유역에서 많이 만들었다. 독무덤은

국립광주박물관 옹관
필자 촬영

두 개의 항아리 입구를 맞대어 만든 것으로, 영산강유역과 특히 전남 광주 광산구 신창리 옹관묘 유적(사적 제375호)이 대표된다.

철기시대 전기의 집자리 형태는 직사각형의 장방형움집인데, 점차

오늘날의 초가집 모양의 지상가옥으로 바뀌어 갔다. 움집 중앙에 있던 화덕은 한쪽 벽으로 옮겨지고, 저장공도 따로 설치하거나 한쪽 벽면을 밖으로 돌출시켜 만들어 놓았으며 또 창고와 같은 독립된 저장시설을 집 밖에 따로 만들기도 하였다. 그리고 움집을 세우는데 주춧돌을 이용하기도 하였다. 집자리는 넓은 지역에 많은 수가 밀집되어 있어 취락형태를 이루고 있다. 이것은 농경의 발달과 인구의 증가로 정착생활의 규모가 잠차 확대되었음을 보여주는 것이다. 또 같은 지역의 집자리라 하더라도 그 넓이가 다양한 것으로 보아, 주거용 외에도 창고, 공동작업장, 집회소, 공공의식장소 등도 만들었음을 알 수 있다. 이는 점차 사회조직의 발달과 복잡함을 나타내 준다. 그리고 보통의 집자리는 4명−8명 정도의 핵가족이 살 수 있는 크기로서, 이것은 부부를 중심으로 한 가족용으로 만들어진 것이다. 이러한 환경에서 여성은 주로 집안에서 집안일을 담당하게 되었고, 남성은 농경, 사냥과 전쟁과 같은 바깥일에 종사하게 되었다. 한편, 생산의 증가에 따른 잉여생산물의 축적과 분배, 사적 소유로 인해 빈부의 차와 계급의 분화 촉진되었다.

4. 철기시대의 사회상

철기시대에는 제·정(祭·政)의 분리로 환호와 관련된 지역이 주거지 보다 종교·제사유적과 관계된 별읍(別邑)인 소도(蘇塗)로 형성된 것 같다. 다시 말해 신석기시대의 정령숭배, 청동기시대의 토테미즘을 거쳐 철기시대의 샤머니즘과 조상숭배와 함께 환호를 중심으로 하는 전문 제사장인 천군(天君)이 다스리는 소도가 나타난다. 소도도 일종의 무교의 형태를 띤 것으로 보인다. 이는 종교의 전문가인 제사장, 즉 천군의 무덤으로 여겨지는 토광묘에서 나오는 청동방울, 거울과 세형동검을 비롯한 여러 무구(巫具)들로 보아 이 시기의 종교가 샤마니즘(무교)의 일종이었을 것으로 짐작된다. 진한의 우거수 염사치(辰韓의 右渠帥 廉斯鑡)의 거수(渠帥)를 비롯하여 격이나 규모에 따라 신지(臣智), 검측(險側), 번예(樊濊), 살계(殺奚)와 읍차(邑借)라는 족장들이 단순·복합사회의 행정적 우두머리가 되어 다스렸다. 그러나 소도는 당시의 복합단순 족장사회의 우두머리인 세속정치 지도자인 신지, 검측, 번예, 살계와 읍차가 다스리는 영역과는 별개의 것으로 보인다. 울주 검단리), 진주 옥방과 창원 서상동에서 확인된 청동기시대 주거지 주위에 설치된 환호는 계급사회의 특징 중의 하나인 방어시설로 국가사회형성 이전의 족장사회의 특징으로 볼 수 있겠다. 이러한 별읍 또는 소도의 전신으로 생각되는 환호 또는 별읍을 중심으로 하여 직업적인 제사장인 천군이 다스리던 신정정치(theocracy)도 가능했을 것이다. 그 다음 삼국시대 전기에는 세속왕권정치(secularism)가 당연히 이어졌을 것이다. 즉 고고학 자료로 본

경기도 안성 원곡 반제리의 소도
중원문화재연구원 제공

한국의 종교는 신석기시대의 정령숭배, 청동기시대의 토테미즘, 철기시대의 샤머니즘, 조상숭배로 이어지면서 별읍의 환호와 같은 전문 종교인인 천군이 다스리는 소도의 형태로 발전한다. 앞으로 계급사회의 성장과 발전에 따른 종교적인 측면도 고려해야 될 때이다. 그리고 변한(弁韓), 진한(辰韓), 동예(東濊)와 옥저(沃沮)는 혈연을 기반으로 하는 계급사회인 족장사회였다. 그리고 삼한사회의 경우 청동기와 철기시대 전기와 달리 가장 늦게 역사서에 나타나는 숙신의 군장(君長)의 경우 복합족장사회(complex chiefdom)란 의미에서 군장사회란 용어를 사용해도 무방할 것이다. 위만조선과 마한을 대표하는 목지국 경우는 혈연을 기반으로 하지 않는 국가 단계의 사회였다. 그 중 위만조선은 우리나라에서 무력정변, 즉 쿠테타(coup d'etat)를 통해 정권을 획득한 최초의 국가 단계의 사회였다. 이들 사회에는 청동기와 토기의 제작, 그리고 무역에 종사하는 상인 등의 전문직이 형성되어 있었다. 또 이미 정치와 종교의 분리가 이루어졌으며, 무역은 국가가 주도하는 중심지무역이 주를 이루었다.

경기도 안성 원곡 반제리
출토 원형 점토대토기
필자 촬영

양평 신월리, 울산 야음동, 안성 원곡 반제리, 강릉 사천 방동리, 부천 고강동, 화성 동탄 동학산, 화성 마도면 쌍송리, 부산 기장 일광면 청광리, 울산 북구 연암동, 경기도 평택시 용이동(공렬토기, 한얼문화유산연구원), 구리시 교문동(직경 34m, 서울문화유산연구원)의 제사유적도 이런 점에서 해석되어야 할 것이다.[6] 양평 신월

. . . .

6 蒙古와 접경지대이며 몽고족들이 거주하는 사람호수(Saram/Sayaram Lake)근처에 위치하며 현재에도 5월−7월에 술, 피(血), 돈, 준 보석류 들을 바치며 제사

하는 대상인 돌무더기(shamanistic cairn/heap/ rock piles)인 오보(敖包/鄂博 áobāo, ovoo, Mongolian ОВОО)는 산위나 고지대, 산길 옆, 라마교사원 경내에서 발견되는데 이는 가끔 경계석이나 여행 시 里程標로도 이용된다. 오보는 여름의 마지막 산이나 하늘을 대상으로 하는 제식용 제단으로 제사를 할 때 이 돌무더기에 나뭇가지를 얹혀 놓거나 의식용 비단 스카프인 푸른 천(blue khadag)을 걸어 놓는다. 이는 하늘의 영혼(祭神)인 텡그리(Tengri/ Tengger)를 위한 것이다. 이 때 제사자는 오보의 서북쪽에 앉으며 祭祀시 불을 피우거나 의식용 춤을 추거나 기도를 드리기도 하며 제물(供物)로 받치고 남은 음식물로 축제를 벌리기도 한다. 과거 공산주의 정권하에서는 이런 의식이 금지되었으나 몰래 거행되어왔다. 이는 오늘날의 몽골인들에게 오보는 병과 재난을 막아 주고 가축의 번성을 돕는 수호신으로 변화되었지만 과거 공산치하의 종교와 미신의 말살 정책 속에서도 살아남은 민간신앙의 대표적인 것 중의 하나로 巫敎(薩滿敎, shamanim)의 한 형태를 보인다. 이러한 문화적 배경을 가진 오보를 우리나라의 서낭당(선황당, 城隍堂)이나 솟대(立木, 高壚)에 비교하는 경우가 있다. 이는 앞으로 한국문화기원의 다양성을 말해줄 수 있는 중요한 자료중의 하나로 볼 수 있다. 『后汉書』東夷傳(宋 范曄 撰), 『三國志』魏志 東夷傳(晋 陳壽 撰)에서 보이는 우리나라의 蘇塗는 삼한시대 하늘에 제사를 지내던 특수한 聖地로 소도에는 큰 소나무를 세우고 神樂器인 방울과 북(鈴鼓)을 달아 神에 대하여 제사를 지내는 神域이며 죄인이 그곳에 들어가면 벌할 수 없는 聖域인 어사이럼(Asylum, 그리스어의 '불가침'을 의미하는 asylos에서 유래한 아실리 Asillie임)과 비슷하다고 할 수 있는 곳이다. 이곳은 天君이 다스리는 別邑으로『三國志』魏志 弁辰條에 보이는 族長社會(chiefdom)의 우두머리격인 거수(渠帥)와 격이나 인구와 영역의 규모에 따라 신지(臣智), 검측(險側), 번예(樊濊), 살계(殺奚)와 읍차(邑借)라는 이름으로 나누어진 행정관할구역의 大小 책임자들과는 다른 天君이 다스리는 神域(神聖祭祀處)이었다. 현재 우리나라에서도 대전시의 근방 동광교에 솟대가 하나 남아 있다. 古山子 金正浩가 서기 1861년 제작한 大東興地圖(보물 제 850호)에 보이는 忠州 老隱面 水龙里의 蘇古라는 지명에서 冶鐵地와 더불어 蘇塗의 존재도 확인할 수도 있다. 그리고 김해 장유면 栗下里(B-14호)에서 청동기시대 솟대로 추정되는 수혈유구가 확인되고 있다. 율하리 유적의 옥고 시기는 청동시시대 후기로 편년하고 있다(경남발전연구원 역사문화센터 2006, 金海 栗下 宅地 開發事業地區 內 I 地區 發掘調查 3次 指導委員會 資料集- A·D·E·F구역-).

리에서 발견 조사된 청동기시대 중기(기원전 1000년－기원전 400년)의 환상열석도 환호와 관련지어 생각하면 앞으로 제사유적의 발전관계를 설명하는데 도움을 줄 것이다. 이런 유적은 하남시 덕풍동과 마찬가지로 우리나라에서 처음 나타나는 것이다. 유사한 환상의 제사유적과 제단은 요녕성 조양시 동산취(辽宁省 朝阳市 喀左县 興隆庄乡 章京營子村 東山嘴屯)과 朝阳市 建平 牛河梁([辽宁省 朝阳市 建平县)의 紅山문화에서 보이며, 그 연대는 기원전 3600년－기원전 3000년경이나 중심연대는 기원전 3000년－기원전 2500년경이다. 일본의 동북지방에서도 이러한 성격의 환상열석(環狀列石) 유적들이 일본의 신석기시대인 죠몽시대 말(繩文時代後期末) 北海道 小樽市(おたるし) 忍路(おたるし おしょろ) 유적, 靑森県(あおもりけん)의 小牧野(こまきの)와 三內丸山(さんないまるやま) 유적, 秋田県(あきたけん)의 鹿角市(かづのし) 大湯(おおゆ), 野中堂(のなかどう)과 万座(まんざ), 北秋田市(きたあきたし)의 鷹巢町(たかすちょう) 伊勢堂岱(いせどうたい), 岩木山(いわきさん) 大森(おおもり) 유적, 岩手県(いわてけん) 西田(にしだ)와 風張(かざはり) 유적, 靜岡県(しずおかけん) 上白岩(かみしらいわ) 등지에서 발굴·조사된 바 있다. 그중 아끼다 秋田県 伊勢堂岱 유적이 양평 신월리 것과 비슷하나 앞으로 유적의 기원, 성격 및 선후관계를 밝힐 조사연구가 필요하다.

12. 여러 나라의 모습

　고조선 말기인 기원전 3세기 무렵이 되면 만주와 한반도 북부에서는 우리 겨레의 또 다른 부족집단이 세력을 키워갔다. 이들은 철기문화를 바탕으로 하여 다른 부족을 정복하거나 또는 연합하여 초기국가의 모습을 갖추었다. 만주에서는 지금의 길림성 일대를 중심으로 한 송화강 유역의 평야지대에서 부여가 성장하였으며, 부여의 한 갈래인 고구려가 압록강의 지류인 동가강 유역의 홀본(졸본)지방에서 자리를 잡았다. 한반도에서는 동해안 북부지방을 중심으로 옥저와 동예가 위치하였으며, 한강이남지역에는 일찍부터 마한이 존재하여 남방 여러 족장사회 가운데 중심세력이 되었는데, 고조선의 마지막 위만조선의 멸망 이후 그 유민들의 이주로 인하여 사회가 분화·발전하면서 마한, 진한, 번한의 삼한을 이루었다. 마한에는 54개의 작은 나라들이 있었으며, 진한과 변한에는 각각 12개의 작은 나라가 있어 연맹체를 이루었다. 삼한 가운데 마한의 세력이 가장 컸으며 그 가운데 하나인 목지국의 지배자가 마한왕(馬韓王) 또는 辰

王(西韓王)으로 추대되어 삼한의 영도세력이 되었다. 삼한에는 정치지배자 외에 종교전문가인 천군이 있었고 신성지역으로 소도라는 별읍이 있었다. 천군은 농경과 종교에 대한 의례를 주관하였다. 변한에서는 철이 많이 생산되어 중국, 일본 등지에 수출하였는데 화폐처럼 쓰이기도 하였다. 철기문화의 발전으로 삼한사회는 점차 변화하여 지금의 한강유역에서는 고구려의 적석총을 사용한 사람들이 남하해 세운 백제국이 커지면서 마한지역을 통합해 갔다. 낙동강지역에서는 가야국이, 그 동쪽에서는 사로국이 성장하여 고대국가성립의 기반을 마련하여 나갔다.

1. 부여

부여(夫餘)는 만주 송화강 유역 오늘날의 농안 일대의 평야지대를 중심으로 성장하였다. 농경과 목축을 주로 하였고, 특산물로는 말, 주옥, 모피 등이 유명하였다. 부여는 이미 서기 1세기 초에 왕호를 사용하였고, 중국과 외교관계를 맺는 등 발전된 국가의 모습을 보였다. 그러나 북쪽으로는 선비족, 남쪽으로는 고구려와 접하고 있다가 서기 3세기 말 선비족의 침략을 받아 크게 쇠퇴하였고, 결국 새로이 일어나는 물길(勿吉)의 위협을 받자 왕족이 고구려에 투항하여 결국은 고구려에 편입되었다(서기 494년). 왕 아래에 가축의 이름을 딴 마가, 우가, 저가, 구가와 대사자, 사자 등의 여러 가(加)와 관리들이 따로 사출도를 다스리고 있었는데 이들이 왕을 직접 선출하기도 하였다. 이때의 왕은 아직 세습되지 않는 것으로 보아 그 세력이 확고했다고는 보기 어렵다. 이들 가는 따로 행정구획인 왕이 나온 대표부족의 세력은 매우 강해서 궁궐, 성책, 감옥, 창고 등의 시설을 갖추고 있었으며, 왕이 죽으면 많은 사람들을 부장품과 함께 묻는 순장의 풍습이 있었다. 부여의 법으로는 4조목이 전해지고 있다. 그 내용은, 살인자는 사형에 처하고 그 가족은 노비로 하며, 남의 물건을 훔쳤을 때에는 물건 값의 12배를 배상하게 하고, 간음한 자와 투기가 심한 부인은 사형에 처한다는 것이었다. 이는 결국 고조선의 8조의 법과 같은 종류임을 알 수 있다. 부여의 풍속에는 정월(殷曆)에 영고(迎鼓)라는 제천행사가 있었다. 이것은 농경사회의 전통을 보여주는 것으로 12월에 열렸다. 이때에는 하늘에 제사를 지내고 가무를 즐기며, 죄수를 풀어 주기도 하였다. 전쟁이 일어났을 때에는 제천의식을 행하고 소를 죽여 그 굽으로 길흉을 점쳤다. 우리나라 사람들이 점을 치는 풍습은 선사시대의 고고학 자료에서도 찾아지는데 이는 무산 범의 구석에서 나온 점 뼈(卜骨)에서 드러난다. 점 뼈는 대개 사슴 등의 초식동물의 어깨뼈를 지져서 그 갈라지는 모양새를 가지고 길흉을 점쳤던 것으로 보인다. 이러한 풍습은 우리나라의 남단에서도 여전히 찾아지는 바, 예를 들면 웅천 자마산 패총과 해남 군곡리에서 나온 복골로 보아 삼한사회에서도 점복의 풍습이 있었음을 유추할 수 있다. 당시 한반도에 동시기에 존재하던 여러 국가들은 대개 비슷한 풍습을 갖고 있었음이 틀림없다. 부여에서는 왕이 죽으면 많은 부장품과 함께 순장을 행하였다. 많을 때는 100여 명이나 함께 묻었다고 한다. 영혼의 불멸을 믿어서, 죽음은 영원히 없어지는 것이 아니라 다른 세계로 이어지는 것이라고 생각하였기 때문에 장례를 후하게 한 것은 이 시대의 공통된 관습이었다. 그러므로 순징은 부여사회의 **풍속민**은 아니다. 신라 智證王 3년(서기 502년)에 旬葬을 금한 기록이 있을 뿐 아니라, 최근에 찾아진 발굴자료 및 연구에 의하면 고조선을 비롯하여 고구려, 가야, 신라, 삼한 등지에서도 순장이 이루어졌던 것으로 나타나며, 따라서 나머지 지역에도 해당될 것으로 생각된다. 부여는 고조선에 이어 두 번째로 세워진 우리 겨레의 나라이자, 고구려와 백제의 뿌리가 된다는 점에서 역사상 중요한 의미를 가지고 있다. 다시 말해 부여의 역사는 송호정 교수의 이야기대로 기원전 3세기부터 서기 494년까지 차지했던 약 700년간 길림성과 흑룡강성의 만주지역을 차지했던 우리 고대사의 원류로 부여의 간략한 연표는 기원전 3세기 예맥족(예맥 퉁구스)이 부여 건국, 기원전 104년 사기 화식열전에 처음으로 부여라는 명칭이 등장, 기원전 59년 해모수(解慕漱)가 북부여의 왕으로 즉위, 해부루(解夫婁)는 동부여를 세우고 아들 금와(金蛙)와 대소(帶素, 기원전 73년?−서기 22년 2월, 재위: 기원전 24년−서기 22년 2월, 서기 22년 고구려의 3대 大武神王이 부여를 침공하여 대소왕이 전사했다)가 왕위계승, 서기 111년 부여의 군사 8,000여 명이 낙랑군을 공격하고, 서기 410년 고구려가 현 길림에 위하는 부여의 왕성을 점령하고 서기 494년 부여가 고구려에 항복하여 멸망하는 것으로 서술할 수 있겠다. 그리고 현재까지의 견해로는 桂延壽(?−서기 1920년)가 서기 1911년에 쓴 환단고기[『桓檀古記』에는 三聖紀, 檀君世紀, 北夫餘紀, 太白逸史의 본문과 해제가 있음] 중 이암(李嵒)의 단군세기(檀君世紀)에서 기원전 2333년 나라를 연 王儉檀君(재위 93년)부터 47대 古列加檀君(재위 58년)까지 47대 2,096년의 치세가 끝나는 해인 기원전 238년경 단군조선이 해체되면서 해모수의 北夫餘,[1] 해부루와 금와가 세운 東夫餘와 주몽(鄒牟王, 기원전 58년−기원전

1 서울 송파구 풍납토성(사적 11호)의 발굴 지도위원회(서기 2007년 6월 12일, 화)에서 辽宁省 西豊县 執中村 西岔溝 古墓에서 나온 夫餘 전기(汉代 중기, 기원전 150년−서기 50년)의 금제 귀고리(이형구 2004, p.191)와 뽈체(Polche, 挹婁, 서기

19년 음력 9월)의 卒本夫餘(고구려)가 생겨난 것으로 이해되고 있다.

. . . .

2006년 11월 21일, 화, 지도위원회)의 토기 두 점을 소개한 바 있다. 그리고 최근 서기 2016년 6월 충북 청주시 오송읍 정방리 생명과학단지의 발굴(중앙매장문화원)에서 부여문화의 것으로 보이는 銅柄鉄劍과 한나라(낙랑)의 土製耳杯를 소개하여 북쪽 부여와 마한과의 문화관계를 밝히고 있다. 이 銅柄鉄劍은 자루의 문양만 다를 뿐 이미 商과 西周에서 출토된 바 있다. ① 서기 1973년－서기 1985년 河北省 蒿城县 台西 商代遺址의 발굴조사에서 鐵刃銅鉞이 나왔는데 날은 隕鐵로 제작되었고 연대는 상나라 말 기원전 12세기경에 해당한다. 상나라 말기에도 철을 이용할 줄 알았던 모양이다. 그러나 본격적인 청동기시대로 진입한 것은 偃師 二里頭(毫)文化 때이다. 그리고 ② 서기 1950년 三門峽 댐 水利樞紐工程建設 때 黄河水庫考古工作隊를 구성하여 河南省 三門峽市 上村岭에 위치하는 西周 에 속하는 墓葬 230기, 車馬坑 3기, 馬坑 1기, 出土文物 9, 179점을 발굴하였는데 북쪽에 國君墓群과 家族墓가 위치한다. 여기에는 2기의 國君墓, 1기의 國君夫人墓, 2기의 太子墓, 250여기의 貴族墓葬가 포함된다. 그리고 서기 1999년에 虢國 都城 上陽이 발굴되었다. 그 중 國君墓群에서는 秦國銅柄鉄劍 綴玉面罩(玉壽衣), "宝鈴鐘"이란 명문으로 墓主人이 虢仲(生前에 曾輔佐周天子治理天下, 管理臣民 겸 "受天子祿"인 姬姓諸侯國의 虢國(괵국, 周文王 동생의 封國, 기원전 9세기－기원전 6세기) 國君(王)의 虢仲의 1호 대묘(土壙竪穴墓)와 虢季의 M2001호에서 나온 명문이 있는 두 벌의 編鐘, 金腰帶飾, 64필의 車馬坑과 함께 玉柄銅芯鐵劍(玉菱銅芯劍, 銅柄鉄劍/中华第一劍으로 불리움, 현재 河南省博物院에 소장)이 묻힌 2호를 들 수 있다. 이외에도 "虢仲作虢妃宝壼, 子子孫孫永宝用"의 명문이 있는 청동기 4점, 9号墓 出土의 120점의 青銅器 僅礼樂器와 玉龙과 凶猛咆哮的玉虎를 포함하는 724점의 玉器가 발굴되었다. 이들은 모두 1만여 건으로 三門峽市 虢國博物館에 전시되어있다. 이 玉柄銅芯鐵劍은 서기 1990년 2월 河南省 三門峽市 虢國墓地에서 출토한 것으로 身長 20cm, 莖長 13cm의 短劍으로 청동기가 주류를 이루었던 春秋末(西周晩期 약 2,800년전)의 것으로 集鐵, 銅, 玉의 三种의 材質로 이루어졌으며 檢身은 銅芯위에 철을 덮었으며 劍柄은 新疆省 和田青玉을 사용하고 자루 끝부분 방형에는 晶瑩剔透의 수법으로 綠松石(터키석, turquoise)을 象嵌해 넣었나. 이 검은 이제까지 발견된 것 중 가장 빠른 것으로 여겨졌던 2600년전 秦國銅柄鉄劍의 冶煉鐵器의 기록을 200년을 앞당겼다. 그리고 越王句踐劍(湖北省博物館 소장), 吳王夫差劍(國家博物院 소장)보다도 앞서는 "中华第一劍"으로 불리운다. 그리고 『史記』 吳太伯世家에 나오는 季札과 관련된 당시 검을 숭상하던 모습을 잘 보여준다.

2. 고구려

국동대혈
필자 촬영

고구려는 부여로부터 남하한 주몽[朱蒙은 天神의 아들이며 부여의 건국자인 해모수(解慕漱)와 水神의 딸 하백녀(河伯女)사이에서 알로 태어나 卵生說話가 생김]에 의해 압록강의 지류인 동가강 유역에 건국되었다(기원전 37년). 주몽은 부여의 지배계급 내의 분열, 대립과정에서 박해를 피해서 남하하여 독자적으로 고구려를 건국하였다. 고구려는 압록강의 지류인 동가강 유역의 졸본(환인)지방에 자리 잡았다. 『三國史記』에 의하면 고구려 2대 유리왕(瑠璃王, 기원전 19년−서기 18년 재위)은 22년 서기 3년 고구려 초대 동명왕(東明王, 朱蒙, 기원전 37년−기원전 19년 재위)이 기원전 37년 세운 최초의 도읍지인 졸본(卒本, 桓仁, 五女山城, 下古城子, 紇升骨城 등이 초기 도읍지와 관련된 지명임)에서 집안(集安, 輯安)으로 옮겨 국내성(國內城)을 축조하고, 10대 山上王 2년(서기 197년−서기 227년 재위) 서기 198년에 환도산성(丸都山城)을 쌓고 있다. 이 지역은 대부분 큰 산과 깊은 계곡으로 된 산악지대로서, 토지가 척박하여 힘써 일을 하여도 양식이 모자랐다. 그래서 고구려는 건국 초기부터 주변의 소국들을 정복하고 평야지대로 진출하고자 하였다. 그리하여 압록강 변의 국내성(퉁구)으로 옮겨 5부족연맹을 토대로 발전하였다. 그 후 활발한 정복전쟁으로 한의 군현을 공략하여 요동지방으로 진출하였고, 또 동쪽으로는 부전고원을 넘어 옥저를 정복하여 공물을 받았다. 고구려 역시 부여와 마찬가지로 왕 아래 대가들이 있었으며, 이들은 각기 사자, 조의, 선인 등 관리를 거느리고 독립된 세력을 유지하였다. 그리고 중대한 범죄자가 있으면 제가회의에 의해 사형에 처하고, 그 가족을 노비로 삼았다. 또, 고구려에는 서옥제(婿屋制, 데릴사위집)라는 데릴사위의 결혼풍속이 있었다.

또 고구려에는 형사취수(兄死娶嫂) 또는 취수혼(娶嫂婚) 제도도 있었다. 이는 형이 죽은 뒤에 동생이 형수와 결혼하여 함께 사는 胡俗의 혼인 제도인 수계혼(收繼婚, levirate marriage)의 한 형식으로 흉노와 고구려와 같은 북방 유목민 사회에서 나타나는데 이는 형수가 시집올 때 가져온 가축 등의 재산이 밖으로 유출되는 것을 막기 위함이었다. 이는 또 토착농경사회와 유목민족의 관계에서도 잘 나타나는데 西汉(前汉) 10대 元帝(기원전 75년-기원전 33년 5월)6년(기원전 33년) 한나라의 궁녀였던 王昭君(王嬙, 기원전 52년-?)이 汉-匈奴의 유화정책에 의해 匈奴王 呼韓邪單于(기원전 58년-기원전 31년 재위)에게 政略結婚으로 시집가 그곳에서 72세에 병으로 죽어 內蒙古自治區 호화호트(呼和浩特) 시에 묻혀 있는 呼韓邪單于의 부인 왕소군의 묘(昭君墓, 靑塚)가 이를 잘 입증해준다. 왕소군은 기원전 33년 西汉 后期 握衍朐鞮單于의 아들 匈奴單于인 呼韓邪單于(기원전 58년-기원전 31년 재위)의 요구대로 흉노에 시집을 와 伊屠智牙師(日逐王)이 난 아들을 낳고 기원전 31年 呼韓邪單于가 세상을 뜬 후 昭君은 한나라로 돌아오고 싶었으나 汉帝 劉驁(汉 成帝 기원전 51년-기원전 7년 3월 18일)의 명에 의해 胡俗인 兄死娶嫂制에 따라 呼韓邪單于와 呼韓邪寵妾 大閼氏사이에서 난 長子 복주누약제 선우(復株累若鞮單于)에게 再嫁하여 須卜居次(? − 서기 23년)와 두 딸(長女 須卜居次, 次女 當于居次)을 낳았다.

중국에서 이러한 형사취수의 관념은 親族 내의 性的 紊亂을 가져왔다. 그러나 북방계 鮮卑族(古代 시베리아/西伯利亞의 遊牧民族인 东胡) 遊牧民族血統(胡漢混血)을 받은 唐나라는 별로 신경을 쓰지 않은 것 같다.[2] 唐 高祖 李淵(서기 566년−서기 635년 6월 25일, 陇西 李氏)의 고향은 陇西 成紀县(현 甘肅省 天水市 秦安县)이었다.

그리고 건국시조인 주몽과 그 어머니 유화부인을 조상신으로 섬겨 제사를 지냈고, 10월에는 추수감사제인 동맹(東盟)이라는 제천행사를 성대하게 하였다. 한편, 고구려에서도 부여와 같은 점복의 풍습

· · · · · · · · · · · · · · · · · · · ·

2 武则天(서기 624년 − 서기 705년)의 이름은 曌(zhào, 조), 并州 文水(현 山西省 文水县 东人으로 中国历史上 年龄 最大의 나이인 67세로 즉위한 유일의 正统女皇帝이다 그녀는 荆州都督 武士彠의 次女이며 母亲은 杨氏이다. 출생지는 四川省 广元市라는 설도 있다. 武则天은 四川省 广元에서 어린 시절 전부를 보냈으며 12세 아버지가 돌아가신 후 그녀는 모친과 함께 族兄의 虐待를 받았다. 무측천은 14세에 입궁하여 唐太宗의 才人(정5품)이 되어 당 태종은 그녀를 잠깐 동안 총애하여 "媚"이라는 이름을 하사하여 "武媚娘"이 되었다. 그러나 12년간 才人으로 머물며 승진하지 못했다. 당 태종의 중병기간 그녀는 唐 太宗 李世民의 第九子이며 嫡三子인 후일 高宗이 된 李治와 친분을 쌓아갔다. 李治가 왕위를 계승하고 그녀는 感業寺에 穿照라는 法名으로 比丘尼가 되었으나 感業事에 분향하러온 高宗에게 '如意娘'(看朱成碧思纷纷, 憔悴支离为忆君 不信比来长下泪, 开箱验取石榴裙)이라는 七言絶句의 詩를 바치고 다시 고종의 마음을 얻어 "昭仪"와 "皇后"로 지위가 높아졌다. 天授 元年(서기 690년) 唐을 周로 바꾸고 洛阳을 "神都"로 하여 武则天은 正式으로 "皇帝" 보위에 올라 중국역사상 처음으로 女皇帝(67세)가 되었다. 그러나 1년이 지나자 神龙 元年(서기 705년) 周를 唐으로 다시 환원시켰다. 그 다음 中宗이 계승되어 그해 11월 26일 81세로 临终前 "去帝号, 称则天大圣皇后"이란 遗诏를 남겼다. 그녀는 皇后의 身份으로 고종의 릉인 乾陵에 合葬되었다. 그리고 唐 玄宗은 56세에 자기의 18번째 아들 壽王 李瑁의 처인 22세의 梁貴妃(梁玉環/太眞)를 취하는 데에서 잘 나타난다.

이 있었다. 고구려는 기원전 37년에 건국되어 초기부터 주변의 소국들을 정복하였고 퉁구로 옮겨오면서 5부족연맹을 이루고 고대국가로 발전하였다고 한다. 주몽설화에 등장하는 주몽의 어머니 유화부인은 河伯女로서, 여기서도 하나의 탄생을 생명의 근원인 물에 연결시키는 고대인의 사유를 엿볼 수 있다. 주몽설화는 이러한 물과 일광(日光)에 감응한 난생(卵生)형식의 설화가 결합되어 생겨난 것으로 보이며, 고구려가 확대·통합되어 가는 과정에서 부여의 설화를 차용한 것으로 보이는 부족의 설화가 부족 전체의 설화로 격상하여 갔음을 추측할 수 있다. 주몽이 어머니 유화부인과 헤어질 때, 오곡의 종자를 받았고 그 후 잊고 두고 온 보리 종자를 비둘기가 입에 물어 날라다 주었다는 이야기에서 곡모(穀母)적인 지모신(mother-goddess) 사상이 있었음도 엿볼 수 있다. 동맹축제 때의 곡신의례의 원류는 이러한 곡모적인 지모신사상에서 찾을 수 있을 것이다.

그리고 서기 1972년-서기 1974년에 湖南省 長沙市(汉나라 당시의 이름은 臨湘임) 東郊 馬王堆路 馬王堆 省馬王堆療養阮 옆에서 발견된 것으로 그 후 湖南省博物館 관장인 熊傳薪에 의해 발굴되었다. 이곳은 중국 前汉(기원전 206년-서기 8년) 장사국의 재상(長沙丞相)이며 700戶를 分封받은 초대 軑侯인 利蒼(2호, 呂后 2년 기원전 186년에 죽음), 이창의 부인 辛追의 무덤(1호, 2대 대후인 利豨의 在位 年間인 기원전 160년경에 50세 전후로 죽음)과 그들의 아들 무덤(3호, 30세가량의 利蒼과 辛追의 아들로 文帝 12년 기원전 168년에 죽음. 5대 文帝[3] 15년 기원전 165년에 죽은 2대 대후인 利豨이 동

• •

3 中國에서는 高祖(劉邦, 기원전 206년-기원전 195년)-惠帝(劉盈, 기원전 194년-기원전 188년)-高后(呂雉: 高祖 劉邦의 皇后이며 惠帝 劉盈의 生母, 기원전 187

생으로 여겨짐)의 세 무덤으로 이루어지고 있다. 학자마다 주인공의 生沒年代가 약간씩 차이가 있지만, 무덤의 축조방식으로 보아 그 무덤 축조는 초대 대후 利蒼의 무덤(2호, 기원전 186년경)→이창의 아들인 2대 대후 利豨의 동생의 무덤(3호, 기원전 168년경)→이창의 부인 辛追의 무덤(1호, 기원전 160년경)의 순서이다. 발굴보고자들은 이 셋의 무덤이 기원전 186년에서 기원전 160년경 사이에 축조된 것으로 보고 있다. 軑侯의 순서는 초대 利蒼−2대 利豨−3대 利彭祖−4대 利秩이다. 근처에서 2−4대 대후 무덤도 발견될 것이다. 이러한 연대는 무덤축조보다 늦게 써진 『史記』를 비롯해 무덤 속에서 나온 비단에 베껴 쓴 책, 竹簡, '利蒼', '長沙丞相', '軑侯之印', '妾辛追'의 印章과, '遣策'(鄭注: 書遣于策의 준말, 策은 簡, 遣은 猶로 送也라는 뜻을 지님) 등으로 추정된다. 신추가 묻힌 무덤은 '湖南省 省級 文物保護單位 馬王堆 汉墓'라는 보존구역 안에 있으며, 그의 아들이며 利豨 동생의 무덤은 '馬王堆 汉墓 3號墓坑'이라는 비석과 함께 '馬王堆 3號 汉墓 墓址'라는 전시관에 공개되고 있다. 이 시기는 汉 7대 武帝(기원전 141년−기원전 87년)가 衛滿朝鮮(기원전 194년−기

· ·
년−기원전 180년)−文帝(劉恒, 기원전 179년−기원전 157년)−景帝(劉啓, 기원전 156년−기원전 141년)−武帝(劉徹, 기원전 140년−기원전 87년)로 언급하며 이때 武帝는 6대가 된다. 그러나 日本에서는 高祖(기원전 206년−기원전 195년)−惠帝(기원전 195년−기원전 188년)−少帝恭(기원전 188년−기원전 184년)−少帝弘(기원전 184년−기원전 180년)−文帝(기원전 180년−기원전 157년)−景帝(기원전 156년−기원전 141년)−武帝(기원전 141년−기원전 87년)로 高后(呂雉, 기원전 187년−기원전 180년) 대신 少帝恭(기원전 188년−기원전 184년)−少帝弘(기원전 184년−기원전 180년)으로 摘記하기 때문에 武帝는 7대가 된다. 여기에서 在位年代가 1년씩 차이가 나는 것은 中國에서는 卽位 1년 후로 計算하는 踰年稱元法을 쓰고 日本에서는 卽位年을 그대로 쓰는 當年稱元法을 사용하기 때문이다.

원전 108년)을 멸하고 汉四郡을 세운 기원전 108년보다 약 80−60년 전의 일이다.

마왕퇴고분의 중요성은 그곳에서 출토된 비단 壽衣, 木俑, 樂器와 漆器 등의 工藝뿐만 아니라 비단에 그려진 지도, 비단에 베껴 쓴 帛書의 문헌자료에 의해 지리, 천문학, 의학, 종교학 등 다방면에 걸치고 있는 것이다. 여기에는 老子의 道經과 德經을 비롯해 法經, 春秋事語, 星經, 竹書紀年, 周易, 相馬經, 52病方(失傳된 皇帝外經으로 여겨짐), 陰陽五行, 竹簡의 禮記 등이 포함된다. 1·3호의 묘 내관 상부 덮개로 사용한 T자형 彩繪帛畵(彩色柏花, 오늘날 관 위에 덮는 붉은색의 影幀과 같은 덮개, 旌幡 또는 魂幡이라고도 함)가 매우 중요한데 그중에서도 三重의 단단한 木製 外槨(가장 바깥쪽의 것이 長 6.76m 幅 4.88m이며, 목관은 南北長軸임) 속 黑漆木棺 위에 안치했던 1호 辛追婦人墓의 것이 가장 잘 알려져 있다. 전체길이 2.05m, T자형에 해당되는 넓은 폭이 0.92m, 아래 좁은 폭이 0.47m인 이 畵幅의 내용은 天上(天國), 人間世上(地上)과 地下世界의 세 부분으로 이루어져 있으며, 가운데 人間世上을 묘사한 부분에는 지팡이를 든 老軀의 여자가 주인공인 辛追로 여겨진다. 나중 내관에 잘 보존된 시신을 檢屍해 본 결과 이 그림의 주인공인 50세 전후의 利倉의 부인 신추를 묘사한 것으로 판명이 되었다. 따라서 이 그림은 주인공을 사후 천상의 세계로 인도하는 것으로 '引魂升天', '升魂'의 의미를 지닌 것으로 보인다. 辛追의 직접적인 死因은 冠狀動脈硬化에 의한 心臟麻痺었으며, 그 외에도 혈액형 A, 膽石症, 鞭蟲, 요충과 吸血蟲과 같은 寄生蟲에 시달리며, 위에는 죽기 직전 먹은 참외(甛瓜)씨 138과가 있었다는 사실도 알 수 있었다.

汉 7대 武帝 때 董仲舒(기원전 179년−기원전 104년)가 건의하고

司馬迁(기원전 145년–기원전 87년)이『史記』권47 孔子世家 제17과 권67 仲尼弟子列傳 제7에 기록해 둠으로써 儒敎를 基本理念으로 삼아 政治를 공고화하기 이전에는 三皇五帝 시절의 우주·내세관과 老子와 庄子의 道家思想이 중심이 되었던 것을 보여주고 있다. 이 고분에서 老子의 도경과 덕경의 원문을 파악할 수 있는 복사본이 나오고, 또 T자형 彩繪帛畵에 묘사된 주제도 도가사상을 암시하고 있다 하겠다. 그러나 중요한 것은 최상부 T자형 帛畵 좌우에 삼족오(三足烏)가 들어있는 태양과, 두꺼비와 토끼를 태우고 있는 달(上弦이나 下弦달의 모습)이 그려진 점이다. 두꺼비(섬여, 蟾蜍)와 토끼(玉兎)는 汉語大詞典에 '后用爲月亮的對稱', '傳說月中有蟾蜍, 因借指月亮', '指神話中月亮里的白兎'과 같이 나오는 것으로 보아 달을 지칭하는 다른 이름으로 보아도 된다. 그리고 三足烏는 古代傳說 中 神鳥로 '爲西王母取食之鳥', '日中有三足烏', '태양을 실어 나르는 새'(尔雅) 등으로 언급되고 있어 태양(해) 속에 있는 三足烏와 태양은 불가분의 관계로 표현된다. 鳥夷족은 先秦時 중국 동부 근해에서 살던 사람들을 칭하는 이름으로 이야기하기도 하는데(『史記』五帝本紀), 그들은 이 삼족오의 신앙과도 관련이 있다. 해와 달의 신앙은 중국 측의 기록에서 볼 때 삼황오제(伏羲, 神農, 女媧/燧人, 黃帝/少昊, 帝嚳, 顓頊, 堯, 舜) 때부터의 일이다. 중국신화에서 인류의 선조는 伏羲와 女媧이며 西王母는 중국의 女仙人으로 長生不老의 상징으로 되어 있다. 이들은 우리의 신화하고는 거리가 멀다. 단지 고구려 廣開土王(서기 391–서기 412년) 때 大使者(6품) 벼슬을 한 牟头婁(또는 冉牟)墓의 묘지명에서 朱蒙(東明王)을 '日月之子'로 표현하고 있다. 그러나 五盔(塊)분 4호의 伏羲와 女媧가 떠받치는 日月神像圖는 중국적인 요소가 강하다. 그리고 마왕퇴고분의 帛畵는 우리 고구려 고분벽화의 제작연대와 시간적으로 너무 차이가 난다. 馬王堆 汉墓와 적어도 560년 간의 시차가 있다. 그러나 三皇五帝 시절부터 내려오던 중국인의 神話와 來世觀이 고구려 고분벽화에 끼친 영향은 너무나 뚜렷하다. 그것은 馬王堆 汉墓 중 신추의 1호묘 내관 덮개인 T자형 彩繪帛畵에 나타난 해와 달의 모습이 고구려의 고분벽화에 나타남으로써 한국문화의 기원이나 원류의 하나가 중국에 있다는 사실을 알 수 있게 되었다.

고구려의 벽화에서 日月圖가 뚜렷이 보이는 것만도 현재 20여 기나 되는데, 원래 고구려의 벽화고분을 축조할 때 처음부터 일월도가 그려져 있던 것으로 보아도 무리가 없겠다. 馬王堆 汉墓의 T자형 彩繪帛畵에 나타난 것과 주제가 같은 태양과 달의 모습을 그린 고구려의 벽화고분들은 아래와 같다.

덕흥리고분(서기 408년, 평남 남포시 강서구역 덕흥동)

안악 1호분(서기 4세기 말, 황해남도 안악군 대추리)

무용총(서기 4세기 말 – 서기 5세기 초, 길림성 집안)

각저총(서기 4세기 말 – 서기 5세기 초, 길림성 집안)

약수리고분(서기 5세기 초, 평안남도 강서군 약수리)

성총(서기 5세기 중엽, 남포시 와우도구역 신령리)

천왕지신총(서기 5세기 중엽, 평안남도 순천시 북창리)

장천 1호분(서기 5세기 중엽, 길림성 집안)

수렵총(서기 5세기 밀, 남포시 용깅군 용강읍)

쌍영총(서기 5세기 후반, 평안남도 용강군 용강읍)

대안리 1호분(서기 5세기 후반, 평안남도 용강군 대안리)

덕화리 1호분(서기 5세기 말 – 서기 6세기 초, 평안남도 대동군 덕화리)

덕화리 2호분(서기 6세기 전반, 평안남도 대동군 덕화리)

개마총(서기 6세기 초, 평양시 삼석구역 노산리)

내리 1호분(서기 6세기 전반, 평양시 삼석구역 노산리)

진파리 4호분(서기 6세기 전반, 평양시 역포구역 용산리)

진파리 7호분 출토 금동보관장식(서기 6세기 전반, 평양시 역포구역 용산리)

사신총(서기 6세기 전반, 길림성 집안)

五盔(塊)墳 4호 및 5호(서기 6세기 후반, 길림성 집안)

강서 중묘(서기 6세기 후반-서기 7세기 초, 평안남도 강서군 삼묘리)

司馬迁의『史記』권 115 朝鮮列傳 55에 자세히 기록되어 있는 衛滿朝鮮(기원전 194년-기원전 108년)이 韓國에 있어서 最初의 國家成立과 文明의 發生 研究에 있어서 重要한 示唆를 해준다. 衛滿朝鮮이 屬하는 시기는 韓國考古學 編年上 鐵器時代 前期(기원전 400년-기원전 1년)이다. 따라서 韓國에 있어서 國家와 文明의 시작은 考古學上 鐵器時代 前期에 일어난다. 이의 바탕은 武力과 戰爭에 의한 征服國家이다. 이때가 韓國에 있어서 歷史의 시작이며 아울러 歷史考古學研究의 始發点이다. 그 당시의 考古學的 情況은 비록 中國側과의 力學关係에 의한 文明化의 길로 들어 선 所謂 第二次的인 文明과 국가(a secondary civilization & state)라고 말할 수 있겠다. 이는 기원전 108년 7대 汉 武帝가 세운 汉四郡(기원전 108년-서기 313년) 중의 하나인 樂浪을 통해 中國의 鐵器, 土壙墓, 汉字 그리고 后日 고구려 소수림왕 2년(서기 372년) 佛敎까지 流入되면서 더욱더 加速化되었다. 그리고 종교도 서기 372년(고구려 소수림왕 2년) 佛敎가 한국에 유입되기 이전 精靈崇拜(animism)와 토테미즘(totemism)의 단계를 지나 祖上崇拜(ancestor worship)가 바탕이 되는 전문화된 巫敎(shamanism)가 나타나 血緣을 기반으로 하는 階級社會인 族長段階(chiefdom)의 政治進化와 竝行하게 된다. 청동기시대의 精靈崇拜(animism)와 巫敎(shamanism)를 거쳐 철기시대에는 환호를 중심으로 전문제사장인 天君이 다스리는 別邑인 蘇塗가 나타난다. 고고학 자료로 본 한국의 종교는 신석기시대의 정령숭배(animism), 청동기시대는 劣等自然宗敎 중 精靈崇拜(animism), 토테미즘(totemism, 圖騰信仰)이며, 철기시대에는 巫敎(shamanism, 薩滿敎))와 조상숭배(ancestor worship)가 중심이 된다. 그리고 衛滿朝鮮과 같이 血緣을 기반으로 하지 않는 階級社會인 발전된 국가단계에서 나타나는 宗敎 또는 理念은 아직 확실치는 않으나 汉 高祖 12년(기원전 195년) 燕王 盧綰이 汉나라에 叛하여 匈奴로 도망감에 따라 부하였던 衛滿은 古朝鮮 지역으로 망명하였으며 그의 出自는 秦·汉이전의 戰國時代(기원전 475년-기원전 221년) 燕나라(기원전 222년 멸망) 지역으로, 그곳은 당시 劣等自然敎 단계를 벗어난 高等自然敎(多神敎期)나 一神敎 단계임이 확실하다. 그중에서도 道敎나 汉 제7대 武帝(기원전 142년-기원전 87년) 때 董仲舒(기원전 179년-기원전 104년)의 기용(기원전 134년, 武帝 元光 원년)으로 이후 유교가 국가의 이념으로 되는 儒敎의 영향을 많이 받았을 것으로 추정된다. 철기시대 전기에 祭·政이 기록상으로는 분리되고 있었지만 이러한 별읍 또는 소도의 전신으로 생각되는 환호 또는 별읍을 중심으로 하여 직업적인 제사장이 다스리던 신정정치(theocracy)도 가능했을 것이다. 그 다음 삼국시대 전기(서기 1년 서기 300년)에는 세속왕권정치(secularism)가 당연히 이어졌을 것이다. 이러한 관계는 고구려 소수림왕(서기 372년), 백제 침류왕(서기 384년)과 신라 제23대 법흥왕(서기 527년) 때 정치적 기반을 굳게 하기 위한 불교의 수용과 전파를 통해 확대된다. 이는 원시종교적 측면에서 다루어진 한국의 종교는 불교를 공식적으로 수용하여 국가의 지배 이데올로기로 삼기 이전을 말한다. 여기에 국가단계로 발전한 기반을 공고히 다지는 原動力(prime mover)의 하나가 되는 宗敎的인 側面이 강조되고 있다. 서기 371년 백제 13대 近肖古王(서기 346년 -서기 375년 재위) 때 평양에서 벌어진 전투에서 16대 故國原王(서기 331년-서기 371년 재위)이 전사한다. 또 20대 長壽王(서기 413년 -서기 491년 재위) 서기 427년 평양으로 천도한다. 그 이후 고구려가 멸망하는 서기 660년까지 평양을 중심으로 내부에 壁畫가 그려진 封土石室墳이 만들어진다.

道敎도 마찬가지이다. 부여 능산리(陵山里) 고분군(사적 제14호)과 나성(羅城, 사적 제58호) 사이에서 확인된 공방터라 추정되던 건물지에서[현재 능사로 알려진 이 일대의 발굴에서 보희사(寶喜寺)·자기사(子基寺)란 사찰 명칭이 적힌 목간(木簡)이 확인되기도 함] 백제시대 백제금동대향로[百濟金銅大香爐: 처음에는 금동용봉봉래산향로(金銅龙鳳鳳萊山香爐, 국보 287호)로 불렸으며, 일명 박산로(博山爐, 山東省 博山의 모양)라고도 함, 중국에서는 오늘날의 '모기향'처럼 害蟲劑/熏劑로 많이 사용되었다]에 장식된 문양을 통해 볼 때 백제사회에 도교와 불교사상이 깊이 침투해 있음을 알 수 있다. 기록에 의하면, 백제 15대 침류왕(枕流王) 원년(서기 384년) 진(晉)나라에서 온 호승(胡僧) 마라난타가 백제에 불교를 전래했다. 불사는 그 이듬해 한산(汉山)에서 이루어졌으며, 그 곳에 10여 명의 도승이 거주하고 있었다고 기록되어 있다. 그러나 도교에 관한 기록은 거의 없다. 최근 무령왕릉(武宁王陵)에서 발견된 매지권(買地券: 죽어 땅 속에 묻히기 전에 산의 주: 산신에게 땅을 사는 문권, 국보 제163호)

의 말미에 보이는 부종률령(不從律令: 어떠한 율령에도 구속받지 않는다)이란 단어가 도교사상에서 기인한 묘지에 대해 신의 보호를 기원하는 주술적인 의미로 해석되기도 한다. 또 제13대 근초고왕이 서기 371년 고구려 고국원왕을 사살시키고 난 후 장수 막고해가 언급했던 '지족불욕(知足不辱) 지지불태(知止不殆)'라는 표현은 노자(老子)의 명여신(名與身)의 글을 그대로 인용한 것으로 당시 백제사회에 도교의 영향이 있었음이 확실하다. 이러한 견해를 수용한다면 도교가 이미 백제왕실에 전래되어 있었던 것으로 해석할 수 있겠다. 남포시 강서구역 삼묘리의 江西 大墓에서와 같이 고구려 고분벽화에는 연개소문이 심취했던 도교의 신선사상의 표현이라 할 수 있는 사신도[四神圖: 남주작(南朱雀), 북현무(北玄武), 좌청룡(左靑龙), 우백호(右白虎)]가 빈번히 등장한다. 공주 송산리 6호분과 부여 능산리 2호분 벽화에서 보이는 사신도, 부여 규암면 외리에서 발견된 반룡문전(蟠龙文塼), 봉황문전과 산수산경문전(山水山景文塼)도 이러한 맥락에서 이해될 수 있다. 삼국 중 중국의 앞선 문물을 가장 빨리 받아들여 이를 백제화하고, 더 나아가서 일본에까지 전파시킨 백제의 문화감각으로 볼 때, 도교는 이미 상류층의 사상적 기조를 이루고 있었을 것이다. 멀리 그리스 미케네(기원전 1550년 – 기원전 1100년 또는 기원전 1600년 – 기원전 1200년)의 'Treasury of Atreus'의 무덤 내부에서 보이는 맛졸임천장(또는 귀죽임천장, 투팔천장, 抹角藻井이라고도 함. 영어로는 'corbel style tomb in which the diameter of the circle decreased until the final opening at the top could be closed with a capstone'으로 표현)의 기원인 연도(널길)가 달린 솔로스 무덤(tholos tomb with dromos; 복수는 tholoi임)은 后汉(서기 25년 – 서기 219년) 말 3세기경의 山東省 沂南 石墓를 거쳐 高句麗

의 고분 구조에 영향을 끼치었다. 그리고 호남성 장사의 마왕퇴 채색 백화에 그려진 삼족오(三足烏), 두꺼비와 토끼로 표현되는 해와 달에 대한 우주·종교적 來世觀도 중국으로부터의 영향으로 보인다. 이는 한국 기록에서 나타나는 龙의 기원에서도 찾아볼 수 있다. 이러한 점은 여러 고고학적 증거에서 찾아볼 수 있다. 이러한 내세관이 당시 중국을 포함한 동북아시아지역에 공통적이었다고 감안해 말하더라도 시간적인 차이 때문에 기원과 전파문제를 고려하지 않을 수 없다. 이 馬王堆 汉墓가 비록 우리 문화와 멀리 떨어져 있는 異質的인 것으로도 볼 수 있지만, 좀 더 천착(穿鑿)해 보면 이 고분은 한국의 문화와 내세관을 포함한 종교의 기원을 해결할 수 있는 실마리를 제공할 수 있을는지 모른다. 다시 말해 고구려 고분을 포함한 한국문화의 기원은 다원적인 것에서 찾아야 할 것이다.

3. 옥저와 동예

일반으로 옥저와 동예는 동해안에 치우쳐 있어 선진문화의 수용이 늦었으며 일찍부터 주위의 압박과 수탈을 받아 크게 성장하지는 못하였다고 말해진다. 확실히 이들은 외진 곳에 자리 잡고 있기 때문에 그러할 가능성이 높아 보이기는 한다. 그러나 현재까지 드러난 고고학 자료들은 위의 논의들과 다른 면모를 보여준다. 최근의 발굴성과에 의하면 함남 금야 소라리 토성, 북청 하세동리, 함흥시 리화동 등지에서 같은 시기의 서북조선, 즉 고조선−고구려의 문화발달상과 다를 바 없는 유물들이 출토되고 있다. 그 이전 시기인 청동기시대에 있어서도 북청 토성리, 금야읍, 나진 초도 등의 유적에서 보자면 일찍부터 발달된 청동유물들이 출토되고 있다. 유물과 유적들로 보아 이들은 아마 청동기문화−족장사회단계까지는 정상적으로 발달되어 나갔다고 여겨진다. 따라서 옥저와 동예는 고조선−고구려의 대를 잇는 대외무역 장악 및 정복정책 등으로 인한 수탈과 착취로 인하여 성장하지 못했다고 해석함이 나을 듯하다. 옥저(沃沮)는 어물과 소금 등 해산물이 풍부하였고, 토지가 비옥하여 농사가 잘 되었다. 옥저는 고구려의 압력으로 소금, 어물 등 해산물을 공납으로 바쳐야 했다. 옥저인은 고구려인과 같이 부여족의 한 갈래였으나, 풍속이 달랐으며 민며느리제가 있었다. 그리고 가족이 죽으면 시체를 가매장하였다가 나중에 그 뼈를 추려서 가족 공동의 무덤인 커다란 목곽에 안치하였다. 또, 죽은 자의 양식으로 쌀을 담은 항아리를 매달아 놓기도 하였다. 동예(東濊)도 토지가 비옥하고 해산물이 풍부하여 농경, 어로 등 경제생활이 윤택하였다. 특히, 누에를 쳐서 명주를 짜고 삼베도 짜는 등 방직 기술이 발달하였다. 특산물로는 단궁이라는 활과 과하마(果下馬), 반어피(班魚皮, 海豹皮) 등이 유명하였다. 동예에서는 매년 10월에 무천(舞天)이라는 제천 행사를 열었다. 그리고 동성(씨족)끼리는 결혼을 하지 않은 族外婚이 있어 엄격하게 지켰다. 그리고 동예에서는 산천을 경계로 각 부족의 영역을 함부로 침범하지 못하게 하였다. 다른 부족의 생활권을 침범하면 '책화'라고 하는 배상의 요구가 있었다. 민족지자료를 통해 퉁구스나 아이누 족에도 책화 같은 풍습이 있다고 지적되기도 하나, 여기에서는 두 가지 측면을 엿볼 수 있다. 첫째로, 영역을 중시한다는 구절은 삼국지 부여전 등에서도 찾아볼 수 있듯이 어느 족징사회나 국가단계에시리도 중요하게 생각되는 부분이며 이를 어기면 징벌하는 계율이 있었을 것이다. 둘째로는 하나의 단위 안에서도 아직 각 부족의 영역을 매우 존중하였다는 점에서 혈연적인 단위의 해체 등이 아직 완전하지 않음을 보여준다.

즉 동예와 옥저가 정치적으로 미발달했음을 유추할 수 있다. 따라서 주위의 고조선(위만조선)-부여-고구려-백제 등이 국가 단계로 진입할 때도 아직 족장사회 단계로 남아 있었음을 추정할 수 있는 것이다. 함경도 및 강원도 북부의 동해안지방에 위치한 옥저와 동예는 선진문화의 수용이 늦었으며, 일찍부터 고구려의 압박과 수탈로 인하여 크게 성장하지 못하였다. 우리나라의 철기시대는 철기시대 전기와 후기(또는 삼국시대 전기) 즉, 기원전 400년부터 서기 300년까지 약 700년의 기간에 해당된다. 이의 기원은 중국의 요녕성과 러시아의 아무르 강 유역으로부터이다. 흑룡강성 단결촌의 북옥저[(끄로우노프까와 읍루(뽈체)]문화들이 바로 그러하다. 그래서 현재 우리나라의 철기시대 전기의 상한연대가 기원전 5세기에서 더욱 더 올라갈 가능성도 있다. 그리고 경기도 가평 청평면 청평 4리(加平 淸平面/옛 外西面 淸平 4里), 경기도 광주시 장지동, 강원도횡성 공근면 학담리(橫城 公根面 鶴潭里)와 춘천 거두리(擧頭里)와 천전리(泉田里)에서 출토된 해무리굽과 유사한 바닥을 지닌 경질무문토기는 아무르강 중류 리도프까 문화와 끄로우노프까(北沃沮, 黑龙江省 東宁县 团結村 團結文化)에서도 보이므로 한반도 철기시대에 러시아 문화의 영향을 고려할 필요가 있다. 그리고 춘천 천전리, 신매리(新梅里)와 우두동(牛頭洞) 등지에서 최근 발견되는 리도프카(기원전 10세기-기원전 5세기)의 주걱칼, 따가르의 철도자(鐵刀子)도 이와 관련해 주목을 받아야한다.

4. 삼한

삼한(三韓)은 삼국시대 이전 한반도 중남부에 자리 잡고 있던 마한(馬韓), 변한(弁韓), 진한(辰韓)을 통칭하는 말로, 고고학 상 철기 시대 전기(기원전 400년-기원전 1년)에 해당한다. 한강이남 지역에는 일찍부터 진(辰)이 성장하여 남방의 여러 족장사회 가운데 중심 세력이 되었다. 그 후, 진은 고조선의 변동에 따른 영향으로 사회가 더욱 확대, 발전하여 마한. 진한. 변한의 연맹체 들이 나타나게 되었다. 삼한 가운데 마한의 세력이 가장 컸으며 마한인이 공립하여 세운 목지국(目支國)의 지배자가 마한왕(馬韓王) 또는 진왕(辰王)으로 추대되어 삼한의 영도세력이 되었다(『后汉書』魏志 韓傳....馬韓最大. 共立其種爲辰王. 都目支國. 辰王三韓之地..., .) 이후 삼국시대 전기(서기 1년-서기 300년)에 진한의 사로국(斯盧國)이 신라, 변한의 구야국(狗邪國)이 가야, 고구려에서 남하한 백제가 나타났다. 마한 54국, 진·변한 각 12국의 24국을 포함하는 삼한에는 모두 78개의 국(國)이 있으며, 이들은 삼국지 위지 동이전 한조에서 진한의 거수(渠帥)를 비롯하여 격이나 규모에 따라 신지, 검측, 번예, 살계와 읍차라는 족장들이 다스렸다. 제정(祭政)은 일찍부터 분리되어 종교 전문가인 천군이 관장하는 신성지역인 별읍의 소도는 제사를 행하던 곳으로 당시의 세속 행정지도자인 신지, 검측, 번예, 살계와 읍차가 다스리는 영역과는 별개의 것으로 보인다. 천군은 농경과 종교에 대한 의례를 주관하였다. 또 삼국지 위지 동이전 변진조(『三國志』魏志 東夷傳 弁辰條)의 '나라에는 쇠가 나는데 한과 왜에서 모두 가져가고 중국에서 돈을 가지고 쓰듯 한다('國出鐵 韓濊倭皆從取之 諸市買皆用鐵如中國用錢又以供給二郡)' 기사이 같이 변한에서는 철이 많이 생산되어 중국, 일본 등지에 수출하였는데 중국에서는 화폐처럼 쓰이기도 하였다. 철기문화의 발전으로 삼한사회는 점차 변화하여 지금의 한강 유역에서는 고구려에서 남하한 백제(백제의 시조인 온조왕은 고구려 시조인 주몽의 셋째 아들임)가 커지면서 서서히 마한 지역을 잠식해 나갔다. 낙동강 지역에서는 가야국이, 그 동쪽에서는 사로국이 성장하여 고대국가 성립의 기반을 마련하여 나갔다. 삼한에는 노예제(… 奴婢相取…)가 있었던 것으로 추정되며, 삼한은 철기문화를 바탕으로 한 농경 사회였다. 또, 철제 농기구를 이용하여 벼농사를 지었다. 전라북도 김제 벽골제(사적 111호, 서기 330년)에서와 같이 삼한 전 지역에서 관개시설(灌漑施設)을 갖추고 벼농사가 행해졌다.

또 이미 견직물(縑布, 비단)과 철(鐵)이 생산되어 생활에 이용되었다. 예속(禮俗)이나 기강은 엄하지 않았고, 남녀노소가 토실(土室), 움집 또는 귀틀집에서 살았으며, 복식

전남 나주 용호리 마한의 분구묘
필자 촬영

과 주거 양식에서는 지배층과 씨족구성원 사이에 차이가 있었다. 장사에는 관(棺)만을 사용하였고, 특히 변한에서는 큰 새의 날개를 함께 부장했다. 농업을 주로 한 삼한 사회에서는 해마다 5월 파종(播種)과 10월의 수확에는 하늘에 제사를 지냈는데, 이 때 온 나라 사람들이 모여 날마다 음식과 술을 마시며 노래를 부르고 춤을 추며 즐겼다. 5월의 파종과 10월의 수확 후에 제천의식을 행하고 모든 씨족원이 모여 음주와 가무로 밤을 지새웠다. 또 삼한의 연구에 있어 환호(環壕, 원형에서 방형으로 바뀜)→목책(木柵)→토성(土城＋木柵)→석성(石城)이라는 방어시설의 발전 순에서 비추어 삼국지 위지동

이전 한조에 마한은 성곽이 없지만 변진에는 있고 진한에는 성책이 있는 구절('馬韓…散在山海間無城郭, 辰韓…有城柵, 弁辰…亦有城郭')을 비교해보면 앞으로 행정중심지의 목지국, 국읍(國邑) 또는 天君이 다스리는 별읍인 소도의 모습을 좀 더 구체적으로 이해할 수 있을 것이다.

삼한에서 특히 마한의 연구[4]가 중요하다. 고조선사회의 변동에

....

4 필자가 「전남지방 소재 지석묘의 형식과 분류」(최몽룡 1978), '고고학 측면에서 본 마한'(최몽룡 1986)과 「考古學上으로 본 馬韓研究」(최몽룡 1994)라는 글에서 "한국청동기·철기시대 土着人들의 支石墓社會는 鐵器시대가 해체되면서 점차 馬韓사회로 바뀌어 나갔다."는 요지를 처음 발표 할 때만 하더라도 한국고고학계에서 '馬韓'이란 용어는 그리 익숙한 표현이 아니었다. 그러나 최근 경기도, 충청남북도 및 전라남북도 지역에서 확인되고 있는 고고학적 유적 및 문화의 설명에 있어 지난 수십 년간 명확한 개념정의 없이 통용되어 오던 原三國時代란 용어가 '馬韓時代' 또는 '馬韓文化'란 용어로 대체되는 경향이 생겨나고 있는데, 이는 마한을 포함한 三韓社會 및 문화에 대한 학계의 관심이 증폭되고, 또 이를 뒷받침할만한 고고학 자료가 많아졌음에 따른 것이다. 지석묘사회의 해체 시기는 철기시대 전기로 기원전 400년－기원전 1년 사이에 속한다. 최근에 발굴 조사된 철기시대 전기에 속하는 유적으로 전라남도 여수 화양면 화동리 안골과 영암 서호면 엄길리 지석묘를 들 수 있다. 여천 화양면 화동리 안골 지석묘는 기원전 480년－기원전 70년 사이에 축조되었다. 그리고 영암 엄길리의 경우 이중의 개석 구조를 가진 지석묘로 그 아래에서 흑도장경호가 나오고 있어 그 연대는 기원전 3세기－기원전 2세기경으로 추정된다. 그리고 부여 송국리 유적(사적 249호)의 경우도 청동기시대 후기에서 철기시대 전기로 넘어오면서 마한사회에로 이행이 되고 있다(최몽룡 2011). 馬韓사회는 고고학 상으로 기원전 3세기/기원전 2세기에서 서기 5세기 말/서기 6세기 초에 속하는 것으로 보인다. 마한은 한고국고고학 편년 상 철기시대 전기에서 삼국시대 후기(서기 300년－서기 660년/서기 668년)까지 걸치며, 百濟보다 앞서 나타나서 백제와 거의 같은 시기에 共存하다가 마지막에 백제에 행정적으로 흡수·통합되었다. 『三國志』 魏志 東夷傳 弁辰條에 族長격인 渠帥(또는 長帥, 主帥라도 함)가 있으며 이는 격이나 규모에 따라 신지(臣智, 또는 秦支·踧支라고도 함), 검측(險側), 번예(樊濊), 살계(殺奚)와 읍차(邑借)로 불리어 지고 있었음을 알 수 있다. 이는 정치 진화상 같은 시기의 沃沮의 三老, 東濊의 侯, 邑長,

三老, 挹婁의 大人, 肅愼의 君長(唐 房喬/玄齡 等 撰『晉書』四夷傳)과 같은 國邑이나 邑落을 다스리던 혈연을 기반으로 하는 계급사회의 行政의 우두머리인 族長(chief)에 해당된다.

그리고『三國史記』권 제1 신라본기 시조 赫居世 居西干 38년(기원전 20년) 및 39년(기원전 19년)조에 보이는 마한왕(馬韓王) 혹은 서한왕(西韓王)의 기록[三十八年春二月, 遣瓠公聘於馬韓. 馬韓王讓瓠公曰 辰卞二韓爲我屬國, 比年不輸職貢, 事大之禮, 其若是乎 對曰我國自二聖肇興, 人事修, 天時和, 倉庾充實, 人民敬讓. 自辰韓遺民, 以至卞韓樂浪倭人, 無不畏懷, 而吾王謙虛, 遣下臣修聘, 可謂過於禮矣. 而大王赫怒, 劫之以兵, 是何意耶 王愼欲殺之, 左右諫止, 乃許歸. 前此中國之人, 苦秦亂, 東來者衆. 多處馬韓東, 與辰韓雜居, 至是寖盛, 故馬韓忌之, 有責焉. 瓠公者未詳其族姓, 本倭人, 初以瓠繫腰, 度海而來, 故稱瓠公. 三十九年, 馬韓王薨. 或說上曰西韓王前辱我使, 今當其喪征之, 其國不足平也 上曰幸人之災 不仁也 不從. 乃遣使弔慰.]과『三國史記』백제본기 권 제23 시조 溫祚王 13년조(기원전 6년)의 馬韓에 사신을 보내 강역을 정했다는 기록(八月, 遣使馬韓告遷都. 遂畫定疆場, 北至浿河, 南限熊川, 西窮大海, 東極走壤) 등은 마한이 늦어도 기원전 1세기경에는 왕을 중심으로 하는 국가체계를 갖추었던, 신라와 백제보다 앞서 형성되었던 국가였음을 알려 준다. 그리고 최근 발굴 조사된 마한의 토실, 고분, 집자리와 제사유적(蘇塗)은 다음과 같다.

1. 토실

인천광역시 계양구 동양동

경기도 광주 남한산성(사적 57호) 내 행궁지 북 담 옆 1구역 5차 발굴(경기도 기념물164호)

경기도 가평 대성리

경기도 기흥 구갈리

경기도 고양 멱절산성 내 토실

경기도 용인 구성 마북리

경기도 용인 기흥 영덕리(신갈–수지 도로구간 내)

경기도 용인 죽전 4지구

경기도 용인 보정리 수지빌라트 4지점

경기도 용인 구성읍 보정리(신갈–수지도로 확·포장공사 예정구간)

경기도 龍仁市 처인구 포곡읍 마성리 산 41 할미산에 위치한 할미山城(경기도 기념물 제 215호, 토실14기, 마한의 굴립주 건물지, 龍現井, 거치무늬가 있는 盒이

나온 埋納 1호 유구(鎭壇具), 백제시대의 팔각형건물 및 제단, 마한과 백제의 제
사유구로 蘇塗로 추정되며 龍現井으로 대표되는 용 신앙과 관련이 있음)
경기도 화성 상리
경기도 화성 동탄 감배산
경기도 화성 동탄 석우리 능리
경기도 화성 태안읍 반월리
경기도 수원 권선구 입북동
경기도 시흥 논곡동
경기도 이천 나정면 이치리 덕평 2차 물류창고부지
대전시 유성구 추목동 자운대
대전시 유성구 대정동
충청북도 충주 수룡리
충청남도 공주 탄천면 장선리(구 안영리, 사적 433호, 서기 220년 – 290년)
충청남도 공주 의당 수촌리(사적 460호) 토실 9기(II형)
충청남도 공주 장원리
충청남도 공주 산의리
충청남도부여 송국리(서기 2017년 10월 25일, 수, 한국전통문화대학교 고고학연구
소 8기 확인)
충청남도 아산 배방면 갈매리
충청남도 논산 원북리
충청남도 논산 마전리
전라북도 전주 송천동
전라북도 전주 평화동
전라북도 익산 왕궁면 구덕리 사덕마을
전라북도 익산 여산면 여산리 유성
전라북도 익산 신동리
전라북도 익산 모현동 외장
전라북도 익산 배산 · 장신리
전라북도 군산 내흥동
전라남도 여천 화장동
전라남도 순천 해룡면 성산리 대법마을(토실의 최 말기 형식으로 보여짐)
2. 고분, 집자리와 제사유적(蘇塗)
고인천광역시 계양구 동양동(주구묘)

인천광역시 서구 불로 4지구(요지)

경기도 화성 향남면 발안리

경기도 안성 원곡 반제리(제사유적, 蘇塗)

경기도 오산시 수정동 · 하수동(주구토광묘)

경기도 용인 구성면 마북리(주구묘, 환두대도)

경기도 화성 기안리(탄요)

충청남도 부여 석성 증산리 십자거리(철부)

충청남도 부여 은산면 가중리(지사제 풀씨앗)

충청남도 부여 구룡면 논치리(제사유적, 蘇塗)

충청남도 아산 탕정면 명암리 삼성 LCD I지구(철부, 환두대도)

충청남도 공주 하봉리

충청남도 공주 의당면 수촌리 고분(사적 460호)

충청남도 공주 정안면 장원리

충청남도 천안 운전리

충청남도 천안 청당동

충청남도 서산 음암 부장리(사적 475호)

충청남도 서천 봉선리(사적 473호)

충청남도 천안 두정동

충청남도 천안 성남 용원리

충청남도 보령 관창리

충청북도 청주시 오송읍 정방리 생명과학단지의 발굴(중앙매장문화원)에서 부여
　　문화의 것으로 보이는 銅柄鉄劍과 한나라(낙랑)의 土製耳杯가 출토함

충청북도 청주 송절동(토광묘)

전라북도 고창 아산면 만동 봉덕리

전라북도 군산 대야면 산월리 옹관(거치문)

전라북도 진도 고군면 오산리(집자리, 거치문)

전라남도 나주 금곡리 용호

전라남도 나주 복암리(사적 404호)

광주시 북구 신창동(사적 375호)

광주시 광산구 하남 2 택지지구

전라남도 진도 오산리(주거지, 거치문)

전라남도 영암 선황리 대초(大草) 옹관

전라남도 영암 금계리 계천

따라 연(燕)나라가 중심이 되어 대거 남하해오는 중국 전국시대 유이민에 의해 새로운 문화가 보급되어 토착문화와 융합되면서 사회가 더욱 발전하였다. 그리하여 마한, 진한, 변한의 연맹체들이 나타나게 되었다. 그 중 마한은 천안, 익산, 나주지역을 중심으로 하여 경기, 충청, 전라도지방에서 발전하였다. 마한은 54개의 소국으로 이루어졌는데, 그중에서도 큰 것은 만여 호, 작은 것은 수천 호로 총 10여 만 호였다. 각 소국들은 수백－수천 호로 이루어져 있었으며, 모두 4만－5만호였다. 이런 관점에서 인류학의 신진화론을 도

. . . .

전라남도 승주 대곡리
전라남도 승주 낙수리
전라남도 광양 광양읍 용강리
전라남도 함평 만가촌(전남 기념물 제55호)
전라남도 함평 중랑리
전라남도 함평 대창리 창서(인물도)
전라남도 해남 현산 분토리 836번지 일대(집자리)
전라남도 장흥 유치면 탐진댐 내 신풍리 마전, 덕풍리 덕산과 상방(주구묘)
전라남도 나주 금곡리 용호
전라남도 나주 대안리, 신촌리, 덕산리(사적 76, 77, 78호), 금동관(국보 295호)
전라남도 나주 복암리(사적 제404호)
전라남도 무안 몽탄면 양장리(저습지)
전라남도 나주 금천면 신가리 당가(요지)
전라남도 나주 오량동(요지, 사적 456호)
전라남도 나주 영동리
전라남도 순천 덕암동(蘇塗)
전라남도 순천 화장농
전라남도 순천 해룡면 성산리 대법마을
전라남도 보성 조성면 조성리(토성)
전라남도 영광 군동리
전라남도 장성 야은리

입하여 대입함으로서 삼한 소국의 성격을 이해하고자 하기도 하였다. 삼한사회는 인구가 평균 만명 정도이며, 천군이 주관하는 소도(蘇塗) 등의 존재로 보아 '족장사회'단계라는 연구도 그 하나이다. 그러나 사로국과 같은 나라들이 있던 삼한사회는 이미 기원전 2세기경에 성읍국가단계로 발전하고 있었으므로 이 같은 사회를 국가 형성 이전 단계인 족장(여기에서 족장, 군장 또는 추장사회는 영어의 chiefdom society를 의미한다)사회로 비정하고 있다. 삼한 중에는 마한이 가장 강하였으며, 마한을 이루고 있는 백제 성립 이전 소

강원도 화촌 성산리 출토 철제도끼류 일괄
필자 촬영

국 중의 하나인 목지국(目支國)이 마한왕 또는 진왕으로 추대되어 삼한 전체를 주관하였다. 마한은 기원전 3세기/기원전 2세기경에서 서기 5세기 말/서기 6세기 초까지 존재하였으며 상당 기간 백제와 공존하였다. 마한인이 공립하여 세운 진왕

이 다스리는 수도인 목지국은 처음에 성환, 직산과 천안지역을 중심으로 발달하였으나, 백제의 성장과 지배영역의 확대에 따라 남쪽으로 옮겨 공주-익산지역을 거쳐 마지막에 나주 부근(현 사적 76, 77, 78 및 404호인 대안리, 덕산리, 신촌리와 복암리)에 자리 잡았을 것으로 추정된다. 왕을 칭하던 국가 단계의 목지국이 백제 13대 근초고왕이 천안지역을 병합하는 4세기 후반까지 공존하였고, 그 이후 마한이 멸망하는 서기 5세기 말-서기 6세기 초까지 백제의 정치세

력과 공존하는 토착세력으로 자리 잡았을 것으로 보인다. 마한의 고고학적인 유적·유물로는 토실(土室), 주구묘(周溝墓), 토기의 조족문(鳥足文)과 거치문(鋸齒文) 등을 들 수 있다.

충청남도 공주 탄천면 장선리 (구 안영리, 사적 433호, 서기 220년—서기 290년)와 충청남도 의당 수촌리(사적 460호) 9기(II형)의 토실(土室)과 같은 고고학 자료도 많이 나와 그 실체를 파악할 수 있게 되었다. 마한의 고고학적 자료 중 대표적인 것이 토실[土室 또는 토옥(土屋)]인데, 이는 마한인들의 '집이 마치 무덤과 같으며 입구가 위쪽에 있다'는 후한서 동이전 한조에 보이는 '사람들은 여러 부락에 흩어져 살며 성이나 곽을 쌓지 않고

충남 공주 탄현 장선리(사적 제433호) 마한의 토실
필자 촬영

토실을 만드는 마치 무덤모양으로 입구는 위에 있다.'(『后汉書』 동이전 한조…'邑落雜居亦無城郭作土室形如塚開戶在上'이라는 기록과 『三國志』 위지 동이전 한조의 '居處作草屋土室形如塚其戶在上')이라는 기록과도 상통한다. 이러한 토실은 지금까지 현재 경기도에서 전라남도에 이르기까지 38개소에 이르러 마한의 강역도 시사해 준다. 그리고 종래에 수혈구덩이나 저장공으로 보고 된 사례들을 포함하면 그 수는 훨씬 늘어날 것이다. 『三國志』 위지 동이전 읍루(挹婁)조에 보면 '….큰 집은 사다리가 9계단 높이의 깊이이며 깊이가 깊을수록 좋다(…..常穴居大家深九梯以多爲好土氣寒…)'라는 기록에서 사

다리를 타고 내려가 사는 토실에 대한 언급이 나온다. 또 서기 1755년 스테판 크라센니니코프(Stepan Krasheninnikov)나 서기 1778년 제임스 쿡(James Cook)의 탐험대에 의해 보고된 바로는 멀리 북쪽 베링해(Bering Sea)근처 캄챠카(Kamtschatka)에 살고 있는 에스키모인 꼬략(Koryak, 감챠카 반도 북위 62도선에 거주)족과 오날라쉬카(Oonalaschka)의 원주민인 알류산(Aleut)인들은 수혈 또는 반수혈의 움집을 만들고 지붕에서부터 사다리를 타고 내려가 그 속에서 살고 있다고 한다. 이들 모두 기후환경에 대한 적응의 결과로 볼 수 있다.

경기도 용인 할미산성(경기도 기념물 제 215호)의 掘立柱 건물(2열 8행으로, 주혈은 직경 0.8－1,2m, 깊이 0.7－1.1m)은 6호의 원형 수혈(馬韓의 土室인 원형 수혈구덩이 유적 13기 그리고 그 외에 토실과 구분되는 수혈유구는 14기임)과 연접하고 있으며, 남북 장축으로 배열되어 있어 건물도 남－북향으로 들어섰을 것으로 짐작된다. 이와 유사한 예로는 掘立柱가 삼층의 飛階木(비계목 또는 비게목)처럼 설치된 종교 · 제사유적인 3層의 掘立柱建物을 포함하는 일본 繩文時代 前期中頃에서 中期末葉(기원전 3000년－기원전 2200년경)의 大規模 集落 유적인 靑森県 靑森市 大字 三內丸山(さんないまるやま) 特別史跡과 初築은 福岡県 大野城市 · 宇美町의 朝鮮式山城이며 福岡県 大野城市 · 宇美町의 朝鮮式山城의 하나인 大野城과 같이 初築은 서기 665년[天智天皇(てんちてんのう/てんじてんのう)4年]경으로 추정되며 福岡県의 水城과 大野城 등의 보급 兵站基地로 생각되는 鞠智城(熊本県 山鹿市 · 菊池市, きくち, くくちじょう/くくちのき)내 鼓樓로 추정되는 3層의 掘立柱建物도 있다(본문 주 17참조). 이곳은 서기 698년 42대 文武天皇(もんむてんのう) 때 修築記

事가 나타나며 鞠智城의 南門인 堀切門(ほりぎり)은 백제 27대 威德王 44년, 서기 597년에 쌓은 錦山 伯嶺山城(충남기념물 83호)의 남문과 같은 懸門, 북쪽 貯水池跡에서 백제의 銅造菩薩立像이 나타나고 있다. 그리고 충청남도 천안 용원리, 경상남도 사천 이금동과 일본의 기원전 52년에 만들어진 오사카 이케가미소네(大阪府 池上曾根 いけかみそね) 神殿에서 발견된다. 그리고 사천 이금동의 경우 掘立柱와 지석묘가 함께 나타나 이곳의 굴립주 건물은 지석묘에 묻힌 주인공을 제사하기 위한 祠堂으로 여겨진다. 이곳들은 늦어도 철기시대 전기(기원전 400년－기원전 1년) 또는 기원전 3세기－기원전 2세기부터 나타나는 馬韓시대에 축조된 목조건물지로 여겨진다. 그리고 정상에 해당하는 곳에 우물(井) 또는 集水用의 유구(1호 集水池/貯水池/貯藏施設, 약 12m×5.5m×2m의 광을 굴착 후 안치)가 보이는데 이는 굴립주 건물과의 연관성이 있는 현재 우물(井) 또는 물(水)과 관련된 古代 建國神話인 '龙 信仰'으로 대표되는 龙現井의 하나로 언급할 수 있겠다. 또 다른 집수 시설(2호)은 2층 層段에 위치하며 한 변의 길이가 7.1m내외로 내부에는 점토로 4벽을 구축하고 사벽 위에 물의 유실을 방지하기 위해 석벽을 덧대었다. 이 집수시설/우물은 백제시대에 처음 만들어진 것이나 고구려가 이곳에 들어와 重修하거난 기존의 시설을 재활용을 한 것 같다. 이의 구조는 파주 덕진산성에서 발견되는 고구려의 집수시설과 유사하다. 특히 산 정상부 중앙의 1호 집수지는 근처의 掘立柱 건물과 埋納 1호 유구(鎭壇具)와 함께 종교 · 제사와 관련된다. 특히 내납유구 인에시 馬韓의 문화를 대표하는 鋸齒文이 있는 盒이 나왔다. 우리나라의 종교는 열등자연교[劣等自然教, 多靈教期: 정령숭배(精靈崇拜, animism)→토테미즘(totemism, 圖騰崇拜)→샤머니즘(무교, 巫教, 薩滿教,

shamanism)→조상숭배(祖上崇拜, ancestor worship)]→고등자연교(高等自然敎, 多神敎, polytheism)→일신교(一神敎, monotheism)로 발전하는데 건국신화와 관련된 또 다른 龍神이나 水神과의 관련도 생각해 볼 수 있다.[5]

. . . .

5 이는 우물에 사는 龍神에게 행해지는 샘제 또는 용제로『三國史記』에서 보이는 龍現井이 대표된다. 우리나라에서 龍과 관련된 설화와 신화는 建國神話와 연결되어 있다. 이것은 說話→神話→建國神話→民譚의 순으로 발전한다. 天孫인 扶餘(기원전 59년-서기 22년, 기원전 2세기-서기 494년)의 解慕漱(기원전 59년 하강 시다섯 마리의 용이 끄는 수레를 탐)와 용왕 하백의 장녀인 河伯女(柳花)와의 사이에서 알로 태어난 卵生說話와 같은 고구려 朱蒙(東明聖王)의 신화적인 요소, 朴赫居世의 誕降傳說이 깃든 경주 탑동 蘿井(사적 245호), 朴赫居世의 부인인 鷄龍의 옆구리에서 태어난 關英과 관련된 沙梁里 關英井(사적 172호, 경주 五陵 내에 있음), 과부인 어머니가 南池邊에 살 때 연못의 池龍과 通交하여 출생한 백제 武王(서기 600년-서기 641년)이 아버지 法王과는 무관한 용의 자식이라는 설화, 경주 感恩寺 동쪽 삼층석탑(국보 112호)에서 출토한 지붕 네모서리에 용이 장식되며 신라 文武大王(30대, 서기 661년-서기 681년)의 護國信仰과 관련된 舍利器(보물 366호), 고려 李承休의『帝王韻紀』에 나타나는 唐 肅宗(7대 李亨, 서기 757년-서기 761년)과 辰義(寶育과 寶育의 형인 李帝建의 딸 德周사이에서 태어난 딸)사이에서 태어나며 서해용왕의 딸인 龍女를 아내로 맞아 高麗 王建의 할아버지가 된 作帝建의 신화, 또는 고려 태조의 할머니(할아버지 作帝建의 아내)의 出自인 龍宮과 관련된 開城大井說話, 조선조 世宗 27년(서기 1445년)에 만들어진 龍飛御天歌, 慶會樓(국보 224호) 북쪽 荷香亭 바닥의 준설작업에서 발견된 高宗(26대, 서기 1852년-서기 1919년)과 관련된 구리로 만든 蛟龍과 叫龍의 확인(慶會樓全圖에 의하면 丁學洵이 서기 1867년 경회루 중건 후 화재를 방지하기 위해 고종의 명을 받들어 넣음) 등 龍→水(물)→農耕→王으로 이어지는 土着農耕社會의 建國神話와 관련되어 해모수(기원전 59년)와 알령(기원전 57년) 등의 설화와 건국신화가 삼국시대 초기부터 계속 전승되어 왔다. 그러나 홍산문화에서 查海(6925±95B.P, 7360±150, 7600±95B.P, 7500-8000년 이전)의 龍紋陶片과 興隆窪(기원전 6200년-기원전 5400년, 7500-8000년 이전)의 돌을 쌓아 만든 용의 형태(石頭堆塑龍形圖騰)를 거쳐 玉猪龍이 사슴·새→멧돼지용(玉渚龙)에서→龍(C形의 玉雕龍으로 비와 농경의 기원)으로 발전하는 圖上의 확인으로 우리나라에서 용의 처음 출현은 기원

한편『三國史記』溫祚王 27년(서기 9년) 4월 '마한의 두 성이 항복하자 그 곳의 백성들을 한산 북쪽으로 이주시켰으며, 마침내 마한이 멸망하였다(... 二十七年夏四月, 二城圓山錦峴 降, 移其民於汉山之北, 馬韓遂滅. 秋七月, 築大豆山城...)라는 기사는 한성백제와 당시 천안을 중심으로 자리하고 있던 마한과의 영역다툼과정에서 일어난 사건을 기술한 것으로 볼 수 있겠다. 따라서 종교·제사 유적인 경기도 용인 할미산성이 圓山과 錦峴城에 비정될 가능성이 높다.

그리고 마한이 포함되는 철기시대 전기(기원전 400년－기원전 1년)에 걸쳐 나타나는 환호(環壕)는 크기에 관계없이 시대가 떨어질수록 늘어나 셋까지 나타난다. 그들의 수도 하나에서 셋까지 발전해 나가는 편년을 잡을 수도 있겠다. 울주 검단리(사적 332호), 진주 옥방과 창원 서상동에서 확인된 청동기시대 주거지 주위에 설치된 환호(環壕)는 계급사회의 특징 중의 하나인 방어시설로 국가사회 형성 이전의 족장사회의 특징으로 볼 수 있겠다. 울산 북구 연암동, 파주 탄현 갈현리, 안성 원곡 반제리, 부천 고강동, 강릉 사천 방동리, 화성 동탄 동학산, 순천 덕암동, 경기도 구리 교문동과 평택 용지동 등이 속한다. 호는 하나이며 시기는 단면 원형의 점토대토기시대에 속한다. 연대도 기원전 5세기－기원전 3세기경 철기시대 전기 초에 해당한다. 이제까지 환호는 경남지역이 조사가 많이 되어 울산 검단리, 진주 대평리 옥방 1, 4, 7지구 창원 남산을 포함하여 19여 개소에 이른다. 청동기시대부터 이어져 철기시대에도 경기－강원도 지역에만 파주 탄현 길현티, 화성 동반 동학산, 강릉 사천 방동기, 부

전 59년 北夫餘의 解慕漱가 나라를 열 때 다섯 마리의 용이 끄는 수레를 타고 내려오는 신화에서 이며 이는 중국과 비교해 볼 때 적어도 6,000년의 연대차가 있다. 이러한 예는 최근 발굴·조사된 경기도 용인 할미산성에서도 확인할 수 있다.

천 고강동, 송파 풍납토성(사적 11호)과 순천 덕암동 등지에서 발견된다. 용인 할미산성 내에서 마한과 백제의 종교·제사유적이 발견되기도 하였다. 그 중에서 안성 반제리의 것은 철기시대 전기 중 앞선 것으로 보인다. 청동기시대의 제사유적으로 언급된 것은 울산시 북구 연암동이나, 철기시대의 것들 중 구릉에 위치한 것은 거의 대부분 종교·제사유적으로 보인다. 종교는 샤마니즘(무교)과 조상숭배가 결합된 것으로 보인다. 이는 청동기시대 중기 공렬토기 단계부터 족장사회(chiefdom society)의 주거로 형성되어온 환호가 말기(기원전 600년－기원전 400년, 경질무문토기단계)가 되면 평지로 주거를 옮기고 재래 구릉에 남아 있는 환호는 퉁구스족들의 샤마니즘(무교)이 들어오면서 천군이라는 제사장이 다스리는 소도로 바뀌고, 철기시대(기원전 400년－기원전 1년)까지 토착사회의 묘제로 남아 있던 지석묘의 조상숭배와 결합이 본격화되고 있다. 다시 말해 청동기시대 환호가 철기시대에는 주거지로서 보다 종교·제사유적과 관계된 특수지구인 별읍인 소도로 발전되어 나간 것 같다. 이 환호는 원형에서 방형으로 후일 목책(木柵)→토성(土城＋木柵)→석성(石城) 순으로 발전해 나간다. 그리고 제사유적으로서의 소도는 경기도 안성 원곡 반제리, 부여 구룡 논치리와 전라남도 순천 덕암동이 대표된다.

그래서 마한은 위만조선과 마찬가지로 한국고고학 상 역사고고학의 시작을 이룬다. 그러나 편년설정, 백제와 구분되는 특징적인 문화내용, 54국의 위치비정과 상호 간의 통상권, 목지국의 위치와 이동, 정치체제와 종교문제 등 앞으로 연구해야 될 과제가 많다. 철기시대 후기 말부터 마한 초기에 걸치는 대표적인 유적으로 광주시 광산구 新昌洞(사적 375호) 유적을 들 수 있다. 이 유적은 서기 1963년 서울대학교의 옹관묘 조사로 최초로 알려졌으며 후일 서기 1992년 국도 1호선 개량공사로 인한 광주박물관의 발굴에서 다양한 재배작물 씨앗과 칼, 활 등 무기, 괭이, 낫 등 농공구, 원통모양 칠기를 비롯한 각종 용기, 발화구, 신발 골, 베틀 부속구, 현악기, 빗과 괭이, 따비, 낫, 절구 공이 등의 다양한 목제농사도구, 각종 의례 유물이 확인되어 당시 농경기술과 농경의례에 대한 이해가 가능하였다. 특히 경상남도 창원 다호리(의창 다호리 유적으로 현재 昌原 茶戶里 古墳群으로 명칭 변경, 사적 327호) 출토와 같은 성격의 현악기와 괭이는 신창동 유적에서 출토되는 중요한 유물이다.

『三國志』 위지 동이전 한조(韓條)에 기록된 진한(辰韓) 노인에 관한 기사는 진나라(기원전 249-기원전 207년: 기원전 211년 진시황이 통일)의 고역(苦役)을 피해 한나라에 왔고, 마한에서 동쪽 국경의 땅을 분할하여 주었다는 내용인데(...辰韓在馬韓之東其耆老傳世自言古之亡人避秦役來適韓國馬韓割其東界地與之有城柵...), 이 기록은 마한의 상한연대가 늦어도 기원전 3세기-기원전 2세기까지는 소급될 수 있음을 보여준다. 그리고 『三國史記』 권 제1 신라본기 시조 혁거세 거서간(赫居世 居西干) 38년(기원전 20년) 및 39년(기원전 19년)조에 보이는 마한왕(馬韓王 혹은 西韓王)의 기록과 『三國史記』 백제본기 권 제23 시조 온조왕 13년 조(기원전 6년)의 마한왕에게 사신을 보내 강역을 정했다는 기록 등은 마한이 늦어도 기원전 1세기경에는 왕을 중심으로 하는 국가체계를 갖추었던, 신라와 백제보다 앞서 형성되있던 국가였음을 알려 준다. 『三國志』 위지 동이전 한조에 왕망(王莽, 기원전 45년생-서기 23년 歿, 서기 8년-서기 23년 집권, 新나라는 25년까지 존속)때 진(辰)의 우거수 염사치(右渠帥 廉斯鑡), 후한의 환제(后汉 桓帝, 서기 147년-서기 167년)와 영제(靈

帝, 서기 168년-188년)의 "환제와 영제의 말에 한과 예가 강해졌다
("...桓靈之末韓濊彊盛...)"라는 기록으로 보아 기원전 108년 한사군
의 설치 이후 255년-296년 후인 서기 147년-서기 188년에는 삼한
이 매우 강성해지고 있음을 알 수 있다. 또 위지 동이전에는 진왕이
통치했던 목지국은 마한을 구성하는 54국이 공립(共立)하여 세운 나
라였다는 기록이 있다. 다시 말해 마한의 상한은 기원전 3세기-기
원전 2세기까지 거슬러 올라갈 수 있고, 삼국사기의 기록은 마한이
기원전 1세기 대에 신라 및 백제와 통교했음을 알려 주고 있어, 마
한의 중심연대는 기원전 2세기-기원전 1세기경이었다고 상정할 수
있겠다. 마한의 하한연대에 대하여는 적지 않은 이견이 있지만, 동
신대학교 박물관이 발굴 조사한 나주 금천면 신가리 당가의 토기 가
마를 통해 볼 때 서기 5세기 말 또는 6세기 초경이 아니었나 생각된
다. 따라서 마한의 존속 시기는 기원전 3세기-기원전 2세기경부터
서기 5세기 말-6세기 초까지 대략 700년 정도로 볼 수 있는데, 이
시간대는 한국고고학편년 상 철기시대 전기(기원전 400년-기원전
1년), 철기시대 후기 또는 삼국시대 전기(서기 1년-서기 300년) 그
리고 삼국시대 후기(서기 300년-서기 660년/서기 668년경)에 해당
된다. 즉 시기상으로 어느 정도 차이가 있기는 하지만, 마한의 존속
시기는 백제의 역사와 그 궤를 같이 한다고 할 수 있다. 백제가 강
성해져 그 영역이 확대됨에 따라 마한의 영역은 축소되었다. 그리고
서기 369년 백제 13대 근초고왕(近肖古王서기 285년-서기 375년,
11월 재위: 346년 9월-서기 375년 11월)때의 마한세력의 정벌은 나
주 일대의 마한세력이 아니라 천안 일대, 다시 말해 마한 Ⅰ기의 중
심지였던 천안(용원리, 청당동과 운전리를 중심) 일대의 마한세력을
멸한 것으로, 마한의 중심세력은 다시 공주(사적 460호 공주 의당면

수촌리 일대), 익산으로 이동하였던 것으로 해석할 수 있겠다.

앞으로 보다 많은 고고학 자료를 통해 검증되어야 하는 가설수준이기는 하지만, 지금까지의 고고학 자료를 통해 시기에 따른 마한의 중심지를 추정해 볼 수 있다. 즉 한성시대 백제(기원전 18년－서기 475년) 시기의 마한 영역은 경기도 용인, 천안 성남 용원리, 청당동 및 평택, 성환, 직산을 포함하는 지역이었을 것으로 추정되며, 백제의 공주 천도 이후(서기 475년－서기 538년) 마한의 중심지는 익산 영등동, 신동리와 여산면 유성, 전주 송천동과 평화동, 군산 내흥동과 산월리 그리고 남원 세전리·정읍 신정동 일대로 이동되었다. 마지막으로 부여 천도 후(서기 538년－서기 660년)에는 나주 반남면 대안리, 신촌리와 덕산리(사적 제76·77·78호), 보성 조성 조성리(금평패총 포함), 진도 고군면 오산리, 고흥 포두면 길두리 안동 일대가 마한의 중심지였던 것으로 추정된다. 다시 말해 그 중심지역의 변천에 따라 마한은 천안－익산－나주의 세 시기로 구분하여 생각해 볼 수 있다.

『三國史記』溫祚王 27년(서기 9년) 4월 '마한의 두 성이 항복하자 그 곳의 백성들을 한산 북쪽으로 이주시켰으며, 마침내 마한이 멸망하였다(…二十七年夏四月, 二城圓山錦峴降, 移其民於汉山之北, 馬韓遂滅. 秋七月, 築大豆山城…)라는 기사는 한성백제와 당시 천안을 중심으로 자리하고 있던 마한과의 영역 다툼과정에서 일어난 사건을 기술한 것으로 볼 수 있겠다. 한편 근초고왕

전남 나주 신촌리 9호 출토 금동관
국보 제295호, 국립광주박물관

24년(서기 369년) 마한의 고지를 盡有했다는 기사는 종래 故 李丙燾의 견해대로 나주 일대의 마한세력을 멸망시킨 것이 아니라 천안 일대, 다시 말해 마한 I기의 중심지였던 천안(용원리, 청당동과 운전리를 중심) 일대의 마한세력을 공주[의당면 수촌리(사적 460호)와 장선리(사적 433호)], 서산(음암면 부장리, 사적 475호)과 익산지역(전주 평화동과 송천동, 익산시 왕궁면 구덕리 사덕마을, 여산면 여산리 유성, 신동리, 모현동 외장과 배산·장신리, 군산시 내흥동)과 같은 남쪽으로 몰아냈던 사건을 기술한 것으로 해석하는 것이 보다 합리적이다. 이후 마한인이 공립하여 세운 진왕이 다스리던 辰王이 다스리던 目支國(『后汉書』魏志 韓傳....馬韓最大. 共立其種爲辰王. 都目支國. 辰王三韓之地..., 오늘날의 미국의 수도인 Washington D.C./ District of Columbia와 같은 성격을 가진 것으로 보여짐)은 익산을 거쳐 최종적으로 나주 일대로 그 중심을 옮겨갔을 것이다. 따라서 종래의 입장, 즉 마한을 삼한시대 또는 삼국시대 전기에 존속했던 사회 정치 체제의 하나로만 인식했던 단편적이고 지역적이었던 시각 또는 관점에서 탈피하여 마한사회를 전면적으로 재검토해야 할 시점에 다다른 것이다.

한편 近肖古王 24년(서기 369년) 마한의 고지를 진유(盡有)했다는 나주 일대의 마한세력을 멸망시킨 것이 아니라 천안 일대, 다시 말해 마한 I기의 중심지였던 천안[서기 4세기경의 중국의 鷄首壺가 나온 天安市 東南區 城南面 龙院里와 중국도자기 5점이 나온 公州 儀堂面 水村里(사적 460호),[6] 청당동과 운전리를 중심] 일대의 마한세력을 공주 의당면 수촌리(사적 460호), 서산 음암면 부장리(사적 475호), 익산지역과 같은 남쪽으로 몰아냈던 사건을 기술한 것으로 해석하는 것이 보다 합리적이다. 이후 진왕이 다스리던 마한의 목지

6 十干十二支 중 10번째가 닭에 해당하는 酉(오후 5시—7시, 서기 2017년은 丁酉 년으로 鷄年吉日으로 본다)이다. 중국에서는 『韓詩外傳』에 전하는 바와 같이 고 대부터 닭을 文, 武, 勇, 仁, 信의 五德을 갖추고, 또 鷄와 吉의 발음이 치로 같아 吉祥富貴, 大吉大利을 상징하는 靈物로 여겼다. 또 多子, 多才, 多福, 多壽도 의 미한다. 여기에 富貴花인 牡丹과 함께 존재하면 功名富貴, 富貴滿堂, 春意快然도 상징한다. 그래서 商代 四川 成都 三星堆 출토 靑銅天鷄(三星堆博物館 소장, 높 이 40.3cm), 三國時代 吳나라(孫吳/東吳 서기 222년—서기 280년, 北京古宮博物 院 소장, 南京과 鎭江博物館 所藏)의 鷄首壺에서 부터 宋 書畵皇帝인 徽宗의 芙 蓉錦鷄圖(서기 1125년, 내용은 '秋勁拒霜盛 峨冠錦羽鷄 已知全五德 安逸勝鳧鷺' 표현하였다), 明 5대 宣德皇帝의 朱瞻基(서기 1399년 3월 16일—서기 1435년 1월 31일)의 子母鷄圖(台北古宮博物館 소장), 宋나라 그림 子母鷄圖(台北古宮博物館 소장)을 모방해 만든 明의 成化年間(서기 1465년—서기 1487년, 成化 元年은 乙 酉년임, 明 9대 憲宗의 年号) 중 성화 17년(서기 1481년)에 江西省 景德鎭御窯廠 에서 제작된 明代 成化皇帝의 御用酒杯인 成化斗彩鷄缸酒杯(台北古宮博物館 소 장)에 이르기 까지 여러 면에서 平靜安逸, 祥和美滿, 吉祥如意, 生氣勃勃한 닭 의 모습을 표현해 왔다. 또 닭은 錦丹, 天鷄, 神鷄鷄 등의 美稱을 지니고 室上大 吉, 冠官, 官上加官, 窩窠, 五子登科, 吉利萬千, 富貴安康을 상징하고 있다. 山海 經에는 '有鳥焉 其狀如鷄 五彩而文 名曰鳳凰 自歌自舞 見則天下安宁'으로 기술하 고 南北朝 晉의 劉子新論에서는 '楚之鳳凰 乃是山鷄'라고 언급한다. 이는 太平聖 代의 상징이다. 그리고 李白의 詩句에 '半壁見每日 空中聞天鷄'에 천계가 나오며 晉書에는 '鷄起舞'도 보인다. 台北古宮博物館 소장의 雛一桂의 榴下將雛軸, 周之 冕의 榴實双鷄圖, 이탈리아 화가인 郎世宁(Giuseppe Castiglione, 서기 1688년 7월 19일—서기 1766년 7월 17일, 義大利人, 天主敎耶穌會傳敎士 및 中國宮廷畵 家)의 錦春圖, 壽祝恒春와 北京古宮博物院 소장의 청나라의 靑玉天鷄薰爐, 水晶 天鷄尊, 掐絲琺瑯天鷄尊), 鷄鳴圖扇頁, 靑玉天鷄尊, 粉靑雉牡丹鼻烟壺鷄 金星玻 璃天鷄式水盂, 鷄牡丹紋盤, 雉鷄와 中國國家美術館 소장의 明 궁정화가인 呂紀 의 牡丹錦丹圖 등이 유명하다.

鷄首壺는 중국 揚子江(長江) 하류 南京과 鎭江에서 외래수입품(舶來品)으로 전래 되어 우리나라 馬韓時代에 속하는 大女 龙阮里(興十 2년인)604년경)의 公州 외당 면 水村里[江蘇 無錫 太和 5년(서기 370년)묘 출토 및 南京 司家山 M4호 '謝球'부 부 합장 義熙 12년(서기 416년)묘 출토품과 유사]의 黑釉鷄首壺, 南原 月山里 출 토 靑磁鷄首壺[杭州 黃岩秀嶺水庫 49號墓 출토품 및 浙江 瑞安 隆山 劉宋 大明 5 年墓(서기 461년) 출토鷄首壺의 형태와 비슷] 3점을 비롯하여 모두 8점이 알려져

국은 익산을 거쳐 최종적으로 나주 일대로 그 중심을 옮겨갔을 것이다. 따라서 종래의 입장, 즉 마한을 삼한시대 또는 삼국시대 전기에 존속했던 사회정치체제의 하나로만 인식했던 단편적이고 지역적이었던 시각 또는 관점에서 탈피하여 마한사회를 전면적으로 재검토해야 할 시점에 다다른 것이다. 마한의 존재를 보여주는 고고학 자료로는 토실, 수혈움집, 굴립주가 설치된 집자리, 토성 그리고 주구묘를 포함한 고분 등이 있으며, 또 승석문, 타날격자문, 조족문과 거치문 등은 마한의 특징적인 토기문양들이다. 승석문과 타날격자문은 마한뿐 아니라 백제지역에서도 채택되었던 토기문양으로 인식되는데, 이러한 문양이 시문된 토기는 기원전 108년 한사군 설치와 함께 유입된 중국계 회청색경질도기 및 인문(印文)도기 등의 영향 하에 제작되었던 것으로 여겨진다. 이후 마한과 백제지역도 고온소성이 가능한 가마를 수용하여 회청색경질토기를 제작하게 되었다. 승석문 및 격자문이 시문된 연질 및 경질토기는 재래의 토착적인 화도 700℃−850℃에서 구워진 경질무문토기와 한때 같이 사용되기도 했다. 그러나 한반도에서 중국제경질도기를 모방하기 시작하면서 이들이 한반도 전역으로 확산되었는데, 그 시기는 서기 1세기−서기 2세기경이었던 것으로 추정된다. 용인 보정리 수지 빌라트지역(4지점) 남측 14호 저장공에서 이들이 함께 출토되었는데, 그 하한연대는 서기 2세기−서기 3세기경으로 보고되었다. 목지국은 처음에 성환과 직산지역을 중심으로 발달하였으나 백제의 성장과 지배영역의 확대에 따라서 남쪽으로 옮겨 예산·서산과 익산 지

· ·

있다.(정상기 2013 韓半島出土鷄首壺의 製作年代에 대한 초보적 檢討 겨레문화연구 2, p.62)

역을 거쳐 나주 반남면 부근에 자리 잡았을 것으로 추정되고 있다. 목지국이 언제 망하였는지는 잘 알 수 없으나 나주지역에는 대형고분이 집중적으로 분포되어 있고, 금동관이 출토되기도 하여 이곳이 마한이나 목지국의 전통을 이어온 곳으로 보았고, 목지국은 근초고왕이 마한을 토벌하는 4세기 후반까지 존속하였을 것으로 추정되고 있다.

　나주 일대의 성격을 살펴볼 수 있는 자료로는 반남면 일대에 집중적으로 분포하는 고분군이 있을 뿐이다. 반남면 신촌리 9호분에서 출토된 금동관(국보 295호), 서기 2014년 말 나주시 丁村고분 1호(羅州 多侍面 伏岩里사적 제404호 근처 복암리 산 91 정촌고분, 나주시 향토문화유산 제13호) 석실분 출토 금동신발(金銅飾履, 금가루를 수은에 섞어 금속표면에 입힌 '수은아말감기법'으로 도금, 서기 5세기 말, 국립나주문화재연구소 복원)을 비롯한 여러 유물들을 통해 볼 때, 당시 이 지역에는 강력한 왕권을 중심으로 하는 정치체제가 존재할 수 있는 기반이 있었음을 알 수 있다. 물질적·문화적 기반은 반남면 일대를 포함하는 나주 지역에 마한 54국의 하나인 목지국을 비정하는 가설을 가능하게 한다. 그런데 학자마다 서로 견해가 달라 부미국(不弥國), 포미지국(布弥支國), 신미국(新弥國), 치리국(哆唎國) 등의 마한소국(馬韓小國)들이 이 일대에 존재했던 것으로 추정하고 있는데 현재로서는 이를 확인할 만한 자료가 부족하다. 비록 그 국명(國名)은 확실하지 않지만 나주지역, 특히 반남면 대안리·덕산리·신촌리·복암리(사적 404호)와 고흥 포두면 길두리 안동에 분포된 고분군들의 연대로 볼 때 백제 초기에 이미 국가단계의 정치체제가 이 일대에 존재했었음을 쉽게 알 수 있다.

　그리고 최근 전남문화재연구소에서 咸平郡 大洞面 金山里의 方台

形(전남도 기념물 제151호)의 발굴에서 얼굴을 토기로 형상화한 인물식륜(人物埴輪, はにわ)가 출토하였는데 이는 일본의 돗토리현(鳥取縣)에서 출토하는 하니와(埴輪)와 유사하다고 한다. 이 무덤은 5세기말−6세기 중엽의 마한 지배층의 것으로 여겨진다.

또 전남문화광재단 전남문화재연구소는 서기 2019년 7월 2일 유적 설명회를 통해 '전라남도 영암 내동리 쌍무덤(靈巖 內洞里 雙墳, 전남시도기념물 제83호)'의 발굴조사로 이들이 진한의 우거수 염사치(辰韓의 右渠帥 廉斯鑡)의 거수(渠帥)를 비롯하여 격이나 규모(토지와 인구수)에 따라 마한의 지배자들인 신지(臣智), 검측(險側), 번예(樊濊), 살계(殺奚)와 읍차(邑借)라는 족장들의 무덤으로 밝혀졌다. 발굴조사 결과 너비 53m(단축 33.6m), 높이 4−7m 규모의 6세기 전후에 축조한 방대형 고분이며 매장 시설은 석실 1기, 석곽 3기, 옹관 2기, 총 6기가 중첩되어 확인됐다. 출토 유물은 대도(大刀)를 비롯해 자라병, 유공광구소호, 단경호 등 다양한 토기와 곡옥(굽은 옥), 대롱옥 등 수 백점의 유리구슬이 쏟아져 나왔다. 특히 유리구슬과 영락(瓔珞·달개로 불리우고 금동관 등에 매달은 얇은 금속판 장식) 금동관 편이 확인돼 주목된다. 이는 나주 신촌리 9호분에서 출토된 금동관(국보 제295호) 장식과 비슷하다. 고분 주구(무덤 주위를 둘러판 도랑)에서는 동물 형상식륜(形象埴輪·일본 고분에서 확인되는 닭, 말 등 모양의 토제품으로 제의 관련 유물)도 나왔다. 그래서 이번 조사를 통해 6세기 전후 마한의 대규모 세력집단이 존재했고, 일본과 활발하게 교류를 펼쳤다는 것이 밝혀졌다.

반남면을 비롯한 영산강 유역 소재의 대형 독무덤(옹관묘)들은 이 일대가 실질적으로 백제의 영향권 내로 편입되기 이전에 자리 잡고 있던 마한의 지배층들의 분묘들로 보인다. 철기시대 전기 이후 새로운 철기문화를 수용함으로써 농업생산력을 증대시키고 사회적인 발전을 이룩한 마한의 소국들은 그들의 통치 권력을 확대·팽창시키면서 소형 독무덤(옹관묘)을 거대화시켰던 것이다.

영산강 유역에 밀집 분포하는 대형 독무덤들의 피장자들은 마한 제 소국의 지배층들이었을 것으로 추정된다. 특히 금동관이 출토된 신촌리 9호분의 피장자는 목지국 말기의 지배자 또는 목지국의 전통을 이은 지방 호족이었을 것으로 추정된다. 따라서 백제가 남천하게 됨에 따라 백제의 지배영역이 남쪽으로 팽창함으로써 그 세력이 축소된 목지국의 최종 근거지는 영산강 유역의 나주 반남면 일대로 비정될 수 있을 것이다. 이러한 추정은 지금까지 발견 조사된 금동관들이 당시의 정치체제하에서 국가단계를 나타내는 최고 지도자 또는 왕의 상징물(status symbol)로서 인정되는 것으로도 그 타당성을 인정받을 수 있다.

서기 1996년 나주 복암리 3호분(사적 제404호) 석실 내부 옹관 4호에서 출토된 금동제 신발, 서기 1997년 석실 7호에서 출토된 금판 관모 장식, 금동제 이식, 三葉/三頭環頭大刀(고리자루큰칼) 등이 이를 뒷받침해 준다. 그리고 서기 1998년도 3월에 발굴된 5호와 16호 횡혈식 석실 2기에서는 은제관식(銀製冠飾)이 출토된 바 있다[여기에서 출토된 인골들은 석실 17호 널길(연도)에서 화장된 채로 발견된 32세 이상으로 추정되는 남복(男僕)의 경우를 제외하고는 모두 앙와신전장(仰臥申展葬)을 취하고 있었는데, 석실은 40세 이상 가족성원의 가족장(家族葬) 또는 추가장(追加葬)을 위해 조성된 것으로 여기진다]. 이는 부여 하황리, 논산 육곡리 7호분, 남원 척문리, 나주 潘南面 興德里와 細枝面 松堤里, 부여 능산리 공설운동장 예정 부지 내에서 발굴된 36호 우측[인골 편은 남아 있지 않으나 좌측에 남아 있는 부인의 것으로 여겨지는 인골의 나이는 40세 이상으로 추정된다]인골에서 발견된 은제 관식에 이어 한반도에서 여섯 번째로 확인된 것이다. 피장자의 신분은 백제 16관등 중 6품인 나솔(奈率) 이상에 해당되는데, 이는 대안리 5호분의 백제식 석실분의 경우와 함께 피장자가 나주지역 백제의 행정체제 내로 편입되어 가는 과정을 보여주는 자료이다. 세지면 송제리 산14-1번지 고분(전라남도 기념물 제156호)에서 국립나주문화재연구소에서 그동안 발굴·조사한 것을 서기 2019년 7월 25일 발표했는데 이 횡혈식석실분 고분에서 청동잔, 은피 관못, 은제 허리띠, 은제 관식이 출토되고 이 고분은 서기 6세기 백제 聖王(서기 523년-서기 554년)때 축조된 것으로 여겨진다. 또 최근 재갈을 비롯한 마구류와 화살을 담는 통인 盛矢具를 비롯하여 피장자의 금동관모, 금동신발, 금제귀고리, 환두대도가 경기도 화성 향남읍 요리 2지구 동서간선도로 공사구간(LH 경기지역 택지개발지구, 한국문화유산연구원 서기 2014년 5월 26일 발표) 발굴 중 木槨에서 발굴되었는데, 이는 서기 4세기-서기 5세기의 것으로 백제의 남쪽영역의 확대와 관련된 것으로 밝혀졌다. 그리고 무엇보다도 중요한 것은 금동관과 함께 나온 금동 신발인데, 이는 나주 반남면 신촌리 9호분, 나주 다시면 복암리 산 91번지 정촌 龙飾金履塚(나주시 향토문화유산 13호, 서기 2014년 10월 24일 나주 문화재연구소 발굴결과 발표, 석실묘에서 용머리장식이 있는 신발/金銅飾履와 함께 대도, 금제 귀걸이, 옥토기, 石枕/돌배개, 마구, 화살통과 철촉 등 서기 5세기의 유물이 함께 출토함)익산 입점리(사적 347호), 서산 음암 부장리(사적 475호), 공주 의당 수촌리(사적 460호)와 공주 무령왕릉(사적 13호 공주 송산리고분군 내)에 이어 백제지역에서 여섯 번째, 나주에서는 두 번째로 확인된 것이다. 또 1998년 4월 나주 복암리 3호분 제8호 석곽 옹관에서는 주칠(朱漆)의 역만자문(逆卍字文, 이와 같은 문양이 춘천시 근화동 559번지일대 경춘선 춘천정거장 예정부지에서 출토한 고려시대 도기편에도 보인다.) 이 시문된 제8호 옹관 출토 개배(蓋杯)와 함께 일본 고분시대 말기에 보이는 圭頭大刀가 제5호 석실 연도 가까이의 현실(玄室) 벽에 기대어 놓인 채로 확인되었다. 출토 상황으로 보아 이 칼은 현실에 묻힌 피장자의 것이라기보다는 장례 행사에 참석했던 피장자와 가까운 손님이 마지막으로 끌러 놓은 장송예물(葬送禮物)이었던 것으로 여겨진다.

그리고 역자문(逆卍字文)은 '파(巴)'로 읽어야 하며, 그 의미는 죽음[死]을 뜻한다고 한다. 그렇다면 불교의 영향 하에 만들어졌다는 견해는 재고되어야 할 것이다. 또 규두대도는 경남 창녕 출토로 전하는 고꾸라[小倉] 컬렉션 4호와 한국 출토로 알려진 동경국립박물관 소장 장도 두 점이 알려져 있어 일본제보다도 한국제일 가능성이 높다. 복암리 3호분의 내부에서는 옹관묘, 수혈식 석곽, 횡혈식 석실, 횡구식 석곽, 횡구식 석실과 석곽, 옹관 등 34기에 이르는 매장유구가 확인되었다. 이 고분은 서기 3세기-서기 7세기의 약 300-400여 년에 이르는 기간에 걸쳐 한 집안의 가족묘지[世葬山]로 조성되었던 것으로 추정되는데, 오늘날과 같은 분구는 마지막으로 5호 석실분을 쓰면서 각각의 무덤에 조성된 봉토가 합쳐져 자연스럽게 형성되었던 것 같다. 그 피장자들은 과거 목지국의 지배층을 형성하는 토호들로 후일 이 지역이 백제의 행정구역으로 편입되어 가는 과정에서 백제 왕실이 하사한 벼슬을 받았으며, 자신들의 무덤에도 백제양식을 채택했던 것으로 여겨진다. 최근 발굴 조사된 나주 영동리 고분군에서 백제양식의 무덤인 2호와 3호 석실에서 각각 5개체의 인골이 확인되었다. 그리고 인골의 출토양상으로 보아 3-4회의 추가장이 이루어

졌음이 확인되었다. 이러한 고분은 나주 흥덕리, 함평 월야면 월계리 석계부락과 전라북도 완주군 은하리의 석실분을 들 수 있다. 복암리 3호분에서는 5호 석실에서 피장자가 4인 확인되었고, 또한 2−3차례 의 追加葬이 확인되기도 하였다. 이는 옹관고분의 가족묘지전통에 따른 다장제의 장제가 지속되어 유지되고 있었음을 말한다. 이 고분 의 피장자들이 외래의 파견 관료 또는 지배자가 아니라 철기시대 전 기에서 마한에 걸쳐 살아왔던 과거 목지국의 토호들임을 시사한다. 특히 이들의 위상과 대외활동에 대해서는 복암리 고분의 규두대도를 통해 시사되는 일본과의 문화적 교류 등과 함께 앞으로의 연구를 통 해 밝혀야 할 것이다. 은제 관식의 연대를 서기 6세기 후반에서 서기 7세기 초로 볼 수 있다면 목지국의 잔여세력인 토착세력은 거의 백 제 멸망 시까지 존속했던 것으로 보인다. 그리고 순천 서면 운평리와 여천 화장동 유적의 경우 서기 470년(21대 蓋鹵王 16년)−서기 512년 (25대 武寧王 12년)에 마한과 大伽倻가 서로 공존하고 있었음이 밝혀 지고 있다. 이러한 점들을 통해 볼 때 目支國을 맹주국으로 하는 마 한 제소국은 고구려, 백제, 신라 삼국과 空時的으로 상호 대등한 수 준의 관계를 맺어 왔다고 보는 것이 타당할 것이다.

5. 백제

백제는 기원전 3세기−기원전 2세기에 성립된 마한의 바탕 위에 기원전 18년에 성립되었다.[7] 이는 물론 『三國史記』 초기의 백제 기 록과 그와 관련된 신화를 믿고 또 최근 조사된 적석총의 연대가 기 원전 2세기−기원전 1세기로 올라간다는 것에 따른 것이다. 마한으 로부터 임진강(臨津江)과 한강유역의 영역을 할양받으면서 점차 정

치적 국가체로 발전할 수 있었던 백제는 초기의 문화적 양상이 마한
의 것과 거의 다르지 않았을 것으로 생각 된다.[8] 이러한 흔적은 백

. . . .

7 백제의 건국연대가 『三國史記』의 기록대로 기원전 18년으로 올라간다. 이는 문화
재연구소에서 서기 1999년 실시한 서울 풍납동 토성(사적 11호)의 성벽 발굴 최
하층에서 확인한 제례용으로 매납(埋納)된 경질무문토기(硬質無文土器)의 연대
는 『三國史記』 온조왕(三國史記 溫祚王) 41년 조(서기 23년) '한수 동북부 부락에
서 15세 이상의 남자를 부역시켜 위례성을 고치다(…發汉水東北諸部落人年十五
歲以上 修營慰禮城)…'이란 기사에서 성벽(동벽과 서벽)의 축조연대가 기원전 1
세기—서기 1세기경으로 추측할 수 있는데에서도 알 수 있다. 그리고 춘천 중도
(春川 中島)의 경질무문토기도 기원전 15년경(15±90년, 1935±90B.P., 기원전
105년—서기 75년)으로 경질무문토기의 하한은 늦어도 기원전 1세기—서기 1세
기경이 될 것이다. 여기에 덧붙여 '온조왕 15년 궁실을 지었는데 검소하나 누추
하지 않고 화려하나 사치스럽지 않다(…十五年春正月 作新宮室 儉而不陋 华而不
侈)'라는 궁궐의 신축은 온조왕 15년(기원전 4년)에 이루어졌음도 알 수 있다. 또
이 근처에서 손오/동오(孫吳/東吳, 서기 222년—서기 280년)의 지역인 양자강
연안 진강(鎭江)근처에서 발견되는 수면문(獸面文) 수막새를 포함한 여러 종류의
개와의 출토 예도 백제 건국의 연대를 올릴 수 있는 증거가 된다.

8 백제의 건국자는 朱蒙(高朱蒙/東明聖王, 기원전 37년—기원전 19년 재위)의 셋째
아들인 溫祚(기원전 18년—서기 28년 재위)이다. 그는 아버지인 주몽을 찾아 부
여에서 내려온 첫째 아들 琉璃(禮氏子孺留)王子(고구려의 제2대왕, 기원전 19년—
서기 18년 재위)의 존재에 신분의 위협을 느껴 汉 成帝 鴻嘉 3년(기원전 18년) 형
인 沸流와 함께 남하하여 河北慰禮城(河北慰禮城, 溫祚王 元年, 기원전 18년—기
원전 5년, 처음 서울 중랑구 면목동과 광진구 중곡동 의 中浪川 一帶에 比定하였
으나, 적석총의 밀집분포로 보아 경기도 연천 군남면 우정리, 중면 횡산리와 삼
곶리, 백학면 학곡면 일대가 된다). 그리고 온조왕 14년/기원전 5년에 옮긴 河南
慰禮城은 송파구에 위치한 사적 11호 風納土城으로 추정됨, …遂至汉山, 登負兒
嶽, 望可居之地…惟此河南之地, 北帶汉水, 東據高岳, 南望沃澤, 西阻大海. 其天
險地利, 難得之勢, 作都於斯, 不亦宜乎?….)에 도읍을 정하고, 형인 비류는 미
추홀(弥鄒忽, 인천)에 근거를 삼는다. 이들 형제는 『三國遺事』에 의하면 고구려
의 건국자인 朱蒙의 아들로(卞韓 百濟….謂溫祚之系, 出自東明故云耳….), 그리
고 『三國史記』百濟本紀 別傳(권 23)에는 그의 어머니인 召西奴가 처음 優台의 부
인이었다가 나중에 주몽에게 개가하기 때문에 주몽의 셋째 아들로 기록된다. 溫

제시대의 무덤과 유구에서 찾을 수 있는데, 적석총(돌무지무덤, 積石塚), 토광묘(土壙墓), 옹관묘(甕棺墓), 마한의 토실(馬韓土室)의 변형인 복(福)주머니 형태의 지하저장고 등이 해당 된다. 이 가운데 적

∙∙∙∙∙∙∙∙∙∙∙∙∙∙∙∙∙∙∙∙∙∙

祚는 天孫인 解慕漱, 용왕 河伯의 長女인 柳花의 신화적인 요소와, 알에서 태어난 주몽의 탄생과 같은 난생설화가 없이, 처음부터 朱蒙－召西奴－優台라는 구체적이고 실존적인 인물들 사이에서 태어난다. 그래서 백제에는 부여나 고구려다운 건국신화나 시조신화가 없다. 이것이 백제가 어버이의 나라인 고구려에 항상 열등의식을 지녀온 요소가 될 수 있을 것이다. 이 점은 온조왕 원년에 東明王廟를 세운 것이나, 백제 13대 近肖古王(서기 346년－서기 375년 재위)이 서기 371년 평양으로 쳐들어가 고구려 16대 故國原王(서기 331년－서기 371년 재위)을 사살하지만, 평양을 백제의 영토로 편입시키는 노력을 기울이지 않고 汉城으로 되돌아오는 점 등에서 이해된다. 그래서 백제의 왕실은 고구려 왕실에 대한 열등감의 극복과 아울러 왕실의 정통성을 부여하려고 애를 써왔던 것으로 보인다. 이와 같이 고구려와 백제는 朱蒙(東明聖王)과 溫祚王의 父子之間의 나라로, 이는 神話와 文獻을 통해 알 수 있다.

『三國史記』百濟本紀 1 百濟始祖溫祚王, 其父鄒牟, 或云朱蒙. 自北扶餘逃難, 至卒本扶餘. 扶餘王無子, 只有三女子, 見朱蒙, 知非常人, 以第二女妻之. 未幾, 扶餘王薨, 朱蒙嗣位. 生二子, 長曰沸流, 次曰溫祚. 或云朱蒙卒本 娶越郡女, 生二子. 及朱蒙在北扶餘所生子來爲太子, 沸流溫祚恐爲太子所不容, 遂與烏干馬黎等十臣南行, 百姓從之者多. 遂至汉山, 登負兒嶽, 望可居之地, 沸流欲居於海濱. 十臣諫曰 惟此河南之地, 北帶汉水, 東據高岳, 南望沃澤, 西阻大海. 其天險地利, 難得之勢, 作都於斯, 不亦宜乎?……一云始祖沸流王, 其父優台, 北扶餘王解扶婁庶孫, 母召西奴, 卒本人延陁勃之女, 始歸于優台, 生子二人, 長曰沸流, 次曰溫祚. 優台死, 寡居于卒本. 后, 朱蒙不容於扶餘, 以前汉建昭二年(元帝, 기원전 37년)春二月, 南奔至卒本, 立都號高句麗, 娶召西奴爲妃. 其於開基創業, 頗有內助, 故朱蒙寵接之特厚, 待沸流等如己子. 及朱蒙在扶餘所生, 禮氏子孺留來, 立之爲太子, 以至嗣位焉. 於是沸流謂弟溫祚曰 始大王避扶餘之難, 逃歸至此, 我母氏傾家財, 助成邦業, 其勸勞多矣. 及大王厭世, 國家屬於孺留, 吾等徒在此, 鬱鬱如疣贅, 不如奉母氏, 南遊卜地, 別立國都, 遂與弟率黨類, 渡浿·帶二水, 至弥鄒忽以居之. 北史及隋書皆云 東明之后, 仇台 篤於仁信, 初立國于帶方故地, 汉遼東太守公孫度以女妻之, 遂爲東夷强國 未知孰是

석총(積石塚)은 고구려 이주 세력의 분묘로 백제 초기의 지배세력에 의해 축조되었으며, 당시 백제의 성격을 이해하는데 매우 유용한 자료이다. 적석총이 축조되던 시기는 기원전 2세기－기원전 1세기경으로 한국고고학 편년 상 철기시대 전기 말이며 이를 통해 백제의 건국이 형성되고 삼국시대 전기로 진입하게 된다. 또 적석총에서 낙랑도기 편들이 나오고 있는 점은 고구려계통의 적석총 다시 말해 백제의 정치세력이 남하하면서 낙랑과 임둔의 영향을 잘 받아들이고 있음을 보여 주고 있다 하겠다. 그리고 남쪽에 마한(馬韓, 기원전 3세기/기원전 2세기－서기 5세기 말/서기 6세기 초), 북쪽에 북옥저와 읍루가 상호 통상권을 형성하고 있었다. 그래서 백제국의 처음 도읍지인 하북위례성(河北慰禮城)은 현재 연천군 중면 삼곶리[이음식 돌무지무덤과 제단. 환인 고력자촌(桓仁 古力墓子村) M19와 유사], 연천 군남면 우정리, 연천 백학면 학곡리. 연천 중면 횡산리와 임진강 변에 산재한 아직 조사되지 않은 많은 수의 적석총의 존재로 보아 임진강 변의 연천군(漣川郡) 일대로 비정된다. 서기 2016년 10월－11월 현재 한성백제박물관에서 사적 243호 석촌동에서 1호－2호사이 새로이 기단식 적석총 10여기를 조사하고 있다. 이곳에는 전 근초고왕의 적석총으로 주장되어온 3호분보다도 규모가 큰 사방 40m이상의 적석총도 확인된다, 이래서 백제의 묘제는 ① 연천군 임진강 변의 기원전 2세기－기원전 1세기경의 초기 무기단식 적석총(하북위례성)→ ② 풍납동(사적 11호)과 몽촌토성(사적 297호)의 상류 귀족을 위한 석촌동 일대의 서기 190년(10내 산상왕 2년) 서기 313년(미천왕 14년, 낙랑군의 소멸) 사이의 기단식 적석총(하남위례성)→ ③ 방이동(사적 제270호), 하남시 광암동과 감일동 일대의 서기 371년－서기 475년 사이 이성산성(사적 422호, 汉山)과 춘궁리 일대(汉城)에 살던 귀족들의 무덤인 석실분의 축조로 발전하고 있을 알 수 있다. 적석총에서 석실분으로 바뀌는 기점은 근초고와 26년(서기 371년) 이성산성의 축조에서 비롯된다.[9] 그리고 『三國史記』 온조왕 13년(기원전 6년)의 기록대로 보면 현재 서궁대해(西窮大海)는 강화도 교동 화개산성(华蓋山城), 동극주양(東極走壤)은 춘천을 넘어 화천 하남면 원촌리, 충주 가금면 탑평리와 양주 개군면 하자포리까지 이어지고, 남한웅천(南限熊川)은 안성천, 평택, 성환과 직산보다는 원래 선주민의 마한 유적들인 천안 용원리, 공주 의당 수촌리(사적 460호)와 장선리(사적 433호), 서산 음암 부장리(사적 475호) 근처로 확대해석이 가능할 수도 있고, 북지패하(北至浿河)는 예성강보다 임진강과 연천군으로 추정된다.[10] 이는 현재 발굴·조사

· ·

9 서기 2005년 가을 하남 德風−감북 간 도로 확·포장구간 중 제 4차 구간인 하남시 廣岩洞 산 26−6번지 二聖山城(사적 422호)서쪽 산록 하에서 세종대학교 박물관에 의해 발굴된 백제의 서기 4세기대의 橫穴式 石室墳(돌방무덤) 1, 2호에서 直口短頸壺와 廣口短頸壺가 출토되었는데. 이들의 연대는 서기 3세기 말에서 서기 4세기 말에 속한다. 이 고분의 구조와 출토한 백제토기들은 이성산성이 백제 13대 近肖古王 26년(서기 371년)에 축조되었다는 설을 뒷받침해 준다. 그리고 서기 2016년 11월 28일(월) 현재 고려문화재연구원에서 감일 1동 백제고분군 29기 (1−2지구 7기, 1−3지구 22기)를 발굴 중에 있으며, 이들은 모두 서기 371년−서기 475년 사이에 축조된 백제 석실분들이다. 구조(南北長軸, 偏西向 羨道이며 마지막 단계에는 排水口가 축조됨)로 보아 3시기로 나누어지며 출토유물은 樂浪陶器의 영향을 받은 直口短頸壺, 喇叭形口緣壺, 청회색 경질토기와 馬上杯와 杯台, 목관용 꺽쇠와 못(鐵釘) 등이다.

10 백제초기의 유적은 충청북도 충주시 금릉동 유적, 칠금동 탄금대 백제토성과 서기 4세기경의 製鍊爐 모두 11기와 불 땐 흔적, 철광석을 쪼개기 위한 유구 등 철생산 유적(국립중원문화재연구소에서 서기 2016년 製鍊爐 3기와 불 땐 흔적 9기, 서기 2017년 6월 29일 목, 製鍊爐로 8기, 동아일보), 장미산성(사적 400호), 가금면 탑평리 집자리 1호(서기 355년, 365년, 385년)와 강원도 홍천 하화계리,

된 앞선 선주민인 마한과 후래의 백제인들의 고고학 자료와 비교해
볼 때 가능하다. 참고로 한성시대 백제의 강역이 가장 넓었던 시기
는 제13대 근초고왕 대로 여겨진다. 최근 확인된 고고학 자료를 통
해 볼 때 당시 한성백제의 실제 영역은 서쪽으로 강화도 교동 대룡
리 및 인천 문학산 일대까지, 동쪽으로는 여주 하거리와 연양리, 진
천 석장리, 산수리(사적 제325호)와 삼룡리(사적 제344호)를 넘어 양
평 개군면 하자포리, 원주 법천리와 춘천 거두리, 홍천 하화계리와
화천군 하남면 원천리까지 확대되었으며, 북쪽으로는 포천 자작리,
파주 주월리(백제 육계토성 내), 인천 계양구 동양동, 군포 부곡동과
파주 탄현 갈현리(토광묘) 일대까지 그리고 남쪽으로는 평택 자미
산성과 천안 성남 용원리와 충주 가금면 탑평리에 중심을 둔 마한과
경계를 두는 정도에 이르게 되었던 것으로 해석된다.

백제는 13대 근초고왕(近肖古王, 서기 346년 – 서기 375년), 고구

• •

원주 법천리, 춘천 천전리, 화천군 하남 원천리와 거례리, 양평군 개군면 하자포
리에서 발견되고 있다. 이는 13대 근초고왕의 영토 확장과 관계가 있다. 이는 현
재 발굴·조사된 고고학 자료와 비교해 볼 때 가능하다. 따라서 『三國史記』 百濟
本紀에서 보이는 汉城時代 百濟(기원전 18년 – 서기 475년)의 都邑地 變遷은 河
北慰禮城(溫祚王 元年, 기원전 18년, 중랑구 면목동과 광진구 중곡동 의 中浪川
一帶에 比定. 그러나 적석총의 밀집분포로 보아 연천 郡南面 牛井里, 中面 橫山
里와 三串里, 白鶴面 鶴谷里일대가 된다.)→河南慰禮城(온조왕 14년, 기원전 5
년, 사적 11호 風納土城에 比定)→汉山(근초고왕 26년, 서기 371년, 사적 422호
二聖山城에 比定)→汉城(阿莘王 卽位年, 辰斯王 7년, 서기 391년, 하남시 春宮
里 일대에 比定)으로 알려져 있다. 이는 기원전 18년에서 백제 21대 蓋鹵王(서기
455년 – 서기 475년 재위)이 고구려 20대 長壽王(서기 413년 – 서기 491년 재위)
에 의해 패해 한성시대의 백제가 없어지고 22대 文周王(서기 475년 – 서기 477년
재위)이 公州로 遷都하는 서기 475년까지의 493년간의 汉城時代 百濟에 포함된
중요한 역사적 사건 중의 하나이다.

려는 19대 광개토왕(廣開土王, 서기 391년－서기 413년)과 20대 장수왕(長壽王, 서기 413년－서기 491년), 그리고 신라는 24대 진흥왕(眞興王, 서기 540－서기 576년 재위) 때 가장 활발한 영토 확장을 꾀한다. 신라는 진흥왕 12년(서기 551년) 또는 14년(서기 553년) 한강유역에 진출하여 新州를 형성한다. 백제는 근초고왕 때(서기 369년경) 천안 용원리(龙院里)에 있던 마한(馬韓)의 목지국(目支國)세력을 남쪽으로 몰아내고, 북으로 평양에서 16대 고국원왕을 전사시킨다. 그 보복으로 고구려의 19대 광개토왕－20대 장수왕은 해로로 강화도 대룡리에 있던 것으로 추정되는 화개산성(华盖山城)과 인화리 분수령(寅火里 分水嶺)과 백제시대의 인천 영종도 퇴뫼재 토성을 거쳐 한강과 임진강이 서로 만나는 지점인 해발 119m, 길이 620m의 퇴뫼식 산성인 관미성[关弥城, 사적 351호 파주 오두산성(坡州 烏頭山城) 또는 화개산성으로 추정, 서기 392년 고구려 광개토왕에 의해 함락됨]을 접수한다. 이는 압록강 하구의 장산도(長山列島, 中华人民共和國 辽宁省 大連市에 위치하는 長海县)에 근거지를 둔 고구려 수군과도 관련이 있을 것이다. 강화도 교동 대룡리 화개산성 앞 갯벌에서 백제와 고구려시대의 유물이 발굴·조사되었으며, 이는 『三國史記』 권 제18 高句麗本紀 제6, 廣開土王 元年[이는 『三國史記』 百濟本紀 제3, 16대 辰斯王 8년(阿莘王 元年 서기 392년, 고구려 19대 廣開土王 元年)] "冬十月, 攻陷百濟关弥城"의 기록과 밀접한 관련이 있다. 『三國史記』 권 제25 百濟本紀 제3 辰斯王 "八年夏五月丁卯朔, 日有食之. 秋七月, 高句麗王談德帥兵四萬王, 來攻北鄙, 陷石峴等十餘城. 王聞談德能用兵, 不得出拒, 汉水北諸部落多沒焉. 冬十月, 高句麗攻拔关弥城. 王田於狗原, 經旬不返. 十日月, 薨於狗原行宮"의 기록도 보인다.[11] 기록에 의하면 광개토왕은 서기 392년 7월에 군사

• •

11 『17대 阿莘王 2, 3, 4년(서기 393–서기 395년)의 기록에서 고구려군이 서기 475년 이전에 이미 백제를 침공하고 백제가 이를 탈환하려고 노력하는 과정이 잘 나타난다.

『三國史記』卷 第二十五 百濟本紀 第三

〈辰斯王〉,〈近仇首王〉之仲子,〈枕流〉之弟. 爲人强勇, 聰惠多智略.〈枕流之薨也, 太子少, 故叔父〈辰斯〉卽位. 二年春, 發國內人年十五歲已上, 設关防, 自青木嶺, 北距〈八坤城〉, 西至於海. 秋七月, 隕霜害穀, 八月,〈高句麗〉來侵. 三年春正月, 拜〈眞嘉謨〉爲達率,〈豆知〉爲恩率. 秋九月, 與〈靺鞨〉戰於〈关弥嶺〉, 不捷. 五年秋九月, 王遣兵, 侵掠〈高句麗〉南鄙. 六年秋七月, 星孛于北河. 九月, 王命達率〈眞嘉謨〉伐〈高句麗〉, 拔〈都坤城〉, 虜得二百人. 王拜〈嘉謨〉爲兵官佐平. 冬十月, 獵於狗原, 七日乃返. 七年春正月, 重修宮室, 穿池造山以養奇禽異卉. 夏四月,〈靺鞨〉攻陷北鄙〈赤峴城〉. 秋七月, 獵國西大島, 王親射鹿. 八月, 又獵〈橫岳〉之西. 八年夏五月丁卯朔, 日有食之. 秋七月,〈高句麗〉王〈談德〉帥兵四萬, 來攻北鄙, 陷〈石峴〉等十餘城. 王聞〈談德〉能用兵, 不得出拒,〈汉水〉北諸部落多沒焉. 冬十月,〈高句麗〉攻拔〈关弥城〉. 王田於狗原, 經旬不返. 十月, 薨於〈狗原〉行宮.

〈阿莘王〉(或云〈阿芳〉),〈枕流王〉之元子. 初, 生於〈汉城〉別宮, 神光炤夜. 及壯志氣豪邁, 好鷹馬. 王薨時年少, 故叔父〈辰斯〉繼位. 八年薨, 卽位. 二年春正月, 謁〈東明〉廟, 又祭天地於南壇. 拜〈眞武〉爲左將, 委以兵馬事.〈武〉, 王之親舅, 沉毅有大略, 時人服之. 秋八月, 王謂〈武〉曰:「〈关弥城〉者, 我北鄙之襟要也. 今爲〈高句麗〉所有, 此寡人之所痛惜, 而卿之所宜用心而雪恥也.」逐謀將兵一萬, 伐〈高句麗〉南鄙.〈武〉身先士卒, 以冒矢石, 意復〈石峴〉等五城, 先圍〈关弥城〉,〈麗〉人嬰城固守.〈武〉以糧道不繼, 引而歸. 三年春二月, 立元子〈腆支〉爲太子. 大赦. 拜庶弟〈洪〉爲內臣佐平. 秋七月, 與〈高句麗〉戰於〈水谷城〉下, 敗績. 太白晝見. 四年春二月, 星孛于西北, 二十日而滅. 秋八月, 王命左將〈眞武〉等伐〈高句麗〉,〈麗〉王〈談德〉親帥兵七千, 陣於〈浿水〉之上, 拒戰. 我軍大敗, 死者八千人. 冬十一月, 王欲報〈浿水〉之役, 親帥兵七千人, 過〈汉水〉, 次於〈青木嶺〉下. 會, 大雪, 士卒多凍死. 廻軍至〈汉山城〉, 勞軍士. 六年夏五月, 王與〈倭國〉結好, 以太子〈腆支〉爲質. 秋七月, 大閱於〈汉水〉之南. 七年春二月, 以〈眞武〉爲兵官佐平,〈沙豆〉爲左將. 三月, 築〈雙峴城〉. 秋八月, 王將伐〈高句麗〉, 出師之〈汉山〉北柵, 其夜大星落營中有聲. 王深惡之, 乃止. 九月, 集都人, 習射於西台. 八年秋八月, 王欲侵〈高句麗〉, 大徵兵馬, 民苦於役, 多奔〈新羅〉, 戶口衰減. 九年春二月, 星孛于奎婁. 夏六月庚辰朔, 日有食之. 十一年, 夏大旱, 禾苗焦枯, 王親祭〈橫岳〉, 乃雨. 五月, 遣使〈倭國〉求大珠. 十二年春二月,〈倭國〉使者至, 王迎勞之特厚. 秋七月, 遣兵侵〈新羅〉邊境. 十四年春三月, 白氣自王宮西起, 如匹練. 秋九月, 王薨.

4만명을 거느리고 백제의 북쪽 변경을 공격해서 石峴城 등 10여 성, 그해 10월 关弥城을, 서기 394년에는 水谷城에서 백제군을 격퇴하였으며, 서기 395년에는 浿水에서 백제군 8,000여 명을 생포하거나 죽이는 대승을 거두었다. 서기 396년(永樂 6년, 廣開土王碑) 고구려는 대대적으로 백제를 공격하여 阿利水 이북의 58개 성, 700여 개 촌락을 점령하고 汉山시대(서기 371년-서기 391년, 사적 422호 二聖山城에 比定)에서 하남시 春宮里 일대로 내려온 汉城(汉城時代, 서기 391년-서기 475년, 阿莘王 卽位年, 辰斯王 7년, 서기 391년, 하남시 春宮里 일대에 비정)¹²을 포위하였다. 이 때 백제 17대 아신왕으로

· ·

『三國史記』卷 第十八 高句麗本紀 第六 〈廣開土王〉, 諱〈談德〉, 〈故國壤王〉之子. 生而雄偉, 有倜儻之志. 〈故國壤王〉三年, 立爲太子. 九年, 王薨, 太子卽位. 秋七月, 南伐〈百濟〉拔十城. 九月, 北伐〈契丹〉, 虜男女五百口. 又招諭本國陷沒民口一萬而歸. 冬十月, 攻陷〈百濟〉〈关弥城〉. 其城四面峭絶, 海水環繞, 王分軍七道, 攻擊二十日乃拔. 二年秋八月, 〈百濟〉侵南邊. 命將拒之. 創九寺於〈平壤〉. 三年秋七月, 〈百濟〉來侵. 王率精騎五千逆擊, 敗之, 餘寇夜走. 八月, 築國南七城, 以備〈百濟〉之寇. 四年秋八月, 王與〈百濟〉戰於〈浿水〉之上, 大敗之, 虜獲八千餘級……十八年夏四月, 立王子〈巨連〉爲太子. 秋七月, 築國東〈禿山〉等六城, 移〈平壤〉民戶. 八月, 王南巡. 二十二年冬十月, 王薨, 號爲〈廣開土王〉.

12 우리나라에서 石城은 圓形의 環壕→方形의 環壕→柵→土城(또는 土城＋木柵)→石城의 순으로 발전해 나왔으며, 사적 422호인 河南市 二聖城山城은 백제 13대 近肖古王(서기 346년-서기 375년 재위)이 서기 371년 평양전투에서 고구려 16대 故國原王(서기 331년-서기 371년 재위)을 사살하고 고구려의 보복을 막기 위해 쌓은 백제 최초의 百濟 石城이다. 이는 고구려의 國內城과 丸都山城에서 영향을 받아 만들어 졌다. 고구려는 2대 瑠璃王 22년(서기 3년)에 集安의 國內城을 축조하고 10대 山上王 2년(서기 198년)에 丸都山城을 쌓았다. 현재까지 발굴 조사된 風納土城(사적 11호)과 夢村土城(사적 297호)은 中國 龙山(기원전 2500년-기원전 2200년)문화시대의 版築(夯土/hang-t'u, rammed/stamped earth)상의 공법으로 만들어진 성벽(山東省 日照县 城子崖, 河南省 登封县 王城崗, 河南省 淮陽县 平糧台)에서 영향을 받아 만든 版築 土城이다.

부터 '영원한 노객(奴客)이 되겠다'는 항복을 받아 아신왕의 동생과 백제의 대신 10명을 인질로 잡고 노비 일천 명을 잡고 개선하였다 ("從今以后永爲奴客." 廣開土王碑 永樂 6년의 기사).[13] 여기에서 石峴城은 华蓋山城, 关弥城은 烏頭山城, 水谷城은 주변이 물가였을 정도로 저평한 부평지역의 桂陽山城, 그리고 浿水는 백제 적석총이 많이 분포된 임진강으로 阿利水는 한강으로 比定해 보는 것도 좋을 듯하다.

한성시대(汉城時代) 백제는 서기 475년 21대 개로왕[蓋鹵王, 20년, 문주왕(文周王) 원년]은 고구려 21대 장수왕 63년에 멸망한다. 그리고 22대 문주왕은 공주(公州, 熊州)로 천도한다. 그러나 실제 서기 392년 고구려 19대 광개토왕에 의해 백제의 영역이 서서히 잠식되어 가고 있었음을 알 수 있다. 그리고 강화 교동 화개산성에서 파주 오두산성에 이르는 인화리─분수령의 길목인 교통의 요지에 위치한 김포시 하성면 석탄리의 동성산성(童城山城, 해발 90m─100m, 퇴뫼식 석성)도 앞으로 주목해야할 곳 중의 하나이다. 강화도 교동 대룡리 화개산성에서 인화리─분수령에서 관미성(关弥城, 坡州 烏頭

· · · · · · · · · · · · · · · · · · · ·

13 以六年丙申(서기 396년) 王躬率水軍討伐殘國(벡제). 軍□□首攻取 宁八城, 曰模盧城, 各模盧城, 幹氐利城, □□城, 閣弥城, 牟盧城, 弥沙城, □舍蔦城, 阿旦城, 古利城, □利城, 雜珍城, 奧利城, 勾牟城, 古模耶羅城, 頁□□□□城, □而耶羅城, 瑑城, 於利城, □□城, 豆奴城, 沸□□利城, 弥鄒城, 也利城, 太山韓城, 掃加城, 敦拔城, □□□城, 婁賣城, 散那城, 那旦城, 細城, 牟婁城, 于婁城, 蘇灰城, 燕婁城, 析支利城, 巖門□城, 林城, □□□□□□□利城, 就鄒城, □拔城, 古牟婁城, 閏奴城, 貫奴城, 彡穰城, 曾□城, □□盧城, 仇天城, □□□□□其國城위례성, 汉城) 殘不服義 敢出百戰. 王威赫怒 渡阿利水(한강) 遣刺迫城 □□歸穴□便圍城. 而殘主(아신왕)困逼 獻出男女生口一千人細布千匹 王自誓. "從今以后永爲奴客." 太王 恩赦先迷之愆 錄其后順之誠. 於是得五十八城村七百 將殘主弟并大臣十人 旋師還都

경기도 연천 은대리 토성
(사적 제469호)내 출토 고구려 토기
필자 촬영

山城)에 다다르고 그곳에서 다시 남쪽으로 가면 고양 멱절산성 [해발 30m, 곽산(藿山), 고양시 일산서구 대화동 멱절마을, 경기도 기념물 제195호]과 행주산성(幸州山城, 사적 56호)을 지나면 백제의 아차산성(阿嵯山城, 阿且山城, 사적 234호), 풍납토성(風納土城, 사적 11호)과 하남 이성산성(河南 二聖山城, 사적 422호)에 이르게 된다. 고구려군은 북으로 길을 택하면 임진강으로 나아가고 그곳에서 육로로 漣川 堂浦城(사적 468호), 隱垈里城(사적 469호), 호로고루(瓠蘆古壘城, 사적 467호),[14] 왕징면 무등리(2보루, 장대봉),

· ·

14 臨津江과 한탄강이 지류들과 합류하는 강 안 대지에 형성된 漣川의 瓠蘆古壘(사적 467호), 堂浦城(사적 468호), 隱垈里城(사적 469호) 등은 모두 고구려의 남방 침투의 거점으로 활용된 중요한 성곽이었다. 이들은 모두 고구려가 남방의 신라나 백제를 견제할 목적으로 구축한 汉江—臨津江 유역의 고구려 관방유적 군 가운데에서도 대규모에 속하는 성곽이며 廣開土王—長壽王대에 이르는 시기에 추진된 남진정책의 배후기지로 활용되었다. 유적의 보존 상태 또한 매우 양호하다. 연천 호로고루에서는 잘 보존된 성벽이 확인되었고, 남한 내에서는 그 유례를 찾을 수 없을 만큼 많은 양의 고구려 기와가 출토되어 학계의 비상한 관심을 모은 바 있다. 연천 당포성은 고구려 축성양식을 밝힐 수 있는 폭 6m, 깊이 3m의 대형 垓字를 비롯하여 동벽 상단부 위에 이른바 '柱洞'들이 확인되고, 성벽에 일정한 간격으로 수직 홈이 파여져 있고 그 끝에 동그랗게 판 碓돌이 연결되어 있다는 점 등에서 중요성이 부각되고 있다. 이와 같은 柱洞은 서울 광진구 중곡동 용마산 2보루에서도 보이고 있는 전형적인 고구려 양식이며, 전남 광양시 광양 용강리에 있는 백제의 馬老山城(사적 492호) 開据式 남문과 동문, 검단산성(사적 408호), 고락산성(전라남도 시도기념물 244호)과도 비교가 된다. 이것은 앞으로 조사가 더 진행되어야 알겠지만 아마도 성문이 처음 開据式에서 이성산

파주 월롱산성(月籠山城)과 덕진산성(德津山城, 사적 제537호)을 거쳐 임진강과 한강을 관장하고 계속 남하하여 하남 이성산성, 풍납동 토성에 이르게 되며 양평 양수리 두물머리에서 북한강을 따라 춘천에 그리고 남한강을 따라 충주와 단양까지 이르게 된다. 중원문화의 중심지로 인식되는 충주시 칠금동 彈琴台(명승 42호)를 포함하는 충주 일원은 수로로는 南汉江을 통해 경기도 양평 양수리(두물머리)를 거쳐 서울-강원도(남한강의 상류는 강원도 오대산 西台 于洞水/于筒水임)의 영월로 연결되고, 뭍으로는 鳥嶺(문경-충주, 조령 3관문은 사적 147호) 街道와 竹嶺街道(丹陽-제천, 명승 30호)와도 이어지는 교통의 요지였다. 고구려군의 남침관련 고고학적 흔적은 경기도 안성 도기동, 충북 진천군 대모산성과 세종시 부강리 남성골 목책산성[방사성탄소(C¹⁴)연대는 서기 340년-서기 370년과 서기 470년-서기 490년의 두 시기로 나온다]과 연천 신답리(방사선 탄소연대는 서기 520/서기 535년이 나옴), 하남시 廣岩洞 산 26-6번지 二聖山城(사적 422호) 서쪽 산록 하에서 세종대학교 박물관에 의해 발

<hr />

성 동문과 금산 佰嶺山城(잣고개, 서기 597년 丁巳년 27대 威德王이 쌓음, 충남 기념물 83호)에서 보이는 것과 같은 懸門式으로 바뀌었음이 아닌가 생각된다. 이는 광양 馬老山城(사적 492호, 開据式), 순천 劒丹山城(사적 418호, 懸門式), 여수 鼓樂山城(시도기념물 244호, 懸門式)에서도 확인된다. 그리고 남문의 성벽 축조에서 고구려의 영향으로 보여 지는 '삼각형고임'이나 성벽 기초부터 위로 올라갈수록 한 단계씩 뒤로 물러가는 '퇴물림' 축조수법도 나타난다. 이는 파주 德津山城(경기도 기념물 218호)과 안성 望夷山城(경기도 기념물 138호)에서도 보인다. 은대리성(사적 469호)은 본래 농벽과 북멱 난변에서 보이는 바와 끝이 치음에는 백제의 版築土城이었다가 서기 475년 이후 고구려에 넘어가 石城으로 개조된 비교적 원형을 잘 보존하고 있는 성곽으로 이 일대 고구려 성곽 중에서 규모가 가장 큰 것에 속한다. 이 성은 지역 거점이거나 治所城의 성격을 가지고 있는 것으로 파악된다.

굴된 백제와 고구려시대의 서기 4세기대의 橫穴式 石室墳(돌방무덤) 1, 2호, 강원도 춘천시 천전리, 경기도 용인군 기흥구 보정동과 성남시 판교 16지구의 고구려 고분 등에서도 확인된다. 그러나 고구려인이 남한강을 따라 남하하면서 만든 것으로 추측되는 丹陽郡 永春面 斜只院里〈傳 溫達(?−서기 590년 26대 嬰陽王 1년) 將軍墓(方壇積石遺構, 충북기념물 135호)〉의 적석총이 발굴되었는데 이것은 山淸에 소재한 가야의 마지막 왕인 仇衡王陵(사적 214호)의 기단식 적석구조와 같이 편년이나 계통에 대한 아직 학계의 정확한 고증을 받지 못하고 있다. 북한강을 따라 春川 泉田里의 고구려고분도 마찬가지이다. 그러나 한강유역의 각지에 퍼져있는 적석총의 분포상황으로 볼 때 고구려에서 나타나는 무기단식, 기단식과 계단식 적석총이 모두 나오고 있다. 그리고 고구려군은 남한강을 따라 영토를 확장하여 中原(충주: 고구려의 國原城) 고구려비(국보 205호, 장수왕 69년 481년), 정선 애산성지, 포항 냉수리, 경주 호우총(경주 호우총의 경우 國岡上廣開土地好太王壺杅十이라는 명문이 나와 고구려에서 얻어온 제기(祭器)가 부장된 것으로 보인다)과 부산 복천동(福泉洞)에 이른다. 그리고 신라 21대 소지왕(炤知王) 10년(서기 488년)에 월성(月城, 사적 16호)을 수리하고 대궁(大宮)을 설치하여 궁궐을 옮긴 월성의 해자 유적에서 고구려의 기와(숫막새)와 현무(玄武)와 역사상(力士像)이

경기도 용인 기흥구 보정동 고구려 고분군
필자 촬영

양각으로 새겨져 있는 토제방정(土製方鼎)이 발굴되었다. 이는 장수왕 69년(서기 481년)에 고구려가 경주부근에까지 진출하였다는 설을 뒷받침한다. 토제방정의 역사상은 순흥 태장리 어숙묘(於宿墓)에서, 현무는 서기 427년 평양 천도 후 고구려 벽화분에서 발견되는 것과 비슷하다. 고구려의 묘제 중 석실묘는 연천 신답리(방사선 탄소연대는 서기 520/서기 535년이 나옴)와 무등리, 여주 매룡리, 포항 냉수리와 춘천 천전리에서도 나타난다. 고구려의 영향을 받거나 고구려의 것으로 추측될지 모르는 것으로는 영풍 순흥 태장리(乙卯於宿知述干墓, 서기 499년/서기 559년, 사적 238호)와 순흥 읍내리(사적 313호) 벽화분들을 들 수 있으며, 고구려 유물이 나온 곳은 맞졸임(귀죽임, 抹角藻井) 천장이 있는 두기의 석실묘가 조사된 경기도 용인시 기흥구 보정동, 성남시 판교 16지구, 경기도 이천 나정면 이치리, 대전 월평동산성, 화성 장안 3리, 서천 봉선리(사적 473호)와 홍천 두촌면 역내리 유적, 경기도 연천군 왕징면 강내리 등이 있다. 이 곳들은 고구려가 가장 강하던 19대 광개토왕과 20대 장수왕(서기 413년－서기 491년 재위) 때의 남쪽 경계선이라고 해도 무방하다. 이는 서기 4세기－서기 5세기 때의 삼국시대 후기(서기 300년－서기 660년/서기 668년)때의 일이다. 광개토왕과 장수왕 때 백제를 침공하기 위한 해로와 육로의 경유지를 살펴보면 선사시대 이래 형성된 나제통문(羅濟通門, 무주 구천동 33경 중 제1경)과 같은 통상권(通商圈, interaction sphere) 또는 무역로(貿易路)와도 부합한다. 주로 당시의 고속도로인 바다나 강을 이용한 水運이 절대직이다. 이러한 관계는 고구려 소수림왕(小獸林王, 서기 372년), 백제 침류왕(枕流王, 서기 384년)과 신라 23대 법흥왕(法興王, 서기 527년) 때 정치적 기반을 굳히게 하기 위한 佛敎의 수용과 전파를 통해 확대된다. 이러한 관계는 고구려 소수림왕(서기 372년), 백제 침류왕과 신라 23대 법흥왕(서기 527년) 때 각자의 정치적 기반을 굳히게 하기 위한 佛敎의 수용과 전파를 통해 확대된다. 아직 발굴결과가 확실하지 않지만 서기 384년(백제 15대 枕流王 元年)이후 백제의 불교수용 초기 절터로 하남 천왕사지(天王寺址)[15]를 추정해 볼 수 있다.

사적 422호인 하남시 이성산성은 백제 13대 근초고왕(서기 346년 −서기 375년 재위)이 서기 371년 평양전투에서 고구려 16대 고국원왕(故國原王, 서기 331년−서기 371년 재위)을 사살하고 고구려의 보복을 막기 위해 쌓은 백제 최초의 百濟 石城이다. 이는 고구려의 국내성(國內城)과 환도산성(丸都山城)에서 영향을 받아 만들어 졌다. 고구려는 2대 유리왕(瑠璃王 22년, 서기 3년)에 집안의 국내성을 축조하고 10대 산상왕(山上王 2년, 서기 198년)에 환도산성을 쌓았다. 현재까지 발굴 조사된 풍납토성(風納土城, 사적 11호)과[16] 몽촌토성

. . . .

15 하남 天王寺址는 서기 384년(백제 15대 枕流王 元年)이후 백제의 불교수용 초기 절터로 추정해 볼 수 있다. 한성시대 백제의 경우 汉山시대(서기 371년−서기 391년) 중 서기 384년 최초로 지어진 절로 河南市 下司倉洞의 天王寺가 가장 유력하다. 이곳에는 현재 舍利孔이 보이는 木塔은 통일신라시대로 추정되나 절터에서 발견된 二重蓮瓣이 표현된 막새는 25대 武寧王陵 출토 銅托銀盞, 王興寺址 출토 사리기의 문양과 서기 6세기 후반에서 서기 7세기 전반으로 편년되는 부여 金剛寺址 출토품에서 나타나 이 절의 初創이 늦어도 三國時代 후기 서기 6세기 후반에서 서기 7세기 전반으로 추정되기도 한다.

16 서기 2011년 6월 20일(월) 문화재연구소가 실시하는 풍납토성 8차 발굴(풍납동 197번지)에서 발견된 施釉陶器는 중국의 六朝 중 孫吳(서기 222년−서기 280년)로부터 수입되었을 가능성이 많다. 공주의 당면 수촌리(사적 460호) 유적은 현재 이곳에서 나온 5점의 중국도자기로 서기 4세기 후반−서기 5세기 중반으로 편년되고 있는 마한 54국 중의 하나로 여겨진다. 그러나 최근 같은 도자기가 나오는 南京江寧 上坊 孫吳墓(전축분)가 서기 264년−서기 280년으로 편년되고 있어 연대의 상향조정도 필요하리라 생각된다(南京市 博物館 2006, 南京 上坊 孫

(夢村土城, 사적 297호)은 中國 龙山(기원전 2500년－기원전 2200년)

. . . .

吳墓」, 南京: 南京市 博物館 및 2008, 「南京 江宁上坊 孫吳墓 發掘簡報」, 北京: 文物 2008년 12호, pp.4－34). 여기에 덧붙여 '...十五年春正月 作新宮室儉而不陋 華而不侈.'라는 溫祚王 15년(기원전 4년)에 궁궐의 신축은 이 근처에서 孫吳(서기 222년－서기 280년)의 지역인 鎭江근처에서 발견되는 獸面文 수막새를 포함한 여러 종류의 개와의 출토례를 보아 백제 건국의 연대가 올라갈 수 있는 증거가 된다. 그리고 한신대학교에서 서기 1999년 12월－서기 2000년 5월에 발굴을 했던 경당지구를 서기 2008년 5월에 다시 발굴을 재개(서기 2008년 5월 7일과 6월 30일 지도위원회 개최)하였다. 이번 발굴에서는 44호 유구의 확장과 우물의 발견이 매우 중요하였다. 44호는 처음 예견했던 대로 宗廟의 正殿(국보 227호)과 永宁殿(보물 821호)과 마찬가지로 조상에 제사 드리던 곳으로 확실시된다. 유구는 적어도 두 번 이상 重修했던 것으로 보인다. 이 유구는 『三國史記』 百濟本紀 1에 溫祚王이 기원전 18년 나라를 세우고 그해 5월 여름 아버지인 朱蒙을 위해 東明王廟를(元年夏五月. 立東明王廟), 또 17년(기원전 2년) 어머니 召西奴의 묘를 세워(十七年夏四月. 立廟以祀國母) 제사 지내는 기록과 부합이 될 수도 있다고 추정된다. 그리고 우물은 아래 목제 틀을 짜 맞추고 그 위에 석열을 네모지게(方形) 둘러 위로 쌓아 올라가면서 抹角의 형태를 취하고 있다. 우물 속에는 토기 병을 약 200점 채워넣고 그 위에 큰 돌로 마구리를 하고 다시 강돌로 쌓아 판축을 하였다. 우물에서 판축 그리고 그 속에 넣은 서기 4세기 말 서기 5세기 초경 瑞山 餘美里를 포함하는 백제 영역에서 보내온 각종 瓶이 포함되어 있는 것은 인위적으로 조성된 記念物 또는 祭壇으로 추정된다. 다시 말해 백제의 왕실을 위한 會盟式의 장소였던 것으로 추정된다. 토기의 일부는 大加耶의 영향을 받은 것도 보이는데 이는 기록에 나타나는 娑陀로 추정되는 순천 서면 운평리와 여천 화장동 유적에서 서기 470년(개로왕 16년)－서기 512년(무령왕 12년)사이 마한과 대가야(서기 42년－서기 62년)의 문화가 서로 공존해 있었음이 밝혀진 최근의 고고학 자료에 기인한다. 이러한 역사적 배경에는 이보다 늦은 시기이긴 하지만 티베트가 38대 치송데짼[赤松德贊 서기 754년－서기 791년] 왕이 서기 763년과 서기 767년의 두 번에 걸쳐 唐의 長安을 함락한 후, 서기 779년 삼애사원[桑耶寺]에 세웠던 興佛盟誓碑를 세워 佛敎를 공식적으로 승인하고, 또 41대 치죽데짼[赤竹 德贊]왕은 서기 821년 長安 교외에서 唐 穆宗(서기 820년－서기 823년)과 평화조약을 체결하고 서기 823년 長慶會盟碑를 조캉(大昭寺, Jokhang) 사원 앞에 세우는 것도 참조가 된다.

문화시대의 版築(夯土/hang－t'u, rammed/stamped earth)상의 공
법으로 만들어진 성벽(山東省 日照县 城子崖, 河南省 登封县 王城
崗, 河南省 淮陽县 平糧台) 이래 중국에서 영향을 받아 만든 版築 土
城[17]이다. 충청남도 천안시 북면, 해발 525.9m 聖居山 慰禮城 정상
에 있는 산성은 충청남도의 기념물 제148호로 지정되었는데 테뫼식
산성으로 둘레는 950m 정도이다. 성벽은 토·석혼축공법과 식축공

. . . .

17 서기 1930년~1931년 梁思永[中国近代思想家,政治家,教育家,史学家,文学家인 梁
啟超의 둘째아들로 형인 梁思成은 유명한 고건축가로 广西壮族自治区 容州(桥
乡)古城 镇武閣 이외에 많은 고건축을 복원함, 서기 1904년 11월 13일－서기
1954년 4월 2일, 廣東省 新會县人, 澳門/Macao에서 출생, 서기 1923년 清华学
校 留美预备班을 졸업한 후 美國 哈佛/Harvard大學 대학원 인류학과 형질인류
학 석사, 서기 1948년 中央研究院 第一屆院士, 서기 1950년 中国社会科学院 考古
研究所 副所长]은 山东省 济南市 章丘区 龙山镇 龙山街道 龙山村东北의 城子崖유
적의 发掘을 통해 中国 仰韶文化(陕西,河南 및 山西, 기원전 5000년－기원전 3000
년)의 다음 단계가 "龙山文化"(기원전 3200년~2500년 龙山式문화 형성기, 기원
전 2500년~2200년 龙山문화)임을 밝혔다. 즉 기원전 5000년에서 기원전 3200년
까지 중국의 仰韶와 后李(또는 北辛), 靑蓮崗문화가 초기신석기문화에 이어 등장
하며, 여기에서부터 기원전 3200년에서 기원전 2500년까지 묘저구, 대문구(大汶
口)와 악석(岳石) 문화라는 용산식(Lungshanoid)문화(기원전 3200년~2500년)가
발생한다. 전자의 묘저구 문화는 陕西省과 河南省에 후자의 대문구와 악석 문화
는 山東省을 중심으로 나타난다. 기원전 2500년에서 기원전 2200년까지의 문화
가 중국문명이 발생하기 직전의 龙山(Lungshan) 문화 단계이다. 용산문화에서
문명단계와 흡사한 영구주거지, 소와 양의 사육, 먼 곳까지의 문화 전파, 곡식의
이삭을 베는 반월형 돌칼, 물레를 이용한 토기의 제작, 占卜, 版築(夯土/hang-t'
u, rammed/stamped earth)상의 공법으로 만들어진 성벽(山東省 城子崖, 河南
省 登封县 王城崗, 河南省 淮陽县 平糧臺)과 무기의 출현, 금속의 출현[山東省 胶
县 三里河, 河南省 登封县 王城崗, 甘肅省 广河县 齊家坪, 甘肅省 東乡 林家(馬家
窯期), 清海省 貴南 朶馬臺(齊家文化)유적 출토], 조직화 된 폭력(河北省 邯鄲县
澗溝村), 계급의 발생, 전문장인의 발생, 제례용 용기와 제도화 된 조상숭배 등의
요소들이 나타난다.

법의 2중 구조로 이루어져 있다. 서기 2017년 8월 10일(목) 충남역사문화연구원의 발굴에 의해 위례성은 백제시대의 초축으로 밝혀졌으며 서기 2017년 11월 13일(월) 길이 5.5m의 백제시대의 木槨庫가 다시 발견되었다. 서기 2004년 9월 6일(월) 풍납동 410번지 대진·동산현장 연립조합 부지에서 백제시대 4세기대의 우물(390±40A.D.)이 발견되었다. 그리고 서기 2015년 7월 10일(금) 몽촌토성 북문 올림픽공원 지구에서 폭 20m의 1호(대형 2차)도로, 서기 2016년 11월 9일(수) 13m의 2호 도로와 서기 2016년 11월15일(화) 1호와 2호 도로사이의 한 변의 길이가 14m되는 대형 목곽 저수시설이 발견되었다. 여기에서 백제시대의 직구단경호 편에서 '官'이라는 명문이 발견되었다.

백제 적석총은 크게 무기단식(無基壇式)과 기단식(基壇式) 적석총으로 나뉜다. 무기단식 적석총은 다곽식(多槨式) 무기단식 적석총과 이음식 적석총으로 축조되었으며, 기단식 적석총은 階段(層段)식 적석총으로 발전되어진다. 고구려의 무덤도 석묘(石墓, 돌무덤)와 토묘(土墓, 흙무덤)으로 나누어진다. 석묘는 적석묘(돌각담무덤)와 봉석묘(封石墓, 돌간돌무덤)으로 세분되며 적석묘(積石墓, 積石塚)는 다시 무기단식 적석총(계단상의 축조가 없는 것)과 기단식 적석총(돌기단무덤)으로 구분되어 백제 적석총과 유사함을 알 수 있다. 독로강 유역의 심귀리와 로남리 남파동, 간파동, 연상리와 풍청리 하천장, 압록강 유역의 조아리, 서해리, 법동리 하구비와 신풍동, 연풍리, 토성리, 장성리 등지에서 발견되는 강돌 돌기단무덤의 연대는 철기시대에 속하는 평북 시중군 노남리(平北 時中郡 魯南里)와 영변군 세죽리(宁边郡 細竹里) 출토의 유물과 같은 것으로 보아 기원전 2세기-기원전 1세기로 추정하였다. 백제 적석총에 대한 발굴조사는 서기 1970년대 양평 서종면 문호리(1974)와 서울 석촌동(石村洞)을 시작으로 춘천 중도(中島), 제원 청풍면 도화리와 양평리(桃花里·陽坪里, 1983)가 차례로 이루어졌으며 서기 1980년대까지는 주로 한강을 중심으로 진행되었다. 서기 1990년대 이후에는 임진강 유역의 연천 중면 삼곶리 적석총이 새롭게 조사되면서 최근까지 이 지역에서 조사가 활발히 이루어졌다. 특히 개성 장학리, 연천 중면 삼곶리와 백학면 학곡리, 중면 횡산리 등이 발굴되면서 초기 백제의 적석총에 대해 보다 자세히 알 수 있게 되었다. 현재까지 백제 적석총 연구의 쟁점은 성격과 용어문제, 기원 및 피장자의 출자, 연대, 고구려와 초기 백제와의 관련성 등으로 정리된다. 적석총을 통해 본 초기 백제의 성격은 문헌의 기록으로 파악할 수 있다. 백제의 건국자는 주몽(朱蒙, 高朱蒙/東明聖王, 기원전 37년-기원전 19년 재위)의 셋째 아들인 온조(溫祚(기원전 18년-서기 28년 재위)이다. 그는 아버지인 주몽을 찾아 부여에서 내려온 첫째 아들 유리왕자(琉璃, 禮氏子孺留, 고구려의 제2대왕, 기원전 19년-서기 18년 재위)의 존재에 신분의 위협을 느껴 한 성제 홍가 3년(汉 成帝 鴻嘉 3년, 기원전 18년) 형인 비류(沸流)와 함께 남하하여 하북위례성(河北慰禮城, 중랑구 면목동과 광진구 중곡동의 中浪川 一帶에 比定했으나 현재는 임진강유역 연천군 일대로 봄, 溫祚王 元年, 기원전 18년-기원전 5년), 그리고 온조왕 14년/기원전 5년에 옮긴 하남위례성[河南慰禮城)은 송파구에 위치한 사적 11호 풍납토성(風納土城)으로 추정됨, …遂至汉山, 登負兒嶽, 望可居之地…惟此河南之地, 北帶汉水, 東據高岳, 南望沃澤, 西阻大海. 其天險地利, 難得之勢, 作都於斯, 不亦宜乎?….]에 도읍을 정하고, 형인 비류는 미추홀(弥鄒忽, 인천)에 근거를 삼는다. 이들 형제는 삼국유사(『三國遺事』)에 의

하면 고구려의 건국자인 주몽의 아들로(卞韓 百濟....謂溫祚之系, 出自東明故云耳....), 그리고 삼국사기 백제본기 별전(『三國史記』 百濟本紀 別傳 권 23)에는 그의 어머니인 소서노(召西奴)가 처음 우태(優台)의 부인이었다가 나중에 주몽에게 개가하기 때문에 주몽의 셋째 아들로 기록된다. 온조는 천손(天孫)인 해모수(解慕漱), 용왕 河伯의 長女인 柳花의 신화적인 요소와, 알에서 태어난 주몽의 탄생과 같은 난생설화가 없이, 처음부터 주몽－소서너－우태라는 구체적이고 실존적인 인물들 사이에서 태어난다. 그래서 백제에는 부여나 고구려다운 건국신화나 시조신화가 없다. 이것이 백제가 어버이의 나라인 고구려에 항상 열등의식을 지녀온 요소가 될 수 있을 것이다. 이 점은 온조왕 원년에 동명왕묘(東明王廟)를 세운 것이나, 백제 13대 근초고왕(近肖古王, 서기 346년－서기 375년 재위)이 서기 371년 평양으로 쳐들어가 고구려 16대 故國原王(서기 331년－서기 371년 재위)을 사살하지만 평양을 백제의 영토로 편입시키는 노력을 기울이지 않고 汉城으로 되돌아오는 점 등에서 이해된다. 그래서 백제의 왕실은 고구려 왕실에 대한 열등감의 극복과 아울러 왕실의 정통성을 부여하려고 애를 써왔던 것으로 보인다. 이와 같이 고구려와 백제는 주몽과 온조왕의 부자지간의 나라로, 이는 신화와 문헌을 통해 알 수 있다.

비록 백제 적석총의 기원이 고구려 압록강지역에 있다고 하더라도, 한강 유역에서 나타나는 것은 고구려의 영향을 받은 백제시대 초기의 것으로 볼 수 있다. 이들은 석촌동 3호분과 같이 백제 긴국자들이 남하했던 역사적 사실을 뒷받침해 준다. 그리고 석촌동 4호분의 경우 3단의 기단식 적석총(基壇式 積石塚)으로 위에 석실(石室)과 형식상의 연도(묘도, 널길, 羨道)가 남아 있는 것으로 보아, 석실묘 이전의 단계로 적석총으로서는 가장 발전된 모습이다. 이것은 서기 475년(21대 개로왕 21년) 백제의 개로왕이 욱리하(郁里河: 지금의 한강)에서 대석을 캐어 석곽을 만들고 아버지를 묻었다는 『三國史記』의 기록과도 부합될 수 있는 것으로, 축조연대는 서기 3세기-서기 4세기 정도로 여겨진다. 석촌동 3호와 4호의 경우 고구려 10대 山上王 2년(서기 198년)에서 15대 美川王 14년(서기 313년) 사이에 축조된 것으로 추정된다. 충북 제원군 청풍면 도화리(忠北 堤原郡 淸風面 桃花里) 적석총의 경우, 3단의 기단은 갖추어져 있으나 석촌동 4호분에서와 같이 연도와 석실은 만들어지지 않았다. 도화리의 축조연대는 출토유물 중 낙랑도기(樂浪陶器), 철제무기, 경질무문토기 편들로 보아 기원전 2세기-기원전 1세기로 추측된다. 적석총들은 특히 남·북한강 유역에 주로 분포되어 있다. 시기도 백제가 公州로 천도하기 이전의 기간인 기원전 18년-서기 475년의 약 500년 동안으로 한성시대 백제(汉城時代 百濟)라는 지리적인 위치와도 관련을 맺고 있다. 이 유적들은 백제 초기 한성시대의 연구에 중요한 실마리를 제공해주고 있다. 또한 『三國史記』의 초기 기록을 신뢰하지 않더라도 이미 이 시기에는 북부지역에서 고구려가 고대국가를 형성하면서, 자강도에 적석총을 축조되게 된다. 그 연대는 기원전 3세기 까지도 올라간다고 한다. 이러한 고구려 계통의 적석총이 남하하면서 임진강, 남한강, 북한강 유역에 적석총이 축조된다. 그 대표적인 예로 경기도 연천 군남면 우정리, 중면 삼곶리와 횡산리, 백학면 학곡리, 제천 청풍면 도화리의 기원전 2세기-기원전 1세기경의 적석총들을 들 수 있다. 적석총 발굴·조사의 고고학적 성과를 통해 역사적 맥락에서 본 초기 백제의 성격은 고구려의 문화를 계승한 이주민의 문화로 파악된다. 이들은 마한의 영역 내에서 왕국으로 점차 성장하는 과정에서 적석총을 축조하였으며 공주(熊津) 천도 이전까지 汉城時代 百濟(기원전 18년 – 서기 475년)왕실의 대표 묘제로 자리매김하였다. 다시 한 번 강조하고 싶은 점은 백제 적석총 가운데 무기단식 적석총 (無基壇式 積石塚)은 『三國史記』에 기록된 백제 초기 역사의 신빙성을 높여주는 가장 유력한 단서이다. 그러나 이는 철기시대 전기(기원전 400년 – 기원전 1년)말의 위만조선(衛滿朝鮮, 기원전 194년 – 기원전 108년)부터 기원 전후까지의 백제 주변의 국제정세를 이해해야 풀릴 수 있다고 생각한다. 다시 말해 적석총이 사용되던 시기는 기원전 2세기 – 기원전 1세기경으로 한국고고학 편년(韓國考古學 編年) 상 철기시대 전기 말(鐵器時代 前期 末)이며 이를 통해 백제의 건국이 형성되어 삼국시대로 진입하게 된다. 위만조선 때부터 한국고고학에 있어서 선사시대(先史時代)를 벗어나 세속왕권정치(世俗王權政治, secularism)를 바탕으로 한 진정한 역사시대(歷史時代)가 시작되며 백제의 건국은 고구려, 신라와 더불어 삼국시대의 개시(開始)를 열고 있다. 적석총(積石塚)이 갖는 고고학(考古學)과 고대사(古代史)的인 의미와 중요성이 바로 여기에 있다. 그리고 백제의 건국을 둘러싼 주변의 당시 국제정세는 孫吳(吳/東吳: 서기 222년 – 서기 280년)를 포함하는 삼국시대와 五胡十六國[서기 302년 – 서기 421년, 南北朝시대, 六朝(東晋: 서기 317년 – 서기 418년, 宋: 서기 420년 – 서기 479년, 齊: 서기 479년 – 서기 502년, 梁: 서기 502년 – 서기 557년, 陳: 서기 557년 – 서기 589년, 北朝(北魏/鮮卑族 拓跋部: 서기 386년 – 서기 534년, 東魏: 서기 534년 – 서기 550년, 北周: 서기 550년 – 서기 581년, 北齊: 서기 550년 – 서기 577년]을 비롯하여 衛滿朝鮮(기원전 194년 – 기원전 108년), 扶餘國(夫餘, 扶余, 夫余로도 쓰임, 기원전 2세기 – 서기 494년), 高句麗(기원전 37년 – 거기 668년), 樂浪(기원전 108년-서기 313년), 임둔(臨屯, 기원전 108년-기원전 82년), 馬韓(기원전 3-기원전 2세기-서기 5세기말 6세기 초), 新羅(기원전 57년-서기 935년), 끄로우노프까(기원전 5세기-기원전 2세기, 北沃沮, 團結문화), 뽈체(기원전 7세기-기원전 4세기, 挹婁)와 倭와도 밀접한 관계가 있다. 백제는 17대 阿莘王 6년 서기 397년 왜국과 和好를 맺고 18대 腆支王 12년 서기 416년 東晋으로부터 '使持節都督百濟諸軍事鎭東將軍百濟王'이라는 册命을 받기 때문이다. 이들이 百濟建國의 文化史的 背景이 된다. 이러한 백제는 서기 660년 멸망을 당하면서도 그들의 성 쌓는 방식을 일본에 전하기도 하였다.[18] 이러한 것도 당시 백제의 대외관계에 비롯된다.

. . . .

18 서기 660년 백제의 멸망 후, 일본과 백제의 流移民은 서기 663년 8월 현재의 금강 부근에 일어난 羅唐연합군과 倭와 百濟遺民이 벌린 白江전투(白江戰鬪, 일본어: 白村江の戰い, 당군 13만, 당함선 170척, 신라군 5만, 왜군 4만2천, 왜 함선 400여척, 백제 5천명)로 일본은 이 전쟁을 준비하다가 돌아간 37대 齊明天皇(여왕, さいめいてんのう, 皇極天皇, 서기 594년-서기 661년 8월 24일, 第一次 在位期間: 서기 642년 1월 15일-서기 645년 6월 14일, 第二次 在位期間: 서기 655년 1월 3일-서기 661년 7월 24일)의 아들 38대 天智天皇[てんちてんのう/てんじてんのう, 推古 34년(서기 626년)-天智天皇 10년 12월 3일(서기 672년 1월 7일), 서기 668년 2월 20일-서기 672년 1월 7일 또는 서기 661년-서기 671년 재위]때 3차례에 걸쳐 파병하였다. 제1차: 扶餘豊을 호위하기 위한 1만여 인의 선발부대. 선박 170여 척. 661년 5월 출발하였으며 지휘관은 아즈미노 히라후, 사이노 아치마사, 에치노 다쿠쓰였다[《日本書紀》卷第 27 天智天皇. 서기 720. 元年 "...夏五月. 大將軍大錦中阿 曇比邏夫連等. 奉船師一百七十艘. 送豊璋等於百濟國. 宣勅. 以豊璋等使繼其位. 又予金策於福信. 而撫其背. 褒賜爵祿. 于時豊璋等與福信稽首受勅"] 제2차: 군의 주력이라고 할 수 있는 2만7천 인. 662년 3월 출발하였으며 지휘관은 카미츠케누노기미노 와카코, 아베노 히라후였다[《日本書紀》卷第 27 天智天皇. 서기 720년 二年...三月. 遣前將軍上毛野君稚子. 間人連大盖. 中將軍巨勢神前臣譯語. 三輪君根麻呂. 后將軍阿倍引田臣比邏夫. 大宅臣鎌柄. 率二萬七千人打新羅" 제3차: 이오하라기미(廬原君臣, いおはらのきみ

おみ, 靜岡县 清水市에 본거지를 둔 盧 原國造의 子孫)가 이끄는 1만여 인. 663
년 8월 출발이 전투의 패배로 인해 남아있는 중요한 흔적은 일본의 朝鮮式山城
이며 이들은 제 38대 天智天皇 재위(서기 661년－서기 671년)시인 서기 663년－
서기 667년 사이에 쌓아져 이를 통해 거꾸로 백제산성을 유추해 볼 수 있겠다.
백제산성 또는 朝鮮式山城의 특징은 산봉우리 또는 산 斜面에 石壘 또는 土壘
를 만들어 쌓은 山城을 말하며, 이들은 白江戰鬪의 패배이후 天智 4년(서기 663
년)부터 日本政權이 國土防衛를 위해 築造한 산성으로 百濟人의 지도로 標高 약
300－400m의 급사면에 쌓은 것으로 北部九州 福岡县을 據点으로 九州의 9國(築
前國을 포함하는 9국)과 3島[對馬, 壹岐와 鹿兒县의 種子島(たねがしま)를 포함
하는 大隅諸島]를 다스리던 행정중심지인 大宰府(築前國, 福岡县 太宰府市, だ
ざいふだざいふ)의 防衛를 위해 그 주위에 ①水城(서기 663년, 福岡县 太宰府
市・大野城市・春日市, みずき)을 비롯하여 ②大野城(서기 665년, おおのじょ
う/おおのき, 筑前國 四王寺山, 現在 福岡县大野城市・宇美町의 朝鮮式山城),
③基肄城[天智天皇 4年 서기 665년, きいじょう/きいのき, 椽城, 佐賀县 三養
基郡 基山町・福岡县 筑紫野市 基山, 日本最古의 古代山城(朝鮮式山城)으로 日
本書紀에 의하면 實際의 建築은 亡命한 百濟貴族들이며 백제의 16관등 중 2품
인 達率 憶礼福留(おくらいふくる)와 四比福夫(しひふくふ)가 담당하였다고 한
다], ④金田城(서기 667년, 長崎县 對馬市 美津島町黒瀬城山, かねだじょう/か
なたのき), ⑤屋嶋城[四國 讚岐國(さぬきのくに)現 香川县 高松市 屋島, やしま
のき/やしまじょう), ⑥高安城(大和國, 現 奈良县 生駒郡 平群町・大阪府 八尾
市, たかやすじょう/たかやすのき), ⑦三野城(추정: 福岡县 福岡市・博多區 美
野島, みのじょう), ⑧稲積城(推定: 福岡县 絲島郡 志摩町, いなつみのき), ⑨常
城(추정: 廣县 福山市 新市町, つねき), ⑩茨城(추정: 廣县 福山市 藏王, い
ばらき), ⑪長門城(서기 665년, 추정: 山口县 下关市, なかとのき), ⑫三尾城(추
정: 滋賀县 高島郡 高島町, みおのき)의 日本書紀와 續日本紀(中日本紀)에 나타
나는 모두 13개(문헌에 보이는 추정 6개소의 城名과 水城, 鞠智城을 포함하면 모
두 13개임)의 百濟式/朝鮮式山城을 의미한다. 그리고 ⑬鞠智城(熊本县 山鹿市・
菊池市, きくち, くくちじょう/くくちのき)도 朝鮮式山城으로 서기 698년 42대 文
武天皇 때 修築記事가 나타나나 初築은 大野城과 같이 서기 665년경으로 추정되
며 水城과 大野城 등의 보급 兵站基地로 생각된다. 鞠智城의 南門인 堀切門(ほり
ぎり)은 백제 27대 威德王 44년, 서기 597년에 쌓은 錦山 伯嶺山城(충남기념물 83
호)의 남문과 같은 懸門, 鼓樓로 추정되는 3層의 掘立柱建物, 북쪽 貯水池跡에서
백제의 銅造菩薩立像이 나타나고 있다. 그리고 이 성들의 축조 시기는 일본에서

그리고 公州 公山城 성안 저수지 아래에서 '行貞觀十九年(서기 645 년) 四月二十一日'의 명문이 적힌 옻칠갑옷과 쇠갑옷이 발견되었는데 이는 熊津都督府에서 철수하면서 버린 갑옷, 백제가 외교용으로 만든 갑옷 등의 해석이 많다. 高句麗 本紀 寶臧王 4년(서기 645년)조에 唐軍이 辽東城을 함락하였을 때 백제가 당나라에 외교적으로 보낸 공물로 '百濟上金髹鎧, 又以玄金爲文鎧, …'의 글과 부합되는 朝貢品 이었을 가능성이 많다. 그리고 저수지에 묻힌 것은 공물이외의 추가로 제작된 것이고 당나라와의 결전을 앞두고 행한 祭祀用品일 가능성도 많다는 것이다.

그리고 서기 2015년 세계문화유산으로 등재된 백제역사지구(Baekje Historic Areas: 문화, 2015)에 대한 해설은 다음과 같다. 백제는 首都의 변천 상 한성(汉城시대, 기원전 18년－서기 475년)→웅진(熊津, 公州시대, 서기 475년－서기 538년)→사비(泗沘, 扶餘시대, 서기 538년－서기 660년)[19]의 세 시기로 나누며 백제역사유적지구(공주·부여·익산 백제역사유적지구)는 마지막 사비시대에 해당한다. 백제역사유적지구는 백제의 왕도였던 공주, 부여와 무왕/武王 때 창건했다고 추정되는 왕궁 터가 있는 익산(益山)의 백제유적으로 구성된다. 백제역사유적지구는 도성(都城), 사찰(寺刹)과 능묘(陵墓) 유적으로 나누어진다. 도성 유적에는 공주 공산성/公山城(사적 제12호),

- -

白鳳時代(はくほう, 서기 645년－서기 710년)이며, 이는 36대 孝德天皇 원년(서기 645년) 大化改新도 이시기에 이루어 졌으며, 현재의 日本이란 國號도 38대 天智天皇(てんぢてんのう) 10년(서기 670년)에 만들어지는 원동력이 되었다.

19 서기 2017년 12월 22일(금) 사비 도읍기 시대에 속하는 횡혈식석실분에 안치된 목관에서 얼굴에 덮은 베로 추정되는 직물조각이 붙어있는 인골이 겨레문화유산연구원에서 충남 예산－덕산 나들목 도로공사구간에서 발굴되었다.

정치공간인 왕궁이 있던 부여 관북리(官北里, 사적 제428호) 유적과 피난성인 부소산성(扶蘇山城, 사적 제5호), 관북리 유적과 부소산성(사적 제5호)을 둘러싸고 있는 부여 나성(羅城, 사적 제58호), 별도인 익산 왕궁리 유적(사적 제408호)이 포함된다. 사찰 유적에는 일탑 일금당(1塔-1金堂) 구조를 갖고 있는 국가 사찰인 부여 정림사지(定林寺址, 사적 제301호), 미륵(弥勒)의 용화삼회(龙华三會, 미래불인 미륵보살이 56억 7천만 년 후 龙华樹 아래에서 성불하고 华林園에서 3차에 걸쳐 중생을 제도하는 회)의 신앙을 표현한 3탑-3금당의 삼원양식(三院樣式)을 표현한 익산 미륵사지(弥勒寺址, 사적 제150호)가 포함되었다. 익산 미륵사는 백제 무왕(武王 40년, 서기 639년) 좌평 사택적덕/佐平 沙宅積德의 딸인 무왕의 황후에 의해 만들어졌다는 익산 미륵사 사리봉안기(弥勒寺 舍利奉安記)가 있다. 부여 왕흥사지(王興寺址, 사적 427호) 출토 청동사리함의 명문에는 서기 577년 昌王이 23년 2월 15일 죽은 아들을 위해 왕흥사 사찰(王興寺 寺刹)을 세웠다는 기록도 보인다. 능묘 유적에는 무령왕릉을 포함한 한성시대 이래의 석실분 전통을 이어 받은 횡혈식 석실분(橫穴式 石室墳, 깬돌을 쌓아 만든 반원 굴식 돌방무덤)의 공주 송산리 고분군(사적 13호, 현 공주시 금성동, 1호-6호)에서 전축분인 무령왕릉(武寧王陵)의 왕과 왕비의 지석 (誌石 2매, 買地券, 국보 163호, 宁東大將軍 百濟斯麻王 年六十二歲 癸卯年五月 丙戌朔 七日壬辰 崩到 乙巳年八月 癸酉朔 十二日甲申 安登冠大墓 立志如左)가 나와 삼국시대의 왕릉 중 신원을 확인할 수 있는 유일한 부덤인 무령왕릉(시기 523년 무령왕이 붕어하고 3년 상을 치른 서기 526년 안치, 그 후 서기 526년에 왕비가 죽자 3년 상을 치른 후 서기 529년에 함께 안치)과 송산리 6호분, 부여 능산리(陵山里) 고분군(사적 제14호)이 포

함되었다. 부여 능산리 고분군과 나성/羅城사이 보희사(寶喜寺) 또
는 자기사(子基寺)라는 목간(木簡)이 나온 능사/陵寺(능산리 사지)의
공방 터에서 백제 27대 위덕왕(威德王인 昌王 13년, 서기 567년) 銘
이 있는 사리감(舍利龕)이 발견되고 또는 능산리 고분군의 원찰(願
刹)격인 종묘(宗廟)터에서 백제시대의 금동대향로(국보 287호, 발
견 당시 처음 이름은 金銅龍鳳蓬萊山香爐임, 일명 博山爐, 제작연대
는 武王 35년 서기 634년으로 추정됨)가 출토되었다. 송산리 5호와
6호 사이에 있으며 송산리 7호분인 무령왕릉의 구조는 횡혈식 전축
분(橫穴式 塼築墳, 굴식 벽돌무덤, 벽돌은 28종으로 '…士壬辰年作,
梁官瓦爲師矣, 大方, 中方, 急使'라는 명문이 壓出되고 문양은 蓮花
紋과 忍冬蓮花紋, 蓮花斜格子紋, 斜格子紋이다)으로 남경 강녕 상방
손오묘(南京 江宁 上坊 孫吳墓, 전축분, 서기 264년－서기 280년)의
손오/孫吳존재로 보아 종래 생각해오던 남북조/南北朝시대의 六朝
중 양/梁(서기 502년－서기 557년)나라보다 앞서는 중국의 삼국시
대 손오(孫吳, 吳/孫吳/東吳: 서기 222년－서기 280년)의 영향으로
보여 진다. 무령왕릉에서만 108종 2,906점이 출토하였으며 그 중 국
보 154호 왕의 금제관식(金製冠飾), 국보 156호 金製심엽형이식(귀
걸이), 국보 159호 금제뒤꽂이, 국보 165호 족좌(足座, 발받침), 국
보 155호 왕비의 금제관식, 국보 155호 금제관식, 국보 158호 금제
경식, 국보 160호 은제팔찌, 국보 157호 금제수식부이식(귀걸이), 국
보 164호 두침(베개), 국보 162호 石獸, 국보 161호 청동신수경, 국
보 161－1호 청동신수경. 국보 161－2호 의자손수대경, 국보 161－
3호 수대경이 잘 알려져 있다. 무령왕릉에서 출토한 중국산 도자기
와 오수전(五銖錢), 일본 규슈지방의 금송인 棺材, 동남아시아에서
기원한 구슬 등의 유물들은 백제와 중국(吳와 梁), 일본, 동남아시아

사이에 이루어진 문물교류를 잘 보여준다.

서기 2018년 7월 18일(화) 서울 국립고궁박물관에서 서기 1917년 조선총독부가 '조선고적조사' 사업의 일환으로 全羅北道 益山 双陵 (사적 87호)을 조사하면서 석실 안에서 발견하여 조그만 목곽에 모아둔 인골 102점을 공개·전시했다. 이들은 부여문화재연구소에서 재검사한 결과 주인공은 키 1.61m−1.70m, 목의 울대뼈[후두를 구성하는 연골 중 갑상연골/방패연골로 후두융기(喉頭隆起, laryngeal prominence. Adam's Apple) 또는 후두돌기(喉頭突起)는 남성의 목의 정면 중앙에 방패연골이 튀어나온 부분으로 울대뼈라고도 부른다]가 있는 갑상연골에 骨化가 진행되고 落傷병력이 있는 50대−70대의 고령층이며, 방사성탄소연대결과 서기 620년−서기 659년에 사망한 것으로 추정되어 '風儀英偉, 志氣豪傑'이라고 언급한 백제 30대 武王(?−서기 641년, 재위는 서기 600년−서기 641년 음력 3월)으로 추정된다고 한다. 『三國史記』卷 第二十七 百濟本紀 第五에서는 "〈武王〉, 諱〈璋〉, 〈法王〉之子. 風儀英偉, 志氣豪傑. 〈法王〉卽位翌年薨, 子嗣位. 三年秋八月, 王出兵圍〈新羅〉〈阿莫山城〉(一名〈母山城〉), 〈羅〉王〈眞平〉遣精騎數千, 拒戰之, 我兵失利而還. 〈新羅〉築〈小陁〉·〈畏石〉·〈泉山〉·〈甕岑〉四城, 侵逼我疆境. 王怒, 令佐平〈解讎〉, 帥步騎四萬, 進攻其四城. 〈新羅〉將軍〈乾品〉·〈武殷〉帥衆拒戰, 〈解讎〉不利, 引軍退於〈泉山〉西大澤中, 伏兵以待之. 〈武殷〉乘勝, 領甲卒一千追至大澤, 伏兵發急擊之, 〈武殷〉墜馬, 士卒驚駭, 不知所爲. 〈武殷〉子〈貴山〉大言曰:「吾嘗受敎於師, 曰『士當軍無退』. 豈敢奔退以墜師敎乎?」以馬授父, 卽與小將〈箒項〉, 揮戈力鬪以死. 餘兵見此益奮, 我軍敗績, 〈解讎〉僅免, 單馬以歸"라고 언급하고 있다.

6. 신라 · 가야의 성장

철기시대 전기(기원전 400년 – 기원전 1년) 중 단면 삼각형이 나오는 III기(후기, 기원전 2세기 – 기원전 1세기)의 고고학적 유적과 유물의 역사적인 맥락의 검토가 필요하다. III기에 구연부 단면 삼각형 점토대토기(덧띠토기, 斷面 三角形 粘土帶)토기와 함께 다리가 짧고 굵은 두형(豆形)토기가 나오는데 이 시기에 신라와 같은 고대국가가 형성된다. 慶州 蘿井(사적 245호)은 발굴 결과 철기시대 전기의 유적으로, 수원 고색동, 파주 탄현 갈현리 등지의 점토대토기 유적에서 나오는 대각(台脚)에 굵은 두형(豆形)토기도 보이는 점토대토기 문화가 바탕이 되었음이 드러났다. 따라서 기원전 57년 신라가 건국했던 연대도 이들의 시기와 일치한다. 또 실제 그곳에는 박혁거세(朴赫居世)의 신당(神堂) 또는 서술성모의 신궁이 팔각(八角)형태의 건물로 지어져 있었음으로 신라의 개국연대가 기원전 57년이라는 것도 믿을 수 있게 되었다. 그리고 학계에서 僞書로 보고 있는『桓檀古記』(1911, 桂延壽 편저, 이면수역 1986 환단고기, 한뿌리, p.224)에 신라의 건국에 대한 이야기가 수록되어 있다.『桓檀古記』高句麗國本紀에 다르면, 신라의 시조 赫居世는 仙桃山 聖母(西述聖母)의 아들인데 夫餘(扶餘, 扶余, 夫余로도 쓰임) 帝室의 딸 娑蘇夫人이 남편 없이 日光感情神話에 의해 임신을 하여 남들의 의심을 받게 되자 嫩水에서 東沃沮를 거쳐 배를 타고 辰韓의 奈乙村에 이르렀다가 그곳에서 蘇伐都利(突山高墟村의 촌장으로 沙梁部로 개칭되고 崔氏성임)의 양육 하에 지내다가 13세에 이르러 徐羅伐에 도읍을 정하고 斯盧라는 나라를 세웠다. 한다. 여기에서 혁거세의 부인이 된 閼英((閼英夫人, 기원전 53년–?, 성은 김씨)은 沙梁里 五陵 내 閼英井

(사적 172호)에 나타난 鷄龙의 옆구리에서 난 童女로 전해진다(『三國史記』赫居世 居西干 條 "五年(기원전 53년) 春正月 龙見於閼英井 右脇誕生女兒 老嫗見而異之 收養之 以井名名之 及長有德容 始祖聞之 納以爲妃 有賢行 能內輔 時人謂之二聖).

또 사천왕사(사적 8호), 문무대왕의 화장터인 능지탑(陵旨塔, 일명 능시탑, 연화탑), 감은사(사적 31호), 감은사지 동·서 삼층석탑(국보 112호)·사리장치(보물 366호), 문무대왕릉(사적 158호), 이견대(사적 159호)의 주인공인 신라 30대 문무왕(文武王)으로 대표되는 경주 김씨의 출자(慶州 金氏의 出自), 경주 155호분 천마총(天馬塚, 금관은 국보 188호임)에서 나온 장니(障泥, 말 배가리개)에 우즈베키스탄(大宛)의 훼르가나종 한혈마(汗血馬)인 몽고야마('天馬' 종인 野馬, 蒙古野馬 또는 普氏野馬, 新疆維吾尔自治區의 伊犁馬)가 그려진 천마도(天馬圖, 국보 207호), 경주 김씨의 조상이 성한왕(星汉王)이라고 언급한 30대 문무왕과 흉노의 휴도왕(休屠王)의 太子인 祭天之胤 투후(秺侯) 김일제(金日磾)의 7대손 金閼智를 신라 태조 성한왕으로 적은 42대 흥덕왕(興德王, ?-서기 836년, 재위: 서기 826년-서기 836년)의 碑文, 추사 김정희(秋史 金正喜)의 해동비고(海東碑攷) 등이 나온 초기 신라의 역사·문화적 배경이 밝혀져야 한다.[20] 성한왕은 문무왕의 15대조, 흥덕왕의 24대조로 언급된다. 김알

. . . .

20 그리고 추사 김정희(秋史 金正喜)의 해동비고(『海東碑攷』)에 나오는 신라 30대 문무왕(文武王, 서기 661년-서기 681년, 재위)이 비문(2009년 9월 4일, 金, 碑의 상부가 다시 발견됨)에 의하면 경주 김씨는 흉노의 후예이고 비문에 보이는 성한왕(星汉王, 15대조, 金閼智, 서기 65년-?)은 흉노의 휴도왕(休屠王)의 太子 祭天之胤 투후(秺侯) 김일제(金日磾, 기원전 135년-기원전 85년)로 부터 7대손이 된다. 그리고 13대 미추왕(味鄒王, 서기 262년-서기 284년, 金閼智-

勢汉-阿道-首留-郁甫-仇道-味鄒王, 『三國史記』 제2, 신라본기 제2)은 경주 김씨 김알지의 7대손으로 이야기된다. 따라서 경주 김씨의 출자는 스키타이-오르도스-흉노-갈족-동호-오환-선비-돌궐-토번-위굴-거란-몽고와, 읍루-숙신-물길-말갈-흑수말갈-여진-생여진-금-후금-만주/청-대청 등의 유목민족과 같은 복잡한 배경을 가진다. 휴도왕의 나라는 본래 중국 북서부 현 甘肅省 武威市로 이는 신라 적석목곽분(積石木槨墳)의 기원도 중국 요녕성 조양(朝阳)에서 보이는 선비(鮮卑)족의 무덤·출토유물과 관련하여 생각해 볼 가능성이 열리게 되었다. 휴도왕의 나라는 본래 중국 북서부, 현 감숙성 민근현(甘肅省 武威市, 汉 武威郡 休屠县, 현 甘肅省 民勤县)으로, 이는 초원의 스키타이인(Scythian)들이 쓰던 쿠르간 봉토분과의 관련도 배제할 수 없게 되었다. 서기 2003년 발굴된 新疆省 維吾尔自治區 吐魯番市 鄯善县 吐峪溝乡 洋海夏村 西北 火焰山 南麓의 戈壁(고비, Gobi) 沙漠地帶 5.4万m 太陽墓地古墓群 '양하이(洋海古墓, Yanghai, 서기 2006년 5월 國務院公布로 全國重点文物保護單位로 지정)와 吐魯番市 勝金乡 勝金店村 火焰山下 姑師/車師文化墓地에서 샤머니즘(무교, 巫敎, shamanism, 薩滿敎)의 巫堂' 미라(姑師/車師文化 墓地 M90 出土, 2050-2200B.P./기원전 1000년경)가 조사되었다. 車師(Jushi)의 初名은 姑師(Gushi)로 車師는 古代 中亞東部 西域 城郭諸國의 하나로 國都는 交河(현 中國 新疆 吐魯番 西北), 東南은 敦煌, 남쪽으로 樓蘭, 鄯善, 서쪽으로 焉耆, 西北쪽으로 烏孫, 東北쪽으로 匈奴와 통하는데 이곳은 張騫의 絲綢之路 개척이전 西周-春秋時代에 이미 존재했던 草原絲綢之路의 중요한 商站이다. 그 나라 사람은 印歐語系의 焉耆-龜玆語를 사용하고 古代車師人의 인종적 특징은 두개골에서 보이는 러시아의 남쪽 카프카즈(캅카스, Caucasus, Kafkasya, 北高加索)와 蒙古人의 특징을 보인다. 洋海古墳의 구조는 우루무치(Ürümchi, 烏魯木齊)와 옴스크(Omsk, 鄂木斯克) 사이, 비슈케크(키르기스스탄의 수도, 比什凯克)의 북쪽에 해당하는 러시아의 서남 시베리아(俄罗斯 南西伯利亞) 알타이(Altai, 阿尔泰)산 부근에서 빠른 교통도구인 말과 양을 키우던 유목민족인 스키타이(Scythian, 斯基泰, 사카/Sakā, 汉書에는 尖冒人으로 표현)인 기원전 5세기-기원전 3세기경의 파지리크(Pazyrik, 巴澤雷克)의 통나무를 잘라 만들고 활(弓)과 弓弦, 말과 마구를 부장하던 무덤구조와 양식이 같다. 또 270만건의 문물과 예술품을 소장하고 있는 세계 4대 박물관의 하나인 러시아 상트페테르부르크 국립에르미타주/Hermitage Museum 박물관(俄罗國 圣彼得堡艾米塔什博物館, Winter palace)의 이와 관련된 文物 展示館에는 洋海古墳에서 出土와 유사한 馬具와 鹿毛를 속에 넣고 가죽을 씌워 꿰맨 말안장(馬鞍子), 남자

어린애의 옷, 長款外套袖子 이외에 鳳鳥紋絲綢鞍褥面, 山字紋銅鏡, 鹿形馬飾, 箜篌, 騎士와 女神圖案의 毛織地毯, 四輪馬車 등이 전시되어 있다. 洋海古墳 축조자들은 파지리크고 분묘 축조자들과 밀접한 관련이 있는 스키타이인들이라고 말할 수 있다. 스키타이인은 汉書에 언급된 바와 같이 유목민으로 코가 크고, 푸른 눈을 가지고, 긴 수염을 기른 서양인 코캐소이드(Caucasoid)인의 특징을 가지고 끝이 뾰족한 '尖冒塞人'으로 불리 우고 있다. 그리고 洋海古墓와 姤師墓地에서 마른 干葡萄와 115cm되는 포도 줄기, 見靈者, 豫言者와 醫療者인 薩滿敎(Shamanism)의 巫堂의 악기인 箜篌와 환각제인 大麻, 土器의 口緣裝飾에서 多産(fecundity)의 祈願을 위해 이탈리아에서 자라는 紫草(gromwell, Lithospermum officinale)의 씨가 출토되었다. 巫堂(薩滿巫師)은 緙織技法(毛織物, 稱緙毛란 색실을 짜 넣어 그림을 표현하는 태피스트리/tapestry 직물 공예)로 만든 바지(褲子)를 입고 몸에 銅斧와 儀式을 행하는데 필요한 환각용 대마초(大麻葉)를 소지하고 中亞樂器인 箜篌를 탈 줄도 알았던 모양이다. 그리고 길이 30cm의 胡楊木을 파서 만들고 한 겹의 가죽을 씌운 공후악기는 音箱, 頸, 弦杆과 弦이 모두 잘 남아 있는데 이는 柏孜克里克 火焰山下 석굴인 千佛洞(Bëzeklik Budda Gharliri)과 敦煌의 莫高窟(Mogao Caves)의 벽화에서 보이는 공후와 유사하다. 특히 歐洲Scotland(蘇格蘭) 緙織技法으로 만든 태피스트리 가죽바지의 허리에는 소아시아에서 보이는 階梯紋, 品字紋이 무릎에는 商·周의 連雷紋, 立耳彩陶杯, 彩陶圈足盤, 帶流杯, 紅藍色條格紋褐(털옷으로 戰國時代 江陵 楚墓 馬山 1호분 출토와 유사), 楚國 제품의 絹織物과 山字紋銅鏡이 보여 東西문물교류를 나타낸다. 立耳彩陶杯, 彩陶圈足盤, 帶流杯(吐魯番博物館 소장)는 중국 중원지방의 彩陶의 영향도 받았지만 西域문화 전통을 유지하고 있다. 新疆 吐魯番의 또 대마초(Cannabis, Cannabis sativa, Cannabis indica, Cannabis ruderalis, hemp, marijuana/marihuana, drug, 大麻葉)가 나와 기원전 450년경에서 기원전 420년경에 씨진 헤로도투스의 역사(The History of Herodotus)에서 언급되어 있던 北海-希臘사이를 왕래하던 스키타이인의 淨化儀式(purification rite)이 사실로 나타나고 있다. 乾葡萄와 小麥은 洋海人이 馴養과 駕馭하던 遊牧民에서 吐魯番盆地에서 잘 적응하면서 농경으로 들어선 증거이다. 양하이 남성은 높이 50-60cm의 頭戴護耳氈帽(fell hat's covering theirears)를, 여성은 곤충의 더듬이 모양 양쪽으로 맨 꼰 머리(梳辮子, pigtailed, wear/tied one's hair in braids)를 평소 선호했던 모양이다. 周穆王(姬滿, 周昭王의 아들로 西周 第五代天子, 在位時間은 약 55년으로 기원전 976년—기원전 922년, 일설에는 기원전 1001년—기원전 947년이라고도

함)은 游牧民族인 戎狄이 주나라에 조공을 하지 않는다고 洛陽을 출발해 犬戎
을 두 번이나 공격해 5명의 王을 포로로 잡고 戎人을 분리시켜 太原(현 甘肅 鎭
原一帶)으로 强制移住시켰다. 또 동쪽으로 徐戎을 공격하고 涂山(安徽省 蚌埠
市 涂山禹會村)에서 제후들과 회합을 하고 東南지역의 통치를 공고하게 하였
다. 이러한 과정에서 穆王은 연변의 여러 국왕들에게 錦, 綿 등의 絲織品을 선
물로 나누어 주게 되어 자연스럽게 草原絲綢之路가 형성되었다. 涂山은 하(夏)
나라 우(禹)임금의 祭祀遺蹟으로 "禹會諸侯"에서 나왔으며 《左轉》 및 《史記》 夏
本紀에 "禹會諸侯於涂山, 執玉帛者 萬國" 및 "夏之興, 源於涂山"라고 기록되어
있다. 禹會유적의 연대는 방사성탄소연대에 의해 4140B.P.(기원전 2190년),
4380B.P.(기원전 2430년)이 나왔으며 이는 원시무리사회 末期인 龙山文化(기
원전 2500년−기원전 2200년) 晩期에 해당된다. 주 목왕을 시작으로 기원전 8
세기−기원전 4세기경에는 러시아의 남쪽 북카프카즈(북캅카스, 北高加索)와
중국 甘肅省 敦煌지구 사이의 초원지대를 사이에 두고 끊임없이 활발한 東西의
접촉이 있어 草原絲綢之路를 형성해 왔고 馬具, 武具, 動物文樣으로 잘 알려져
있는 스키타이(Scythian)−오르도스(Ordos/Erdos, 鄂尔多斯沙漠, 河套/河南)
−匈奴가 대표적이다. 러시아 상트페테르부르크 에르미타주 박물관 소장의 중
국비단, 內蒙古博物院 소장의 鷹形丁冠, 四虎噬牛紋金帶扣, 三鹿紋金飾牌, 新
疆維吾尔自治區博物館 소장의 薩滿巫師褲子, 紅藍色條格紋褐과 中國 新疆 塔
里木盆地附近의 察吾呼墓地也에서 출토한 角狀酒杯(Kurgan/庫尔干13号墓의
鑲金角杯와 유사하다), 陝西省博物館 소장의 虎形神獸金飾 등 스키타이/斯基
泰 動物紋 裝身具들과 구리, 철, 황금으로 만든 여러 도구들이 이를 입증한다.
구라파에는 신석기시대로 LBK(Linear Band Keramik) 문화가 있다. 유럽을
관통하는 다뉴브 강 이름을 따서 다뉴브 I 문화(Danubian I Culture)라고 불리
는 이 문화는 유럽 중앙과 동부에서 기원전 5000년대부터 쉽게 경작할 수 있는
황토지대에 화전민식 농경(slash and burn agricultural cultivation)을 행하
였고 또 서쪽으로 전파해 나갔는데, 이 문화에서 나타나고 있는 토기의 문양이
우리의 빗살무늬(櫛文/櫛目文)토기와 유사하여 "線土器文化(Linear Pottery
culture)"라 한다. 이것의 獨譯이 'Kamm Keramik(comb pottery)'으로 번역
하면 '櫛文(櫛目文)土器' 즉 우리말로는 빗살무늬 토기이다. 일찍부터 이 문양
의 토기들은 우리나라 신석기시대 빗살무늬토기의 기원과 관련지어 주목을 받
아왔다. 이후에 "Corded ware(繩文土器文化, 東方文化複合體)"와 "Beaker
cup culture"(비커컵 토기문화, 일본에서는 鐘狀杯로 번역함, 西方文化複合
體)"가 유럽의 북부 독일지역과 남쪽 스페인에서부터 시작하여 유럽을 휩쓸었

다. 그리고 스톤헨지의 축조의 마지막 시기는 기원전 2500년－기원전 2400년경으로, 이때 유럽 본토에서 기원전 2400년－기원전 2200년경 이곳으로 이주해온 비커컵족들의 靑銅器와 冶金術의 소개로 인해 농업에 바탕을 두던 영국의 신석기시대의 종말이 도래하게 된 것이다(이후 Braitain→Saxon→Norman족의 유입으로 현재의 영국으로 형성이 됨). 이 시기를 民族移動期(기원전 3500년－기원전 2000년)라고 한다. 印歐語(인도－유러피안 언어)를 쓰며, 폴란드, 체코와 북부 독일의 비스툴라(Vistula)와 엘베(Elbe) 강 유역에 살던 繩文土器文化(Corded ware culture)에서 기원하여 기원전 2400년－기원전 2200년경 동쪽 유라시아 고원으로 들어가 쿠르간(kurgan) 봉토분을 형성하던 스키타이(Scythia)종족, 인더스 문명을 파괴한 아리안족(Aryan race)이나 남쪽으로 그리스에 들어간 아카이아(Achaea/Achaia, 아카이아인의 나라 아키야와 Akh-khyawa)나 도리아(Doria)족과 같은 일파로 생각된다. 그 이후 "Urnfield culture(火葬文化)"를 지난 다음 할슈타트(Hallstatt)와 라떼느(La Tène)의 철기문화가 이어졌다. 그 이후 이탈리아에서는 에트루스칸(Etruscan)에 이어 로마로, 그리고 서기 476년 9월 4일 게르만, 고트[동고트(Ostrogoth), 서고트(Visigoth)], 골, 훈(Hun, 서기 448년 아틸라 왕국을 세움), 반달(Vandal), 롬바르드(Lombard) 등의 異民族이 세력을 팽창해 서로마제국의 滅亡을 가져오게 된다. 스키타이와 관련된 匈奴의 유물은 春秋(기원전 771년－기원전 475년) 말기부터 汉代(기원전 206년－서기 220년)에 이르기까지 중국의 여러 지역에서 발견되고 있다. 우리나라 永川 漁隱洞 출토의 虎形帶鉤와 함께 金海 大成洞 출토 청동항아리(銅鍑)와 良洞里 고분에서 발견된 鐵鍑(동의대 서기 1991년 발굴 토광목곽묘 162호 출토)과 靑銅鼎도 이러한 점에서 이해가 되어야 한다. 아무튼 한국고대문화의 기원지 중의 하나가 스키타이와도 관련이 있다는 것은 매우 흥미 있다. 신라의 찬란한 금관의 경우도 나뭇가지 모양으로 장식했는데, 그러한 형태가 서기 1세기경의 스키타이의 왕관(The Khokhlach Burial Mound에서 출토한 Sarmatian gold diadem, 서기 1864년 Novocherkassk옆 Khokhlach에서 발굴), 아프카니스탄 틸리야 테페(박트리아, Tillya/ Tilla tepe 서기 1978년 발굴) 4호분에도 보이며, 비교적 최근까지도 시베리아 지역의 샤만들이 머리에 쓰던 관의 형태와도 비슷하나. 흉노 깃으로는 內蒙山 伊克昭盟 杭錦旗 阿魯紫登 출토의 금관 및 매(독수리)형 장식을 들 수 있다. 그밖에 신라의 금동제품에 쓰인 누금세공기법(filigree/filagree, 금으로 만든 세공품에 線條細工이나 象嵌을 한 것)도 스키타이의 금제품에 흔히 보이는 것이다. 그러나 엄격한 의미에서 스키타이인은 러시아 남부에 정착했던 부족들에 국한된다. 서기 1929년 그라즈노프(M. P. Glyaznov)에 의해 발굴되고, 서기 1947년 루덴코(S. I. Rudenko)에 의해 재개된 파지리크(Pazyrik) 고분, 서기 1969년 – 서기 1970년 케말 A. 아카쉐프를 중심으로 한 러시아 까자흐 공화국 내 기원전 5세기–기원전 4세기의 '황금관을 쓴 인간(또는 황금 옷을 입은 인간)'과 약 4,000점의 스키타이 유물이 쏟아져 나온 이식(Issyk) 쿠르간 고분의 발굴은 이란이나 남부러시아에 이주했던 스키타이 인들의 문화, 예술, 생활방식이 서부 시베리아나 알타이 지역에 살고 있던 스키타이 인들의 것과 유사함을 밝혀 주었다. 이러한 쿠르간 봉토분은 서쪽 멀리 몽골 울란바토르의 북방 하라강(江) 유역 노인 울라(Noin–Ula Site)에 있는 흉노(匈奴) 귀족의 고분군(古墳群)에서도 발견되며 그 시대는 前汉(기원전 206년–서기 9년) 晩期인 기원전 1세기 –서기 1세기에 속한다. 서기 1924년–서기 1925년 러시아 탐험가 P. K. 코즐로프 조사단에 의하여 212기(基)의 고분 중 12기가 발굴되었고, 출토된 유물 중에는 한대의 여러 견포(絹布)와 기원전 2년의 명기[銘記雙禽渦紋의 黑漆耳杯의 경우 '上林'과 다리에는 '建平五年(前汉 12대 哀帝 元壽 1년, 기원전 2년)九月 工王譚經 畵工劃壺 天武省'이라는 명문이 새겨져 있다]는 스키타이 문화의 전파와 내용을 알려주는 자료로서 학술적으로 매우 중요하다. 이 고분군의 축조연대는 기원전 1세기–서기 1세기 전반에 걸친 흉노의 중흥기로 당시 동쪽의 중국 汉나라, 서쪽은 파르티아(Parthia, 기원전 247년–서기 224년) 등의 서역(이란)까지, 또한 북쪽은 스키토 시베리아(Scythito–Siberia) 문화권과도 문화교류가 성행했고 그 문화교류의 중개자로서 匈奴의 역할이 컸을 것으로 추측된다. 따라서 고대의 동서교류사 연구에 중요한 유적이다[이들은 기원전 2400년–기원전 2200년경 동쪽 유라시아 고원으로 들어가 쿠르간(kurgan) 봉토분을 형성하던 스키타이(Scythia)종족→기원전 5세기–기원전 3세기경의 서남시베리아 알타이(Altai, 阿尔泰)산 부근의 파지리크(Pazyrik, 巴澤雷克)→新疆省 維吾尔自治區 吐魯番市 鄯善县 吐峪溝乡 洋海夏村 西北 火焰山 南麓양하이(洋海古墓, Yanghai)→永川 漁隱洞 출토의 虎形帶鉤와 함께 金海大成洞의 문화계통 루트도 생각해 볼 수 있다.또 중국에서 현존하는 실물 중 가장 오래되며 등자 중 古式인 木芯長直柄包銅皮馬鐙(鎏金銅馬鐙)은 서기 1965년 辽宁省 北票市 西官營 鎭饅頭溝村 將軍山 北燕(서기 409년–서기 431년)文成帝 馮跋의 동생으로 서기 415년(太平 7년)에 사망한 馮素弗墓에서 나왔으며 그 연대는 서기 3세기 말 서기 4세기초로 보고 있다.감숙성 무위현 뇌대(雷台)지구에서 동한(東汉) 말–위진 초(魏晋初)에 속하는 張씨 성을 가진 將軍의 뇌대대묘(雷台大墓)가 발견되었는데, 출토유물로서 청동분마(靑銅奔馬)가 잘 알려져 있다. 무위는 서안지와 관련된 鷄林(始林, 사적 19호)은 慶州 金氏 시조의 발상지이며 이곳에는 朝鮮 純祖 3년(서기 1803년)에 세운 김알지 탄생에 대한 碑가 있다.

그리고 『高麗史』에 의하면 恭愍王이 서기 1363년(공민왕 12년) 竹州(安城)에 이르러 奉業寺사에서 太祖 王建의 眞影을 謁見하였다["丙

(西安, 長安)-난주(蘭州)-무위(武威)-장액(張掖)-가욕관(嘉峪关)-돈황(敦煌, 陽关鎭, 玉門关 포함)-하미(哈密, Hami, Kumul)을 거치는 하서회랑[河西回(走)廊] 실크로드(絲綢之路)의 중요한 지역으로 이 길이 처음 개척된 것은 기원전 139년-기원전 126년 사이 전한(기원전 206년-서기 8년) 7대 무제(기원전 141년-기원전 87년)의 사신으로 월지(月氏 月支), 흉노(匈奴), 오손(烏孫), 대완(大宛), 강거(康居) 등을 거쳐 서역(西域)에 다녀온 장건(張騫, ?-기원전 114년)에 의해서이다. 그 지역들은 우즈베키스탄(Uzbekistan, 大宛)의 훼르가나(Ferghana), 소그디아나, 박트리아, 파르티아(Parthia, 기원전 247년-서기 224년)와 북부 인디아 등지로 여겨지며 이 청동분마도 당시 양주(凉州, 현 甘肅省, 宁夏, 靑海 東北部, 新疆 東南部 및 內蒙古 阿拉善盟一帶)의 명마인 한혈마(汗血馬, 大宛馬, 大哈馬, 中國 貓熊)=大宛馬=大哈馬=中國貓熊인 천마(天馬)를 묘사한 것으로 여겨진다. 천마에 대해서는 한 무제의 서극천마지가(西極天馬之歌 '天馬來兮從西極, 經萬里兮歸有德, 承靈威兮降外國, 涉流沙兮四夷服')가 남아있다. 현재 중국정부는 한혈마인 천마종인 야마(野馬, 蒙古野馬 또는 普氏野馬, 新疆維吾尔自治區의 伊犁馬)들을 내몽고 석림곽륵맹(內蒙古 錫林郭勒盟, 錫林浩特市) 조주목심(烏珠穆沁)과 신강성 소소현(新疆維吾尔自治區 昭蘇县) 초원지역에서 사육하고 있다. 경주 155호분 천마총에서 나온 장니(障泥, 말다래, 말을 탄 사람의 발에 흙이 튀지 않도록 말안장 옆 양편에 늘어뜨려 놓은 가죽제 마구, 말 배가리개)의 천마도(天馬圖, 국보 207호)도 이러한 역사적·문화사적 맥락에서 이해되어야 할 것이다. 결국 초원의 스키타이인들이 쓰던 쿠르간 봉토분과의 관련도 배제할 수 없게 되었다. 또 감숙성 위진(甘肅省 魏晋)시기의 벽화고분으로 가욕관 위진묘군(嘉峪关 魏晋墓群), 돈황 불야묘만(敦煌 佛爺廟灣) 고분군, 주천 정가갑 5호분(酒泉 丁家閘 五號墓, 東晋, 서기 317년-서기 418년)을 들 수 있는데, 그 중 주천 정가갑 5호분에는 황해도 안악군 유설리 3호분(冬壽墓, 永和 13년 서기 357년) 내의 것과 비슷한 벽화가 그려져 있어 고구려와 선비족과의 관련도 시사해 주고 있다.

子 次竹州 謁太祖眞 于奉業寺"(高麗史 제40권, 世家 권제40, 恭愍王 3, 12년]라는 기록이 있어 봉업사는 절 이름 그대로 나라를 창업한 것을 기념하여 창건된 護國寺刹과 고려 4대 光宗 때 태조의 진영을 모시었던 眞殿寺院으로 추정되고 있다. 이는 현재 남아 있는 全州 慶基殿과 같은 성격으로 조선 3대 太宗 10년(서기 1410년)에 전주, 慶州, 平壤에 慶基殿을 세워 太祖 李成桂의 影幀을 모셨으며 그 후 조선 4대 世宗 24년(서기 1442년)에 전주에 慶基殿, 경주에 集慶殿, 평양에 永崇殿이란 이름을 붙였다. 그리고 이 절에는 죽주 지역 최대 호족세력이었던 竹山 朴氏 세력의 朴奇悟의 影幀도 함께 모셨던 것으로 추정된다. 朴奇悟는 서기 912년 그의 妹弟이자 이복 손아래 妻男인 先王인 신라 52대 孝恭王 金嶢에게 아들이 없었기 때문에 52대 孝恭王의 뒤를 이어 慶州 金氏姓에서 竹城 朴氏성으로 바뀌어 왕위에 오른 53대 神德王 朴景暉, 그리고 그의 아들인 54대 景明王 朴昇英의 넷째 왕자인 竹城大君 朴彦立(?−서기 924년, 서기 917년−서기 924년 왕자)의 아들로 시호는 忠貞이다.

최근(서기 2019년 10월 17일, 목) 국립경주문화재연구소에서 발굴한 경주시 교동 138−2 쪽샘지구 44호 고분에서 서기 4세기−서기 6세기에 속하는 積石木槨墳의 護石 북편에서 출토한 높이가 40㎝로 추정되는 토기(長頸壺)의 목과 어깨, 몸통 부분에 다양한 문양을 새겨 넣은 자료가 발표되었다. 즉 이 토기는 위로부터 1단과 2단, 4단에는 나무 목(木)자 혹은 사람 모양(1·2단)과 물결 모양(4단)을 반복했다. 3단에는 다양한 인물(기마·무용·수렵)과 동물(사슴·멧돼지·말·개) 등을 연속적으로 표현했다. 말을 탄 인물 뒤를 따르는 사람들이 춤추는 듯한 모습이다. 활 쏘는 사람들이 암수 사슴과 멧돼지, 호랑이, 개 등을 사냥하고 있고, 주인공인 듯한 인물이 개(犬)와 함게 행렬을 짓고 있다. 이는 황해남도 안악군 安岳 3호분이나 중국 集安市 通溝 龙山의 舞踊塚 등 고구려 고분벽화의 행렬도와 흡사하다. 이는 신라 특유의 線刻文 과 幾何學 문양들 이외에 고구려 고분벽화의 행렬도와 흡사하여 당시 경주 壺杅塚과 포항 冷水里 고구려 고분에서 보여주듯 당시 고구려와의 정치적 맥락을 엿볼 수 있는 자료라 하겠다. 고구려의 19대 廣開土王은 서기 392년 海路로 강화도 대룡리에 있던 것으로 추정되는 華蓋山城과 寅火里 分水嶺을 지나 백제시대의 인천 영종도 퇴뫼재 토성을 거쳐 한강과 임진강이 서로 만나는 지점인 해발 119m, 길이 620m의 퇴뫼식 산성인 关弥城(사적 351호, 坡州 烏頭山城)을 접수한다. 이는 윤명철교수의 생각대로 압록강 하구의 장산도(長山列島, 中华人民共和国 辽宁省 大连市에 위치하는 長海県)에 근거지를 둔 고구려 수군과도 관련이 있을 것이다.

강화 교동 화개산성에서 파주 烏頭山城에 이르는 寅火里-分水嶺의 길목인 교통의 요지에 위치한 김포시 하성면 석탄리의 童城山城(해발 90m-100m, 퇴뫼식 석성)도 앞으로 주목해야할 곳 중의 하나이다. 강화도 교동 대룡리 華蓋山城에서 寅火里-分水嶺을 거쳐 关弥城(坡州 烏頭山城)에 다다르고 그곳에서 다시 남쪽으로 가면 고양 멱절산성(해발 30m, 곽산/藿山, 고양시 일산서구 대화동 멱절마을, 경기도 기념물 제195호)과 幸州山城(사적 56호)을 지나면 백제의 阿嵯山城/阿且山城(사적 234호), 風納土城(사적 11호)과 하남 二聖山城(사적 422호)에 연달아 다다르게 된다. 고구려 군이 북쪽에서 육로로 공격의 길을 택하면 漣川 堂浦城(사적 468호), 隱垈里城(사적 469호), 瓠蘆古壘城(사적 467호), 왕징면 무등리(2보루, 장대봉), 파주 月籠山城과 德津山城(사적 537호)을 거쳐 임진강과 한강을 관장하고 계속 남하하여 이성산성까지 다다른다. 그리고 하남 二聖山城에서 다시 고속도로와 같은 한강의 수로를 타게 되면 양평 양수리 두물머리에서 북한강을 따라 춘천에, 그리고 남한강을 따라 충주와 단양까지 이르게 된다. 중원문화의 중심지로 인식되는 충주시 칠금동 彈琴台(명승 42호)를 포함하는 충주 일원은 수로로는 南汉江을 통해 경기도 양평 양수리(두물머리)를 거쳐 서울–강원도(남한강의 상류는 강원도 오대산 西台 于洞水/于筒水임)의 영월로 연결되고, 뭍으로는 鳥嶺(문경–충주, 조령 3관문은 사적 147호) 街道와 竹嶺街道(丹陽–제천, 명승 30호)와도 이어지는 교통의 요지였다. 고구려군의 남침관련 고고학적 흔적은 경기도 안성 도기동, 충북 진천군 대모산성과 세종시 부강리 남성골 목책산성[방사성탄소(C¹⁴)연대는 서기 340년–서기 370년과 서기 470년–서기 490년의 두 시기로 나온다]과 연천 신답리(방사선 탄소연대는 서기 520/서기 535년이 나옴), 하남시 廣岩洞 산 26–6번지 二聖山城(사적 422호)서쪽 산록 하에서 세종대학교 박물관에 의해 발굴된 백제와 고구려시대의 서기 4세기대의 橫穴式 石室墳(돌방무덤) 1, 2호, 강원도 추천시 천전리, 경기도 용인군 기흥구 보정동과 성남시 판교 16지구의 고구려 고분 등에서도 확인된다. 그리고 고구려군은 계속해서 남한강을 따라 영토를 확장하여 中原(충주: 고구려의 國原城) 고구려비(국보 205호, 長壽王 69년 481년), 정선 애산성지, 포항 냉수리, 경주 호우총(경주 호우총의 경우 國岡上廣開土地好太王壺杆十이라는 명문이 나와 고구려에서 얻어온 祭器가 부장된 것으로 보인다)과 부산 福泉洞에 이른다. 그러나 고구려인이 남한강을 따라 남하하면서 만든 것으로 추측되는 丹陽郡 永春面 斜只院里〈傳 溫達(?–서기 590년 26대 嬰陽王 1년)의 將軍墓(方壇積石遺構, 충북기념물 135호)〉의 적석총이 발굴되었는데 이것은 山淸에 소재한 가야의 마지막 왕인 仇衡王陵(사적 214호)의 기단식 적석구조와 같이 편년이나 계통에 대한 아직 학계의 정확한 고증을 받지 못하고 있다. 그러나 한강유역의 각지에 퍼져있는 적석총의 분포상황으로 볼 때 고구려에서 나타나는 무기단식, 기단식과 계단식 적석총이 모두 나오고 있다.

'中原文化'의 중심지인 忠州는 漆琴洞 彈琴台(탄금대안길 105, 충북 기념물 4호)의 백제토성(철 생산유적), 충주 칠금면 창동과 주덕의 철광산 때문에 백제·고구려·신라의 각축장이 되어왔으며 특히 백제의 近肖古王 26년(서기 371년)에서 고구려의 廣開土王 원년(서기 372년)·長壽王 63년(서기 475년)을 거쳐 신라의 眞興王 12년(서기 551년)에 이르는 180년이 역사적으로 주목받고 있다. 충주지역에서 백제, 고구려와 신라의 삼국문화가 중첩·복합적으로 나타나고 있는 것도 이러한 역사적 맥락에서 이해가 된다.

그리고 신라 21대 炤知王 10년(서기 488년)에 月城(사적 16호)을 수리하고 大宮을 설치하여 궁궐을 옮긴 월성의 해자 유적에서 고구려의 기와(숫막새)와 玄武와 力士像이 양각으로 새겨져 있는 土製方鼎이 발굴되었다. 이는 長壽王 69년(서기 481년)에 고구려가 경주부근에까지 진출하였다는 설을 뒷받침한다. 토제방형의 역사상은 순흥 태장리 於宿墓(乙卯於宿知述干墓, 서기 499년/서기 559년, 사적 238호)에서, 현무는 서기 427년 평양 천도 후 고구려 벽화분에서 발견되는 것과 비슷하다. 고구려의 묘제 중 석실묘는 연천 신답리와 무등리, 여주 매룡리, 포항 냉수리와 춘천 전전리에서도 나타난다. 고구려의 영향을 받거나 고구려의 것으로 추측될지 모르는 것으로는 영풍 순흥 태장리와 순흥 읍내리(사적 313호) 벽화분들을 들 수 있으며, 고구려 유물이 나온 곳은 맛졸임(귀죽임, 抹角藻井) 천장이 있는 두기의 석실묘가 조사된 경기도 용인시 기흥구 보정동, 성남시 판교 16지구, 경기도 이천 나정면 이치리, 대전 월평동산성, 화성 장안 3리, 서천 봉선리(사적 473호)와 홍천 두촌면 역내리 유적, 경기도 연천군 왕징면 강내리 등이 있다. 이 곳들은 고구려가 가장 강하던 19대 廣開土王(서기 391?/서기 392년-서기 413년)과 20대 長壽王(서기 413년-서기 491년 재위) 때의 남쪽 경계선이라고 해도 무방하다. 이는 서기 4세기-서기 5세기 때의 삼국시대 후기(서기 300년-서기 660년/668년)때의 일이다. 廣開土王과 長壽王 때 백제를 침공하기 위한 해로와 육로의 경유지를 살펴보면 선사시대 이래 형성된 羅濟通門(전라북도 茂朱 雪川面 斗吉里 新斗村)과 같은 通商圈(interaction sphere) 또는 貿易路와도 부합한다. 주로 당시의 고속도로인 바다나 강을 이용한 水運이 절대적이다. 이러한 관계는 고구려 小獸林王(서기 372년), 백제 枕流王(서기 384년)과 신라 23대 法興王(서기 527년) 때 정치적 기반을 굳히게 하기 위한 佛敎의 수용과 전파를 통해 확대된다. 이러한 관계는 고구려 小獸林王(서기 372년), 백제 枕流王(서기 384년)과 신라 23대 法興王(서기 527년) 때 각자의 정치적 기반을 굳히게 하기 위한 佛敎의 수용과 전파를 통해 확대된다.

이종욱교수는 신라역사에서 국가단계에 이르는 과정을 촌락사회단계(사로 6촌의 추장사회)→촌락사회연맹단계→사로소국단계→진한소국연맹단계→사로국의 진한 제 소국 정복단계를 거쳐 발전해왔다는 논리 역시 신진화론의 대입과 지석묘라는 고고학 자료가 그 밑받침이 된다. 가야[伽倻]시대 서기 42년-서기 532년(신라 法興王19년/가야 10대 仇衡王/仇亥王(서기 521년-서기 532년)의 서기 532년/서기 562년 大伽倻의 멸망은 신라 眞興王 23년/대가야 16

대 道設智王(서기 6세기 중엽-서기 562년) 서기 562년]는 신라와 백제 두 강성한 세력 사이에서 침략을 당하여 결국 쇠퇴하고 말았으며『三國史記』등의 기록조차도 신라 위주이기 때문에 신라에 복속당한 가야를 매우 소홀하게 다루어 놓았으나 그 문화적인 업적을 고려한다면 매우 눈부신 측면이 있다. 가야에 대한 기록이 매우 적기 때문에 이들에 대해서는 대부분 고고학적 자료들을 놓고 판단하게 되는데 최근에 가야지방에서 찾아지는 유적과 유물은 매우 규모가 크고 뛰어남을 보여준다. 가야가 이렇게 성장할 수 있는 원동력은 변한지방의 철 생산 때문이었다고 여겨진다. 실제로 대부분의 가야가 위치한 김해지방은 약 2,000여 년 전만 하더라도 삼각주의 평야지대가 아니었다는 지리학 측의 연구결과가 나와 있는 만큼, 농사를 기반으로 한 문명이었다고 보기는 어렵다. 가야의 철 생산은 기원전후의 변한시대부터 발달하여 낙랑, 왜 등과 활발히 교역하였는데, 마산 성산 야철지(현 창원, 사적 240호) 등의 유적이 이를 증명해주고 있다. 서기 1980년부터 본격적으로 발굴된 부산(동래) 복천동 고분(사적 273호)의 경우 철제갑옷, 마구류 및 덩이쇠 등이 가야의 수준 높은 철기문화와 기마전의 전투양식도 보여주고 있다. 덩이쇠는 이 당시의 화폐로서 교역에 쓰였을 것으로 여겨진다. 특히 신라와의 관련성은 奈良県 奈良市 法华寺町 宇和奈辺(ウワナベ) 古墳[서기 2019년 大阪府(おおさかふ) 百舌鳥(もず, 모즈)와 古市(ふるいち, 후루이치)의 古墳群(Mozu-Furuichi Kofun Group: Mounded Tombs of Ancient Japan Mozu kofungun)으로 세계문화유산으로 지정됨]의 陪冢으로 추정되는 서기 5세기 중엽에 直徑 約30m의 円墳으로 築造된 大和 第 6号墳(やまとだいろくごうふん, 서기 2012년 8월 26일 발표)에서 872점의 鐵鋌(덩이쇠)

을 비롯해 600여점의 철제무기와 도구가 나왔는데 철의 성분에 砒素(As)가 함유되고 있어 서기 4세기−5세기 경 蔚山 北區 中山洞에 위치한 露天鑛山인 達川鐵場(울산광역시 기념물 제40호)에서 採鑛·精鍊되어 유입된 것으로 추정된다. 그리고 百濟로부터 철이 유입되었다면 忠州 彈琴台에서 채광·정련된 철정이 될 가능성이 높다. 旬葬墓의 대표적인 예로 직경 44m의 44호분을 들 수 있는데 모두 32기의 旬葬 石槨이 발견된 大伽倻(서기 42년−서기 562년) 王의 무덤으로 그 무덤 규모는 참으로 웅대하다. 또 서기 6세기 초 大伽倻(서기 42년−서기 562년) 지배층의 무덤인 高靈 池山洞 고분군 518호분(직경 17m)을 보더라도 주인공이 묻힌 主槨을 중심으로 副槨과 旬葬槨 5기가 둘러싸고 있고 주인공의 것으로 생각되는 冠帽장식, 금은귀고리, 갑옷, 투구, 금동과 쇠 두 셋트의 馬具裝飾 등 480여점이 발견되었다. 주인공의 부인이 묻혔을 것으로 추정되며 다른 것보다 큰 1호 순장묘에서는 금동귀고리가 호위무사의 것으로 봉이는 2호 순장묘에서는 環頭大刀가 발견되었다. 신라 智證王 3년(서기 502년)왕이 순장을 금하고 있어도 지산동의 경우 순장이 행해지고 있었다(가야문화재 연구소, 2017 지산동 고분군 518호분 발굴조사보고서).

또 순장 이외에 정식으로 매장하기 전 지상에 殯殿을 짓고 3년 정도 假埋葬한 百濟大殯의 빈장의 예로 武寧王(25대, 서기 462년−서기 523년)의 公州市 金城洞 山1 艇止山(사적 제474호)과 慶山 林堂洞古墳群(사적 제516호) 고분에서도 밝혀지고 있다.

한편 다양한 가야토기들은 널리 알려진 대로 신라토기의 원형이 되었던 것이다. 가야의 유적은 앞으로도 많이 찾아질 것으로 기대되는 바, 한국고대사회에 있어서의 가야의 비중을 기억해야 할 것이다. 또 경주 호우총의 '國岡上廣開土地好太王壺杆十'이라는 명문 이외에도 서기 2013년 금관총(서기 1921년 梅原末治 발굴) 재 발굴을 마무리하는 보존처리하는 과정에서 칼집 끝 장식에서 '尒斯智王刀' (이사지는 麻立干이나 此七王으로 추정)와 '十'이라는 명문의 확인, 그리고 경주 황룡사지 남쪽 담장근처 우물에서 '達溫心村主'가 적힌 청동접시가 발견 되었다. 이는 신라의 달온심이라는 지명의 말단행정관으로 보여 진다.

세계문화유산으로 등재된 慶州 역사유적 지구(Gyeongju Historic Areas: 문화, 2000): 신라 및 통일신라시대(기원전 57년 – 서기 935년)의 유적. 王京, 黃龙寺, 月城, 瞻星台, 경주 南山 등이 남아 있다. 이곳에 포함되는 역사적 유적은 다음과 같다.

1. 보남산지구(사적 제311호)

　보리사 마애석불(지방유형문화재 제193호)

　경주 남산 미륵곡 석불좌상(보물 제136호)

　경주 남산용장사곡 삼층석탑(보물 제186호)

　경주 남산용장사곡 석불좌상(보물 제187호)

　용장사지 마애여래좌상(보물 제913호)

　천룡사지 삼층석탑(보물 제1188호)

　남간사지 당간지주(보물 제909호)

　남간사지 석정(지방문화재자료 제13호)

　경주 남산리 삼층석탑(보물 제124호)

　경주 배리 석불입상(보물 제63호)

　경주 남산 불곡 석불좌상(보물 제198호)

　경주 남산 신선암 마애보살반가상(보물 제199호)

남산 칠불암 마애석불(보물 제200호)

남산 탑곡 마애조상군(보물 제201호)

경주 삼릉계 석불좌상(보물 제666호)

남산 삼릉계곡 마애관음보살상(지방유형문화재 제19호)

남산 삼릉계곡 선각 육존불(지방유형문화재 제21호)

경주 남산 입곡 석불두(지방유형문화재 제94호)

남산 침식곡 석불좌상(지방유형문화재 제112호)

남산 열암곡 석불좌상(지방유형문화재 제113호)

남산 약수계곡 마애입불상(지방유형문화재 제114호)

남산 삼릉계곡 마애 석가여래좌상(지방유형문화재 제158호)

남산 삼릉계곡 선각 여래좌상(지방유형문화재 제159호)

경주 배리 윤을곡 마애불좌상(지방유형문화재 제195호)

배리 삼릉(사적 제219호)

신라 일성왕릉(사적 제173호)

신라 정강왕릉(사적 제186호)

신라 헌강왕릉(사적 제187호)

지마왕릉(사적 제221호)

경애왕릉(사적 제222호)

신라 내물왕릉(사적 제188호)

경주 포석정지(사적 제1호)

경주 남산성(사적 제22호)

서출지(사적 제138호)

경주 나정(사적 제245호)

경주 남산동 석조감실(지방문화재자료 제6호)

백운대 마애석불입상(지방유형문화재 제206호)

2. 월성지구

　경주 계림(사적 제19호)

　경주 월성(사적 제16호)

　경주 임해전지(사적 제18호)

　경주 첨성대(국보 제31호)

　내물왕릉, 계림, 월성지대(사적 및 명승 제2호)

3. 대능원지구

　신라 미추왕릉(사적 제175호)

　경주 황남리고분군(사적 제40호)

　경주 노동리고분군(사적 제38호)

　경주 노서리고분군(사적 제39호)

　신라 오릉(사적 제172호)

　동부사적지대(사적 제161호)

　재매정(사적 제246호)

4. 황룡사지구

　황룡사지(사적 제6호)

　분황사 석탑(국보 제30호)

5. 산성지구

　명활산성(사적 제47호)

　그리고 반량전과 오수전을 포함한 중국 진–한대의 동전은 오늘날의 세계 기축화(基軸貨)인 달라(美貨)에 해낭하는 낭시 교역 수단으로 당시 활발했던 국제무역에 관한 고고학적 증거들이다. 기원전 1세기경으로 편년되는 경상남도 사천 늑도(史勿國)유적에서는 경질무문토기, 일본 야요이토기(弥生土器), 낙랑도기, 한식경질도기 등과 함께 반량전이 같은 층위에서 출토되었다. 반량전은 기원전 221년 진시황의 중국 통일 이후 주조되어 기원전 118년까지 사용된 동전으로 알려져 있다. 이외에도 중국 동전은 해남 군곡리, 제주 산지항, 금성리, 김해, 고성, 창원 성산패총 등지에서도 출토되었다. 이는 『三國志』 위지 동이전 변진조에 '나라에는 쇠가 나는데 한과 왜에서 모두 가져가고 중국에서 돈을 가지고 쓰듯 한다(『三國志』 魏志 東夷傳 弁辰條의 '國出鐵 韓濊倭皆從取之 諸市買皆用鐵如中國用錢又以供給二郡')의 기사와 왜인전(倭人傳)에 보이는 해로만리의 무역로를 감안해 볼 때 통상권을 형성하고 있던 한반도 내의 사회들은 중국과의 국제 무역 및 한반도 내부 나라(國)들 사이의 교역을 행하였다. 『三國志』 魏志 東夷傳 弁辰條와 倭人傳 이정기사(里程記事)에는 낙랑·대방에서 출발하여 邪馬台國에 이르는 무역루트 또는 통상권이 잘 나타나 있다. 해남 군곡리-김해 봉황동(회현동, 사적 2호)-사천 늑도-제주도 삼양동(사적 제416호) 등 최근 확인된 유적들은 당시의 국제 통상권의 루트를 잘 보여주고 있다. 이외에도 국가 발생의 원동력 중의 하나인 무역에 관한 고고학증거는 계속 증가하고 있다. 역시 늑도 유적에서 중국 서안에 소재한 진시황(기원전 246년-기원전 210년 재위)의 무덤인 병마용갱(兵馬俑坑)에서 보이는 삼익유경동촉(三翼有莖銅鏃, 鐵莖銅鏃)도 출토되었는데, 이와 같은 것이 양평군 양수리 상석정에서는 두 점이나 출토된 바 있다. 진시황의 무덤에 부장된 이 동촉은 진시황릉 축조 이전에 제작된 것으로 보인다. 따라서 창원시 외동 성산패총(城山貝塚, 사적 240호)은 가야시대[서기 42년-서기 532년(신라 法興王 19년/가야 10대 仇衡王/仇亥王(서기 521년-서기 532년)의 서기 532년/서기 562년 大伽倻의 멸망은 신라 진흥왕(眞興王) 23년/대가야 16대 도설지왕(道

設智王, 서기 6세기 중엽—서기 562년) 서기 562년] 당시 무역로의 중간 기착항(寄着港)인 포상팔국(浦上八國)중 골포국(骨浦國, 合浦)으로 추정된다.

이 시기의 대표적 유적으로는 경상남도 의창 다호리 유적(현재 昌原 茶戶里 古墳群으로 명칭 변경, 走漕馬国 사적 327호)을 들 수 있다. 이 유적은 경상남도 창원시 다호리에 있는 철기시대 전기 와 후기의 고대국가 형성기의 고분으로 주로 널무덤(목관묘)과 일부의 독무덤(옹관묘)이 함께 나타난다. 널무덤은 무덤구덩이(묘광)의 크기와 껴묻거리구덩이(부장갱)의 유무에 따라 3가지 유형으로 나누어지며 이러한 유형은 무덤 주인의 신분차이에 의한 것으로 보고 있다. 1호 목관묘에서 보이는 나무널은 지름 1m의 통나무를 세로로 쪼개어 속을 파서 만든 구유 모양의 獨木棺(飼槽·粥箭形木棺)으로, 우리나라 서북지방 나무널과 차이가 보인다. 출토유물은 동검, 중국거울(한경)을 비롯한 청동기와 오수전(五銖錢), 철검, 손칼, 부어 만든 도끼(주조철부), 두드려 만든 판상철부 등 철기제품이 나왔다. 또한 칼집, 활, 화살, 합, 붓, 부채, 칠기와 경질 무문무문토기, 와질토기가 출토되었다. 특히 중국 거울인 성운경과 중국 화폐인 오수전이 출토되어 다호리 고분이 기원전 1세기에서 서기 1세기 후반 사이의 유적임을 알려주고 있다. 다양한 철기와 중국계 유물의 출토로 보아 이 지역의 철 생산을 바탕으로 중국·낙랑과 교역한 세력의 지배자 무덤으로 보여 진다. 중요한 것은 당시의 생활상을 알 수 있는 문자 생활의 증서인 붓과 가야금의 원조인 현악기가 출토되고 있다. 오수전, 星雲鏡을 통해 창원시 외동 성산패총 유적과 같이 중국·낙랑과 활발한 교역을 하였음을 알 수 있다.

전 세계적으로 절벽에 굴을 파서 시체를 매장하거나 절벽에 나무

받침을 하여 관을 매다는 무덤(懸棺)을 쓰는 예는 아프리카 말리의 도곤족, 인도네시아 술라웨시의 토라쟈(Toraja)족, 중국 福建省 동남쪽 해발 2,158m 武夷山의 줄기인 江西省 鷹潭 貴溪市 龙虎山 濾溪河(碧水丹霞)에 면한 仙水岩일대의 磨崖洞穴(春秋·戰國時代, 古越族이 만듦), 四川省 成都市 天廻山[특히 云南省의 僰(보/북) 族은 강 옆 절벽에 관을 매다는 풍습을 가졌는데, 明나라의 초기 명군의 침공을 받아 紫金山전투에서 거의 멸족됨], 揚子江(長江) 三峽懸棺(四川 巫山 大宁河 小三峽 龙门峽 兩岸崖壁上의 古代棺木), 貴州省 安順市 紫云县(苗族布依族自治县) 格凸(村)河 河畔崖壁과 天星洞懸棺洞窟 안에 쓴 苗族의 懸棺, 广西省 百色市 靖西县(广西壮族自治区) 寨子里(石洞里)의 壯族의 懸棺, 湖南省 湘西 吉首市 土家苗族自治州 河溪水庫 내 懸棺(清나라 道士) 등에서 보고되고 있다. 통나무를 세로로 쪼개어 속을 파서 만든 구유 모양의 獨木棺(飼槽·粥簫形木棺)은 懸棺 중에서 보이며 특히 玉器의 제작으로 유명한 浙江省 杭州市 余杭區 良渚鎮 良渚文化(기원전 3350년경-기원전 2350년경)의 莫角山 서북쪽 反山 왕릉지구에서 조사되고 있다.

그리고 시간이 지나면서 비단길(실크로드, 絲綢之路, Silk road)의 영향도 고려해야 한다. 慶州 월성군 외동리 소재 新羅 38대 元聖王의 掛陵(사적 26호, 서기 785년-서기 798년)의 石像(보물 1427호), 41대 憲德王陵(서기 809-서기 826년, 사적 29호), 42대 興德王陵(서기 826년-서기 836년, 사적 30호)의 무인석상, 경주 용강동 고분(사적 328호)출토 土俑, 경주 계림로 보검(보물 635호)도 실크로드를 따라 중국 隋(서기 581년-서기 618년)와 唐(서기 618년-서기 907년)나라 때의 胡商인 소그드(粟特, Sogd/Soghd, 현재의 Tajikistan 과 Uzbekistan)인들의 영향으로 생각된다.[20] 그러나 최

20 중국의 문명과 인종의 기원을 밝히는 연구가 실크로드(絲綢之路, Silk Road/ Silk Route, Seidenstraße and Seidenstraßen, 비단길)에서도 확인된다. 실크 로드(비단길, 絲綢之路)란 용어는 서기 19세기 독일의 지리학자겸 여행가인 바 론 페르디난트 폰 리히트호펜(Baron Ferdinand von Richthofen, 서기 1833 년-서기 1905년)이 처음 언급하였는데 이는 중국의 비단이 서방세계로 전래되 었음을 밝히는데서 비롯된다. 이 길이 처음 개척된 것은 기원전 139년-기원전 126년 사이 前汉(기원전 206년-서기 8년) 7대 武帝(기원전 141년-기원전 87 년)의 사신으로 匈奴, 月氏(大月氏國, 현 아프카니스탄/Afghanistan/阿富汗 지 역), 大夏國(현 이란/Iran/伊朗 지역의 大月氏國의 이웃). 身毒國(현 印度/India 지역, 天竺), 乘象國(현 미얀마/Myanmar/緬甸, Elephant riding kingdom), 烏孫(현 키르기스스탄/Kirghizstan 지역), 大宛(현 우즈베키스탄/Uzbekistan 지역), 康居國(현 우즈베키스탄/Uzbekistan과 이락/Iraq사이의 북쪽지역), 安 息國[기원전 247년-서기 224년, 阿薩息斯王朝/帕提亞帝國으로 옛 페르시아/波 斯地區古典時期의 한 王朝로 현 이란 근처임, 기원전 53년 宣帝 甘露 1년 안식 국은 로마제국과 전투가 있었는데, 당시 로마旗는 중국의 비단으로 제작되었고 당시 중국은 그리스와 로마인들로부터 비단을 의미하는 Seres/Serica/賽里斯 로 불리움]과 樓欄(汉나라 때에는 金城임) 등의 西域에 다녀오면서 汗血寶馬/天 馬, 포도와 석류 등의 西域 물품을 가져온 張騫(?-기원전 114년, 이 공로로 河 南省 南陽市 博望鎭을 分封받음)에 의해서이다. 東汉 말-魏晉 初에 속하는 甘 肅省 武威县 雷台유적과 아울러 서기 1992년 5월부터 서기 1992년 까지 甘肅省 文物考古硏究所에서 발굴한 甘肅省 敦煌市 懸泉置遺址는 蘭州, 武威 張液, 酒 泉과 敦煌을 포함하는 河西回廊의 長安-天山 간 실크로드(絲綢之路) 상에 위치 한 大型驛站이 중요하다. 그 이름은「敦煌郡效谷县懸泉置」로《韓非子·說林下》 에 의하면 農夫官職인 嗇夫가 주관하며 驛站公務人員은 37명 정도며 그 시설은 한번에 500명 정도 맞을 수 있을 정도이다. 이 驛站은 敦煌市 동쪽 60km떨어져 있으며 남쪽은 祁連山脈의 火焰山에 가깝다. 懸泉置란 이름은 부근 산에서 흘러 내리는 泉水에서 따왔으며 汉 武帝 元鼎 6年(기원전 111년)부터 문을 열었는데 이 驛站의 중요한 기능은『后汉書』西域傳記載에 의하면 이곳을 지나는 使者, 官 吏, 公務人員과 外國賓客을 맞고 보내는데 있었다. 이 유적에서 각종 문물 7만 건이 발굴되었는데 그 중 한나라 木簡(汉簡)이 3.5만점이나 되며 400여편의 종 이편지와 器物이 나왔다.甘肅省 敦煌市 陽关遺址는 敦煌市 西南쪽 70여리 떨어 져 있으며 汉 武帝때 만들어졌으며 玉門关의 남쪽에 위치한다. 陽关과 玉門关을 二关으로 부르며 古代陸路交通의 咽喉之地로 西域南路를 관할한다. 그리고 玉

門关의 서쪽은 비단길의 시작으로 西域이라 부른다. 이곳에서도 한나라의 五銖錢을 비롯해 여러 가지 유물이 발견되었다. 甘肅省 魏晋時期 壁畵古墳으로 嘉峪关 魏晋墓群, 敦煌 佛爺廟灣 古墳群, 酒泉 丁家閘 五號墓(東晋, 서기 317년 – 서기 418년)를 들 수 있는데, 그 중 酒泉 丁家閘 五號墓에는 황해도 안악군 유설리 3호분(冬壽墓, 永和 13년 서기 357년) 내의 것과 비슷한 벽화가 그려져 있어 고구려와 鮮卑族과의 관련도 시사해 주고 있다. 특히 丁家閘 五號墓를 제외하고 畵像塼으로 만들었으며 내부의 고분 구조는 后汉(서기 25년 – 서기 220년)말 3세기경의 山東省 沂南 石墓 后汉(서기 25년 – 서기 220년) 말 3세기경의 山東省 沂南 石墓와 같이 맛졸임천장(또는 귀죽임천장, 투팔천장, 抹角藻井이라고도 함. 영어로는 'corbel style tomb in which the diameter of the circle decreased until the final opening at the top could be closed with a capstone'으로 표현)을 하고 있어 주목된다. 이는 그리스 미케네(기원전 1550년 – 기원전 1100년 또는 기원전 1600년 – 기원전 1200년)의 羨道(널길)가 달린 솔로스 무덤(tholos tomb with dromos; 복수는 tholoi임)이 기원으로 추정된다. 그리고 서기 609년(大業 5년) 隋 煬帝가 甘肅省 祁蓮山脈의 風光淸秀한 焉支山하에서 万國展覽會(盛會)를 거행하였는데 当時 參加 盛會에 참가한 나라는 突厥, 新羅, 靺鞨, 畢汰辭, 訶咄, 傳越, 烏哪曷, 波腊, 吐火羅, 俱廬建, 忽論, 訶多, 沛汗, 龜茲, 疏勒, 于闐, 安國, 曹國, 何國, 穆國, 畢, 衣密, 失范延, 伽折, 契丹 등 20여국이었는데 사서에서는 이를 万國展覽會로 칭하며 『資治通鑒』(북송 때 司馬光이 서기 1084년 11월에 완성)에서도 이 盛會에 대해 '其蛮夷陪列者, 二十余國'으로 기재하고 있다. 이는 당시 국제정세와 실크로드와 관련된 무역을 파악할 수 있는 좋은 예이다. 그리고 현 原山丹县 文化局 党總支書記 周春林은 隋煬帝 당시 西巡嘚隨軍行言에서 추론해 六合城, 六合殿, 千亾帐3部份組成. 六合城用作寢宮, 方1百二10步, 高4丈2尺(相当于現茬長100m, 寬32m, 高6層 嘚兩幢樓房), 可容納侍衛600亾, 而且車載輪運, 裝卸方便; 六合殿用作觀風行殿으로 이야기 한다. 최근 陳希儒가 巨幅의 《隋煬帝西巡焉支山》圖를 그린 바 있다(中國甘肅网-張掖日報 2014년 3월 18일). 또 영국이 탐험가 斯坦因(Marc Aurel Stein, 서기 1862년 11월 26일 – 서기 1943년 10월 26일의) 서기 1906년 – 서기 1908년의 第二次中亞探險 중 發掘古樓蘭遺址와 敦煌 莫高窟을 발견하였는데, 서기 1907년 봄 烽燧台 아래에서 소그드(粟特, Sogd, 현재의 Tajikistan and Uzbekistan)의 문자를 발견하게 되었다. 소그드인들은 魏晋에서 唐나라에 이르기 까지 비단길에서 활약하던 巨商으로 그들의 발자취는 山西, 陝西와 西安 박물관에 유물로 남겨지고 있다. 그들이 사용하던 화폐인 拜古庭(東羅馬帝國)金幣와 사산·파사(薩

근 掛陵의 武人像의 기원이 서역이라기보다 불교의 수호신인 金剛
力士像이며 元聖王 사후 景文王에 의해 조성되었다는 견해도 있다.
이 견해는 경주대학교 임영애 교수가 서기 2013년 8월 17일 경주
에서 열린 신라사학회 창립 10주년 기념 128회 학술발표회에서 '인
식과 재현－미술사적 관점에서 본 신라와 서역'에서 발표한 바 있
다. 그리고 서기 2017년 5월 16일 경주문화재연구소에서 발굴한 月
城 垓字에서 머리에 터번을 쓴 페르시아의 사산(Sassan, 서기 224
년－서기 652년)왕조의 후예들인 소그드인의 土偶(서기 6세기경)가
출토해 실크로드를 통한 활발한 교류가 있었던 것으로 짐작된다.
그리고 아울러 월성의 성벽 아래에서 人間犧牲으로 보여 지는 인
골 두 기와 함께 法興王(?－서기 540년 7월, 서기 514년－서기 540

· ·

珊波斯, Sassan Persia)銀幣를 비롯해 康姓粟特人墓誌銘, 三彩胡人駱駝俑, 史
君墓石槨, 安伽墓石門과 敦煌 莫高窟의 粟特夫婦供養像(막고굴 359호)와 胡
商遇盜圖(막고굴 45호)의 벽화에서 西安에서 사마르칸트(Samarkand)사이의
7,000km의 비단길에서의 상업과 일상생활의 모습을 엿볼 수 있다. 우즈베키스
탄(Uzbekistan)/사마르칸트(Samarkand)의 동쪽 펜지켄트(Pendzhikent, 서기
1946년 러시아인 Boris Marshak이 발굴, 서기 719년－서기 739년 아랍인의 침
공으로 멸망)의 조그만 도시국가에 중심을 둔 소그드인들은 그들의 습관이 중국
의 舊唐書 胡書에 기록으로 남아 있을 정도로 카라반(隊商)을 형성하여 중국의
수와 당나라 때 활발한 무역을 했었다. 당나라 때에는 西安과 高昌에 정착을 하
여 그들의 우두머리가 관리책임자인 薩寶라는 직을 맡기도 하였다. 그들의 무역
활동 흔적은 벨기에 후이 성당과 일본 正倉院/法隆寺의 비단(소그드의 씨실 비
단 직조법과 사산왕조의 영향을 받은 문양), 그리고 甘肅省 敦煌 莫高窟 45호와
西安 北周의 安伽墓(2004, 陝西省考古研究所)와 史君墓(펜지 켄트 근처 부하라
와 키쉬 출신으로 성을 '安', '康', '曹' '史', '石' '米' 능으로 삼음)의 石槨표면에 보
이는 벽화를 들 수 있다. 그들의 후손으로 여겨지는 安祿山의 亂(唐 玄宗, 서기
755년－서기 763년)의 실패로 소그드인의 활동이 약화되었다. 그들의 문화는 앞
선 페르시아의 사산(Sassan, 서기 224년－서기 652년) 왕조 문화의 영향을 많이
받았다.

년 재위, 신라의 제23대 임금이다. 金原宗임) 서기 526년(丙午年)으로 추정되는 木簡이 출토하였다. 여기에는 '一伐, 干支, 功' 字 들이 확인되며 만약 이 연대가 맞는다면 신라에서 가정 오래되는 목간일 것이다. 月城은 신라 5대 婆娑王(婆娑泥師今, 신라 제5대 왕, 서기 80년－서기 112년 재위) 22년(서기 101년)에 축성을 시작해 신라가 멸망한 서기 935년 까지 궁성으로 쓰였다. 경주 황남대총 남분에서 출토한 그물무늬 유리잔의 경우 다양한 경로 중 중국 중원을 통하지 않고 카자흐흐스탄－몽골초원－만주－경주로 다시 말해 북연－고구려－신라로 이어진 독자적 실크로드를 통해 신라가 서역문화를 수입했음을 알 수 있다고 경북대 朴天秀 교수는 '유리기로 본 동부 유라시아 실크로드의 변천'이란 글에서 주장하고 있다.

신라 38대 元聖王 掛陵의 武人像
(사적 26호, 보물 1427호)

최근 국립경주문화재연구소에서 경북 경주시 '東宮과 月池'의 발굴 중 통일신라시대의 화장실유구가 발견되었는데 여기에서 직사각형의 발판(板石) 밑에 타원형으로 다듬은 변기가 보이고 그 밑에 배수로가 뚫려있어 이는 '수세식 화장실'로 추정되었다. 우리나라에서 가장 올라가는 화장실 유적으로는 백제 30대 武王(서기 600년－서기 641년)이 만든 益山 王宮里 유적(사적 408호)과 扶餘 定林寺址(사적 301호, 서기 2009년 11월 12일, 목, 지도위원회에서 필자 추정)에서 발견된 바 있다. 東宮과 月池는 신라가 삼국을 통일한 직후인 文武王 14년(서기 674년)에 세워졌다. 또 화장실 맞은편에 7.2m 깊이의 통일신라시대의 우물이 확인되었는데 우물 안에서 인골 4구와 어린사슴의 뼈가 발견되었는데 이는 우물을 폐기하면서 祭儀를 올렸던 것으로 추정된다. 서기 2000년 국립경주박물관 부지 내 신라시대의 우물에서도 어린아이의 유골이 나와 人身供養의 가능성이 제지된 바 있다.

서기 400년 고구려 광개토왕이 한반도 남부를 공격하자 서기 400년 전후 김해 金官伽倻에서 넘어온 多羅國 지배층이 묻힌 慶南 陜川郡 玉田 고분 M1(서기 451년－서기 475년), M3(다라국전성기의 고분, (사적 제326호)에서 실크로드(絲綢之路)의 교역을 알려주는 로만 그라스(Roman glass)를 포함한 龍鳳文環頭大刀의 손잡이, 금귀고리, 銀製冠, 甲冑(三角板革綴板甲), 말머리 가리개(馬頭具) 등이 출토하여 다라국의 정교한 금속공예와 아울러 고구려, 백제, 신라, 또는 바다 건너 중국 南朝, 倭(일본) 등과 대외교역을 짐작하게 해준다. 그리고 出字形金銅寶冠 등 각종 무기, 갑옷과 투구를 비롯하여 馬具와 다양한 철제품들이 발견되었을 뿐만 아니라 망치와 집게 등의 鍛冶具가 출토되어 이곳에서 직접 철제도구들을 생산하였다는 것을 알려준다. 또 옥을 다듬던 숫돌도 발견되어 이곳에서 구슬도 제작하였음을 보여준다. 이 고분들에서는 5세기 말－5세기 초 대가야유물이 출토되다가 6세기 후반 백제계유물이 나온다. 이는 6세기 후반 신라에 맞서 백제와의 동맹을 보여준다.

가락(金官伽倻, 本伽倻, 駕洛, 迦落, 서기 42년－서기 562년) 또는 가라(加羅, 伽羅, 迦羅, 柯羅)는 馬韓, 辰韓과 弁韓의 三韓 중 하나인 한반도 중남부 현재 金海市에 위치했던 변한의 金官伽倻(狗邪國)를 중심으로 변한의 12개 소국을 결집해 성립된 전기 伽倻聯盟으로 高句麗의 공격으로 금관가야 중심의 전기 가야 연맹의 세력이 약화되자 서기 5세기-6세기 경 大伽倻를 중심으로 후기 가야연맹을 만들었다가 이도 新羅 眞興王 23년(서기 562년)에 의해 멸망했다. 6가야는 金官國(駕洛國, 金海市), 古冬攬國(伴跛國, 高靈郡), 伴跛國(大伽倻, 咸安郡), 安羅國(阿羅國, 咸安郡), 古史浦國(古自國, 固城郡), 碧珍國(星山國, 星州郡), 非火國(不斯國, 昌宁郡)이다.

서기 2019년 11월 28일(목) 문화재청 국립가야문화재연구에서 非火國에 속하는 昌宁 校洞과 松峴洞 고분군(사적 제514호) Ⅱ군 39호분과 주변 고분(경남 창녕군 창녕읍 교리 산 5 일원)'의 2019년도 발굴조사 성과와 도굴 흔적이 전혀 없이 竪穴式石槨墓(구덩식돌덧널무덤)의 處女墳으로 온전히 발견된 63호분 매장주체부의 뚜껑돌을 들어 올리는 개방 모습을 현장에서 처음으로 공개하였다. 그리고 동양문물연구원이 최근 발굴을 진행한 居昌 加祚面 石岡里 고분군 M13호(지름 18m, 높이 1.7m의 가장 큰 봉토분) 가야고분에서는 서기 5세기 말-6세기 초 평면 '工' 자모양의 竪穴式石槨墓(구덩식돌덧널무덤), 殉葬墓 3기, 大刀, 금귀걸이, 은팔찌 등 장신구류들이 발굴되기도 하였다.

최근 국립가야문화재연구소에서 경상남도 함안군 가야읍 가야리 289번지 일대에서 阿那伽倻(阿那加耶, 安羅)의 木柵이 있는 토성으로 추정되는 유구가 발굴조사 되었다. 토성의 높이는 8.5m, 상부 폭은 20-40m에 이르며 연대는 서기 5-서기 6세기에 해당한다. 이와 비슷한 시기의 城山 토성과 梁山 蓴池里土城의 높이가 4m, 김해 鳳凰洞 토성이 2.8m, 風納洞 토성(사적 11호)이 13m, 夢村 토성이 6m인 점을 고려할 때 이 가야리 토성도 왕성 급 유적임을 알 수 있다. 성벽은 版築으로 쌓았고 성벽 상부에 2열의 목책을 설치했다. 토성 내부의 유적에서 기반암을 인위적으로 파서 만든 가로 5.2m, 세로

3.4m 깊이 0.5m의 구덩이가 발견되었는데 구덩이 내부에서 부뚜막 시설과 함께 筒形器台와 적색연질 토기도 확인되었다.

또 『三國遺事』 駕洛國記의 金官伽倻의 始祖 首露王에 관한 '龜旨峰에 9干(族長)들이 보여 구지가를 불렀더니 하늘로부터 6개의 황금 알이 담긴 金盒이 내려오고 그 알에서 나온 아기들이 여섯의 가야국의 왕이 되고 그 중 먼저 나온 인물이 金首露로 金官伽倻를 세웠다'는 가야건국의 이야기를 입증해줄지도 모르는 직경 5cm 토제방울 6점이 어린아이의 무덤으로 추정되는 서기 5세기 후반 경에 축조된 소형 石棺墓에서 발견되었다(대동문화재연구원, 서기 2019년 3월 21일 목). 이곳은 高靈 池山洞 大伽倻(또는 伴跛國) 古墳群(사적 79호)에 속한다. 방울 표면에는 '서북, 관을 쓴 남자, 춤추는 여자, 하늘을 우러러 보는 사람' 등을 線刻으로 새겨놓았다. 삼국유사 권2 가락국기에 나오는 가락국기龜旨歌의 본문은 '龜何龜何,首其現也 若不現也 燔灼而喫也(거북아 거북아 머리를 내밀어라 내밀지 않으면 구워 먹으리)'이다. 이는 가야의 건국설화를 묘사한 것으로 보인다. 만약 그렇지 않으면 이 토제방울 들은 그곳에 매장된 또는 어린아이의 無病長壽를 기원하던 符籍과 같은 성격을 지녔던 것으로 해석된다.

또 진주 中川里(II−32호 수혈유구, 테라코타/Terra−cotta 人頭形土器)도 들 수 있다. 발굴자에 의하면 유구는 집자리와 고상건물지와 인접하여 혼재하지만 모두 일정한 규모 및 간격을 유지하고 있으며 II−32호 내부 바닥에서 적갈색 연질소성의 인두형 토제품이 출토되었다고 한다. 또 II구역에서 짐승이 매장된 수혈 5개가 확인되었는데, 배치양상 및 출토상황으로 보아 제사와 관련된 성격이라 여겨지며 I구역 구릉 동사면 말단부에서는 일정부위의 절단 후 근육과 가죽이 남겨진 상태에서 의도적으로 소가 매장되었다고 한다. 이 유구들은 출토된 헬멧(helmet)형 흙으로 빚은 투구(土胄)의 형태를 갖춘 人頭形 土器의 胎土로 보아 三國時代 前期(서기 1년~서기 300년)의 伽倻의 제사유적으로 보여 진다. 이러한 人頭形 土器는 蘇塗와 관련된 샤만(薩滿, 巫教의 祭司長)이 제사를 執行할 때 직접 쓰던 것(shaman's mask)으로도 추측된다(우리문화재연구원 2007, 진주 중천리 공동주택 유적발굴조사). 그리고 이 人頭形 土器는 河北省 滿城 陵山 1·2호 두 개의 무덤에서 발견된 中山靖王 劉勝(汉 6대 景帝의 아들이며 7대 武帝의 형, 前元 3년/기원전 154년~元鼎 4년/기원전 113년 在位)과 그의 부인 綰의 金縷玉衣 壽衣 중 死面(death mask)과도 유사한 것으로도 보인다. 만든 재료는 中山靖王 劉勝과 綰의 것은 玉이고 人頭形 土器는 土製品으로 전혀 다르지만 그 外貌는 비슷하다. 또 현재 파푸아 뉴기니(Papua New Guinea)의 동쪽 고르카(Gorka)고원에 살고 있는 구루룸바(Grurumba/wild man 또는 Asaro mudmen)족들이 사용하는 헬멧 형 투구는 일 년에 한번 열리는 싱싱(sing-sing)이라는 축제(Young Asaro mudmen at an annual festival called a sing-sing)에 이용되거나 또 적들에게 위협을 주려는 목적의 戰爭儀式用과 같은 성격으로 볼 수 있다(National Geography Photography, 1998 및 Grammont S.A.ed., 1975 Les indigènes de la vallée de l'Asaro Nouvelle-Guinée, Encyclopédie Alpha des Peuples du monde entier: Races, rites et coutumes des hommes, Vol.3, Lausanne: Alpha, pp.76-79). 이들 여러 견해로 미루어 보아 진주 중천리의 人頭形 土器의 성격도 이러한 것 중의 하나로 미루어 짐작해 볼 수 있겠다.

경북 慶山 林堂洞과 造永洞 古墳群에서는 서기 5세기 후반 신라로 흡수되기 이전 옛 押督國 지배층 무덤이 계속 발굴되어 주목을 끌고 있다. 서기 2011년 7월 28일 사적 제516호로 지정되었고 서기 2016년 6월 1일 인근에 있는 대동 57-1번지 등 3필지 528m가 추가로 지정되었다. 임당동 일대는 서기 1세기-서기 3세기 지역 소국으로 존립하다 신라에 복속된 압독국 지배자들의 처소와 고분군이 있던 곳이다. 『三國史記』 신라본기에는 신라 婆娑尼師今(?-서기 112년 10월, 서기 80년-서기 112년 재위) 23년(102년) 音汁伐國이 신라에 정벌당할 때 悉直國과 함께 신라에 항복하였다고 하나, 같은 책 지리지 및 『新增東國輿地勝覽』에는 祇摩泥師今/祇摩王 때 신라가 압독국을 멸망시키고 군을 설치했다고 적고 있다. 이후 逸聖泥師今(?-서기 154년, 서기 134년-서기 154년 재위) 13년(서기 146년)에 신라에 반란을 일으켰으나 진압되고, 그 주민들은 남쪽으로 옮겼다고 한다. 그리고 주곽과 부곽으로 구성된 木槨墓안에서 은제 허리띠, 금귀거리를 착용하고 머리를 동쪽으로 둔 주인공과 발치에 순장된 어린아이의 인골이 발견되었다고 한다. 그리고 금동관모와 은장식이 있는 환두대도도 함께 발견되었다. 연대는 서기 5세기 말-서기 6세기 초라고 한다. 그리고 경남 咸安 末伊山 古墳群 고분군(사적 515호) 중 13호는 최근 동아세아문화재연구원에서 발굴한 수혈식석곽묘로 천장석에는 고인돌에서 자주 나타나는 性穴로 궁수자리(남두육성)와 전갈자리를 묘사하고 있다.

그리고 서기 2017년 11월 경주 金冠塚에서 출토된 말다래(障泥)의 외곽테두리 조각에서 대나무 판에 붙어 있는 '왕의 곤충'으로 불리 우는 비단벌레 날개를 확인함으로서 비단벌레 날개 상식이 발견되어 신라왕릉 중 유일하게 안장부터 말다래에 이르기 까지 馬具세트에 비단벌레 날개가 장식으로 쓰인 사실이 국립경주박물관 보존과학실에 의해 처음 확인되었다. 특히 신라에서는 금동판 透彫밑에 비단벌

레 장식을 깔아 화려함을 더했으며 금관총 말다래는 비단벌레 날개
대신 직물로 장식한 天馬冢 출토 말다래와 달리 대나무판 위에 天馬
圖를 새긴 금동장식을 덮었다.

13. 후언

 선사시대, 위만조선시대, 낙랑과 대방으로 대표되는 한사군시대를 지나 삼국시대에 접어들면 중국에서부터 한자, 불교, 토광묘와 철기의 유입은 우리나라의 학문, 정신세계, 심지어는 묘제양식에 이르기까지 많은 영향을 준다. 최근 역사고고학자들은 기존의 전통적인 청동기·철기시대의 시기구분에 대해 고대사와의 접목을 시도하는 가운데 몇 가지 수정을 가하고 있다. 즉 청동기시대의 하한선은 기원전 400년으로 한정하고 기원전 400년부터 기원전 1년까지를 철기시대 전기로 보고 있다. 서기 1년 – 서기 300년은 삼국시대 전기로 이는 삼국사기에서 삼국의 건국 기록을 믿는 것으로 부터 비롯된다. 그리고 서기 300년부터 600년까지는 고고학의 편년체계 없이도 시기구분이 가능한 시기이므로 삼국시대 후기로 명명된다. 이러한 구분은 종래에 복잡하게 설정되어 있는 기원전 300년부터 서기 600년까지의 시기구분을 통합, 단순화한 것이며 기존의 고고학적인 연구 성과를 포함한 것이다. 앞으로 이 시기구분은 각 지역별로 다르게 나타나는 시간차를 극복하는 것이 과제로 남아있다.

아울러 21세기에는 한국고고학에 있어서 여러 가지 구제발굴에서 얻어지는 고고학 자료들의 양보다 질적인 분석과 해석이 절실히 요구되는 시기가 되겠다. 이것은 이웃의 미국이나 일본의 경우에서 잘 볼 수 있는 것이다. 절대연대를 산출하는 전자상자공명연대측정법, 가속질량연대분석(AMS)과 해양동위원소층서/단계(MIS), 유적조사를 위한 마이크로파(전자파)영상센서, 유물의 내부형상이나 재질까지 구명하는 X선 컴퓨터 단층촬영(CT), 비문해독을 위한 컴퓨터를 통한 적외선촬영 사진 분석과 당시의 기후와 연대를 알 수 있는 나이테연구 등 우리가 고고학에 응용해야 할 최근에 눈부신 속도로 발전하고 있는 자연과학의 분야가 너무 많다. 이제까지의 토기나 금속의 분석에서 한층 더 나아가 유물이 만들어지던 재질과 원산지의 확인, 이에 따라 무역로의 입증, 그리고 당시의 기후, 환경과 연대를 정확하게 이야기해줄 수 있는 자연과학의 연구를 이용해야 현재의 한국고고학이 한층 더 학문으로서의 입지가 강화될 것이다. 특히 구석기시대의 편년과 문화의 연구는 지질학과 고생물학 등과 같은 자연과학의 도움이 절대적으로 필요하다. 이것이 21세기의 고고학이 안고 있는 가장 중요한 과제 중의 하나이다. 21세기를 열어 가는 한국고고학의 현재는 너무나 모르는 것이 많고, 해야 할 과제가 쌓여 있다. 일일이 지적하기에는 한이 없다. 구석기시대부터 고대국가의 형성에 이르기까지 해결해야 될 분야는 각 분야를 전공하는 사람이 잘 알고 있을 것이다. 그 중에서 누구나 공감할 수 있는 약속과 같은 형식분류와 편년의 기반 위에서 문화의 해석에 치중해야 한다. 이는 남북통일과 그 일환으로 야기될 고고학연구의 공통 기반조성과도 관계가 있을 것이다. 통일에 대비한 고고학편년과 문화적 해석이 문제

가 될 것이다. 특히 서기 1993년 평양 강동구 대박산 단군릉의 발굴과 서기 1995년 이의 복원에 바탕을 둔 '대동강 유역 문명론'이 쟁점이 될 것이다. 그리고 마지막으로 한국의 21세기 고고학은 형식분류와 편년의 연구수준에서 하루 빨리 벗어나 단단한 이론적 배경을 갖고 유물을 해석하고 있는 구미고고학을 뒤좇아 이제까지의 격차를 줄이는데 노력해야 할 것이다. 그래야 한국의 고고학도 학문다운 수준을 유지할 수 있을 것이다. 최근의 일본고고학계도 구미의 앞선 이론들을 받아들여 일본고대사의 사회발전을 이해하는데 많은 시간을 할애하고 있다. 이들을 좀 더 이해하기 위하여 한국상고사의 흐름 뿐만 아니라 지질학·고생물학·민족지·형질인류학·언어학 등 인접학문의 성과까지도 구체적으로 파악하고 있어야 한다. 그렇다고 『三國史記』나 『三國遺事』 등 문헌에 의거하여 다루어지는 역사시대와는 달리 한국의 선사시대의 내용전개는 어디까지나 여러 가지 긍정적이고 설득력 있는 가설에 입각한 서술이지, 그 자체가 정설이라고 말할 수 없는 경우가 많다. 물론 역사시대 서술의 기본이 되는 『三國史記』와 같은 문헌의 초기기록들의 신빙성에 관해 여러 가지 이견이 많아 상고사의 흐름을 이해하는데 많은 장애가 되어 오고 있는 것도 사실이다. 이는 일제시대 서기 1932년–서기 1938년 조선사편수회가 조선사(『朝鮮史』, 본 책 35권)를 만들어내기까지의 과정에서 만들어진 한국의 문화의 반도성(半島性), 타율성(他律性), 정체성(停滯性)과 사대성(事大性)에 기반을 두어 한반도 통치의 적법성과 정당성을 찾아가겠다는 식민지사관(植民地史觀)때문이다. 여기에는 내선일체(內鮮一體)와 만선사관(滿鮮史觀)도 가미되었다. 일본의 東京大와 京都大學校 출신의 黑板勝美(くろいた かつみ), 稻葉岩吉(いなば いゎきち), 池內宏(いけうち ひろし), 今西龙(いまにし りゅう)을 비롯해 末

松保和(すえまつ やすかず), 白鳥庫吉(しらとり くらきち), 津田左右吉(つだ そうきち), 濱田耕作(はまだ こうさく)과 梅原末治(うめはら すえじ) 등이 中心役割을 하였다. 그러나 이러한 식민지사관을 벗어나 가설의 단계에 머무르고 있는 한국상고사를 올바로 이해하기위해 고고학을 중심으로 형질인류학, 민속학, 민족지학, 언어학, 물리학, 심지어는 생화학의 분야에서까지 꾸준히 학제적 연구를 계속하여야 할 것이다.

결론적으로 이 글은 서기 1988년 3월-서기 2012년 2월까지 통용된 국정교과서 중 'Ⅱ장 선사시대의 문화와 국가의 형성'이란 글을 보완한 것이며 또 그 후에 나온 자료들을 통해 필자의 새로운 견해도 추가·보완하였는데 그 내용을 요약하면 다음과 같이 되겠다.

① 필자의 역사서술 내용의 주된 흐름은 강단사학과 재야사학, 좌와 우, 진보와 보수의 극한적 이념 대결을 벗어나 고고학, 고대사와 인류학의 학제적 연구에 바탕을 두어 '한국의 식민지사관(植民地史觀: 事大, 他律, 半島性과 停滯性)에서 탈피하여, 진화론과 통시론적 관점의 유지, 세계사에서 바라본 韓國史의 座標認識"을 항상 염두에 두어 자료들을 일관성있게 분석하여 결론을 도출해내는 歸納法(induction)과 가설을 내세워 검증하는 演繹法(deduction)의 양면을 검토해 나가는 일관된 자세를 유지하고 있다. 귀납법은 형식분류(typology)와 편년(chronology)을 바탕으로 연구하는 전통적인 고고학이고, 연역법은 컴퓨터, 통계학과 자연과학을 이용해 가설을 입증해 나가는 신고고학(New archaeology)에 해당한다.

② 한반도의 선사시대의 편년에는 유럽과 미국에서 사용하는 기술과 경

제행위의 바탕을 둔 편년으로 구석기·신석기·청동기·철기시대라는 편년의 명칭을 사용하며 또 각 시대별로 시기가 세분되어 있다. 구석기시대는 전기·중기·후기 또는 이른 시기(전기가 없는 중기, 르발루아기법의 석기, 약 5만 년 전)와 늦은 시기(후기, 세석기)로, 신석기시대는 초창기(고산리식토기: 원시무문, 원시민무늬토기) – 조기(융기문, 덧무늬토기, 牛峰里와 오산리식 평저토기) – 전기(영선동식토기, 압인문, 누름무늬토기, 전기 후반에 전형적 즐문토기가 중서부에서 출현) – 중기(즐문, 빗살무늬, 태선침선문토기)와 후기(봉계리식, 수가리식 토기, 실제 문화양상은 중기와 후기가 비슷하기 때문에 중기와 후기의 양자를 합쳐서 단일시기로 편년하며, 빗살무늬토기가 지속되나 문양의 축소가 시작됨. 즐문토기가 남쪽으로 확산하면서 태선침선문토기가 출현) – 말기(즐문토기 문양은 더욱 축소하며 이중구연토기)의 5 또는 6시기로 나눈다. 그리고 청동기시대는 조기·전기·중기·후기로, 철기시대는 전기(초기 철기시대)와 후기(삼국시대 전기)로 각각 구분되고 있다. 여기에서는 초기철기시대와 원삼국시대란 용어는 사용하지 않는다.

③ 북한에서는 검은모루봉인(원인)→역포와 덕천인(고인)→승리산인(신인)→만달인(중석기인)→신석기인(조선옛유형인의) 단군조선으로 내려오는 평양의 일맥상승(一脈相承, 一系同族) 조상의 계보를 주장하며 현대 조선인의 직접조상으로서 '조선옛유형인'의 존재를 설명한다. 그리고 이들은 신대시대네에 형성되었는데, 중기 구석기시대(덕천과 역포인), 후기 구석기시대(승리산과 용곡인), 중석기시대 사람(만달인)을 거쳐 신석기시대에 와서 조선옛유형인이 형성되었다고 하였다. 이것이 조선옛유형인의 '본토기원설'이다. 우리나라 현재

의 한국인은 몽고로이드(황인종)→북몽고로이드→고아시아족[고아시아/고시베리아족(Palaeoasiatic people, Palaeosiberian)→신시베리아/퉁구스(Neosiberian/Tungus)→예맥 퉁구스→고조선과 부여→마한, 변한, 진한→신라, 백제, 고구려의 계통으로 볼 수 있다. 또 언어학적으로 볼 때 한국어에는 두 가지 계통의 언어가 있다고 한다. 즉 이 두 가지는 원시 한반도어와 알타이어이다. 원시 한반도어는 아무르 강의 고아시아족 중 길랴크(니비크)인들의 것인데 이것이 우리 언어의 기층을 이루고 있었다. 그 후 알타이어의 한 계통인 퉁구스어가 이를 대체하였다. 이들이 한국어, 만주어와 일본어의 모체가 된다. 언어 연대학(glottochronology)에 의하면 이들 언어들의 형성은 지금으로부터 6,200년 – 5,500년 전이며, 오늘날 사용하는 일본어와 한국어의 직접 분리는 4,500년 전으로 추정된다고 한다. 또 이들 언어를 고고학적으로 비교해 볼 때 원시 한반도어는 즐문토기(櫛文土器)가 널리 제작되어 사용되던 신석기시대로, 또 신시베리아/퉁구스어는 무문토기(無文土器)가 사용되던 청동기시대와 일치시켜 볼 수 있다. 따라서 한민족의 기원을 언급하려면 구석기, 신석기, 청동기시대와 철기시대 전기의 문화내용을 잘 파악하고 있어야 한다.

④ 『三國史記』의 기술이 정확하다고 보고 특히 삼국시대 초기의 기록을 그대로 믿고 인용하였다. 따라서 신라 기원전 57년, 고구려 기원전 37년, 백제 기원전 18년 건국설을 바탕으로 하여 삼국시대 전기를 언급하였다.

⑤ 현재까지 확인된 고고학 자료에 따르면 즐문토기시대 말기에 약 500년간 청동기시대의 시작을 알려주는 돌대문토기가 공반하여 청동기

시대 조기(기원전 2000년 – 기원전 1500년)가 형성된다. 한국의 청동기시대는 기원전 2000년까지 올라간다. 청동기시대의 집자리는 조기정방형→전기 세장방형→중기의 장방형→말기의 소형 원형의 평면구조로 발전해 나간다. 대형집자리의 조사 및 연구에서는 유럽의 신석기시대 즐문토기문화의 15m – 40m의 세형(細形)장방형 주거지에서 보이듯이 아직 모계사회의 잔재가 남아 있는 것으로 해석될 수 있다.

청동기시대는 조기, 전기, 중기와 후기의 4시기로 나눈다. 기원전 2000년 – 기원전 1500년: 부분빗살문토기와 청동기시대의 돌대문토기(덧띠새김무늬, 突帶文, 刻目突帶文土器, 중국측의 용어는 刻劃齒輪狀花边, 外口券토기임: 春城 內坪里 출토)가 공존하는 과도기인 청동기시대 조기로 편년한다. 특히 陝西省 榆林市 神木縣 高家堡镇 秃尾河 北侧山 石峁(스마오, shi mǎo)村의 石峁와 皇城台 유적(기원전 2200년–기원전 1900년)에서 발견된 陶器는 龙山文化를 대표하는 끓이거나(煮) 찌는(烝)는 취사도구인 '空三足器'인 鬲이 위주인데 '花边口緣 또는 刻劃齒輪狀花边(突帶紋)'도 눈에 띈다. 이는 우리나라 청동기 조기(기원전 2000년–기원전 1500년)에 보이는 突帶紋土器(刻目突帶文土器)의 장식과 유사하다. 기원전 2000년/1500년 – 기원전 400년. 기원전 1500년은 남북한 모두에 적용되는 청동기시대의 상한이며 연해주지방(자이사노프카 등) – 아무르 하류지역, 만주지방과 한반도 내의 최근 유적 발굴조사의 성과에 따라 청동기시대 조기는 기원전 20세기까지 올라간다. 현재까시 확인된 고고학 자료에 따르면 즐문토기시대 말기에 약 500년간 청동기시대의 시작을 알려주는 돌대문토기가 함께 출현하여 청동기시대 조기(기원전 2000년 – 기원전 1500년)가 형성된다. 돌대문토기의 경우 중국 소주산(小珠山)유적의 상층 후와(后窪) 문화에 해당하는 요동반도 남단 요녕성 대련시 교구 석회요촌(辽宁省 大連市 郊區石灰窯村), 대련시 장흥도 삼당(大連市 長興島 三堂)유적(기원전 2450년 – 기원전 1950년경으로 여겨짐), 요동만(辽東湾)연안 와점방시 교류도향 마루촌 교류도 합피지(瓦房店市 交流島乡 馬路村 交流島 蛤皮地), 길림성 화룡현 동성향 흥성촌 삼사(吉林省 和龙县 東城乡 興城村 三社, 早期 興城三期, 기원전 2050년 – 기원전 1750년), 그리고 러시아에서는 연해주 보이즈만 신석기시대 말기의 문화인 자이사노프카의 올레니와 시니가이 유적(이상 기원전 3420년 – 기원전 1550년)에서 나온다.

그리고 우리나라에서는 돌대문토기가 강원도 춘성군 내평리, 정선 북면 여량 2리(아우라지(1호 주거지: 기원전 1240년, 청동제 장신구 출토), 춘천 천전리(기원전 1440년), 춘천 산천리, 춘천 신매리, 춘천 우두동, 춘천 현암리, 강릉시 초당동 391번지 허균·허난설헌 자료관 건립부지, 홍천 두촌면 철정리, 홍천 화촌면 외삼포리(기원전 1330년, 기원전 1350년), 평창 평창읍 천동리, 경상남도 진주 남강댐 내 옥방(기원전 1310년–기원전 1620년), 경주 충효동, 경기도 가평 상면 연하리, 인천광역시 계양구 동양동과 서구 루원 시티(가정오거리) 유적을 비롯한 여러 곳에서 새로이 나타나고 있기 때문이다.

이와 같은 청동기시대 조기의 다음 단계는 단사선문(單斜線文)이 있는 이중구연토기(二重口緣토기, 청동기시대 전기: 기원전 1500년 – 기원전 1000년, 王巍의 陀螺形陶器文化로 그 상한을 기원전 13세기로 봄), 구순각목이 있는 공렬문토기(청동기시대 중기: 기원전 1000년 – 기원전 600년)와 경질(硬質)무문토기(청동기시대 후기: 기원전 600년 – 기원전 400년)에로의 이행과정이 나타나고 있다.

특히 청동기시대 중기가 되면 공렬토기(골아가리토기/孔列土器 + 골아가리토기/口脣刻目土器)文化는 지역적인 국한된 모습을 벗어나 한반도 전체(현재로서는 以南地域)로 확산된다. 중기의 공렬토기 단계(여주 흔암리, 경기도 기념물 155호)와 후기의 경질무문토기 단계(부여 송국리, 사적 249호)에는 오곡(五穀: 기장·조·쌀·보리·콩)의 농사와 함께 화전(火田, slash and burn agriculture, bush-fallow cultivation), 밭농사(dry field farming)와 논농사(水田耕作, rice paddy cultivation))가 전국적으로 확산된다. 이는 농기구로 보아 굴경(掘耕, digging stick system)→초경(鍬耕, hoe system)→려경(犁耕, 쟁기, 보습, plough system)으로 발전해 왔음을 알 수 있다. 한국화 된 동일성(同一性)과 정체성(正體性)은 청동기시대 중기의 공렬토기 시기부터 나타난다)과 정체성은 청동기시대 중기의 공렬토기 시기부터 나타난다.

그리고 고조선문화의 특징인 지석묘(支石墓, 고인돌)와 비파형동검(琵琶形, 辽宁式, 滿洲式, 古朝鮮式銅劍)이 나오는 유적의 연대는 대략 기원전 17세기-기원전 12세기로 좁혀지고 있지만 지석묘는 기원전 1500년에서부터 시작하여 철기시대 전기 말, 즉 기원전 1년(기원전 1500년-기원전 1년)까지 존속한 한국 토착사회의 묘제로서 다원적(多源/元的)인 문화요소를 수용하고 있다. 이 지석묘사회가 철기시대까지 이어지다가 철기시대 전기 말(기원전 3세기-기원전 2세기경)에 해체되어 마한을 대표하는 삼한사회로 이행된다. 만주의 청동기시대 만주에서는 기원전 2500년-기원전 1500년경 한반도에서는 기원전 2000년-기원전 1500년경에 시작되었다. 그러나 기원전 1500년경에는 한반도 전역에 본격적으로 청동기시대가 시작된다. 청동기시대에는 생산경제가 더욱 발달하고 직업의 전문화나 분업이 이루어지면서 사유재산과 계급이 나타나게 되었다. 이에 따라 사회 전반에 걸쳐 큰 변화가 일어나게 되었다. 이와 같이 청동기시대라고 하면 일반적으로는 청동기가 제작되고 사용되는 사회를 의미한다.

그러나 우리나라의 경우는 그러한 개념을 그대로 적용하기 어렵다. 일반적으로 한국에서는 '청동기시대＝무문토기시대'라는 생각이 통용되고 있는데, 무문토기가 사용됨과 동시에 청동기가 사용되었다는 증거는 거의 없다. 북한에서는 팽이형(角形土器)토기 유적인 평양시 사동구역 금탄리 8호주거지에서 청동끌이 출토되었고, 평안북도 용천군 신암리에서 칼과 청동단추, 황해북도 봉산군 봉산읍 신흥동 7호 집자리에서 청동단추가 출토되었으며, 함경북도 나진 초도에서는 청동방울과 원판형기가 출토되어 북한학자들은 이들 유적이 북한의 청동기의 시작이라고 보고 그 연대를 기원전 2000년 초반으로 잡고 있다. 또한 철기시대 전기에 세형동검, 주조철부 등과 공반되는 점토대토기는 철기시대 전기의 400년 간 사용된 경질무문토기(700°C–850°C에 소성됨)의 일종이다. 청동기시대의 유적 가운데 비슷한 성격의 유물군이 요령, 길림성지방을 포함하는 중국 동북지역으로부터 한반도에 걸쳐 널리 분포되어 있다. 이 시기의 전형적인 유물로는 반달돌칼, 바퀴날도끼를 포함하는 석기와 비파형동검, 거친무늬거울, 화살촉 등의 청동제품, 그리고 미송리식토기나 각 지역에 따라 특징적인 민무늬토기 등이 있으며, 이들은 지석묘, 돌무지무덤, 돌널무덤 등에서 나오고 있다. 비파형동검은 중국 동북부로부터 한반도 전역에 걸쳐 분포하며, 이러한 동검의 분포는 이 지역이 청동기시대에 같은 문화권에 속하고 있었음을 보여 준다. 청동기시대의 대표적인 토기인 민무늬토기는 지역에 따라 다른 모양을 보이고 있으나, 밑바닥이 좁은 팽이형(角形土器)과 밑바닥이 판판한 원통모양의 화분(花盆)형이 기본적인 것이며 빛깔은 적갈색이다. 이 시기의 전형적 유물 가운데 특히 비파형동검은 요령, 길림성지방을 포함한 중국 동북부와 한반도 전역에 걸쳐 나오고 있어, 이 지역은 청동기시대에 하나의 문화권을 이루고 있었음을 보여준다.

⑥ 우리나라에서 단군조선(檀君朝鮮, 기원전 2333년 – 기원전 1122년/기원전 1111년), 기자조선(箕子朝鮮, 기원전 1122년/1111년 – 기원전 194년)과 위만조선(衛滿朝鮮, 기원전 194년 – 기원전 108년)을 전체적으로 일컬어 고조선(古朝鮮)으로 부른다. 우리나라에서 고고학과 역사학이 결합할 수 있는 부분은 고조선 중 단군조선시대부터이지만 아직 신화의 차원에만 머무를 뿐, 실제 역사학과 고고학에서 활용되지는 못하고 있다. 그러나 중국 삼황오제의 기록처럼 앞으로 자료의 발굴과 재해석에 따라 신화에서 역사시대로 진입할 수 있을 것이다. 그래서 만약 단군조선과 기자조선이 실재하여 고고학과 결부된다면 이 시기는 우리나라의 고고학 편년 상 신석기시대 후기 – 말기에 해당된다. 따라서 단군조선 시기에 있어서 역사학과 고고학의 결합은 현재까지 어려운 실정이나 앞으로 학제적 연구 등에 의해 더 나아질 가능성이 많다.

그러나 북한의 사회과학원에서는 서기 1993년 10월 2일 평양 근교 강동군 강동읍 대박산 기슭에서 단군릉을 발굴하고 조선중앙방송과 조선통신을 통해 무덤구조, 금동관(金銅冠)편과 단군의 뼈(5011 B.P., 기원전 3018년)라고 주장하는 인골을 공개하고, 이에 입각하여 집안에 있는 광개토왕릉과 유사한 대규모의 단군릉을 복원하는 등의 거국적인 사업을 시행하고 있다. 이를 살펴보면, 고조선의 중심지는 평양 강동군 대박산 단군릉을 중심으로 하는 평양 일대이며, 평양 근처에는 구석기시대의 검은모루봉인(원인) – 역포인과 덕천인(고인) – 승리산인(신인) – 만달인 (중석기인) – 신석기시대인(조선옛유형인) – 청동기시대의 지석묘사회 인(=단군조선=청동기시대의 시작=노예순장제사회=한국 최초의 국가 성립=대동강 문명)이 발견되는데, 이로 알 수 있듯이 평양은 옛날부터 인류의 조상이 계속 살아온 유구한 전통을 지니고 있다는 것이다. 또한 고조선의 문화는 지석묘(고인돌)과 비파형동검(고조선식동검)으로 대 표되는데, 지석묘와 비파형동검의 연대로 볼 때 고조선의 시작이 기원전 30세기로 거슬러 올라간다고 한다. 그리고 고조선사회를 종전의 주장대 로 노예제사회(국가 또는 대동강 문명)로 보고 있으며, 이의 증거로 평안 남도 성천군 용산리(成川郡 龙山里, 5069B.P.)의 순장묘(殉葬墓)를 들 고 있다. 이러한 주장은 일견 논지가 일관되어 합리적인 것으로 보이지 만 다음과 같은 문제점을 가지고 있다.

1) 첫째는 연대문제로 기원전 2333년에서 기원전 194년까지 존속 했던 고조선 중 위만조선을 제외한 단군 – 기자조선이 실존했었 는지의 여부도 파악하기 힘들며, 실존했다 하더라도 그 연대가 한국고고학편년에 대입시켜보면 신석기 말기 즉 기원전 2000년 에서 기원전 1500년으로 청동기시대 조기와 겹친다.

2) 둘째는 지리적인 문제로 고조선 중 단군조선의 대표적인 유물인 지석묘와 비파형동검의 출토지역을 중심으로 살펴보면 중심지 는 오늘날 행정구역상 요령성과 길림성 일대로 단군조선의 중심 지일 가능성은 거의 없다는 것이다.

3) 셋째는 단군릉에 평양이서 발굴된 인골의 연대적용문제이다. 출 토 인골의 연대분석으로 기원전 3018년이란 연대가 나왔는데, 이는 단군의 건국 연대인 기원전 2333년보다 685년(서기 1993년 기준)이나 앞선다는 문제점과 함께 연대측정에 이용된 전자상자

공명 연대측정법은 수십에서 수 백 만 년 이전의 유물인 경우에
더 정확한 연대를 측정하는 것으로 알려져 있다.

4) 넷째로 인골이 출토된 유구가 평행삼각고임 천정에 널길인 연도
(羨道)가 중심에 위치한 돌칸흙무덤(石室封土墳)이라고 하는
데, 그 시기의 대표적인 무덤형식은 지석묘나 적석총이다. 따라
서 무덤 자체의 형식으로 보아서는 이 단군릉이 고구려 하대의
무덤이지 그보다 연대가 훨씬 올라가는 단군의 무덤이라고 할 수
없다는 것이다. 그래서 고구려시대 말 단군릉의 이장(移葬)이라
는 궁색한 변명이 만들어지게 된다.

5) 다섯째는 유구 내부에서 출토되었다고 하는 도금된 금동관 편으
로 이는 무덤의 구조와 마찬가지로 고구려의 유물일 가능성이
큰 것이다. 따라서 이 유구에 묻힌 인골은 단군조선시대의 인물
과는 거리가 먼 것으로 보아야 할 것이다.

6) 여섯째는 단군의 실존 여부의 문제이다. 단군이 실재했는지는
현재로서는 알 수 없고, 단군 그 자체는 단지 몽고침입이 잦았던
고려 말이나 일제 침입이 있었던 조선 말 민족의 구원자 겸 구심
점으로 삼한일통/삼한일맥(三韓一統/三韓一脈)적인 민족의 상
징적인 역할을 했던 것으로 보인다. 이런 점을 고려할 때 단군릉
은 주인공의 존재를 알 수 없던 고구려의 무덤이 후대에 단군릉
으로 변조된 것으로 볼 수 있을 것이다. 이와 같이 단군릉의 발
굴에 대한 북한 측의 견해는 학문적이라기보다는 그들의 정통성
획보를 위한 정치적인 면을 보이는 것이라 할 수 있을 것이다.

⑦ 우리나라의 종교는 신석기시대의 정령숭배(animism, 강화도 삼산
면 석모리 해골바위)→청동기시대의 토테미즘(totemism, 圖騰信

仰)→철기시대 전기의 무교(shamanism, 薩滿敎)→조상숭배로 발전하는 과정에서 무교와 조상숭배(ancestor worship, 祖上崇拜)가 철기시대 전기에 결합한 것으로 보인다. 환호를 중심으로 전문제사장인 천군이 다스리는 별읍인 소도(蘇塗)가 나타난다. 이것도 제정분리 단계의 일종의 무교의 형태를 띤 것으로 보인다. 다시 말해 청동기시대 환호가 철기시대에는 주거지로서 보다 종교·제사유적과 관계된 특수지구인 별읍(別邑)인 소도로 발전되어 나간 것 같다. 이 환호는 圓形環壕→후일 춘천 중도에서 보이는 方形環壕→목책(木柵)→토성(土城+木柵)→석성(石城) 순으로 발전해 나간다. 그리고 제사유적으로서의 소도는 경기도 안성 원곡 반제리, 충남 구룡면 논치리와 전라남도 순천 덕암동이 대표된다.

단군조선은 토테미즘에 해당한다. 단군은 제정일치의 지배자로 고조선의 성장과 더불어 주변의 부족을 통합하고 지배하기 위해 자신들의 조상을 하늘에 연결 시켰다. 즉, 각 부족 고유의 신앙체계를 총괄하면서 주변 부족을 지배하고자 하였던 것이다. 고조선 중 단군조선은 초기에는 요녕지방의 요하에 중심을 두었으나, 후에 와서 대동강 유역의 왕검성(현 평양)을 중심으로 독자적인 문화를 이룩하면서 발전하였다.

⑧ 청동기시대 중기가 되면 공렬토기는 지역적으로 국한된 모습을 벗어나 한반도 전체(현재로서는 이남지역)로 확산된다. 중기의 공렬토기 단계(여주 흔암리)와 후기의 경질무문토기 단계(부여 송국리)에는 오곡(기장·조·쌀·보리·콩의 농사과 함께 화전, 밭농사와 수전경작이 전국적으로 확산되며 한국화 된 동일성과 정체성(identity)도 이 시기부터 나타난다. 그리고 농기구로 보아 굴경→초경→려경으로 발

전해 왔음을 알 수 있다.

⑨ 기원전 1500년 – 기원전 1년 한국의 토착세력이며 혈연을 기반으로
하는 계급사회인 지석묘 사회가 북에서 내려오는 비파형동검(고조선
식 동검)문화와 석관묘문화를 받아들이는 모습에서 한국문화의 다원
적인 문화요소를 보여준다. 우리나라에서 지석묘 축조사회를 족장사
회(chiefdom society)단계로 그리고 다음 단계인 위만조선(기원전
194년 – 기원전 108년)을 최초의 고대국가(ancient state)로 설정할
수 있다. 그리고 한반도 남부의 지석묘 사회에서는 가장 늦게 등장한
개석식 지석묘 사회가 서서히 해체되면서 기원전 3세기 – 기원전 2세
기 경 마한과 같은 삼한사회(三韓社會)가 형성되었다.

⑩ 고조선 중 단군조선의 건국연대가 서거정·최부 등이 공찬한 동국통
감 외기에 의한 기원전 2333년을 인정하면, 그 시대는 한국고고학 편
년 상 신석기시대 말기 – 청동기시대 조기에, 그리고, 마지막 단계인
위만조선의 건국은 기원전 194년으로 철기시대 전기 말에 해당한다.
한반도 최초의 고대국가인 위만조선은 무력·경제력·이념(종교) 등
이 바탕이 되며, 무력을 합법적으로 사용하고 중앙집권적이고 전문
화된 정부조직을 갖고 있다. 철기시대 전기에 우리나라 최초의 고대
국가가 형성되어 우리나라 역사시대의 시작은 철기시대 전기 말인 기
원전 194년부터라고 할 수 있다. 위만→이름을 알 수 없는 위만의 아
들→위만의 손자 우거(右渠)왕→태사 상(長, 張路, 長降)의 4내 87
년간 이어온 위만조선 왕조의 고조선 때에는 철기문화가 크게 발달하
였다. 위만왕조의 고조선은 철기문화를 본격적으로 수용하였다. 철
기를 사용함으로써 농업과 무기생산을 중심으로 한 수공업이 더욱 성

하게 되었고, 그에 따라 상업과 무역도 발달하였다. 이 무렵, 위만조선은 사회, 경제의 발전을 기반으로 중앙정치조직을 갖춘 강력한 국가로 성장하였다. 그리고 우세한 무력을 바탕으로 활발한 정복사업을 전개하여 광대한 영토를 차지하였다. 또, 지리적인 이점을 이용하여 아직도 족장(族長)사회의 수준에 머물러 있던 예나 마한을 중심으로 하는 삼한이 중국 한나라와 직접 교역하는 것을 막고, 중계무역의 이득을 독점하려 하였다.

⑪ 『三國志』 위지 동이전 한조에서 진한의 우거수 염사치(辰韓의 右渠帥 廉斯鑡)의 직함인 族長격인 거수(渠帥)를 비롯하여 격이나 규모에 따라 신지(臣智), 검측(險側), 번예(樊濊), 살계(殺奚)와 읍차(邑借)라는 단순·복합 족장사회의 행정적 우두머리가 되어 다스렸다. 이는 정치 진화상 같은 시기에 존재했던 옥저(沃沮)의 삼노(三老, 東沃沮의 將帥), 예(濊)의 후, 읍군 삼노(侯, 邑君, 三老), 그리고 읍루(挹婁, 晋 陳壽 撰 『三國志』 魏書 東夷傳)의 대인(大人)과 제일 마지막에 나타나는 숙신(肅愼, 唐 房喬/玄齡 等 撰 『晋書』 四夷傳)의 군장(君長)도 같은 행정의 우두머리인 족장(chief)에 해당한다. 이 사회는 혈연을 기반으로 하는 계급사회인 족장사회이다.

⑫ 기원전 108년 위만조선이 한 무제의 원정군에 망한 후 그 자리(현 평양 낙랑지구)에 남아있던 위만조선의 원주민과 중국 전국시대(战国時代, 기원전 475년 - 기원전 221년)의 난을 피해온 주로 연나라의 망명인들인 한인(汉人, 樂浪人)들과의 관계에 대한 고고학 자료의 입증은 토광묘, 화분형(花盆形)토기, 세형동검(細形銅劍, 韓國式銅劍) 관계 일괄유물들과 한나라인들이 가져온 낙랑도기/한식도기들

의 분포지 파악 등으로 이루어 질 수 있다.

최근 낙랑도기/한식도기가 나오는 유적은 풍납동토성(사적 11호) 등 십여 군데에 이른다. 주로 강원도(임둔, 기원전 108년 – 기원전 82년, 예, 동예 지역)와 경기도(낙랑, 기원전 108년 – 서기 313년, 대방지역) 지역에 집중해서 낙랑도기/한식도기가 나오고 있으며 이 점은 한사 군 중 낙랑과 임둔의 영향을 잘 보여 준다.

⑬ 사적 422호인 하남시 이성산성(河南市 二聖山城)은 백제 13대 근초 고왕이 서기 371년 평양전투에서 고구려 16대 고국원왕을 사살하고 고구려의 보복을 막기 위해 쌓은 백제 최초의 백제의 석성이다. 이는 고구려의 국내성(国內城)과 환도산성(丸都山城)에서 영향을 받아 만들어 졌다. 고구려는 2대 유리왕(瑠璃王 22년, 서기 3년)에 집안의 국내성을 축조하고 10대 산상왕(山上王 2년, 서기 198년)에 환도산 성을 쌓았다.

그리고 『三國史記』 백제본기에 보이는 한성시대 백제(汉城時代 百濟, 기원전 18년 – 서기 475년)의 도읍지 변천은 하북위례성(河北慰禮城, 溫祚王 元年, 기원전 18년, 적석총의 밀집분포로 보아 경기도 연천 군남면 우정리, 중면 횡산리와 삼곶리, 백학면 학곡면 일대가 된다)→河南慰禮城(온조왕 14년, 기원전 5년, 사적 11호 風納土城에 比定)→汉山(근초고왕 26년, 서기 371년, 사적 422호 二聖山城에 比定)→한성(汉城, 17대 阿莘王 卽位年, 16대 辰斯王 7년, 서기 391년, 하남시 春宮里 일대에 比定)으로 일려져 있다. 이는 백세의 건국이 고구려에서 남하는 적석총 세력에 바탕을 둔 것이다.

⑭ 백제는 13대 근초고왕(近肖古王, 서기 346년–서기 375년), 고구려

는 19대 광개토왕(廣開土王, 서기 391년-서기 413년)과 20대 장수왕(長壽王, 서기 413년-서기 491년), 그리고 신라는 24대 진흥왕(眞興王, 서기 540-서기 576년 재위) 때 가장 활발한 영토 확장을 꾀한다. 신라는 진흥왕 12년(서기 551년) 또는 14년(서기 553년) 한강유역에 진출하여 新州를 형성한다. 백제는 근초고왕 때(서기 369년경) 천안 용원리(龙院里)에 있던 마한(馬韓)의 목지국(目支國)세력을 남쪽으로 몰아내고, 북으로 평양에서 16대 고국원왕을 전사시킨다. 그 보복으로 고구려의 19대 광개토왕-20대 장수왕은 해로로 강화도 대룡리에 있던 것으로 추정되는 화개산성(華蓋山城)과 인화리 분수령(寅火里 分水嶺)과 백제시대의 인천 영종도 퇴뫼재 토성을 거쳐 한강과 임진강이 서로 만나는 지점인 해발 119m, 길이 620m의 퇴뫼식 산성인 관미성[關弥城, 사적 351호 파주 오두산성(坡州 烏頭山城) 또는 화개산성으로 추정, 서기 392년 고구려 광개토왕에 의해 함락됨)을 접수한다. 이는 압록강 하구의 장산도(長山列島, 中華人民共和國 辽宁省 大連市에 위치하는 長海県)에 근거지를 둔 고구려 수군과도 관련이 있을 것이다. 강화도 교동 대룡리 화개산성 앞 갯벌에서 백제와 고구려시대의 유물이 발굴·조사되었다. 이는『三國史記』권 제18 高句麗本紀 제 6, 廣開土王 元年[이는『三國史記』百濟本紀 제3, 16대 辰斯王 8년(阿莘王 元年 서기 392년, 고구려 19대 廣開土王 元年)] "冬十月, 攻陷百濟關弥城"의 기록과 밀접한 관련이 있다. 또 기록에 의하면 광개토왕은 서기 392년 7월에 군사 4만 명을 거느리고 백제의 북쪽 변경을 공격해서 石峴城 등 10여 성, 그해 10월 關弥城을, 서기 394년에는 水谷城에서 백제군을 격퇴하였으며, 서기 395년에는 浿水에서 백제군 8,000여 명을 생포하거나 죽이는 대승을 거두었다. 서기 396년(永樂 6년, 廣開土王碑) 고구려는 대대적으로 백제를 공격하여 阿利水 이북의 58개 성, 700여 개 촌락을 점령하고 汉山시대(서기 371년~서기 391년, 사적 422호 二聖山城에 比定)에서 하남시 春宮里 일대로 내려온 汉城(汉城時代, 서기 391년~서기 475년, 阿莘王 卽位年, 辰斯王 7년, 서기 391년, 하남시 春宮里 일대에 비정)을 포위하였다. 이 때 백제 17대 아신왕으로부터 '영원한 노객(奴客)이 되겠다'는 항복을 받아 아신왕의 동생과 백제의 대신 10명을 인질로 잡고 노비 일천 명을 잡고 개선하였다("從今以后永爲奴客." 廣開土王碑 永樂 6년의 기사). 여기에서 石峴城은 華蓋山城, 關弥城은 鳥頭山城, 水谷城은 주변이 물가였을 정도로 저평한 부평지역의 桂陽山城, 그리고 浿水는 백제 적석총이 많이 분포된 임진강으로 阿利水는 한강으로 比定해 보는 것도 좋을 듯하다. 이제는 발굴된 역사고고학의 자료와 『三國史記』의 초기기록과 부합시키는 작업이 필요할 때가 되었다.

⑮ 철기시대 전기(기원전 400년~기원전 1년) 중 단면 삼각형이 나오는 Ⅲ기(후기) 기원전 2세기~기원전 1세기의 고고학적 유적과 유물의 역사적인 맥락의 검토가 필요하다. 최근의 가속질량연대분석(AMS)에 의한 결과 강릉 송림리 유적이 기원전 700년~기원전 400년경, 안성 원곡 반제리의 경우 기원전 875년~기원전 450년, 양양 지리의 경우 기원전 480년~기원전 420년(2430±50B.P., 2370±50B.P.), 횡성군 갑천면 중금리 기원전 800년~기원전 600년 그리고 홍천 두촌면 철정리(A-58호 단조 철편, 55호 단면 직사각형 점토대토기)의 경우 기원전 640년과 기원전 620년이 나오고 있어 철기시대 전기의 상한 연대가 기원전 5세기에서 더욱 더 올라갈 가능성도 있다는 것이다. 철기시대는 점토대토기의 등장과 함께 시작되는데, 현재까지 가

장 이른 유적은 중국 요령의 심양 정가와자 유적이며 그 연대는 기원전 5세기까지 올라간다. 이 시기는 점토대토기의 단면의 원형, 직사각형과 삼각형의 형태에 따라 I기(전기), II기(중기)와 III(후기)의 세 시기로 나누어진다. 그리고 마지막 III기(후기)에 구연부 단면 삼각형의 점토대토기(斷面 三角形 粘土帶土器)와 함께 다리가 짧고 굵은 豆形토기가 나오는데 이 시기에 新羅와 같은 古代國家가 형성된다. 이의 기원은 중국의 요녕성과 러시아의 아무르 강 유역의 끄로우노프까(北沃沮, 黑龙江省 東宁县 团結村 團結文化)와 挹婁(뽈체, 철기시대로 그 상한은 기원전 7세기까지 올라간다) 문화로 부터이다. 고조선의 마지막 단계이면서 한반도 최초의 고대국가인 衛滿朝鮮(기원전 194년 – 기원전 108년)은 철기시대 전기 중 III기(중 – 후기)에 속한다.

특히 사천왕사(사적 8호), 문무대왕의 화장터인 능지탑(陵旨塔, 일명 능시탑, 연화탑), 감은사(사적 31호), 감은사지 동·서 삼층석탑(국보 112호)과 사리장치(보물 366호), 문무대왕릉(사적 158호), 이견대(사적 159호)의 주인공인 신라 30대 문무왕(文武王)으로 대표되는 경주 김씨의 출자(慶州 金씨의 出自), 경주 155호분 천마총(天馬塚, 금관은 국보 188호임)에서 나온 장니(障泥, 말 배가리개)에 우즈베키스탄(大宛)의 훼르가나종 한혈마(汗血馬)인 몽고야마('天馬' 종인 野馬, 蒙古野馬 또는 普氏野馬, 新疆維吾尔自治區의 伊犁馬)가 그려진 천마도(天馬圖, 국보 207호), 경주 김씨의 조상이 성한왕(星汉王)이라고 언급한 30대 문무왕과 흉노 휴도왕(休屠王)의 太子인 祭天之胤 투후(秅侯) 김일제(金日磾)의 7대손 김알지를 신라 태조 성한왕으로 적은 42대 흥덕왕(興德王, ? – 서기 836년, 재위: 서기 826년 – 서기 836년)의 비문, 추사 김정희(秋史 金正喜)의 해동비고(『海東碑

政) 등이 나온 초기 신라의 역사·문화적 배경이 밝혀져야 한다. 성한왕 김알지는 문무왕의 15대조, 흥덕왕의 24대조로 언급된다.

⑯ 마한의 고고학적인 유적·유물로는 토실(土室), 주구묘(周溝墓), 토기의 조족문(鳥足文)과 거치문(鋸齒文) 등을 들 수 있다. 충청남도 공주 탄천면 장선리(구 안영리, 사적 433호, 서기 220년 – 서기 290년)와 충청남도 의당 수촌리(사적 460호) 토실 9기(II형)의 토실(土室)과 같은 고고학 자료도 많이 나와 그 실체를 파악할 수 있게 되었다. 그리고 『三國史記』 溫祚王 27년(서기 9년) 4월 '마한의 두 성이 항복하자 그 곳의 백성들을 한산 북쪽으로 이주시켰으며, 마침내 마한이 멸망하였다(...二十七年夏四月, 二城圓山錦峴降, 移其民於汉山之北, 馬韓遂滅. 秋七月, 築大豆山城...)'라는 기사는 한성백제와 당시 천안을 중심으로 자리하고 있던 마한과의 영역 다툼과정에서 일어난 사건을 기술한 것으로 볼 수 있겠다. 따라서 경기도 용인 할미산성이 圓山과 錦峴城에 비정될 가능성이 많다.

⑰ 『三國志』 위지 동이전 弁辰조와 倭人傳에 보이는 해로만리의 무역로(trade route, exchange system, interaction spheres, barter, logistics)를 감안해 볼 때 대방(낙랑)에서 시작한 수로가 해남 군곡리(海南 郡谷里)를 거쳐 사천 늑도(史勿國)과 고성(固城, 古史浦) – 창원 성산(昌原 城山, 骨浦國, 合浦) – 김해(金海 狗邪韓國)을 지나 일본의 對馬國(つしまのくに) – 一支國(いきこく, 壹岐) – 末廬國(まつろこく, まつらこく) – 伊都國(いとこく) – 奴國(なこく, なのくに) – 邪馬台國(やまたいこく)로 이어지는 바닷길이 예상될 것이다. 이러한 공반 관계는 『三國志』 위서 동이전의 기록

을 고고학적으로 입증해 주는 고고학 자료임은 물론 기존 학계에서
통용되던 한국 철기시대 전기(기원전 400년 – 기원전 1년)의 문화상
과 편년을 재고할 필요성을 강력하게 제기한다.

⑱ 난하 – 대릉하 – 요하가 흐르는 요녕성과 내몽고 지역에는

  1) 부신 사해(辽宁省 阜新市 阜新县 沙拉乡 査海村 朝力馬營子 阜
     新蒙古族自治县) – 흥륭와(興隆窪, 內蒙古 敖汉旗 興隆窪村) –
     조보구[趙寶溝······ →부하(富河)] – 홍산(紅山) – 소하연(小河沿)
     을 잇는 홍산(紅山, 중국 玉龙문화)문화

  2) 夏 – 商 – 周 – 연(燕)나라 – 한(汉)나라 – 당(唐)······ →청(淸)

  3) 스키타이 – 오르도스(Ordos/Erdos, 鄂尔多斯沙漠, 河套/河南) –
     흉노(匈奴) – 갈족(羯族) – 동호(東胡) – 오환(烏桓) – 선비(鮮卑)
     – 돌궐(突厥) – 토번(吐藩) – 위굴(回紇, 維吾尔) – 거란(契丹) –
     몽고(蒙古/元)

  4) 키토이 – 이사코보 – 세르보 – 아파나쉐이브 – 오쿠네보 – 안드로
     노보 – 카라숙 – 타가르문화[러시아 동부시베리아(프리바이칼 지
     역)의 신석기 – 청동기시대 편년은 Kitoi – Isakovo(기원전 4000년
     기원전 3000년) – Servo(기원전 3000년 – 기원전 2000년) – Af-
     fanasievo – Okunevo – Andronovo – Karasuk – Tagar의 순으로
     되는데 우리나라에서 기원전 1000년 – 기원전 600년의 청동기시대
     중기에 나타나는 공렬토기와 구순각목 토기는 Isakovo와 Servo에
     서 이미 나타나고 있다]

  5) 신락(新樂) – 편보자(偏堡子, 辽宁 新民)의 평저즐문토기

  6) 소주산(小珠山) – 후와(后窪) 문화의 즐문토기와 돌대문토기

  7) 예(濊) – 고조선(古朝鮮), 맥(貊) – 부여(夫餘) – 고구려(高句麗) –

백제(百濟) – 신라(新羅)

8) 읍루(挹婁) – 숙신(肅愼) – 물길(勿吉) – 말갈(靺鞨) – 흑수말갈(黑 水靺鞨) – 여진(女眞) – 생여진(生女眞) – 금(金, 서기 1115년 – 서 기 1234년) – 후금(后金, 서기 1616년 – 서기 1626년) – 만주/청(滿 洲/淸, 서기 1626년 – 서기 1636년) – 대청(大淸, 서기 1636년 – 서 기 1911년)

의 8개의 독립된 문화들이 융합·혼재되어있는 용광로와 같은 지역 (melting point of furnace)이다. 그 중 고조선문화의 특징인 지석 묘와 비파형동검이 나오는 유적의 연대는 대략 기원전 17세기 – 기 원전 12세기로 좁혀지고 있다. 그리고 ①의 홍산문화는 중국의 옥룡 (玉龙)문화로 玉의 사용과 아울러 龙문양의 지속과 전파가 문자를 대 체하여 나타나는 계급 또는 종교적 예술적 상징(symbolism)로 보 인다. 그래서 홍산문화는 갑골문자와 같은 문자가 출현하지 않았지 만 해자(垓字)가 돌린 성역화 된 주구석관묘(周溝石棺墓)와 옥과 용 으로 상징되는 계급사회와 이를 뒷받침하는 종교 제사유적으로 보 아 중국 동북부 지역 동산취(東山嘴)와 우하량(牛河梁)처럼 종교의례 중심지도 나타나 도시화가 진행되었던 최초의 문명이라 할 수 있다. 또 홍산문화는 모계씨족사회(母系氏族社會)에서 부계사회로 넘어가 는 단계로 신정정치(神政政治, theocracy)의 모습을 보여준다. 이 유 적은 기원전 4000년 – 기원전 3000년이며, 중심연대는 기원전 3000년 – 기원전 2500년으로 중국고고학편년 상 신석기시대 만기/후기 또 는 용산(龙山)문화형성기(Lungshanoid cullture, 기원전 3200년 – 기원전 2500년) – 용산문화기(Lungshan culture, 기원전 2500년 – 기 원전 2200년)에 속한다. 이 문화는 지석묘와 비파형/고조선식동검로 대표되는 고조선(단군조선)의 문화와는 구별된다. 오히려 중국의 신석기시대 소주산문화(東港市 馬家店鎭 三家子村 后窪屯, 下層 6,000년 전 이상, 上層은 4465±90B.P., 4980±159B.P.로 5000년 전, 기원전 3000년－기원전 2900년), 石雕龙이 나옴, Ⅲ－상층 기원전 3000년－기원전 2500년으로 돌대문토기의 말기 후와문화에서는 한국 청동기시대 조기(기원전 2000년－기원전 1500년)의 대표적인 돌대문토기가 나온다. 한국 청동기시대의 시작(청동기시대 조기)은 돌대문의 출현으로 확인된다. 이들 토기는 중국 요녕성 소주산(中國 辽宁省 小珠山유적의 상층, 신석기시대 후기)과 같거나 약간 앞서는 것으로 생각되는 요동반도 남단 요녕성 대련시 석회요촌, 대련시 장흥도 삼당유적(기원전 2450년－기원전 1950년경으로 여겨짐), 요동만(辽東湾)연안 와점방시 교류도향 마루촌 교류도 합피지, 길림성 화룡현 동성향 흥성촌 삼사(早期 興城三期, 기원전 2050년－기원전 1750년), 그리고 연해주 보이즈만 신석기시대 말기의 자이사노프카의 올레니와 시니가이 유적(이상 기원전 3420년－기원전 1550년)에서 발견되고 있어 중국의 서쪽 요녕성과 동쪽 길림성, 러시아의 연해주(沿海州)의 세 군데에서 영향을 받았을 가능성이 많다.

A brief ancient Korean history: From myth to history

Mong-Lyong Choi (Professor emeritus of Seoul National University)

Bronze Age which is equivalent to the 'Urban Revolution'(都市革命) coined by Vere Gordon Childe or the 'Slave society'(奴隷制社會) out of 'materialistic conception of history'(唯物史觀), and Classic(古典期)－ Postclassic(後古典期) Stages of American chronology based upon the 'tradition/temporal continuity concept' represented by persistent configurations in single technologies or other systems of related forms, and 'horizon /spatial continuity concept' represented by cultural traits and assemblages, begins from the Sumer civilization appeared near the Tigris and Euphrates rivers in the Iraqi region around 3000B.C.(BCE). But a city, civilization and state simultaneously appear in the world history and their foundation lies in food producing subsistence of the Neolithic Revolution. New archaeology since 1960 defines culture as the means of adaptation to environments, and civilization is characterized by the presence of city and writing system. A state may be defined as 'the legitimatized use of force and centralization of power', or 'the centralized and specialized institution of government with the background of the cohesion of power, economy and ideology' and 'end–product of multiplier effect.' The beginning of the Former Iron Age(鐵器時代 前期, 400B.C.-1B.C.) marks the first formation of ancient state and civilization in the Korean Peninsula. Wiman Chosŏn/Joseon(衛滿朝鮮, 194B.C.-108B.C.), the last appearance of from Ko Chosŏn(Old Chosŏn, 古朝鮮) which included such three Chosŏn as Tangun Chosŏn(檀君朝鮮, 2333B.C.-1122/1111B.C.), Kija Chosŏn(箕子朝鮮, 1111B.C.-194B.C.) had established during this period. Historical documents from Shizi Ch'ao–hsienliezhuan(史記朝鮮列傳) indicate several factors characterizing civilization, such as, the use of Chinese writing system, the distribution of coinage(knife–money, 明刀錢). existence of Wanggeomseong(王儉城) as a capital city in Pyongyang(平壤) and the presence of military in the Wiman Chosŏn State.

Since the normalization of diplomatic relations between Korea and Russia, and China according to the treaty on September 30, 1990, and on August 24, 1992 respectively, a lot of archaeological information flow has been made it possible for Korean archaeologists confirm the origin and diffusion of Korean culture and establish new chronology of Korea Bronze and Iron Ages in terms of polyhedral theory. And the origins of the Korean culture are thought to have been applied with polyhedral or polyphyletic theory as far as Northeast Asia centering on Siberia is concerned. Siberia, northeastern China(Manchuria, 滿洲) and Mongolia(蒙古) are the most important melting places from which various cultural elements regardless time and space are diffused according to the chronology of Korean archaeology. Such archaeological evidence based upon relics and artefacts as comb-patterned pottery, plain-coarse pottery with band appliqué, stone cist, antennae sword, petroglyph et al. are representative for identifying the cultural diffusion and relationship between Northeast Asia and Korean peninsula, and especially the origin of Korean culture through the Palaeo-lithic Age(700000?B.P.-8000B.P.), Neolithic Age(8000B.C.-2000/1500B.C.), Bronze Age(2000/1500B.C.-400B.C.) and the Former Iron Age(400B.C.-1B.C.) during the prehistoric times of Korea. They can be traced back to such northern places adjacent to the Korean peninsula as the Amur river valley region and the Maritime Province of Siberia including the Ussuri river basin, Mongolia), and the Manchuria(the northeastern three provinces) of northern China, which means that surrounding northern part of the Korean peninsula is to be revalued as the places of the origin and diffusion of Korean culture, as already shown from the recently found archeological remains and artefacts in the whole Korean territory.

And also new perspectives in the Bronze and Iron Age of Korean Ar-chaeology in terms of polyhedral theory has made it possible that analysis and synthesis of archaeological data from the various sites so far excavated by several institutes nationwide and abroad provided a critical opportunity to reconsider archaeological cultures and chronology of Korean Bronze, Iron Ages and Former Three Kingdoms Period(三國時代 前期), and I have tried to present my own chronology and sub-periodization(epoch) of Ko-rean Bronze and Iron Ages with some suggestions, including a new per-spective for future studies in this field.

The chronology newly established in the Korean archaeology today is as follows:

Palaeolithic Age: between 700,000?B.P. and 12000B.P./10,000B.P.

1. Early Palaeolithic Age: 700000?B.P.－40000B.P.

2. Late Palaeolithic Age 40000B.P.－12000B.P./10000B.P.

   1) The Former Palaeolithic period: B.P. 40000B.P.－25000/24000B.

     P[(Division betweenThe Former and The Late Palaeolithic Age and Peri-

     od are due to theappearance of the blade(石刃, 돌날) during 40000B.P,

     and the micro－blade for composite tools(細石刃, 좀돌날) and

     obsidian(黑曜石) tools]

   2) The Late Palaeolithic Period: 25000B.P./24000B.P.－12000/10000B.P.

Neolithic Age

1. 8000B.C.－6000B.C.(10,000－8,000years ago)－primitive plain coarse
   pottery

2. 6000B.C.－5000B.C.－appliqué decoration pottery

3. 5000B.C.－4000B.C.－stamped and pressed decoration pottery

4. 4000B.C.－3000B.C.－Jeulmun comb pattern pottery

5. 3000B.C.－2000B.C.－partial－Julmun comb pattern pottery

6. 2000B.C.－1500B.C.－coexistance period of partial－Julmun comb
   pattern pottery and plain coarse pottery with band appliqué decora-
   tion on the rim(突帶文土器)

Bronze Age

Though it is still a hypothesis under consideration, the Korean Bronze

Age(2000/1500B.C.−400B.C.), 'clan based simple hierarchical chiefdom' with aboriginal dolmen socio−culltural background can be divided into four phases based on distinctive pottery types as follows :

1. Initial Bronze Age(早期, 2000B.C.−1500B.C.): a pottery type in the transitional stage from Jeulmun comb pattern pottery to plain coarse pottery with band appliqué decoration on the rim(突帶文土器) and Jeulmun pottery without having any decoration.
2. Early Bronze Age(前期, 1500B.C.−1000B.C.): double rimmed plain coarse pottery with incised short slant line design on the rim.
3. Middle Bronze Age(中期, 1,000B.C.−600B.C.): pottery with a chain of hole−shaped decoration on the rim and pottery with dentate design on the rim, and since this phase the Korean cultural identity represent.
4. Late Bronze Age(後期, 600B.C.−400B.C.): high temperature fired plain coarse pottery(700°C−850°C).

Iron Age

The Former Iron Age(400B.C.−1B.C.), clan based complex chiefdom, can be divided into two phases based on distinctive set of artifacts as follows. Also Du(豆)−shaped pottery with clay strip decoration on the rim and with short leg also appeared in this phases:

1. Iron Age A(前期, earlier phase): pottery types such as high temperature fired plain coarse pottery(700°C−850°C) and pottery with clay strip decoration on the rim(section: round), mould−made iron implements

and bronze implements such as phase I Korean style dagger, dagger
－axe, fine liner design mirror, ax, spear and chisel.

2. Iron Age B(後期, later phase): bronze implements such as type II Korean
   style dagger, horse equipments and chariots, forged iron implements
   and pottery with clay strip decoration on the rim(section: triangle).

Since 1500B.C./BCE, dolmens in Korea has been constructed not only
as representing aboriginal culture during the Bronze(2000B.C.－400B.C./
BCE) and Iron(400B.C.－1B.C./BCE) Age, but also as graves of high classes
during the stratified/hierarchical chiefdom stage based upon clan, craft
specialization, and redistributional economic system during the Korean
prehistory. Presence of children's graves among Panchon－ni dolmens in
Naju suggests an inherited social status within a stratified society marking
clan based hierarchcal society. Also, in association with the Misong－ni
type pottery, bronze mirrors with coarse decorations, and the Liaoning
type bronze daggers, the Korean dolmens play an important role in the
study of Ko Chosŏn's(Old Chosŏn, 古朝鮮) territory and culture. North
Korean scholars, according to their own socio－political perspectives, con-
sider the Korean dolmens to be the graves of military commanders or
chiefly leaders, and regard the dolmen builders as the people of Ko
Chosŏn(Old Chosŏn). In 1993 they claimed to have discovered the grave of
Ko Chosŏn's founding father, Tangun(檀君) at Mt. Daebak(大朴山) in
Kangdong－ku(江東區) of P'yŏngyang(平壤), and dated it to 3,000B.C.
Accordingly, they hold that Tangun or Ko Chosŏn was founded as early as
3,000B.C. Thus North Korean scholars discuss the dolmen society in

terms of Tangun or Ko Chosŏn, the beginning of Korea's Bronze Age, Korea's ancient 'Slavery' Society, and the Korea's earliest state formation. These are scholarly issues requiring further study. Recently, Korean archaeologists have begun to pay more attention to the Indigenous Origin Theory regarding the origin of the Korean dolmens. As already mentioned, however, there remains a number of unresolved issues in regard to Korean dolmens. They include the question of their origin, the temporal sequence of different dolmen types, dating and chronology of dolmens, and the relationships between the dolmen chronology and their associated artifacts. We expect that more archaeological evidence from other regions such as Siberia, China, and Japan will help clarify these issues.

And Korean academic circles have to fully accept a record illustrated in the Samguksagi(『三國史記』) as a historical fact that King Onjo, the first king of Baekje Kingdom, founded Baekje(百濟) in the territory of Mahan in 18B.C. during the Later Iron Age, or Former Three Kingdoms Period, Baekje had been coexisted with Lolang(樂浪) and Mahan(馬韓) in the Korean Peninsula with close and active interrelations forming an interaction sphere. Without full acceptance of the early records of the Samguksagi(『三國史記』), it is impossible to obtain any productive scholarly outcome in the study of ancient Korea. For quite a long time period, Korean archaeological circles have used a concept and term of Proto－Three Kingdom Period. However, it is time to replace the inappropriate and illogical term and concept, the Proto－Three Kingdom Period with Later Iron Age or Former Three Kingdoms Period(1A.D.－300A.D.). Mahan(馬韓), which was established in the Gyeonggi－do, Chungcheong－do and Jeolla－do provinces around 3B.C.−2B.C. about 1−2 centuries earlier than the Baekje state formation in 18B.C on the territory of Mahan, has been annihilated and annexed by the Baekje dynasty later between the late of 5 cen. A.D. and the early of 6 cen. A.D. according to the expansion of territory and the transfer of the final capital to Buyeo(538A.D.−660A.D.) from Gongju of Baekje dynasty(475A.D.−538A.D.) in 538A.D. We can say that the chronology of Mahan is based mainly upon between the period of the Iron Age(400B.C.−1B.C.), Former Three Kingdoms period(1A.D.−300A.D.) and Later Three Kingdoms Period(300A.D.−660/668A.D.) according to the Korean Archaeological Chronology, and it can be divided into three periods to the movement of its socio−political center(capital). They are as follows: Cheonan(天安)/Jiksan(稷山)/Seonghwan(成歡), Iksan(益山) and Naju(羅州) Period. The transfer of Mahan's socio−political center is closely related to the military power and territorial expansion of the Baekje dynasty(18B.C.−660A.D.). Mahan and Baekje had coexisted for a about 5−600 years long, and the recent increase of archaeological evidence made it possible for both Korean archaeologists and ancient historians together to begin Mahan study with full−scale. Mahan culture is characterized such archaeological traits as deep subterranean pit house named 'Tosil'(土室), whose bottom can be reached by ladder from the mound−shaped ceiling with entrance similar to the 'flat roofed building of Çatal Hüyük' of Anatolia, Turkey in addition to the Jugumyo(周溝墓) burial site with moat around it, wooden building with post holes stuck into the ground(堀立柱, 四柱式建物), saw−teethed wheel designs on the surface of pottery(鋸齒文) and bird's footprint designs(鳥足文). Chinese Historical books(『后汉書』,『三國志』魏志 東夷傳 韓傳) tell us the religious aspect of the Mahan society in which Sodo(蘇塗) with its apex of Cheongun(天君) religious leader, was the ancient asylum as a culmination of Mahan people's shamanism and ancestor worship religions indicating separating between state and church forming a theocracy during the Iron Age(400B.C.－1B.C.). Their secular leaders as chiefs of Samhan(三韓) chiefdom society based upon clan and hierarchy are Geosu, Sinji(臣智), Geomcheuk(險側), Beonye(樊濊), Salgye(殺奚), and finally Eupcha(邑借) as orders in terms of each status and territory controlled. We believe that all the names of Samno(三老) of Okjeo(沃沮), Jangsu(將帥) of Dongokjeo(東沃沮), Hu(侯), Eupgun(邑君), Samno(三老) of Ye(濊)/東濊(Dongye), Daein(大人) of Eupnu(挹婁), and Gunjang(君長) of Suksin(肅愼) did as same status of chief in their chiefdoms as in Samhan(三韓). The Iron Age(400B.C.－1B.C.) representing Mahan and Baekje(百濟) set Korean academic circles have to fully accept records illustrated in the Samguksagi (『三國史記』) as a historical fact that King Onjo(溫祖), the first king of Baekje Kingdom, had found Baekje(百濟) in the territory of Mahan in 18B.C. During the Later Iron Age, or Former Three Kingdoms Period, Baekje had been coexisted with Lolang(樂浪) and Mahan(馬韓) in the Korean peninsula with forming close and active interrelationships within an interaction sphere of Korean peninsula. Without full acceptance of the early records of the Samguksagi, it is impossible to obtain any scholarly productive outcomes in the study of the ancient Korea. Quite for a long time, Korean archaeological circles have used a concept and term of Proto－Three Kingdom Period(原三國時代), whose term had been fortunately abolished by the National Museum of Korea since November 13(Tuesday), 2009. However, it is time to replace the inappropriate and illogical term and concept, the Proto−Three Kingdom Period with the Later Iron Age or Former Three Kingdoms Period. Mahan had been not only making the domestic interaction sphere among Mahan's 54 chiefdoms each other, but also forming international interaction sphere between Mahan and surrounding foreign states such as Sunwu(孫吳), Dongjin(東晋), Liang(梁) of 6 Nanchao(南朝) Dinasties, Wiman Chosŏn/Joseon(衛滿朝鮮, 194B.C.−108B.C.), Koguryo(高句麗, 37B.C.−A.D.668), Baekje(百濟) states and even chiefdoms like Okjeo(沃沮), Dongokjeo(東沃沮), Ye(濊)/Dongye(東濊), Byeonjin(弁辰), Kronovsky(北沃沮, 團結) and Poltze(挹婁), forming itself "Horizon" based upon "spatial continuity represented by cultural traits and assemblages" as in Chavin(religion based theocrcy) and Tiahuanaco Horizons in South America. It was natural process that Mahan had adapted to its environmental niches and tried to seek the survival strategies among the international relationships with chaotic conditions in those days. However, further studies and archaeological evidence are needed to confirm the rise and fall of the Mahan in association with the historical documents in Korean peninsula.

The contents comprise condensed Korean prehistory from the palaeolithic age to the 'Wiman Chosŏn'(衛滿朝鮮, 194B.C.−108B.C.) during the 'Former Iron Age'(400B.C.−1B.C) with the new supplement on the rise and fall of such civilizations as Sumer, Egypt, Indus and Shang(商) upon which Karl Wittfogel's 'hydraulic hypothesis or hydraulic society' with the formation of 'oriental despotism' that point out 'simultaneous occurrence of early civilizations in regions where large−scale irrigation agriculture was practiced' based. The main ideas for this paper concerned with the Ko Chosŏn(古朝鮮) are based upon culture−historical aspects, and evolutionary points of view in terms of chronology with tradition(time, temporal, diachronic, lineal) depth and horizon(space, spatial, synchronic, collateral) concept. And also especially new perspectives in the Bronze and Iron Age of Korean Archaeology in terms of polyhedral theory has made it possible that analysis and synthesis of archaeological data from the various sites so far excavated by several institutes nationwide and abroad provided a critical opportunity to reconsider archaeological cultures and chronology of the Korean Bronze, Iron Ages and Former Three Kingdoms Period.

Recent archaeological evidence make it possible for archaeologists and historians confirm again and revalue that the historical materials of the Samguksagi(『三國史記』) are reliable in comparison with the archaeological data, which means that the history of the Three Kingdoms goes in gear with each other forming a genuine historical context like the toothed wheels inside watch. With the diachronic (traditional, time) and synchronic(horizon, space) point of view Wiman Chosŏn, establishing at the end of the early Iron Age and indicating bench mark on the initiation of Korean history in peninsula before the appearance of the Three Kingdoms, may help rewrite proper Korean prehistory. And I suggest that the context of their ancient history and cultures intertwined with such surrounding specific socio−political identities as simple or complex chiefdoms and ancient states themselves emerged from Korean peninsula and shown on the historical books should be dissolved and collaborated with the multidisciplinary, polyhedral or polyphyletic approach based upon the archaeology, ancient history, physical anthropology, ethnography(folklore), religion(totemism and shamanism), linguistics and so on.

And also in a vein, we need the authenticity of comprehensive archaeological data intertwined with the information and context of ancient history and cultures in Korean archaeology today as in case of the exit and revelation from the myths and legends of Three Sovereigns and Five Emperors[三皇五帝: 三皇(太昊/伏羲/Fu Xi·神農/炎帝/Shen Nong·女媧/Nu Wa)과 五帝(黃帝/軒轅/Huangdi/Yellow Empero·少昊·顓頊/Zhuan Xu·帝嚳/Ku Xu·堯/Yao·舜/Shun] and Xia(夏: 禹/帝禹/Emperor Yu, 黃帝軒轅의 玄孫) to the entrance into the real historical period during the Chinese ancient times roughly at about 6,000 years ago to 4,000 years ago. The possibility of exit and revelation from the myths and legends of ancient China in line with Tangun Chosŏn and Ko Chosŏn could be possible from the Hongshan(紅山) primitive civilization located northeastern district of China including Neimenggu(Nei Mongol Autonomous Region, 內蒙古自治區) and Liaoning(辽宁) province whose culture mainly depended upon the first ever Chinese 'jade and dragon'(玉龙文化), and whose political identity to have been known as theocracy(神政政治) just before the emergence of the 'military power based state(militarism)' without having exercised military power(武力을 행사하지 않은 神政政治) like the Chavin civilization during 900B.C–200B.C/750B.C–400B.C in ancient Peru.

참고문헌

강창화

  2009   제주도 고산리 초기 신석기 문화의 성격과 위치설정, 최몽룡 편저
         21세기의 한국고고학 vol. II, 서울: 주류성, pp.117-154

孔錫龜

  2015   진 장성 동단과 낙랑군 수성현 관련기록 고찰, 2015년 12월 12일
         (토) 한국고대사학회 발표요지

구자진

  2015   우리나라 신석기시대 집자리와 마을의 연구와 과제, 신석기시
         대 연구의 최근 성과와 과제, 국립중앙박물관 학술 심포지엄 자
         료집, pp.181-207

국립중앙박물관

  2015   신석기인, 새로운 환경에 적응하다, 2015년 국립중앙박물관 특
         별전시도록

국사편찬위원회

    2002   한국사 1 −총설−

    1997   한국사 2 −구석기문화와 신석기문화−

    1997   한국사 3 −청동기와 철기문화−

    1997   한국사 4 −초기국가−고조선 · 부여 · 삼한

기호문화재단

    2016   포천 중리 늘거리 유적−한탄강 홍수조절 댐 수몰지구 내 포천
                C지역 문화재 발굴조사

金芳漢

    1983   韓國語의 系統, 서울: 대우학술총서 · 인문사회과학 1

金烈圭

    1976   韓國의 神話, 서울: 一朝閣

金貞培

    2000   東北亞의 琵琶形銅劍文化에 대한 綜合的 硏究, 國史館論叢 第
                88輯, 과천: 국사편찬위원회

김용간 · 석광준

    1984   남경유적에 관한 연구, 평양: 과학, 백과사전 출판사, pp.92−108
                및 p.191

김종혁 · 전영수

    2003   표대유적 팽이그릇 집자리들의 편년, 조선고고연구 2003−2, 사
                회과학원 고고학연구소, pp.5−10

金元龍

    1986   韓國考古學槪論, 서울: 一志社

문재범

2009 양수리유적의 성격과 문화담당자, 21세기의 한국고고학 Ⅱ(희 정 최몽룡교수 정년퇴임논총 Ⅱ), 서울: 주류성

박양진

2012 소흑석구 유적과 하가점 상층문화의 새로운 이해, 21세기의 한 국고고학 Ⅴ(희정 최몽룡교수 정년퇴임논총 Ⅴ), 서울: 주류성, pp.591-616

배기동

2013 한국의 구석기 문화, 한국고고학전문사전 구석기시대 편, 대전: 국립문화재연구소, pp.388-390

사회과학원 역사연구소 · 고고학연구소

1971 조선원시고고학개요, 평양: 김일성종합대학출판사

1979 조선전사 Ⅰ, 평양: 과학백과사전출판사

사회과학원 고고학연구소

1977 조선고고학개요, 평양: 과학백과사전출판사

1977 조선고고학개요, 서울: 새날

손영종

2006 낙랑군 남부지역의 위치, 력사과학 198호, 2006-2, 북한 사회과 학원 역사연구소

송호정

2012 국립문화재연구소 주최 한국사 시대구분론 -외부전문가 초청 포럼- 학술대회

2015 처음 읽는 부여사, 서울: 사계절

안승모

2011 신석기문화의 성립과 전개 중앙문화재연구원 편 학술총서 3,

한국 신석기문화 개론, 서울: 서경문화사, pp.61-97

2015   한국 신석기시대 연구의 최근 성과와 과제, 신석기시대 연구
        의 최근 성과와 과제, 국립중앙박물관 학술 심포지엄 자료집,
        pp.3-33

吳江原

2012   辽宁地方의 靑銅器文化와 北方靑銅器文化 間의 相互作用과 交
        流樣相, 21세기의 한국고고학 Ⅴ(희정 최몽룡교수 정년퇴임논
        총 Ⅴ), 서울: 주류성, pp.617-658

오영찬

2006   낙랑군연구, 서울: 사계절

유태용

2010   辽東地方 支石墓의 性格 檢討, 21세기의 한국고고학 Ⅲ(희정
        최몽룡교수 정년퇴임논총 Ⅲ), 서울: 주류성, pp.353-450

윤명철

2003   고구려 해양사 연구, 서울: 사계절

윤이흠·최몽룡 외

2001   단군 -그 이해와 자료-(증보판), 서울: 서울대학교출판부

李御宁

1976   韓國人의 神話, 서울: 서문문고 21

李東注

2007   韓國 新石器文化의 源流와 展開, 부산: 세종출판사

이동희

2010   단위 지석묘군의 분석, 21세기의 한국고고학 Ⅲ, pp.109-162

2008   최근 연구 성과로 본 한강·임진강유역 적석총의 성격, 한국사

학보 32호, 고려사학회, p.12

이종욱

    1982   신라국가 형성사 연구, 서울: 일조각

    1993   고조선사 연구, 서울: 일조각

    1999   한국 초기국가 발전론, 서울: 새문사

이청규

    2016   해상활동의 고고학적 기원과 전개, 서울: 경인문화사

이현혜 · 정인성

    2008   일본에 있는 낙랑유물, 서울: 학연문화사

이형구

    2004   발해연안에서 찾은 한국고대문화의 비밀, 서울: 김영사

제주문화유산연구원

    2014   제주 한경 고산리 발굴보고서

정찬영

    1973   기원 4세기까지의 고구려묘제에 관한 연구, 고고민속 논문집 5, p.2

鄭漢德

    2000   中國 考古學 硏究, 서울: 학연문화사

조은하

    2012   연기 송원리 백제고분군, 백제학보 4집, pp.161-177

趙喜雄

    1983   韓國說話의 類型的 硏究, 서울: 韓國硏究院

충북매일 · 충북내일프빅실편 · 한국신사신화연 구연

    2015   제 20회(2) 수양개와 그 이웃들 p.289 및 p.389

崔夢龍

1978 전남지방 소재 지석묘의 형식과 분류 역사학보 78, pp.1-50

1986 고고학 측면에서 본 마한, 마한·백제문화 9집, 원광대학교 마한·백제문화연구소, pp.5-16

1987 한국고고학의 시대구분에 대한 약간의 제언, 최영희 선생 회갑기념 한국사학논총, 서울: 탐구당, pp.783-788

1991 마왕퇴 고분, 재미있는 고고학 여행, 서울: 학연문화사, pp.89-96

1993 한국문화의 원류를 찾아서, 서울: 학연문화사

1994 考古學上으로 본 馬韓硏究, 고고학 측면에서 본 마한, 원광대학교 마한·백제문화연구소, 제9회 마한·백제문화 국제학술회의, 마한·백제문화의 성과와 과제, pp.71-98

1997 호남지방의 지석묘사회, 韓國古代國家形成論, 서울: 서울대학교 출판부, pp.189-202

1997 도시·문명·국가 -고고학에의 접근-(대학교양총서 70), 서울: 서울대학교 출판부

1997 철기시대, 한국사 3 청동기문화와 철기문화, 국사편찬위원회, pp.325-342.

1997 고조선의 사회와 문화, 한국사 4 -초기국가-고조선·부여-, 국사편찬위원회, pp.115-146

1997 호남지방의 지석묘사회, 韓國古代國家形成論, 서울: 서울대학교 출판부

1997 衛滿朝鮮, 韓國古代國家形成論, 서울: 서울대학교 출판부.

1997 북한의 단군릉 발굴과 그 문제점 1 및 2, 도시·문명·국가, 서울: 서울대학교 출판부. pp.103-116

2000 한국 지석묘의 기원과 전파, 韓國 支石墓 硏究의 理論과 方法,

서울: 주류성.

2002 고고학으로 본 문화계통 -문화계통의 다원론적 입장-, 한국사 1 총설, 국사편찬위원회, pp.89-110.

2004 朝鮮半島の文明化, 千葉: 國立歷史民俗博物館 硏究報告, 東アジアにおける農耕社會の形成と文明への道, 第119集, pp.231-246

2006 한국고고학 · 고대사의 신 연구, 서울:주류성

2008 동북 아시아적 관점에서 본 한국청동기 · 철기시대의 신경향, -다원론적 입장에서 본 한국문화의 기원과 편년설정-, 21세기의 한국 고고학 vol. I , 서울: 주류성, pp.19-90

2009 마한 연구의 새로운 방향과 과제, 박물관에서 만나는 우리문화, 세계문화, 전주: 국립전주박물관, pp.30-74 및 2009, 마한-숨쉬는 기록, 서울: 통천문화사,pp.199-214

2010 호남의 고고학 -철기시대 전 · 후기와 마한, 21세기의 한국고고학 vol. III, 서울: 주류성, pp.19-87

2010 한국 문화기원의 다양성 -구석기시대에서 철기시대까지 동아시아의 제 문화 · 문명으로부터의 전파-, 단국대학교 동양학연구소, 동아시아 문명 기원과 교류, pp.1-45

2010 부여 송국리 유적으로 본 한국청동기시대 사회, 제 38회 한국상고사학회 학술발표대회, pp.7-14

2011 부여 송국리 유적의 새로운 편년, 21세기의 한국고고학 IV, 희정 최몽룡교수 정년퇴임논총 IV, pp.211-226

2011 고등학교 국사교과서 교사용 지도서 -II. 선사시대의 문화와 국가의 형성(고등학교)- 21세기의 한국고고학 IV, 희정 최몽

룡교수 정년퇴임논총 IV, 서울: 주류성, pp.27-130

2012 한국고고학 · 고대사에서 종교 · 제사유적의 의의-환호와 암각
화, 제40회 한국상고사학회 학술발표대회-한국동남해안의 선
사와 고대문화, pp.7-43

2012 청동기 · 철기시대와 한국문화. 단국대학교 동양학연구원 엮음.
동아시아 문명 교류사 2. 동아시아 청동기문화의 교류와 국가
형성, 학연문화사, pp.147-185

2012 중원문화와 철 -철 생산과 삼국의 각축-, 국립중원문화재연
구소 개소 5주년 기념 중원의 제철문화 학술대회, pp.9-22

2012 강과 문명 -인류문명발달사-, 전상인 박양호 공편, 강과 한국
인의 삶, 나남신서 1624, 서울: 나남, pp.81-115

2013 한국선사고고학의 연구동향, 겨레 2호, 겨레문화유산연구원,
pp.7-37

2013 馬韓 -硏究 現況과 課題-, 益山, 마한 · 백제연구의 새로운 중
심-, 원광대학교 마한 · 백제문화 연구소, 국립전주박물관 강
당, 2013.11.9.(토), pp.9-29 및 馬韓 · 百濟文化 22집, 원광대학
교 마한 · 백제문화연구소, pp.3-60

2013 인류문명발달사(개정 5판), 서울: 주류성

2014 韓國 考古學 硏究, 서울: 주류성

2015 韓國 考古學에서 본 古朝鮮 問題와 衛滿朝鮮의 性格, 古朝鮮學
報 1, pp.7-59

2015 교재용 인류문명발달사 -고고학으로 본 세계문화사-(개정 6
판), 서울: 주류성

2015 중국 동북지구 文明의 발생 -神話에서 歷史로-, 경희대학교

인문학연구원 부설 한국고대사 · 고고학연구소, 고조선사 연구회, 제1회 국제학술회, 고조선의 여명 기조강연, pp.1−47

2015 안성 죽주산성−최근 경기도에서 발굴 · 조사된 산성들의 역사적 맥락−, 한국고대학회 · 국립교통대학주최 · 안성시 안성 죽산면 동안성 시민복지센터, 안성 죽주산성 사적지정을 위한 학술세미나, 2015년 11월 13일(금), pp.7−24 및 호불 정영호박사 팔순송축기념논총, pp.109−128

2015 용인 할미산성 내 馬韓과 百濟의 宗敎 · 祭祀遺蹟 −2012−2015년 발굴된 소위 할미산 "공유성벽" 북쪽 내성의 역사 · 문화적 맥락−, 한국성곽학회 · 용인시, 용인시청, 용인 할미산성 발굴조사 성과와 보존활용을 위한 학술심포지엄, pp.7−30

2016 인천 계양산성과 역사적 맥락, 인천 계양산성의 역사적 가치와 활용방안, 인천 계양구 · 겨레문화유산연구소, 계양산성 국가사적을 위한 국제학술 대회, 인천 국제학술심포지움, pp.7−34

2016 이성산성과 백제, 2016 二聖城山城 · 鞠智城 '한 · 일 학술심포지엄', 하남시 문화원, pp.15−47

2016 驪州 欣岩里 遺蹟과 文化史的 脈絡−孔列土器, 支石墓 그리고 古朝鮮−, 古朝鮮學報 제4호, pp.5−74

2016 백제 건국의 문화사적 배경, 2016년 백제문화특별전, 백제. 그 시작을 보다. 하남시 박물관, pp.192−205

2017 안성 봉업사지와 죽주산성, 2017년 9월 24일(금) 안성시 · 한국고대학회 · 백산학회 · 국립교통대학 박물관 주최 '고려 대소 신전사원 봉업사의 역서적 가치와 보존방안' 학술발표회 기조강연, pp.21−50

2018   中國考古學-중요 주제・항목별로 본 中國 文化史 序說, 서울: 주류성

2019   世界文化遺産-글로벌 文化史의 理解-, 서울: 주류성

2019   고고학으로 본 하남시의 역사와 문화, 하남역사총서 1, 하남, 하남역사박물관, pp.10-54

최몽룡・권오영

1985   고고학적 자료를 통해본 백제초기의 영역고찰 -도성 및 영역문제를 중심으로 본 한성시대 백제의 성장과정, 천관우선생 환력기념 한국사학 논총, pp.83-120

최몽룡・이헌종・강인욱

2003   시베리아의 선사고고학, 서울: 주류성

최몽룡・심정보 편저

1991   백제사의 이해, 서울: 학연문화사

崔夢龍・최성락 편저

1999   韓國古代國家形成論, 서울: 서울대학교출판부

하문식

2010   최근 조사된 동북지역 고인돌유적의 몇 예, 21세기의 한국고고학 Ⅲ(희정 최몽룡교수 정년퇴임논총 Ⅲ), 서울: 주류성, pp.451-475

홍미영

2006   구석기시대, 한국고대사입문 Ⅰ, 서울: 신서원, pp.41-70

2016   한반도 구석기시대의 흑요석이용, 세계사속에서의 한국, 희정 최몽룡교수 고희 논총, 서울: 주류성, pp.109-140

홍미영 외

2008   남양주 호평동 구석기유적 Ⅰ, Ⅱ, 서울: 기전문화재연구원

Aikens C. Melvin

    1982   *Prehistory of Japan*, New York: Academic Press

Bruce Trigger

    1989   *A History of archaeological Thought*, Cambridge: Cambridge
           Univ. Press

Christie, A. H.

    1979   The Megalithic Problem in South East Asia, in R. B. Smith and
           W. Watson(eds), *Early Southeast Asia*, pp.242−252

Glyn E. Daniel

    1950   *A Hundred Years of Archaeology*, London: Gerald Dukworth &
           Co.

    1963   *Builders of Western Europe*. Richard Clay & Company, Bungay

Gordon Willey & Philip Phillips

    1958   *Method and Theory in American Archaeology*, Chicago &
           London

Gordon Childe, Vere

    1930   *Bronze Age*, New York: Macmillan co.

    1942   *What happened in History*, Harmondsworth: Pelican Books

    1946   *Man Makes Himself*, New York: Mentor Books

Jonathan Haas(조나단 하스 · 최몽룡 옮김)

    1989   원시국가의 진화, 서울: 민음사

Joussaume, Roger

    1987   *Dolmens for the Dead*, London: B.T. Batsford

K.C. Chang

  1980 *Shang Civilization*, New Haven: Yale University Press

  1983 *Art, Myth, and Ritual*—The Path to Political Authority in An—cient China—, Cambridge: Harvard University Press

  1986 *The Archaeology of Ancient China*, New Haven; Yale Univer—sity

Keiji Imamura

  1996 *Prehistoric Japan*, Honolulu: University of Hawai'i Press

Kluckhohn, Clyde

  1960 'The moral order in the expanding society' in City Invincible: *an Oriental Institute Symposium*. ed C.H. Kraeling and R.M. Adams, Chicago: The University of Chicago Press, pp.53—68

Le Dosseur, Gaëlle

  2012 L'émergence Nolithique au Proche—Orient, Dijon: *Dossiers d' Archéologie*, no.353 Septembre/Octobre, pp.14—23

Polsmak, Natalya

  1994 Pastures of Heaven, Washington D.C.: *National Geographic* vol.186, no.4, pp.28—36

N.V, 폴로스막(Polsmak, Natalya) · 강인욱 옮김

  2016 알타이 초원의 기마인, 경희고대사 · 고고학 연구총서 1, 서울: 주류성

O' Kely, Michael J.

  1982 *Newgrange*, London: Thames & Hudson

Par Stepanie Pioda

2010 Louvre Expositions: Méroé—Un empire sur le Nil— Dijon: *Dossiers d'Archéologie*, H.−S. no.478—juin 2010—6, pp.16—25

Par Stepanie Pioda

2010 Louvre Expositions: Méroé—Un empire sur le Nil— Dijon: *Dossiers d'Archéologie*, H.−S. no.478—juin 2010—6, pp.16—25

Pautreau, Jean—Pierre and Mataro I Pladelasala, Montserrat

1996 *Inventaire des Mégalithes de France*, Paris: La Vienne

Peacock, J. E.

1962 Pasemah Megalith: Historical, Functional and Conceptual Interpretation. *Bulletin of the Institute of Ethnology*. vol. 13: pp.53—61

Rice Prudence M.

1987 *Pottery Analysis*, Chicago & London: University of Chicago Press

Renfrew, Colin

1979 *Before Civilization*, Cambridge: Cambridge Universiry Press

Rhee Song—Nai and Choi Mong—Lyong

1992 Emergence of Complex society in Prehistoric Korea, *Journal of World Prehistory* vol.6, no.1 New York and London: Plenum Press, pp.51—95

Ri Sun Jin et. al,

2001 *Taedonggang Culture*, Pyongyang: Foregin Languages Publishing House Pres

Sung—Mo Ahn, Jangsuk Kim, and Jaehoon Hwansg

2015   Sedentism, Settlement, and Radiocarbon Dates of Neolithic
        Korea, *Asian Perspectives, The Journal of Archaeology for
        Asia and Pacific*, vol.54 spring 2015 no.1 pp.113-143

角田文衡

1962   考古學史 -ヨーロツパ・アメリカ-, 世界考古學大系 16, 東京:
        平凡社

蘇秉琦

2009   中國文明起源新探, 沈阳: 辽宁人民出版社

李伯謙

1998   中國靑銅文化結構體系硏究, 北京: 科學出版社

王巍

1998   夏商周時期辽東半島和朝鮮半島西北部的考古學文化序列及其
        相互關係, 靑果集吉林大學考古學專攻成立20周年紀念論文集,
        pp.196-223

1998   商周時期辽東半島與朝鮮大同江流域考古學文化的相互關係, 靑
        果集, 吉林大學考古學專攻成立20周年紀念論文集, pp.233-244

陳夢家

1956   殷墟卜辭綜述, 北京: 科學出版社, pp.255-258

郭寶均

1963   中國靑銅器時代, 北京: 三聯書店

安金槐 主編

1992   中國考古, 上海: 上海古籍出版社出版

杜迺松

1995   中國靑銅器發展史, 北京: 紫禁城出版社

朱鳳瀚

　　1995　　古代中國靑銅器, 天津: 南開大學出版社

馬承源 主編

　　1988　　中國靑銅器, 上海: 上海古籍出版社出版

中國歷史博物館(中国国家博物馆)

　　1990　　中國歷史博物館 圖錄, 北京: 中國歷史博物館

中國社會科學院考古研究所編著

　　1984　　新中國的考古發現和研究, 北京: 文物出版社

中國社會科學院古代文明研究中心 編著

　　2014　　禹會村遺址研究: 禹會村遺址與淮河流域文明硏討會論文集, 北
　　　　　　京: 科學出版社

辽宁省 文物保護與 長城基金會·辽宁省文物考古研究所

　　1990　　辽宁省重大文化史迹, 辽宁: 辽宁美術出版社

辽宁省文物考古研究所編

　　1994　　辽東半島石棚, 辽宁: 辽宁科學技術出版社

　　2012　　牛河梁−红山文化遺址发掘报告(1983−2003年度) 제1판, 北京:
　　　　　　文物出版社

辽宁省文物考古研究所·吉林大學考古系·旅順博物館

　　1992　　辽宁省瓦房店市長興島三堂村新石器時代遺址, 考古 2

辽宁省文物考古研究所 編

　　1994　　辽東半島石棚, 辽宁: 辽宁科學技術出版社

辽宁省文物考古研究所·旅順博物館

　　1984　　大蓮市郭家村新石器時代遺址, 考古學報 3

辽宁省文物考古研究所

1994   辽宁阜新县查海遗址1987-1990年 三次发掘, 文物 11

1994   馬城子-太子河上游洞穴遺存-, 文物出版社

辽宁省博物館·本溪市博物館·本溪县文化館

1985   辽宁本溪县廟后山洞穴墓地發掘簡報, 考古 6, pp.485-496

孫祖初

1991   論小珠山中層文化的分期及各地比較, 辽海文物學刊 1

陳全家·陳國慶

1992   三堂新石器時代遺址分期及相關問題, 考古 3

辛岩

1995   查海遺址發掘再獲重大成果, 中國文物報 第1版

李曉鍾

1990   瀋陽新樂遺址1982-1988年發掘報告, 辽海文物學刊 1

新樂遺址博物館編印

2006   新樂遺址介紹單張, 沈阳: 新樂遺址博物館

旅順博物館·辽宁省博物館

1983   大蓮 于家村 砣頭 積石墓地, 文物 9, pp.39-47

吉林省文物考古研究所編

1987   楡樹老河深, 北京: 文物出版社

吉林省文物考古研究所·延边朝鮮族自治區博物館

2001   和龍興城, 北京: 文物出版社

內蒙古文物考古研究所

2007   內蒙古 赤峰市 三座店 夏家店 下層文化 石城遺址, 考古 2007-
        7, pp.17-24

內蒙古自治區 文物考古研究所·宁城県辽中京博物館

　　　2009　　小黑石溝－夏家店 上層文化遺址發掘報告, 北京: 科學出版社
內蒙古博物館
　　　1987　　內蒙古歷史文物－內蒙古博物館建館三十周年紀念－, 北京: 人
　　　　　　　民美術出版社
田廣金
　　　1983　　近年來內蒙古地區的匈奴考古 考古学報 1
　　　1976　　桃紅巴拉的匈奴墓 考古学報 1
　　　1992　　內蒙古石器時代－靑銅時代考古發現和硏究 內蒙古文物考古
　　　　　　　1·2
田廣金, 郭素新
　　　1980　　西溝畔匈奴墓反映的諸問題, 文物 7
　　　1980　　內蒙古阿魯柴登發現的匈奴遺物 4
　　　1986　　鄂爾多斯式靑銅器, 北京: 文物出版社
北京市文物研究所編
　　　1990　　北京考古學四十年, 北京: 北京燕山出版社
河姆渡遺址博物館編
　　　2002　　河姆渡文化精粹, 北京: 文物出版社
孫國平
　　　2008　　遠古江南－河姆渡遺址－, 天津: 天津古籍出版社
李安軍 主編
　　　2009　　田螺山遺址－河姆渡文化新視窗－, 杭州: 西冷印刷出版社
乌兰
　　　2009　　浅析兴隆洼文化陶器[J]. 赤峰学院学报: 汉文哲学社会科学版
劉國祥

2004　興隆溝聚落遺址發掘收獲及意義, 東北文物考古論集, 北京: 科
　　　學出版社, pp.58－74

安俊

1986　赫哲语简志, 北京: 民族出版社

林幹

1986　匈奴通史, 呼和呼特: 人民出版社

1988　匈奴史年表, 呼和呼特: 人民出版社

1989　東胡史, 呼和呼特: 人民出版社

烏恩

1990　論匈奴考古研究中的幾個問題 考古學報 4

梅原末治

1960　蒙古ノイン・ウラ發見の遺物, 東洋文庫論叢第27冊, 東京: 東洋文庫

大貫靜夫

1992　豆滿江流域お中心とする日本海沿岸の極東平底土器, 先史考古
　　　學論集 2, pp.42－78

1998　東北アジアの考古學, 東京: 同成社, p.38